Hamburger Edition

Aaron Sahr

Das Versprechen des Geldes

Eine Praxistheorie des Kredits

Hamburger Edition

Für meine Frau & meine Eltern

Hamburger Edition HIS Verlagsges. mbH
Mittelweg 36
20148 Hamburg
www.hamburger-edition.de

Der Text basiert auf der Dissertation, vorgelegt an der Universität Kassel, Fachbereich 05 (Abschluss des Promotionsverfahrens am 19. 1. 2016)

Umschlaggestaltung: Wilfried Gandras
Satz aus der Berthold Garamond durch Dörlemann Satz, Lemförde
Druck und Bindung: CPI books GmbH, Leck, Germany
Printed in Germany
ISBN 978-3-86854-306-3
1. Auflage März 2017

»I don't trust banks.
I believe when the robot uprising comes,
the ATMs will lead the charge.«

Sheldon Cooper

Figur aus der TV-Serie *The Big Bang Theory*
(CBS Warner Brothers), aus: Staffel 3, Episode 16

Inhalt

Scheine und Schulden – Dissonanzen der Geldsoziologie (Einleitung)

Die Geschichten, die Eltern über unsere Jugend erzählen, sind oft von unzähligen Wiederholungen, selektiver Wahrnehmung und Wunschdenken so weit getrübt, dass Wahrheit und Fiktion nur schwer auseinanderzuhalten sind. Vielleicht hat es sich so zugetragen: Angeblich habe ich als Kind einmal wegen eines Spielzeugs gebettelt, das ich in einem Geschäft entdeckt und in mein Herz geschlossen hatte. (Ich bin mir sicher, es kann sich, wenn es denn wahr ist, nur um eine Figur jener Roboter handeln, deren Form man mit wenigen Handgriffen verändern konnte. So waren sie in einem Moment ein Auto und im nächsten ein menschenähnlicher Roboter.) Meine Eltern wollten mir diese Anschaffung außer der Reihe – für die sie schließlich die Mittel aufbringen mussten – aus pädagogisch naheliegenden Gründen nicht zugestehen. Deswegen wandten sie einen argumentativen Trick an: Statt eines Verbots erklärten sie mir, der Kauf dieses Roboters sei aus einem Grund unmöglich, der außerhalb ihrer Kontrolle liege, sie hätten schlicht zu wenig Geld. Diesen Mangel wollte ich, so jedenfalls wird es erzählt, nicht als Ausrede gelten lassen. Mehrmals schon hätte ich selbst gesehen, wand ich ein, dass man sich, sollte es mit dem Geld tatsächlich einmal eng werden, bei einer Bank recht unkompliziert Nachschub holen könnte. Ich sei gern bereit, teilte ich großzügig mit, den kleinen Umweg zur Filiale der Berliner Sparkasse in Kauf zu nehmen. Da sich ein Geldmangel in meiner kindlichen Wahrnehmung durch ein paar Minuten Fußweg beheben ließ, wollte ich nicht einsehen, warum mir das die Freude an einem neuen Spielzeug trüben sollte. An dieses infantile Missverständnis, Geld sei etwas, das man sich nach Belieben am Bankschalter abholen könne, habe ich mich erinnert, als ich begann, mich viele Jahre später als Soziologe mit dem Thema Geld zu beschäftigen. Denn in der Soziologie des Geldes geht es in gewisser Weise um den Unterschied zwischen Plastikrobotern und Geld.

Den Anstoß zu den folgenden Überlegungen stiftete die gemeinsame Entwicklung der Geldmengen der OECD-Länder[1], die mit dem Ende des Systems von Bretton Woods 1971 einsetzt. Der Kurort Bretton Woods steht für die an dieser Stelle geschlossene Vereinbarung der Siegermächte des Zweiten Weltkriegs über die Gestaltung der (westlichen) Geldordnung[2] nach 1945. Man einigte sich dort darauf, die Währungen der Teilnehmerstaaten durch feste Wechselkurse an den US-Dollar[3] und diesen wiederum durch einen fixen Austauschkurs an Gold zu binden. Die nationalen Notenbanken der Teilnehmerstaaten mussten Veränderungen ihrer eigenen Währungsbestände durch den An- oder Verkauf von Dollar kompensieren. Dadurch war Guthaben in Deutscher Mark (oder einer anderen Teilnehmerwährung) stets in einem fixen Verhältnis in Dollar tauschbar, und dieser Dollar wiederum konnte in eine bestimmte Goldmenge umgetauscht werden.[4] Alle Währungen der Bretton-Woods-Ordnung waren entweder unmittelbare (Dollar) oder mittelbare (Teilnehmerwährungen) Versprechen auf Gold. Damit war eine Ausweitung der Geldbestände (das »Drucken« neuen Papier- und Buchgeldes[5]) durch die beschränkte Verfügbarkeit – man könnte auch sagen: die Knappheit – des Edelmetalls Gold limitiert.

Über Jahrhunderte war die Identität von Geld und Edelmetallen wie Gold fragloser Alltag. Gold- und Silbermünzen galten lange Zeit als monetäre Idealtypen, andere Formen von Geld – Banknoten beispielsweise – wurden in der Regel mit den Versprechen produziert, jederzeit in Edelmetalle überführbar zu sein. Diese langlebige und

---

1 In der Organisation für Sicherheit und Zusammenarbeit in Europa (OECD) sind 34 Länder organisiert.

2 Unter Geldordnung verstehe ich die institutionelle Regelung der Verfahren von Geldproduktion und Geldverwendung.

3 Im Folgenden: Dollar.

4 Eine Feinunze Gold für 35 Dollar.

5 Buchgeld meint die immateriellen Guthaben auf Bankkonten und Sparbüchern etc., die nicht als Papierschein oder Münze existieren, sondern als Vermerk »in den Büchern« der Bank.

erprobte Verbindung verschwand im Sommer 1971, als der damalige amerikanische Präsident Richard Nixon das Austauschversprechen von Dollar in Gold aufkündigte: »More than 2000 years of monetary history came to an end on August 15 1971 when Richard Nixon went on prime-time television, displacing *Bonanza* on a Sunday night.«[6]

In der Soziologie des Geldes spielt dieses Ende einer langen Geschichte der Partnerschaft von Geld und Materialität keine besonders große Rolle.[7] So schreibt etwa der Soziologe Paul Kellermann über das Ende des Gold-Dollarstandards:

> »Die 1971 vom damaligen US-Präsidenten Nixon erfolgte Aufkündigung der 1944 gegebenen Erklärung (Bretton Woods-Übereinkommen), durch die Banken jederzeit Dollarnoten in Gold tauschen zu lassen, war sachlich [...] der *wegen seiner realen Folgenlosigkeit* spektakulärste systemische Geldwandel.«[8]

Kellermann steht für die soziologische Tradition, sich nahezu ausschließlich für die *Verwendung* von Geld zu interessieren.[9] Man fragt nach den Bedingungen und Folgen des Umgangs mit Geld. An der Verwendung von Geld in den Ländern dieser Geldordnung hat sich durch die Kündigung von Bretton Woods, so kann man Kellermanns Position vielleicht resümieren,[10] nicht viel geändert: Davor wie danach

6 Harding/Blas/Beattie, »World Economy: In Gold They Rush«.

7 Vgl. Postberg, Macht und Geld, S. 9. Das liegt nicht zuletzt daran, dass Geld für sich lange Zeit ein unterentwickeltes Themenfeld in der Soziologie war. Zur »Geldvergessenheit« (Pahl, Das Geld in der modernen Wirtschaft, S. 9) der Soziologie vgl. ebd.; Baker/Jimerson, »The Sociology of Money«, S. 678; Dodd, The Sociology of Money, S. vi; Kraemer/Nessel, »Einleitung«, S. 13f.

8 Kellermann, »Soziologie des Geldes«, S. 322, Hervorhebung A. S.

9 »Die dominierende Sicht einer Analyse von Geld ist die, seinen Gebrauch zu erfassen und in den verschiedenen Arten des Gebrauchs Sinn und Zweck des Geldes zu sehen«, Kellermann, »Soziologie des Geldes«, S. 325. Emily Gilbert (Gilbert, »Common Cents«, S. 366) und Heiner Ganßmann (Ganßmann, Doing Money, S. 133) rekonstruieren die Verwendungsperspektive als Normalfall geldsoziologischer Forschung. Vgl. für ein aktuelles Beispiel Kraemer/Nessel, »Einleitung«.

10 Für Kellermann bedeutet Geldsoziologie die Erforschung des *Umgangs* mit Geld, wobei er sich besonders für die handlungsorientierenden Vorstellungen interessiert, die den Umgang mit Geld ermöglichen und leiten (Kellermann, »Soziologie des Geldes«, S. 320; vgl. außerdem ders., »Geld ist kein ›Mysterium‹«). Der

ist es aus den alltäglichen ökonomischen Praktiken nicht wegzudenken, es wird davor wie danach von Menschen begehrt wie kaum etwas anderes.

Das Ende von Bretton Woods hat aus dieser Perspektive nur verdeutlicht, was man bereits wusste, nämlich dass Gold für die Verwendung von Geld im Alltag auch schon vor 1971 offenbar keine Rolle mehr spielte; ein Versprechen auf Gold zu sein war für die Funktionalität des Geldes unerheblich, sonst wäre Geld nach Nixons Entscheidung wohl aus dem ökonomischen Alltag verschwunden. Georg Simmel, einer der Gründerväter der Soziologie, hatte schon etwa 80 Jahre zuvor auf diesen Sachverhalt aufmerksam gemacht, als er bereits für das ausgehende 19. Jahrhundert die Durchsetzung des »Funktionswertes« und den Bedeutungsverlust des »Substanzwertes« des Geldes feststellte.[11] Unabhängig von ihrer »Substanz«, d.h. von ihrer Beziehung zu einem wertvollen Material, sind Münzen, Scheine und Buchgeld in modernen Gesellschaften allseits begehrte und vielfältig einsetzbare Vermögen, weil sie als Vermögen *funktionieren*, also (in Simmels Duktus) einen Funktionswert besitzen. Je üblicher Geld wurde, erklärte Simmel, desto mehr wurde sein Wert als Vermögen mit seiner reibungslosen Verwendbarkeit identisch. Schon für das späte 19. Jahrhundert diagnostizierte Simmel einen Bedeutungsverlust des Metalls und prognostizierte ein Verschwinden

---

Umgang mit Papierscheinen, Münzen und digitalen Guthabenbeträgen auf Bankkonten mittels Plastikkarte oder Überweisungsschein beruht für Kellermann auf einer solchen handlungsorientierenden Vorstellung, dem Geldglauben, der für die Menschen moderner Gesellschaften buntes Papier, merkwürdige Metallstücke und elektronische Ziffern zu *Werten* werden lässt. An diesem Glauben an die Werthaftigkeit der Papierscheine, Metallstücke und elektronischen Ziffern aber änderte die Entscheidung Nixons im Grundsatz nichts, schließlich hat sich dadurch weder etwas an der Verwendbarkeit von Geld im alltäglichen ökonomischen Verkehr noch an seiner gesellschaftlichen Wertschätzung verändert: »Der Glaube an Geld, auch wenn er überhaupt nicht mehr durch ein selbstwertvolles Substrat gestützt war, hatte sich durchgesetzt« (Kellermann, »Soziologie des Geldes«, S. 322).

11 Simmel, Philosophie des Geldes. Vgl. Simmel, »Zur Psychologie des Geldes«, bes. S. 55f.

des Geldes als »substanziellen Wertträger«[12]. Die bisher endgültige Entkopplung des Geldes vom Gold viele Jahre später – 1971 – war für die soziologische Tradition insofern spektakulär folgenlos, also folgerichtig, holte sie doch nur ein, was der Gründervater Simmel prognostiziert hatte. Das Ende von Bretton Woods ist aus der Perspektive der konventionellen Soziologie der Geldverwendung, für die Kellermann hier steht, dementsprechend verständlicherweise kaum herausfordernd.

Im Gegensatz dazu beginnt der Ökonom Richard Duncan sein Buch *The New Depression* mit der Einschätzung, dass die Entkopplung des Dollars von seiner materiellen Basis alles andere als spektakulär folgenlos gewesen sei. Vielmehr habe Nixons Entscheidung, in den Worten Duncans, die »Natur des Geldes« selbst verändert.[13] Duncan bezieht sich dabei nicht auf die Bedingungen für die Verwendung von Geld im ökonomischen Verkehr, sondern auf dessen Produktionsbedingungen. Ohne die Verpflichtung, Münzen, Banknoten und Buchgelder an einen endlichen materiellen Stoff zu koppeln, haben sich vor allem die Bedingungen der Geld*schöpfung* (und weniger die der Geldverwendung) verändert, so Duncans These. Nicht zufällig also, erklärt der Ökonom, kam es im Nachgang von Nixons Entscheidung zu einem »annähernd exponentiellen Wachstum«[14] der Geld-

12 Simmel, Philosophie des Geldes, S. 158. In seiner *Philosophie des Geldes* von 1900 hat Simmel argumentiert, es sei »unzweifelhaft, daß das Geld für uns nicht mehr deshalb wertvoll ist, weil sein Stoff als unmittelbar notwendig, als ein unentbehrlicher Wert vorgestellt würde. Kein Mensch der europäischen Kultur findet heute ein Geldstück wertvoll, weil sich ein Schmuckgegenstand daraus herstellen ließe. Und schon deshalb kann der heutige Geldwert nicht auf seinen Metallwert zurückgehen«, ebd., S. 157.

13 »That decision fundamentally altered the nature of money«, Duncan, The New Depression, S. 2.

14 Duncan, The Dollar Crisis, S. 251, Übersetzung A. S. Duncan spricht mit Hinblick auf die für den Zahlungsausgleich zwischen Währungen eingesetzten Sonderziehungsrechte des Internationalen Währungsfonds (IWF) davon, dass wir global gesehen im Jahr 2000 etwa 2000 Prozent mehr Geld hätten als im Jahr 1970, Duncan, »Eine neue Weltwirtschaftskrise?«, S. 58. Sonderziehungsrechte sind allerdings so weit von der alltäglichen Referenz von Geldvorstellungen entfernt, dass ich mich lieber auf die traditionellen Indikatoren beziehe.

menge[15]. Und tatsächlich: Bargeld und Buchgelder (Sichteinlagen) in den OECD-Ländern haben sich in nur sieben Jahren nach dem Ende von Bretton Woods etwa verdoppelt und nach knapp zwanzig Jahren (1990/1991) verzehnfacht (siehe Grafik). Heute gibt es in den OECD-Ländern etwa 77-mal so viel Geld wie 1970.

Entwicklung der Geldmenge:
Bargeld und Sichteinlagen in den OECD-Ländern (2010 = 100)

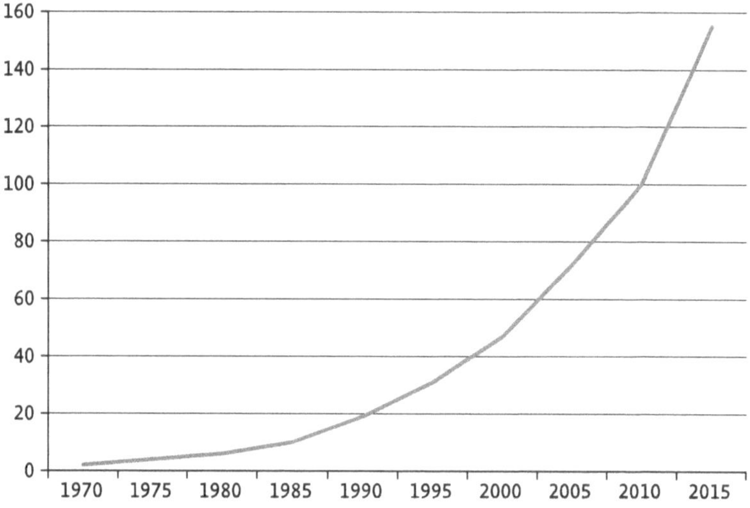

Quelle: OECD[16]

Dieses Wachstum wurde nicht durch einen gleichzeitigen Anstieg der Preise und damit einen Wertverlust »ausgeglichen«, da die Geldmenge deutlich schneller angewachsen ist, als die Verbraucherpreise gestie-

15 Der Begriff »Geldmenge« wird weiter unten noch spezifiziert, zunächst meint er Bargeld und Sichteinlagen (die sogenannte Geldmenge M1 in der OECD-Berechung). Mit »Sichteinlagen« ist das Geld auf dem Girokonto gemeint, das man als Bargeld abheben oder für Überweisungen verwenden kann.

16 OECD (2016), Narrow money (M1) (indicator), doi: 10.1787/7a23d68b-en [23. 03. 2016].

gen sind,[17] die nach den Daten der OECD etwa bis zum Jahr 2000 brauchten, um sich gegenüber 1970 zu verzehnfachen.[18] Die Geldmenge wächst also schneller, als das Geld durch Inflation an Kaufkraft verliert, wir haben in den vergangenen gut vierzig Jahren somit ein beachtliches *reales* Geldmengenwachstum erlebt – eine tatsächliche und massive Zunahme an Geldvermögen.[19]

Die veränderten Bedingungen der Geldproduktion, die Duncan diagnostiziert, werden uns im zweiten Kapitel noch beschäftigen. An dieser Stelle dient er vor allem als Inspiration: Duncan plädiert nämlich für die geldtheoretische Relevanz von Nixons Entscheidung, indem er von einer »neuen Natur« des Geldes spricht und eben nicht nur von veränderten Rahmenbedingungen. Wenn dem so ist, wenn Nixons Entscheidung die Natur des Geldes fundamental verändert hat, dann bezeichnet der Begriff »Geld« nach 1971 etwas anderes als davor. Diese Arbeit leitet die Vermutung, dass Duncan damit recht behalten könnte, diese Veränderung des Geldes sich aber erst in soziologischer Aufarbeitung wirklich scharf stellen lässt.

Natürlich ist die Redeweise von einer »Natur« des Geldes in der Soziologie ebenso unüblich wie es die Rede von einer »Natur« des Staates, der Arbeit oder der Geschichte wäre. Soziale Entitäten haben keine »Natur«, sondern eher Strukturen, Gestalten, Formen, oder sie folgen Logiken. Der Vorschlag, Duncans Einschätzung soziologisch ernst zu nehmen, bedeutet also nicht, für eine Naturalisierung des Geldbegriffs zu plädieren. Sie dient vielmehr als Anregung für einen Ausgangsverdacht: Eine soziologische Theorie des Geldes muss aus einer spezifischen Anschauung des Geldes nach 1971 gewonnen werden – und eine solche liegt bisher meiner Kenntnis nach nicht vor.

17 Ich beziehe mich auf den *consumer price index* (CPI) der OECD.

18 OECD (2016), Inflation (CPI) (indicator), doi: 10.1787/eee82e6e-en [23. 02. 2016].

19 Christian Postberg etwa zeigt, dass die aufgrund ihres Status als internationale Devisenreserve gerne als paradigmatisches Beispiel angeführte Geldmenge der USA sich zwischen 1960 und 2010 inflationsbereinigt etwa um den Faktor 6,3 vergrößert, vgl. Postberg, Macht und Geld, S. 135. Auch in den Ländern der heutigen Eurozone gibt es mit Ausnahme kurzer Momente Mitte der 1970er und Anfang der 1980er stets reales (d.h. inflationsbereinigtes) Geldmengenwachstum, mit Spitzenwerten von 10–12 Prozent pro Jahr, EZB, »Money and Credit Growth«, S. 70f.

Kürzlich kritisierte Christian Postberg in seiner wegweisenden Studie *Macht und Geld* die Soziologie dafür, ihre Reflexionen an längst vergangenen Geldordnungen zu orientieren und die tiefgreifenden Umstrukturierungen durch und nach 1971 zu ignorieren.[20] Ein Grund dafür liegt wahrscheinlich in der bereits erwähnten Konzentration auf die Bedingungen und Folgen der Geldverwendung, die sich in den vergangenen gut vierzig Jahren womöglich tatsächlich nicht weit genug verändert haben, um von *geldtheoretischer* Relevanz zu sein.

Ein weiterer Grund liegt möglichweise in der durch die Klassiker der Geldsoziologie, Georg Simmel und Niklas Luhmann, von der klassischen und neoklassischen Volkswirtschaftslehre übernommenen Vermutung, das fundamentale Explanandum der Geldtheorie sei die historische Einführung von Geld in vormals geldlosen Gesellschaften. Nach einer Theorie des Geldes zu suchen bedeutete häufig, die Differenzen einer Geldwirtschaft zu ihrem Anderen zu markieren. Simmels *Philosophie des Geldes* wie auch Luhmanns *Die Wirtschaft der Gesellschaft* beschäftigt im Kern diese Unterscheidung, bei Simmel unter dem Stichwort der Vergesellschaftung, bei Luhmann unter dem der Knappheit.[21] Neue Erkenntnisse zu diesem Problemkomplex wird die hier vorliegende Arbeit an keiner Stelle präsentieren. Es geht hier – im Unterschied zu Simmel und Luhmann – nicht darum zu verstehen, was es bedeutet, in einer Geldgesellschaft zu leben. Das vorrangige Interesse ist hier vielmehr, die geldtheoretische Relevanz der »strukturellen Veränderungen des Geld- und Kreditwesens der zweiten Hälfte des 20. Jahrhunderts« aus einer anderen soziologischen Perspektive zu betrachten.[22]

Diese Arbeit steht damit vor zwei Aufgaben: Sie muss erstens klären, was Geld ist, und zweitens erklären, inwiefern es sich verändert hat (die »neue Natur« konturieren) – sie wird also sowohl in einem all-

20 »In der Soziologie ist bis heute ein Verständnis von Geld fest verankert, das sich vornehmlich auf das Geldwesen des 19. Jahrhunderts bezieht und durch bedeutende Protagonisten, wie Karl Marx und Georg Simmel es waren, aus dem Kontext jener Zeit hervorgegangen ist«, Postberg, Macht und Geld, S. 9.

21 Simmel, Philosophie des Geldes; Luhmann, Die Wirtschaft der Gesellschaft.

22 Postberg, Macht und Geld, S. 9.

gemeinen Sinne geldtheoretische Argumente bemühen als auch eine Deutung der strukturellen Veränderungen des Geld- und Kreditwesens in den vergangenen gut vierzig Jahren anbieten müssen. Diese beiden Fragen oder Aspekte sind voneinander abhängig und lassen sich im tatsächlichen Argumentationsverlauf nicht immer trennen.

Der erste Teil der Arbeit will von einer bestimmten Gelddefinition überzeugen und diese gegen ihre Kritiker verteidigen. Es geht nicht darum festzustellen, welche lexikalischen oder institutionellen Definitionen von Geld vorliegen, welche Dinge faktisch alltags- oder fachsprachlich als Geld bezeichnet werden oder welche Vorstellungen, Ideen oder Deutungsmuster konkrete Akteure mit Geld verbinden. Vielmehr geht es um die Frage, worüber wir eigentlich in einem soziologisch gehaltvollen Sinne sprechen, wenn wir die Kategorie[23] des Geldes aufrufen. Mit Geoffrey Ingham stellt sich die Frage nach dem »ontologischen Spezifikum des Geldes«,[24] also schlicht und ergreifend danach, was Soziologinnen und Soziologen in einem theoretischen Sinne meinen (sollten), wenn sie Geld sagen.

Darüber gibt es zurzeit eine rege Debatte, an der sich diese Arbeit beteiligt. Dabei geht es im Prinzip um zwei basale Verständigungsweisen über den Typus sozialer Entität, der mit dem Geldbegriff aufgerufen ist. Ich will diese Debatte in der Einleitung, so gut es in der gebotenen Kürze geht, aufrufen und ihre duale Struktur erläutern. Man kann nicht davon ausgehen, dass über das Spezialfeld der neueren Geldtheorie hinaus beide hier implizierten Behauptungen sofort klar

---

23 Was unter Kategorien sozialer Entitäten zu verstehen ist, kann man sich vielleicht am Begriff der Macht verdeutlichen. Macht kann in sozialwissenschaftlichen Studien ganz unterschiedliche Dinge meinen, in der Tradition Max Webers etwa eine Eigenschaft eines Akteurs, während Macht in der Tradition Norbert Elias' die Eigenschaft einer Figuration ist, also eines Abhängigkeits- und Ermöglichungsgefüges sozialer Relationen, durch das erst Akteure konstituiert werden. Bei Luhmann wiederum ist Macht ein Kommunikationsstil usw.

24 »Ontological specificity of money«, Ingham, »The Specifity of Money«, S. 271. Charles Goodhart bezeichnet das als die Frage nach der »Essenz« des Geldes (Goodhart, »What is the Essence of Money?«). Die Konnotationen des Essenzbegriffs sind vor allem in der deutschsprachigen Soziologie unschön »essentialistisch«, weswegen es dieser Verweis nur in die Fußnote geschafft hat.

und überzeugend sind – nämlich einmal, dass es einen fundamentalen Dissens darüber gibt, wie Geld theoretisch zu erfassen ist, und dass es letztendlich nur zwei mögliche Antworten darauf geben soll.

Es scheint mir notwendig zu sein, die vorherrschende warentheoretische Ontologie des Geldes (Antwort 1) durch ihre kredittheoretische Alternative (Antwort 2) zu ersetzen. Dieser Wechsel wird von heterodoxen Ökonomen und in der jüngeren Vergangenheit auch von Soziologen gefordert, ist aber weit davon entfernt, Lehrmeinung zu sein. Gleichermaßen sind die bisherigen Versuche der soziologischen Übersetzung heterodoxer Kredittheorie in einem gewissen Sinne noch nicht weit genug gegangen.[25] Ich werde deswegen vorschlagen, den Wechsel von der Waren- zur Kredittheorie aus der Perspektive einer Soziologie der Praxis zu lesen.

Diese Aufarbeitung der Geldtheorie ist keine akademische Fingerübung, sondern bereitet das zweite Anliegen der Arbeit vor. Erst wenn man sich nämlich verdeutlicht hat, wovon man in einem soziologischen Sinne spricht, wenn man von Geld redet, lässt sich eine Veränderung des Geldes herausstellen. Zweitens wird es in dieser Arbeit also darum gehen, eine Transformation des Geldes nachzuzeichnen. Vor diesen Schritten ist es notwendig, einige begriffliche Bestimmungen vorzunehmen.

Grundbegriffe

Es ist keinesfalls selbsterklärend, von einem unklaren Geldbegriff auszugehen, d.h. die Existenz einer Debatte um die soziologische Bedeutung von »Geld« zu unterstellen.[26] Um Missverständnisse zu ver-

25 Letztendlich beschränkt sich das Angebot hier auf Ingham, The Nature of Money, der eine konflikttheoretische Interpretation der Kredittheorie des Geldes vorschlägt. Ingham wurde in der deutschsprachigen Soziologie zwar wahrgenommen, die inhaltlichen Anschlüsse lassen aber noch auf sich warten.

26 Markus Hundt beginnt seinen Beitrag »Das Ringen um den Geldbegriff« mit der Frage: »Wie kann man über den Geldbegriff überhaupt streiten?«, Hundt, »Das Ringen um den Geldbegriff«, S. 313. Dieser Aufschlag diente als Inspiration.

meiden, scheint es mir notwendig, sich den strittigen Aspekten des Geldbegriffs schrittweise zu nähern und dabei von unstrittigen oder zumindest in dieser Arbeit nicht infrage gestellten Aspekten auszugehen.

Geldfunktionen

Der *funktionale Kern* der Gelddefinition etwa steht nicht zur Disposition. Geld wird in der Regel als universelles Tauschmittel definiert, d.h. als ein zwischen Angebot und Nachfrage vermittelndes Instrument. In der Geldwirtschaft werden Güter, Dienstleistungen und Arbeitskraft (alle drei kann man in diesem Kontext als Waren bezeichnen) im Austausch gegen Geld abgegeben, und dieses Geld wird von den Vorbesitzern der Waren wiederum zum Kauf von anderen Waren eingesetzt. Geld kann nicht konsumiert oder anderweitig nützlich verwendet werden, außer als Geld. Geld anzunehmen und zu verwahren macht also nur Sinn, wenn man davon ausgeht, es wieder eintauschen zu können.

Durch ein solches *Zwischentauschmittel* lassen sich die Tauschwerte der Waren, die man verkauft, sozusagen in allgemeiner Form aufspeichern. Zusammen mit der Funktion als Tauschmittel wird deswegen in der Regel die Wertspeicherfunktion des Geldes genannt. Beides geht nur, wenn das Geld drittens als ein allgemeines Mittel der Wertbemessung funktioniert, für Waren also Preise formuliert werden, die in Geldskalen ausgedrückt werden. Erst wenn die partikularen subjektiven Nutzwerte durch einen einheitlichen Maßstab für Tauschwerte ersetzt werden (den Preis), kann Geld verlässlich als Tauschmittel und Wertspeicher fungieren.

Manchmal wird dieses funktionale Dreigestirn aus Zwischentauschmittel, Wertspeicher und Recheneinheit um eine vierte Funktion ergänzt, mit der die Definition von Geld um eine Funktion als Tilgungsmittel erweitert wird:[27] Geld erlaubt es, Schuldverhältnisse aufzulösen (zu tilgen), etwa indem man auf Waren zugreift, ohne für

27 Vgl. Hundt, »Das Ringen um den Geldbegriff«. Im Englischen manchmal als »means of final settlement« (Smithin, Controversies in Monetary Economics, S. 11) bezeichnet.

das erworbene Brötchen beim Bäcker überhaupt eine über den Moment hinausreichende Verpflichtung zu erzeugen, Kredite abbezahlt, Steuerschulden begleicht oder Gesetzesverstöße aus der Welt schafft.

In der funktionalistischen Definition ist alles Geld, was dieses Set an Funktionseigenschaften instanziiert. Diese drei- oder viergliedrige Definition lässt sich natürlich weiter aufspalten, sodass beispielsweise Glyn Davies sogar auf zehn Funktionen kommt.[28] Eine tiefer gehende Diskussion dieser ökonomischen Funktionen scheint mir allerdings kaum fruchtbar, vor allem, weil Geld als Funktionsbündel, wie Geoffrey Ingham anmerkt, soziologisch unterkomplex bestimmt ist: »Money should not be seen simply as a useful instrument; it [...] does not merely have functions – that is to say, beneficial consequences for individuals and the social and economic system.«[29] Geld, erklärt Ingham weiter, ist aus soziologischer Perspektive ein spezifisches individuelles Handlungsvermögen, eine »capacity to get things done«.[30]

Ein als legitim erachteter Betrag an Guthaben – seien es Münzen, Papierscheine (Banknoten) oder ein durch Kartenzahlung ausgewiesenes Buchgeld – macht spezifische Handlungen möglich, nämlich Zahlungen. Zahlungen ermöglichen es in modernen Gesellschaften, konfliktfrei auf Güter oder Dienstleistungen zugreifen zu können (sie entweder in den eigenen Besitz zu überführen oder von ihnen zu profitieren), ohne mit dem Vorbesitzer in ein Schuldverhältnis einzutreten oder auf dessen Wohlwollen angewiesen zu sein.[31] Mit Geld ist in diesem deskriptiven Sinne ganz allgemein ein *universelles Zahlungsmittel* gemeint, wobei die Eigenschaft bestimmter Objekte, universelles Zahlungsmittel zu sein, je nach Erkenntnisinteresse auch immer als Funktionsbündel bestimmt werden kann.

---

28 Davies, A History of Money, S. 27f. Das klassische Funktionsset des Geldes findet sich etwa in Krugman/Wells, Volkswirtschaftslehren S. 963; Issing, Einführung in die Geldtheorie, S. 1f. Vgl. dazu auch Smithin, Controversies in Monetary Economics, S. 16.

29 Ingham, The Nature of Money, S. 4.

30 Ebd.

31 Zu Geld als Zahlungsmittel, das Zugriffe auf Eigentum ermöglicht, vgl. Luhmann, Die Wirtschaft der Gesellschaft, und Baecker, Wirtschaftssoziologie.

Das Prädikat »universell« schließt all jene Zahlungssysteme aus, die lediglich den Kauf bei bestimmten Verkäufern ermöglichen, etwa »Flugmeilen« oder firmenspezifische Rabattmarkensysteme (»Treueherzen«, »Payback-Punkte«), die sich zum Kauf firmeneigener Produkte einsetzen lassen. Diese Spezifizierung ist wichtig, da die zunehmende Fragmentierung von Zahlungsmitteln etwa von Nigel Dodd als wichtiges Explanandum gegenwärtiger Geldsoziologie ausgerufen wurde.[32] Dodd fordert von einer soziologisch anspruchsvollen Geldtheorie, die Vielfalt lokaler Zahlungssysteme abzudecken und damit der »Desintegration des Geldes« Rechnung zu tragen. Auf diese »Vielfalt« von Zahlungssystemen wird sich der Geldbegriff dieser Arbeit nicht erstrecken. Zwar ist nicht ausgeschlossen, dass sich Studien dieser lokalen Installationen als interessant erweisen können, doch verwischt eine in Dodds Sinne aufgestellte Reflexion über die Geldtheorie doch klare Unterschiede, die mit der oben aufgerufenen Expansion der Geldmenge einhergehen: Guthaben in Dollar oder Euro zu haben ist doch etwas anderes als Payback-Punkte oder Flugmeilen, weswegen sich bei der Expansion der prinzipiell ineinander überführbaren universellen Zahlungsmittel[33] in ganz besonderem Maße Fragen von Ursachen und Folgen stellen (also: Warum ist es expandiert und wer hat das Geld bekommen). Legale Münzen, Scheine und Bankguthaben in Euro oder Dollar (von Dodd irrtümlich als Staatsgeld bezeichnet) unterscheiden sich in ihrer *»capacity to get things done«* so deutlich von Flugmeilen, dass die Annahme, sie müssten zwangsläufig unter einem einzigen theoretischen Dach vereint werden, nicht überzeugt.

Darüber hinaus aber ist gerade Dodds Beobachtung einer »Desintegration« fragwürdig, weil seine Differenzierungen reale Sachverhalte verdunkeln. Dodd schreibt:

> »Broadly speaking, it is possible to distinguish between three kinds of money that now circulate: currencies that are issued by a state (or group of states); forms of money (usually consisting

---

32 Dodd, »Laundering ›Money‹«.

33 Dollar und Euro kann man bei der Zentralbank umtauschen, Flugmeilen und Payback-Punkte nicht.

of e-money) that are issued and managed by corporations; and forms of money that are issued by local communities.«[34]

Diese dreiteilige Differenzierung ist in mindestens zweifacher Hinsicht unpräzise. Erstens macht die Unterstellung, es gäbe Geld, das von Staaten ausgegeben wird, heute wenig Sinn, wie spätestens im vierten Kapitel klar werden sollte. Natürlich ist die (materielle) Produktion von Scheinen und Münzen administrativ eingebettet, aber darüber, wie viel Geld es gibt und wer es bekommt entscheiden keine staatlichen Akteure, sondern, wie man sehen wird, private Banken allein.

Deswegen gibt es zweitens große Unterschiede zwischen dem elektronisch verbuchten Geld, das private Banken erzeugen, und etwa dem Rabattmarkensystem eines Supermarkts oder Flugmeilen. Hier von einer einzigen Kategorie von »Firmengeldern« (»issued and managed by corporations«) zu sprechen, ist beinahe fahrlässig. Europäische Banken beispielsweise erzeugen in Euro denominierte Guthaben, die zu Scheinen und Münzen äquivalent sind. Mit diesem »e-money« können praktisch alle in Euro ausgepreisten Waren erworben werden,[35] mehr noch, damit können Steuern und Strafen abgegolten werden. Ganz anders Flugmeilen oder Payback-Punkte, die nicht in diesem Sinne universell einsetzbar sind.

Einzig die Unterscheidung zwischen in eine praktisch globale Geldordnung eingebundenen, »primären« Währungen, wie Dollar oder Euro, die für die große Mehrheit der Transaktionen in einem Währungsgebiet eingesetzt werden, und den seit Jahren im Wachstum begriffenen Lokalwährungen scheint sinnvoll. Solche Lokalwährungen spielen in dieser Arbeit allerdings keine Rolle und müssen auch nicht, anders als Dodd behauptet, zwingend in einen dann sowohl Primär- als auch Lokalwährungen umfassenden Geldbegriff integriert werden. Entwickelt man eine soziologische Geldtheorie nicht vor-

---

34 Dodd, »Laundering ›Money‹«, S. 388. Ergänzen müsste man vielleicht noch das nicht von Firmen herausgegebene »e-money«, etwa die dezentral produzierte kryptografische Währung Bitcoin.

35 Akzeptiert ein Verkäufer nur Bargeld (und nur dazu ist er verpflichtet), so kann man das elektronische Geld der Banken ohne Rest in Bargeld umtauschen, nicht aber unbedingt Flugmeilen, Bitcoins oder Payback-Punkte.

nehmlich aus den Verwendungs-, sondern aus den Produktionsbedingungen (siehe oben), dann erscheint der Anspruch einer solchen, unter womöglich ganz unterschiedlich hergestellten Zahlungsmitteln umfassenden Theorie, wie sie Dodd beansprucht, verfehlt.

Geldmengen

Die Extension des in dieser Arbeit verwendeten Geldbegriffs deckt sich somit mit den an der funktionalen Definition orientierten Geldmengenmessungen, die von Ökonomen und ökonomischen Institutionen, etwa der Europäischen Zentralbank (EZB), verwendet werden. Hier wird das Bargeld (Münzen und Scheine) und das sogenannte Giralgeld – also die Guthaben auf den Bankkonten – des Eurowährungsraums als Geldmenge M1 gefasst. Diese engste Definition umfasst damit all jene Dinge, die sich *unmittelbar* als universelles Zahlungsmittel einsetzen lassen. In der erweiterten Geldmenge M2 finden sich fest angelegte Buchgeldformen, auf die mit einer Frist von bis zu drei Monate zugegriffen werden kann (etwa manche Sparbücher), und Termingelder mit einer Laufzeit von bis zu zwei Jahren. Die Geldmenge M2 beinhaltet also auch Vermögen, deren Funktion als Zwischentauschmittel nur mit gewissem zeitlichem Vorlauf zur Geltung kommen kann. Da die Guthaben in M2 dennoch relativ leicht und schnell in Guthaben aus M1 überführt werden können, werden sie auch als »Quasi-Geld« oder »near money« bezeichnet. Die Geldmenge M3 schließlich beinhaltet neuere Vermögensanlagen, die ebenfalls kurz- oder mittelfristig in Guthaben aus M1 getauscht werden können. Der Geldbegriff dieser Arbeit umfasst deskriptiv die Geldmengen M1 und M2, also in einer bestimmten Währung denominiertes Bargeld in den Portemonnaies der Bürger und Kassen der Unternehmen eines Währungsgebietes, ebenso Girokontoguthaben und kurzfristig erreichbare Sparbücher etc.[36]

---

36 Eine weitere mögliche Differenzierung unterscheidet synchron zwischen zwei Quellen des Geldes, den Zentralbanken und den privaten Geschäftsbanken. Das Giralgeld der Girokonten, Sparbücher etc. bei privaten Banken existiert einerseits als immaterielles Datum in deren EDV-Systemen, andererseits entsteht es auch – ich werde auf die Bedingungen dieses Vorgangs ausführlich zu sprechen

Geldarten

An diese Klarstellungen und Ordnungsangebote schließt sich nun die Frage nach der Theorie dieses Geldes an. In Euro denominiertes Bargeld und Giralgeld sind zweifelsfrei Zahlungsmittel, aber diese Bestimmung ist noch zu unspezifisch, um eine befriedigende und empirisch nützliche Geldtheorie der Soziologie zu sein. Es ist angebracht, sich mit möglichen Differenzierungen vertraut zu machen.

Historisch lassen sich zunächst unterschiedliche Typen von *Trägern* der Geldfunktionen unterscheiden. Für diese Träger der Geldfunktionen möchte ich den ebenso geläufigen Begriff des *Guthabens* reservieren. In der langen Geschichte der Zwischentauschmittel fungierten ganz unterschiedliche Dinge als Guthaben: Felle, Salz, Vieh, sakrale Objekte, Edelmetallstücke oder Edelmetallmünzen, Papierscheine, Münzen aus unedlen Metallen oder analoge oder digitale Bucheinträge, über die in Form von Schecks oder Plastikkarten verfügt werden kann. Eine simple Systematisierung würde diese Guthabenformen nun danach unterscheiden, ob sie aus einem Material gefertigt sind, das selbst einen Wert hat, der zumindest analytisch vom Geldwert des Guthabens zu unterscheiden ist. Ist das der Fall, spricht man etwa von *stoffwertlichem Guthaben.*[37] Frühe geldtheoretische Debatten drehten sich unter anderem um die Frage nach dem Zusammenhang von Stoffwert und Geldfunktion – also ob Guthaben deswegen wertvoll waren, weil ihr Material wertvoll war.[38] Die historische Erfahrung mit *stoffwertlosen Guthabenformen,* die etwa als Wechsel schon im Mittelalter auftauchten und als Papiergeld auch schon seit Jahrhunderten bekannt sind, haben diesen Zusammenhang – wie

kommen – durch das Tagesgeschäft dieser privaten Firmen. Zentralbankgeld wird als unbares Buchgeld für den Zahlungsverkehr zwischen Banken eingesetzt und füllt als Bargeld in Münz- und Scheinform unsere Portemonnaies und die Kassen von Unternehmen. Zwar werden Münzen und Scheine nicht von der Zentralbank (physisch) hergestellt, doch treten sie über deren Operationen, über die später noch im Detail zu sprechen sein wird, als Zahlungsmittel in die Wirtschaft ein, vgl. Issing, Einführung in die Geldtheorie, S. 5f.

37 So etwa die Begrifflichkeit der Deutschen Bundesbank.

38 Vgl. dazu die Überblicke von Ehrlicher, »Geldtheorie«, und Hundt, »Das Ringen um den Geldbegriff«.

oben bereits angedeutet – immer wieder infrage gestellt. Mit Simmel wurde die Feststellung, dass auch materiell wertloses Guthaben die Geldfunktionen tragen konnte, in die Gründungsstatuten der Soziologie eingeschrieben. Deswegen überrascht es heute auch nicht mehr sonderlich, dass unsere Geldordnung ausschließlich auf stoffwertlosen Guthabenformen beruht: Scheidemünzen[39], Banknoten und elektronisch gespeicherten Buchguthaben.

Eine Unterscheidung von Guthabenformen ist ebenfalls noch keine Theorie des Geldes und auch nichts, worüber allein sich ein ernsthafter Disput führen ließe. Um sich dem in dieser Arbeit behandelten Aspekt zu nähern, ist eine Erweiterung des Blicks nötig, der statt Guthabenformen *Geldarten* differenziert.[40] Diese Systematik hat zwar Überschneidungen mit der Differenzierung von Guthabenformen, geht aber darüber hinaus, weil sie auf unterschiedliche Produktions- und Verwendungsbedingungen abstellt. Christian Postberg unterscheidet historisch vier Geldarten: *Naturalgeld* bezeichnet ein Zahlungsmittel aus Wertgegenständen, sei dieser Wert nun ein Nutzwert, wie ihn Felle, Vieh, Salz oder Metall haben, oder ein sakraler oder kultureller Wert. Naturalgeld besteht also allein aus stoffwertlichen Guthaben. Solche Naturalgelder haben die Menschheitsentwicklung bis in das moderne Europa und in Spuren bis in die globale Gegenwart geprägt.

Davon ist das aus hoheitlich geprägten Edelmetallmünzen bestehende *Vollgeld* zu unterscheiden. Vollgeldmünzen leiten ihre Geldfunktion zwar nicht ausschließlich aus dem Materialwert ab, schließlich sind nur von bestimmten Autoritäten geprägte Metallstücke Münzen, also Vollgeld, doch haben derartige Träger der Geldfunktion weiterhin einen von ihrer Geldfunktion unabhängigen Materialwert. Diese Feststellung impliziert keine Hypothese über den Zusammen-

39 Das sind Münzen aus unedlen Metallen, bei denen der Materialwert nicht mit dem nominellen Wert zusammenhängt.

40 Ich orientiere mich hier an der Taxonomie von Postberg, Macht und Geld. Begriffe wie »Geldart« werden in der Forschung nicht einheitlich verwendet. Otmar Issing etwa spricht in seiner rein gegenwartsbezogenen Einführung in die Geldtheorie (Issing, Einführung in die Geldtheorie, S. 5f.) von Zentralbankgeld und Giralgeld als zwei Geldarten.

hang von Funktion und Substanzwert, allerdings hatten Veränderungen des Materialwerts von Vollgeldmünzen, etwa durch Münzverschlechterungen *(debasement)*, in der Regel faktische Auswirkungen auf die Kaufkraft des Vollgeldes. Vollgeld gleicht also Naturalgeld insofern, als dass das Material des Guthabens notwendig ist, um von einer solchen Geldart zu sprechen – allerdings gibt es auch offensichtliche Unterschiede, die nicht im Detail erläutert werden müssen: Alle Münzen sind etwa prinzipiell oder nominell gleich, einzelne Felle allerdings unterscheiden sich in Qualität notorisch. Diese Gleichheit der Münzen wurde in der Regel nicht durch Messung festgestellt (wie bei einem Fell), sondern durch die Prägung, d.h. die produzierende Autorität. Anders als die Unterscheidung von Guthabenformen zielt der Begriff der Geldart – auch wenn die einzelnen Kategorien hier nur grob gestreift werden, wird das deutlich – auf die Geldordnung, d.h. das Zusammenwirken von Regeln, Verfahren und Bedingungen von Geldproduktion *und* Geldverwendung.

Das Spätmittelalter und die Frühe Neuzeit in Europa erleben das Aufkommen stoffwertloser Guthabenformen, die allerdings (noch) nicht von wertvollen Materialien entkoppelt waren. Vielmehr stellen sie *Garantiegeld* dar, rechtlich kodifizierte Ansprüche auf Vollgeldbeträge. Schließlich waren beispielsweise Banknoten seit ihrer europäischen Erfindung im 17. Jahrhundert zunächst Quittungen für eingezahlte Edelmetallmünzen, die Geldwechsler oder Goldschmiede als Vorläufer von Banken sicher einlagerten und für die sie den Münzbesitzern Einlagerungsbescheinigungen ausstellten. Für etwa 2000 Jahre, schreibt Ingham, waren die Geldfunktionen mit Münzen identisch, oder mit Papierscheinen, die diese Münzen direkt repräsentierten.[41] Die Papierscheine und auch Bucheinträge konnten so zwar als stoffwertlose Zahlungsmittel eingesetzt werden, allerdings nur, weil sie durch einen Akteur – Banken – in Beziehung zu einem wertvollen Stoff gesetzt werden, indem sie als Umtauschversprechen »Gold für Papier« ausgegeben wurden. Garantiegeldbeträge sind Träger der Geldfunktionen unabhängig von ihrem Material, aber nicht unab-

41 Ingham, The Nature of Money, S. 5.

hängig von einer sozialen Beziehung – der Garantie, die an sich wertlosen Papierquittungen in Vollgeld umtauschen zu können. Mit der Ordnung von Bretton Woods wurde nach dem Zweiten Weltkrieg der letzte Versuch unternommen, stoffwertloses Geld durch eine Garantie an ein wertvolles Material zu binden.

Beim Garantiegeld wird umso deutlicher, was den Begriff der Geldart von der simplen Differenzierung von Guthabenformen unterscheidet: Nur innerhalb einer sozialen Ordnung, in der soziale Technologien (Buchhaltung, Bankwechsel etc.), Organisationen (Banken), rechtlichen Institutionen (Eigentum, Deckungsvorschriften für Banken, Forderungsverträge etc.) und Vollgeldbesitzer, die sich auf das Garantieversprechen der Banken verlassen, funktional interagieren, existierte Garantiegeld überhaupt. Garantiegeld ist zwar als Träger der Geldfunktion unabhängig von seinem Material, aber nicht unabhängig von seinen Produktions- und Verwendungsbedingungen in der Geldordnung. Es macht aus soziologischer Perspektive schlicht keinen Sinn, über Guthabenformen unabhängig von ihrer sozialen Einbettung zu sprechen; es geht also bei Geldarten stets um so etwas wie die Funktionslogik von Geldordnungen. Genauer gesagt: Will man die Geldart einer historischen Epoche bestimmen, darf man sich nicht nur die Materialität des Guthabens anschauen, sondern muss Institutionen, Interaktionen und Relationen verschiedener Akteure, Gruppen oder Organisationen in den Blick nehmen; etwa: Staaten, Banken, Zentralbanken, Gläubiger, Schuldner und Konsumenten.[42] Eine Geldart ist in diesem Sinne die Logik der Abhängigkeiten und des Zusammenwirkens von Handlungen in einer konkreten historischen Geldordnung.

42 Wie man diese Arrangements theoretisch genauer bestimmt, hängt unter Umständen von sozialontologischen Vorlieben ab: statt von Institutionen, Interaktionen und Relationen könnte man auch von gekoppelten Kommunikationssystemen sprechen, von Handlungszusammenhängen, von Feldern oder aber von einer *Praxis*. Wie der Untertitel des Buches bereits verrät, wird Geld in dieser Arbeit als Praxis thematisch – eine Perspektivierung, dessen Erläuterung noch aufgeschoben werden muss.

Vor diesem Hintergrund lässt sich die Ausgangsüberlegung präzisieren: Mit Nixons Entscheidung, Dollar nicht länger in Gold umzutauschen, wurde das die Moderne in Europa und Amerika bestimmende Garantiegeld ad acta gelegt; Guthaben stellen heute keinen Anspruch auf einen von ihnen zu unterscheidendes substanziell wertvolles Vollgeld oder dessen Material mehr dar. Die erste Frage dieser Studie lautet demnach, mit was für einer Geldart wir es heute zu tun haben. Die Verwendung des Personalpronomens »wir« bezieht sich auf die globalen Leitwährungen (US-)Dollar, britisches Pfund und Euro. Knapp 85 Prozent der globalen Devisentransaktionen involvieren Dollar, etwa 40 Prozent Euro und mehr als 10 Prozent Pfund.[43] Mehr als 80 Prozent der inter- und transnationalen Zahlungen weltweit entfallen auf diese Währungen. Diese Leitwährungen sind hinsichtlich ihrer Produktions- und Verwendungsbedingungen hinreichend ähnlich (und können ineinander transformiert werden), um von einer einzelnen Geldordnung und damit einer einzigen Geldart sprechen zu können.[44]

Wie aber ist die globale Geldordnung nach 1971 theoretisch zu erfassen – das heißt, wie sieht eine soziologisch angemessene Theorie der gegenwärtigen Geldart aus? In ökonomischen Lehrbüchern findet man die Bezeichnung des *Fiatgeldes*, wobei das lateinische »Fiat« »entstehen« oder »werden« bedeutet und damit auf die Stoffwertlosigkeit heutigen Guthabens verweist: Fiatgeld kann »einfach entstehen«, ohne dass zuvor wertvolle Materialen akkumuliert werden müssten. Postberg hingegen bezeichnet die auf das Garantiegeld folgende Geldart als *Kreditgeld*, ruft damit allerdings ebenfalls vornehmlich die Stoffwertlosigkeit heutigen Guthabens auf.[45] Der Begriff Kreditgeld

43 Insgesamt addiert sich das auf 200 Prozent, weil an jedem Währungswechsel zwei Währungen beteiligt sind. Vgl. für diese und folgende Zahlen: Auboin, »Use of Currencies in International Trade«.

44 Im Prinzip ist diese Geldart nicht nur wegen der Dominanz der Leitwährungen im internationalen Handel global, die Einschränkung trägt hier lediglich dem Umstand Rechnung, dass lokale Besonderheiten bedauerlicherweise aus Zeit- und Umfangsgründen nicht zur Sprache kommen können.

45 Postberg beschäftigen nicht die in dieser Arbeit thematisierten Aspekte der Geldtheorie, sondern er spürt der machttheoretischen Bedeutung der Veränderungen

steht allerdings in einer theoretischen Tradition, die von der des Fiatgeldes ganz grundsätzlich zu unterscheiden ist.[46] Wir haben es also mit zwei konkurrierenden Geldtheorien zu tun, die zu unterschiedlichen Einsichten und Beschreibungen der Geldordnung nach dem Ende von Bretton Woods führen. Diese Behauptung dürfte nachvollziehbaren Widerspruch provozieren, schließlich ist schon alleine das Feld der ökonomischen Geldtheorien so hoch komplex und ausdifferenziert, dass die Redeweise von lediglich zwei konkurrierenden Geldtheorien zum Scheitern verurteilt zu sein scheint. Diese nachvollziehbare Skepsis gehört zerstreut.

Zwei Metatheorien

Ökonomische Geldtheorien haben sich vor allem mit zwei Fragen auseinandergesetzt: Erstens ging es im Kern darum, welche der Geldfunktionen gegenüber den anderen primär ist.[47] Die Details der vielfältigen Antworten auf diese Frage sind für die soziologische Einordnung des folgenden Arguments nicht von besonderem Belang. Relevant ist allerdings sehr wohl, dass die große Mehrheit wirtschaftswissenschaftlicher Arbeiten – der sogenannte »neoklassische Mainstream« – die Tauschmittelfunktion als primäres Moment des Monetären verstanden hat, dazu gleich mehr.[48] Zu diesem »Mainstream« wird unten noch etwas zu sagen sein.

Versteht man Geld vornehmlich als tauschbares Vermögen, dann liegt es nahe, nach den Bedingungen des Vermögencharakters zu fragen – also warum Guthaben für wertvoll erachtet (und deswegen im

des Geld- und Kreditwesens im späten 20. Jahrhundert nach. Deswegen ist mein Hinweis nicht als Kritik zu verstehen, sondern lediglich unterschiedlichen Erkenntnisinteressen geschuldet.

46 Vgl. Mehrling, »Modern Money: Fiat or Credit?«.

47 Vgl. Hundt, »Das Ringen um den Geldbegriff«, S. 326ff.

48 Vgl. exemplarisch für zahlreiche heterodoxe Kritiken: Smithin, Controversies in Monetary Economics; Ingham, The Nature of Money. Zu den Alternativen Funktionstheorien siehe den Überblick in Hundt, »Das Ringen um den Geldbegriff«, und Ehrlicher, »Geldtheorie«.

Tausch akzeptiert wird) und durch welche Faktoren dieser Wert determiniert ist. Dementsprechend haben die ökonomischen Geldtheorien zweitens vor allem die Grundlagen des Geldwerts diskutiert. Hier lassen sich verschiedene Ansätze unterscheiden,[49] von denen nur einige skizziert sein sollen: Im engeren Sinne übertragen werttheoretische Ansätze allgemeine Annahmen darüber, wie ökonomische Werte entstehen, auf das Geld. Die objektive Wertlehre identifiziert den Wert einer Ware (und eines Tauschmittels) mit seinen Produktionskosten (etwa den Arbeitsstunden), die subjektive Wertlehre versteht Werte als subjektive Bewertungen und Preise, damit nicht als Repräsentationen von Produktionskosten, sondern als intersubjektiv ausgehandelte Wertzuschreibungen.

Als historisch einflussreichste Theorie des Geldwerts gilt die Quantitätstheorie, die den Geldwert mit einem objektiven makroökonomischen Sachverhalt erklärt, nämlich dem Verhältnis von Geldmenge (welche Messung man hier heranzieht, sei dahingestellt) und den verfügbaren Waren. Varianten der Quantitätstheorie werden seit dem 16. Jahrhundert bis heute vertreten, besonders traten sie mit dem Monetarismus Milton Friedmans in den 1970er Jahren in Erscheinung, als quantitätstheoretische Modelle und Handlungsstrategien für die Geldpolitiken der kapitalistischen Großmächte zentral wurden.[50] Angelehnt an grundsätzliche quantitätstheoretische Überlegungen entspann sich im 19. Jahrhundert eine bis heute rezipierte Debatte zwischen Currency-Theorie und Banking-Theorie.

> »Die Currency-Theoretiker vertraten die Ansicht, dass die Geldmenge ausschlaggebend für die Höhe der Güterpreise ist. Die Banking-Theoretiker betonten dagegen, dass es gerade umgekehrt sei und die Güterpreise letztendlich dafür verantwortlich sind, welche Geldmenge zur Umsetzung der Gütermenge in einer Volkswirtschaft vorhanden ist.«[51]

49 Nach Hundt, »Das Ringen um den Geldbegriff«.
50 Humphrey, »The Quantitative Theory of Money«.
51 Hundt, »Das Ringen um den Geldbegriff«, S. 331.

Ihre Auseinandersetzung war im 19. Jahrhundert essenziell politisch, wollten doch die Currency-Theoretiker die Ausgabe nicht vollständig gedeckten Papiergeldes – also Garantiegeldes – verhindern.[52]

Neben den im engeren Sinne werttheoretischen und den makroskopischen Ansätzen gibt es die mikroökonomische Kassenhaltungstheorie des Geldwerts. Ihr Ausgangspunkt ist die Geldumlaufgeschwindigkeit, die auch in späteren Versionen der Quantitätstheorie berücksichtigt wurde. Denn wirtschaftlich relevant, so die grundlegende Einsicht, ist ja keinesfalls die tatsächliche Geldmenge, sondern die Geldmenge unter Berücksichtigung der Geschwindigkeit, mit der Geld im Durchschnitt zur Zahlung eingesetzt wird. Wird etwa ein großer Teil des Geldes gehortet, also stillgelegt, so verknappt sich das verfügbare Geld in Relation zu den Warenpreisen, ohne dass sich an der Geldmenge etwas quantitativ ändert. Die Kassenhaltungstheorie geht nun davon aus, dass es vor allem auf die Präferenzen der ökonomischen Akteure für das Zurückhalten liquider Geldmittel (Kassenhaltung) ankommt; während die Quantitätstheorie vor allem eine Angebotstheorie ist, so wählt die Kassenhaltungstheorie die Geldnachfrage – im Sinne von Haushaltskalkülen – als Ausgangspunkt. Ansonsten sind die grundlegenden Denkmodelle »weitgehend identisch«.[53]

Die Partikularität der geldtheoretischen Schulen und Spezialinteressen, die hier nicht einmal ansatzweise gewürdigt werden kann, hat ein gemeinsames Standbein, das man als *Metatheorie* bezeichnen kann. Diese Einsicht geht auf den österreichischen Ökonomen und Kapitalismustheoretiker Joseph Schumpeter zurück. Schumpeter hatte bereits in seiner *Geschichte der ökonomischen Analyse* von 1954 festgestellt, dass sich die geldtheoretischen Überlegungen der Wirtschaftswissenschaft auf zwei basale Theoreme zurückführen lassen, die sich antagonistisch gegenüberstehen.[54] Es handelt sich, in den Worten

52 Vgl. zu diesen politischen Auseinandersetzungen im 19. Jahrhundert: Schumpeter, Geschichte der ökonomischen Analyse, S. 875–891, und Ingham, The Nature of Money, S. 39–42.

53 Hundt, »Das Ringen um den Geldbegriff«, S. 333.

54 Schumpeter, Geschichte der ökonomischen Analyse, S. 876.

Schumpeters, zum einen um einen »theoretischen Metallismus«[55], der dem orthodoxen ökonomischen Mainstream zugrunde liegt, und den heterodoxen »theoretischen Antimetallismus«[56], der kursorisch auftretende alternative Geldvorstellungen prägt. Diese beiden *Metatheorien des Geldes* bilden, so Schumpeter, die »logischen Grundlagen«[57] verschiedener partikularer Geldvorstellungen.

Um diese logischen Grundlagen wird es im ersten Teil dieser Arbeit gehen. Denn die von Schumpeter als langjähriger akademischer Mainstream identifizierte orthodoxe Metatheorie hat diesen Status nicht nur bis heute gehalten, sondern bestimmt auch die geldtheoretische Debatte der Soziologie – zu Unrecht, wie im ersten Kapitel gezeigt wird. »There are broadly speaking two alternative point of view wich can be identified«,[58] resümiert John Smithin deswegen auch knapp 50 Jahre nach Schumpeters *Geschichte der ökonomischen Analyse.* Einer ist der orthodoxe *»implicit mainstream view«*, der die Lehrmeinung der Ökonomie bestimmt, der andere die weiterhin heterodoxe Herausforderung.[59] Weiterhin strukturiert, folgt man Stephanie Bell, die binäre Gegnerschaft von »Metallismus und Anti-Metallismus« die Debatte.[60] Auch Charles Goodhart spricht explizit von »*den* zwei Geldbegriffen«[61] im Fundament partikularisierter ökonomischer Theorien. Dominant sei dabei, so Goodhart, die »M-Theory«, wobei sich der Buchstabe M hier sowohl auf »Metallisten« als auch auf »Mengerianer« bezieht, womit die gesamte Neoklassik nach Carl Menger gemeint ist.[62] Auch Ryan-Collins u.a. sprechen von »two major theories of money« und identifizieren die »metallist theory of money« im Herzen klassischer und zeitgenössisch vorherrschender neoklassischer Ökonomik.[63]

---

55 Ebd., S. 854.
56 Ebd., S. 373.
57 Ebd., S. 853.
58 Smithin, Controversies in Monetary Economics, S. 18.
59 Ebd., S. 19.
60 Bell, »The Role of the State and the Hierarchy of Money«, S. 149, Übersetzung A. S.
61 Goodhart, »The Two Concepts of Money«, Übersetzung und Hervorhebung A. S.
62 Ebd., S. 407f.
63 Ryan-Collins u.a., Where Does the Money Come From?, S. 29–32.

Bevor geklärt werden kann, worin sich der theoretische Metallismus und der theoretische Antimetallismus unterscheiden, müssen vorab sprachliche Regelungen getroffen werden. Um den Eindruck zu vermeiden, die theoretischen Metallisten würden Geld tatsächlich mit Metall identifizieren, entscheide ich mich für eine andere Variante desselben Begriffs. Es geht hierbei nämlich nicht um die Substanz, sondern darum, mit welcher Analogie über Geld nachgedacht wird. »Als theoretischen Metallismus bezeichnen wir die Theorie«, schreibt Schumpeter, »nach der es für das Geld logisch von entscheidender Bedeutung ist, daß es aus einer Ware besteht.«[64] Ich werde deswegen im Folgenden anstelle von »theoretischem Metallismus« oder »M-Theorie« im Anschluss an Geoffrey Ingham die Bezeichnung *Warentheorie* (»commodity theory«[65]) für diese Metatheorie verwenden.[66]

Die zweite begriffliche Klärung betrifft die Redeweise von einem wirtschaftstheoretischen »neoklassischen Mainstream«, in dessen Fundamenten sich die Warentheorie des Geldes findet. Diese soziologische Darstellung der Ökonomik als vergleichsweise homogene Disziplin mit einem neoklassischen Kern führt immer wieder zu Irritationen bei betroffenen Ökonomen, die sich selbst ganz anders – vielleicht als Neuklassiker, Neukeynesianer oder Konjunkturzyklentheoretiker – denominieren würden und die Neoklassik als einen längst überholten Zwischenschritt der Entwicklung ökonomischen Denkens im 19. Jahrhundert verstehen.[67] Aus wissenssoziologischer

64 Schumpeter, Geschichte der ökonomischen Analyse, S. 367.

65 Ingham, »›Babylonian Madness‹«, S. 17; ders., The Nature of Money, S. 6.

66 »The concepts that comprise the theoretical apparatus of most mainstream economic approaches to money all derive from the commodity-exchange theory in which money is *essentially* a commodity« (Ingham, »›Babylonian Madness‹«, S. 31). Schumpeter diskutiert den Begriff Warentheorie für seinen theoretischen Metallismus auch, verwirft ihn aber zugunsten des letzteren, weil dieser »noch eine andere Bedeutung« (Schumpeter, Geschichte der ökonomischen Analyse, S. 367) habe. Das gilt nun aber für Metallismus auch, weswegen ich mich der von Ingham für die Soziologie vorgeschlagenen Taxonomie anschließe.

67 Einen zeitgemäßen Überblick makroökonomischer Ansätze bieten Hunt/Lautzenheiser, History of Economic Thought, und Spahn, Streit um die Makroökonomie.

Perspektive wird aber – ebenso wie vonseiten heterodoxer Ökonominnen und Ökonomen – immer wieder auf die grundsätzlichen Gemeinsamkeiten moderner makroökonomischer Theorien verwiesen, die sich von der Neoklassik nicht gelöst haben und deswegen als neoklassischer Mainstream gelten können. Paul Samuelsons Neoklassisch-keynesianische Synthese oder die Neukeynesianische Makroökonomik nach Woodford, die so »eine Art Synthese der modernen Theorieströmungen« darstellt,[68] haben mehr mit der Neoklassik gemein als mit dem ursprünglichen Keynesianismus.[69] Man kann also davon ausgehen, dass sich die Volkswirtschaftslehre trotz ihrer oberflächlichen Pluralität auf ein gemeinsames neoklassisches Fundament stützt.[70] Dieses Fundament besteht aus der Annahme prinzipiell zu Gleichgewichtszuständen tendierender freier Markttransaktionen, der Annahme rational an Präferenzen orientierter Akteure (Haushalte), die Entscheidungen am Grenznutzen begehrter Waren orientieren, der Erklärung ökonomischer Zusammenhänge durch mikroskopische Entscheidungen und der Ausblendung von Schulden in makroökonomischen Analysen.[71]

---

68 Spahn, Streit um die Makroökonomie, S. 21; vgl. zu Samuelson: Hunt/Lautzenheiser, History of Economic Thought, S. 471f.

69 Spahn, Streit um die Makroökonomie, S. 32–70 und S. 147–184.

70 Hanno Pahl fasst die Sachlage wie folgt zusammen: »War die Disziplin [Wirtschaftswissenschaft, A.S.] bis etwa in die 1930er Jahre hinein durch ein Neben- und Gegeneinander verschiedener Ansätze gekennzeichnet, wie es als Strukturmuster für Disziplinen wie die Soziologie bis heute prägend ist, so kam es in der Folge zur Herausbildung einer recht deutlichen internen Zentrum/Peripherie-Differenzierung: Der neoklassischen Ökonomik ist es (unter Einbezug einiger Komponenten der Keynes'schen Theorie, der neuentstandenen Ökonometrie sowie später der Kategoriensysteme der volkswirtschaftlichen Gesamtrechnung) erfolgreich gelungen, die Bedingungen von als legitim geachteter ›Wahrheitskommunikation‹ (Wissenschaftlichkeit) in den Wirtschaftswissenschaften disziplinweit zu bestimmen«, Pahl, »A Little Apparatus Called IS-LM«, S. 91f.

71 Spahn, Streit um die Makroökonomie, S. 20f. Zur Bedeutung von Gleichgewichtsmechaniken schreibt Georg Vobruba: »Es war David Ricardo, der die Vorstellung, das Zusammenwirken der Interessen führe im Konkurrenzzusammenhang zu einem Gleichgewicht als dem gemeinsamen Besten [...], zur Grundlage einer umfassenden ökonomischen Theorie machte. [...] Die ökonomische Orthodoxie ist [...] seit dem 17. Jahrhundert im Kern dabei geblieben, ökonomische

Konzepte wie Mainstream, Orthodoxie oder Heterodoxie sind allerdings natürlich stets vereinfachend und umstritten. Es wäre nun wenig sinnvoll, genauer auf die Gemeinsamkeiten und Differenzen der einzelnen Spielarten zeitgenössischer Makroökonomik einzugehen, zumal es hier nicht darum, sondern erstens lediglich um die Tatsache geht, dass die Warentheorie des Geldes bis in die Gegenwart als dominierende ökonomische Lehrmeinung gelten kann. Diese These wird in dieser Arbeit selbst nicht belegt, die Aufrufung ökonomischer Stimmen im ersten Kapitel ist allenfalls eklektisch und soll vor allem auf den hier in der Einleitung noch zu erläuternden zweiten Punkt verweisen: die Relevanz der Warentheorie für die Soziologie. Dafür ist eine inhaltliche Differenzierung der beiden Metatheorien nötig.

Warentheorie

Als Metallisten im engeren Sinne werden eigentlich nur jene Geldtheoretiker bezeichnet, die das Zahlungsmittel Geld mit einer stoffwerthaltigen Guthabenform identifiziert haben.[72] »Der Metallwert der Geldstücke«, so die klassisch metallistische Annahme, »verleiht ihnen den Gebrauchs- und davon abgeleitet den Wert als Ware.«[73] Für Metallisten nach diesem Verständnis wären Vollgeldmünzen das einzig gerechtfertigte Signifikat des Geldbegriffs. Mit dem Aufkommen und der Durchsetzung stoffwertloser Guthabenformen ist diese Position – auch schon zu Zeiten Schumpeters – eigentlich, wie Hundt schreibt, »historisch [...] überholt«.[74] Die Behauptung einer warentheoretischen Neoklassik mag deswegen abwegig erscheinen. Schumpeter nennt die Vertreter der orthodoxen Metatheorie allerdings nicht von ungefähr *theoretische* Metallisten. Er will damit betonen, dass die logischen Grundlagen der eigentlich im engeren Sinne als Metallismus bezeichneten Position viel weitreichender sind, als gemein angenommen wird. Schumpeter unterstellt den entsprechenden Theore-

---

Prozesse im Rahmen des Gleichgewichts-Apriori zu denken«, Vobruba, Kein Gleichgewicht, S. 25f.

72 Hundt, »Das Ringen um den Geldbegriff«, S. 326.

73 Ebd.

74 Ebd.

tikern nicht, sich explizit analytisch wie politisch zum Metallismus zu bekennen, indem sie lediglich stoffwerthaltige Edelmetallmünzen theoretisch als Geld akzeptierten und politisch stoffwertlose Guthabenformen verdammen würden. Vielmehr zielt theoretischer Metallismus auf basale Axiomatiken des Metallismus im engeren Sinne, die sich auch abseits dieser Theorieschule verbreiten und über seine historische Überholung hinaus fortbestehen. Schumpeter schreibt unter besonderer, aber nicht exklusiver Erwähnung des britischen Ökonomen John Fullarton: »Nicht alle Autoren haben die metallistische Lehre so ausdrücklich akzeptiert wie Fullarton [...] und, vor allen Dingen, Marx. Andere [...] haben sie eher impliziert als sich ausdrücklich zu ihr bekannt.«[75] Geldtheorien können stoffwertlose Guthaben, so Schumpeter weiter, als Signifikate des Geldbegriffs akzeptieren und trotzdem dem theoretischen Metallismus zugeordnet werden. Er erläutert das am Beispiel des Ökonomen David Ricardo:

> »Man sollte auch nicht dahingehend argumentieren, daß Ricardo kein Metallist gewesen sein könne, weil er für ein Geldsystem eintrat [...], in dem Gold völlig aus dem Umlauf genommen ist, und weil er die Ansicht vertrat, daß ›ein Geldumlauf dann seinen vollkommensten Stand erreicht, wenn er ausschließlich aus Papiergeld besteht.‹«[76]

Schließlich spreche Ricardo dabei, so Schumpeter weiter, von einem vollständig durch Gold gedeckten Garantiegeld – also stoffwertlosem Guthaben, von dem es nicht mehr gibt als von dem (dann nicht mehr unmittelbar als Zahlungsmittel eingesetzten) Vollgeld. Ein solches vollständig gedecktes Garantiegeld wäre mit Vollgeld funktional identisch: »Eine derartige Goldzertifikatzirkulation würde genauso funktionieren wie eine Goldmünzenzirkulation und sich von ihr nicht prinzipiell, sondern nur durch größere Wirtschaftlichkeit unterscheiden. [...] Ein solches System ist immer noch metallistisch.«[77] In analytischer Hinsicht bedeutet die explizite oder implizite Affirmation

75 Schumpeter, Geschichte der ökonomischen Analyse, S. 854f.

76 Ebd., S. 855.

77 Ebd.

des theoretischen Metallismus also nicht, Geld ausschließlich mit den Edelmetallmünzen des Vollgeldes gleichzusetzen, sondern »die Erklärung des Phänomens des Geldes vom dem Fall des vollwertigen Metallgeldes herzuleiten.«[78]

Diese »Herleitung« gilt es etwas genauer zu bestimmen. Warentheoretiker zu sein bedeutet, so wurde Schumpeter schon zuvor zitiert, Geld in Analogie zu Waren zu verstehen. Edelmetallmünzen sind als Vollgeld also lediglich der Idealtypus von Geld. Was Geld auszeichnet, ist der von dem Metall selbst unabhängige Warencharakter. Geld ist in der Warentheorie universelle Ware, d.h. eine, die (im Normalfall) von allen anderen im Austausch für alles andere akzeptiert wird.[79] Unter Waren kann man hier, ohne auf die zahlreichen und sich teilweise widersprechenden betriebswirtschaftlich-juristischen Nomenklaturen im Einzelnen abzustellen, wertvolle handelbare Eigentumstitel verstehen.[80] Waren sind also erstens Dinge, die jemandem gehören, aber nicht nur von diesem Besitzer wertgeschätzt werden (also einen Tauschwert haben); und zweitens Dinge, die an andere übertragen werden können, sei es nun als Geschenk, Tribut oder im Tausch. Waren sind, anders gesagt, Eigentum mit Tauschwert – und eben das ist, in dieser Perspektive, auch die angemessene und hinreichende Konzeptualisierung für Geld. In der warentheoretischen Position wird Geld dementsprechend mit Austauschbarkeit identifiziert, d.h. mit der konstituierenden Eigenschaft von Waren.[81] Warentheoretiker ist also, wer Geld als das am einfachsten einzutauschende Eigentum thematisiert, d.h. als ein selbstständiges wertvolles und verwendbares Objekt im Besitz eines individuellen Akteurs. In diesem Sinne kann man sagen: In der Warentheorie ist Geld ein Vermögen.

»Selbstständig« ist hier eine sprachliche Hilfskonstruktion, die auf den Unterschied von Sach- und Finanzwerten abstellt: Sachwerte *(real*

---

78 Ebd., S. 856.

79 »Money is seen as the universal commodity, in that it is exchangeable for all others«, Ingham, The Nature of Money, S. 6.

80 Zur üblicherweise vagen Definition von »Ware« im ökonomischen Diskurs als *something to sale* vgl. Hodgson, Conceptualizing Capitalism, S. 126ff.

81 Vgl. Smithin, Controversies in Monetary Economics.

assets), wie Autos, Grundstücke oder Plastikroboter, sind Eigentum, Finanzwerte *(financial assets)* sind Forderungen oder Ansprüche. Finanzwerte – und wir kommen darauf bei der heterodoxen Metatheorie zurück – sind soziale Beziehungen zwischen einem Anspruchshalter und jemandem, demgegenüber man einen Anspruch geltend machen kann (eine Forderung). Um es mit L. Randall Wray zu formulieren, Sachwerte werden schlicht besessen (»owned«), Finanzwerte existieren als Zahlungsversprechen immer in zwei Vermögensportfolios, »once as ›owned‹ and once as ›owed‹«.[82] Die warentheoretische Position impliziert eine Assoziation von Geld und Sachwerten, während sich die Kredittheorie des Geldes am Forderungscharakter orientiert.[83]

Kredittheorie

Die Kredittheorie des Geldes versteht Geld als eine soziale Beziehung, als ein Zahlungsversprechen. Das entspricht dem Rechtsstatus jener Guthabenform, die heute den größten Teil des verfügbaren Geldes ausmacht: das Giral- oder Buchgeld, also das Guthaben auf dem Bankkonto. Dieser Sachverhalt bedarf einer kurzen Erläuterung.[84] Der

---

82 Wray, Modern Money Theory, S. 63.

83 Auch Karl Polanyi hat dem Geld einen Warencharakter abgesprochen, aber aus ganz anderen Gründen und mit ganz anderen Implikationen. Für Polanyi ist das Geld ebenso wie Boden und Arbeit von normalen Waren zu unterscheiden, weil es nicht »zum Zwecke des Verkaufs produziert werden musste«. Geld sei schließlich »nur ein Symbol für Kaufkraft, das in der Regel überhaupt nicht produziert, sondern durch den Mechanismus des Bankwesens oder der Staatsfinanzen in die Welt gesetzt wird« (Polanyi, The Great Transformation, S. 107f.). Diese Differenzierung gestaltet sich schwierig, denn tatsächlich wird Geld selbstverständlich produziert. Was ist der »Mechanismus des Bankwesens« anderes, wenn nicht eine Produktion, die zwar technisch gesehen nicht zum Zweck des Verkaufs geschieht, wohl aber zum Zweck der profitablen Rückzahlung. Allerdings hat dann Polanyi wieder unfreiwillig (weil eigentlich zum Zeitpunkt der Verfassung von *The Great Transformation* noch nicht faktisch) recht, wenn er diese Produktionsverhältnisse des Geldes als nicht marktförmige, d.h. nicht auf den Kräften von Angebot und Nachfrage fußende Herstellungspraxis identifiziert. Diesen Gedanken führt das vierte Kapitel aus.

84 Für England wissen wir, dass 74 Prozent der vom *Cobden Centre* befragten Bürger ihre Finanzgeschäfte unter der Annahme führen, ihr Girokontoguthaben würde einem Wertbesitz entsprechen, Cobden Centre, »Public Attitudes to Banking«.

Kontostand ist zunächst einmal nur eine Information, die auf verschiedenen Wegen abgerufen werden kann. So kann man am Geldautomaten auf »Kontostand« klicken, einen papierenen Kontoauszug ausdrucken oder einfach am heimischen PC nachschauen, ob genug Geld für die nächste Online-Bestellung vorhanden ist. Diese Information steht für sich genommen aber nicht für einen Besitz, ist also nicht mit der Eigentümerurkunde eines Eigenheims zu vergleichen. Vielmehr taucht der Betrag gleichzeitig als Zahlungsversprechen (Schuld) in den Büchern der Bank und als Vermögen des Kontobegünstigten auf. Als buchhalterische Entität ist Guthaben als Vermögen nur zusammen mit einer Zahlungsverpflichtung zu denken. Geld existiert heute nur noch, genauer gesagt, insofern es in Bilanzen von Banken und deren Kunden eingetragen ist. Man kann deswegen festhalten: »Money is [...] embodied in entries in banks balance sheets.«[85] Wegen des Rechtsstatus der dominanten Geldform als Zahlungsversprechen (und mehr bedeutet »Kredit« in »Kredittheorie des Geldes« erst einmal nicht) wäre es absurd, die warentheoretische Analogie von Geld und wertvollem Eigentum nicht zu bezweifeln. Giralgeld existiert als Finanzwert und damit nicht als Ware, sondern als soziale Beziehung,[86] »once as ›owned‹ and once as ›owed‹«.

Es ist nun allerdings keinesfalls so, dass mit dem Hinweis auf den Rechtsstatus des Giralgelds bereits ein theoretischer Konsens herbeizuführen wäre, schließlich ist dieser Rechtsstatus kein Geheimnis und deswegen auch nicht umstritten. Mit der Unterstellung, die gegenwärtige Lehrmeinung basiere auf einer warenlogisch argumentierenden Metatheorie des Geldes, kann deswegen nicht gemeint sein, die Mehrheit der Ökonomen und Soziologen übersehe diesen simplen Tatbestand. Davon auszugehen wäre Unsinn, die Tatsache, dass Giralgeld rechtlich gesehen eine Schuld ist, also noch keine hinreichende Bedingung, um von einer Kredittheorie des Geldes sprechen zu können. Ich will hier drei Präzisierungen der kredittheoretischen Position vornehmen, die für die Einordnung des Arguments wichtig sind.

---

85 Realfonzo, »The Italian Circuitists Approach«, S. 109.

86 Exemplarisch: Ingham, »Money is a Social Relation«.

Erstens verstehen sich viele Kredittheorien als Alternativen der oben grob skizzierten Warentheorien. Auch der antimetallistischen Metatheorie lassen sich zahlreiche unterschiedliche Theorie- und Forschungsansätze heterodoxer Ökonomie zuordnen, post-keynesianische, chartalistische, eigentumstheoretische, kaleckianische und italienische und französische Varianten kreislauftheoretischer Kredittheorien.[87] Eine differenzierte Diskussion ist im Rahmen dieser Arbeit aus soziologischer Perspektive nicht notwendig, weil es – ebenso wie bei der Warentheorie – (mit Schumpeter) um eine Grundlogik der Theorien geht. Diese kommt, nach meinem Eindruck, im (Neo-)Chartalismus am klarsten zur Geltung, wobei ich zwischen klassischem und »neuem« Chartalismus oder der heute populär werdenden Modern Money Theory nicht differenziere.[88]

Während für die warentheoretischen Werttheorien die Identität von Guthaben und Ware, die Bindung der Geldschöpfung an eine Ware oder der Erhalt eines Gleichgewichts zwischen Geldmenge und Warenangebot entscheidend ist, sehen die etatistisch argumentierenden Chartalisten den Geldwert als politisch-juristisch konstituiert. Schumpeter weist auf den britischen Ökonomen Nicholas Barbon hin, der schon im 17. Jahrhundert Geld als einen »vom Gesetz geschaffene[n] Wert« bezeichnete, »für den der Wert seines Stoffes keine Bedeutung hat«.[89] Georg Friedrich Knapp bezeichnete in seiner *Staatlichen Theorie des Geldes* das Geld als ein »Geschöpf der Rechtsordnung«.[90] Das kann man sich so erklären: Für die Chartalisten ist der Wert von Währungen intrinsisch mit dem Steuersystem verbunden,

87 Eine Auswahl findet sich in Arestis/Sawyer, A Handbook of Alternative Monetary Economics.

88 Vgl. Knapp, Staatliche Theorie des Geldes. Einen Einblick in den Neochartalismus der Gegenwart bietet Wray, Understanding Modern Money, und Modern Money Theory. Der Chartalismus ist auch deswegen für Soziologen relevant, weil er Inghams Ansatz zugrunde liegt (Ingham, The Nature of Money). Auch Kraemer/Nessel, »Einleitung«, halten vor allem chartalistische Positionen für beachtenswert.

89 Schumpeter, Geschichte der ökonomischen Analyse, S. 376.

90 Knapp, Staatliche Theorie des Geldes, S. 1. Vgl. Kaufmann, »Kritik des neutralen Geldes«.

man spricht deswegen auch von »tax-driven money«[91]: In dieser Argumentation wird Geld vor allem deswegen wertvoll, weil es sich um eine Recheneinheit handelt, in der gleichzeitig Schulden und die Mittel ausgewiesen werden, diese zu begleichen.[92] Historisch sei es so, das ist das Argument, dass Staaten ihren Untertanen sowohl eine Steuerschuld auferlegten als auch die Mittel ausgaben, diese Steuerschuld zu begleichen. Dass dieses Guthaben zunächst Vollgeld war, also aus einer wertvollen Ware bestand, ist in dieser Perspektive theoretisch nicht entscheidend, weil es auf den Zusammenhang von Steuerschuld und Tilgungsmittel ankommt, die ein und derselben Quelle entspringen. Geoffrey Ingham hat diesen Erklärungsansatz für die Soziologie zu adaptieren versucht,[93] wie weit allerdings die historische Entstehung des Werts einer Währung oder der Geldwert im Sinne persistenter Kaufkraft durch die Steuerschuld erklärt werden kann, ist umstritten.[94]

Zweitens ist zu beachten, dass die Kredittheorien keine reinen Theorien von Forderungen (wie dem Giralgeld) sind, sondern die Logik dieser Rechtsformen zu einer allgemeinen Theorie erweitern. Auch Münzen und Banknoten sind, geht es nach dieser Metatheorie, als Kredite zu interpretieren, weil ihre Verwendung ausgehend von ihren Produktionsbedingungen her gedacht wird. Diesen womöglich etwas kontraintuitiven Gedankengang gilt es nachzuvollziehen. Zunächst zurück zum Giralgeld: Wenn Buchgeld ein Zahlungsversprechen ist, wie ist dieses Zahlungsversprechen zu verstehen? Es ist, so argumentieren die Kredittheoretiker, ein Versprechen darauf, das als Schuld ausgewiesene Geld zur Begleichung von Schulden zu akzeptieren. Die werttheoretische Überlegung (»tax-driven money«) gilt

91 Wray, Understanding Modern Money; Forstater, »Tax-Driven Money«; Bell, »The Role of the State«.

92 Vgl. für historische Beispiele als Überblick Graeber, Schulden, oder Neal, A Concise History of International Finance. Mit der Persistenz des Geldwertes (der Kaufkraft von Guthabenbeträgen) werde ich mich im Folgenden nicht auseinandersetzen, was mich glücklicherweise davon entlastet, dieses Rätsel zu lösen. Anders gesagt: Ich werde in dieser Arbeit nicht über die Kredittheorie als Theorie des Geld*wertes* sprechen.

93 Ingham, The Nature of Money.

94 Sgambati, »The Significance of Money«.

auch hier: Die Entstehung des Geldes wird bei politischen Entitäten verortet, die gleichzeitig ihren Untergebenen eine Schuld auferlegen (Steuern) und die Mittel (beispielsweise Münzen und Papierscheine) herausgeben, die diese Schulden tilgen können. Dieselbe Logik betrifft auch das eigene Zahlungsversprechen Buchgeld: Es ist Guthaben, das ein Versprechen der Bank darstellt, das eigene Zahlungsversprechen als Tilgungsmittel zu akzeptieren. Das folgende Zitat des Ökonomen L. Randall Wray verdeutlicht diesen Gedanken:

> »We have argued that all those money things [Münzen, Geldscheine, Buchgeld, A. S.], in turn, are liabilities, obligations, IOUs[95], of their issuer. At the same time, they are assets of the holder. The nature of the obligation of the issuer is this: one must always accept one's IOU in payment of oneself. The bank that issues demand deposits as its liabilities must accept its demand deposits in payments on the loans it holds as assets. The government that issues currency as IOUs in its payments must accept its currency in payment to itself (for fees, fines, and taxes).«[96]

Ein Geldbetrag ist aus kredittheoretischer Perspektive deswegen als Kredit, d.h. als Zahlungsversprechen (»IOU«) zu verstehen, weil es für die Verpflichtung des Emittenten steht, denselben Betrag zurückzunehmen und damit die Verpflichtung als erfüllt zu betrachten. Guthaben ist, anders gesagt, stets ein Versprechen der Selbstauflösung durch Schuldtilgung.

Es sind diese Verpflichtungen, mit denen wir handeln können, was aus Sicht der Kredittheorie eben nicht mehr bedeutet, als seine eigenen Schulden durch das Zahlungsversprechen eines kreditwürdigeren Dritten abzugelten. Kredittheoretikern gilt deswegen Umgang mit Geld – auf den die Soziologie, wie eingangs angemerkt, ihr Hauptaugenmerk gelegt hat – nicht mehr als Eigentumstausch, sondern als Umgang mit Kredit und Schuld, also als Knüpfung und Auflösung von Zahlungsbeziehungen.

95 IOU = *I owe you* meint dasselbe wie *liabilities* und *obligations*, nämlich Schulden.
96 Wray, Modern Money Theory, S. 262.

Diese zentrale Idee explizierte John Maynard Keynes bereits in seiner Schrift *Vom Gelde,* die ob ihrer historischen Bedeutung und scharfsinnigen Struktur hier ausführlicher zitiert sei:

> »Wir gehen aus von dem Begriff der Recheneinheit, also jener Einheit, in der Schulden, Preise und allgemeine Kaufkraft ausgedrückt werden. [...] Der Charakter des Geldes, jenes Gegenstandes, durch dessen Übergabe Schuldverträge und Preisverträge erfüllt werden, [...] leitet sich her aus seiner Beziehung zur Recheneinheit, da die Preise vorher in der letzten ausgedrückt werden müssen. [...] Mit dem Hinweis auf Verträge und Offerten haben wir Gesetz und Sitte, durch die beide erzwingbar sind, in die Untersuchung eingeführt, das heißt, wir haben den Staat oder die Gemeinschaft eingeführt. Überdies ist es für Geldverträge besonders charakteristisch, daß der Staat oder die Gemeinschaft nicht nur die Übergabe erzwingen, sondern daß sie auch bestimmen, was übergeben werden muss, damit ein Vertrag [...] rechtmäßig erfüllt ist.«[97]

Geld ist damit zunächst nicht herumreichbares Guthaben, sondern ein Registrierungssystem für tatsächliche (»Schuldverträge«) und mögliche (»Preisverträge«) Schulden.[98] Der Preis einer Ware wird in der chartalistischen Tradition als der in einer politisch gedeckten Recheneinheit ausgewiesene Grad an Verschuldung verstanden, den man eingehen muss, um diese Ware in den eigenen Besitz zu überführen. Es ist aus dieser Perspektive schlichte Konvention, dass wir im Alltag diese Schuld stets unmittelbar tilgen, indem wir die Ware direkt nach Erhalt durch die Übertragung von Münzen oder Scheinen ausgleichen – aber für das Verständnis des Systems nicht entscheidend. Diese in der Recheneinheit ausgewiesenen materiellen »money things« sind dabei ebenso wie Bankguthaben Verpflichtungen des Erzeugers (also eine soziale Beziehung zwischen dem Erzeuger der Münzen und Scheine und ihrem Halter), die Verpflichtung nämlich, sie zur Auslöschung der durch sie repräsentierten Schuld zu akzeptieren. Was wir im Alltag tun,

---

97 Keynes, Vom Gelde, S. 1f. Weiter heißt es: »Heute ist das Geld in allen zivilisierten Staaten, darüber kann es keine Meinungsverschiedenheit geben, chartaler Natur«, ebd., S. 4.

98 Vgl. Wray, Modern Money Theory, besonders S. 270.

wenn wir mit Geld umgehen, erscheint in dieser theoretischen Perspektive als das Begleichen von Schulden mit Schulden.[99]

Wichtig ist allerdings die Betonung einer Differenz zwischen diesen IOUs: Wenn Geld nichts anderes als Schulden sind, die Schuldverträge tilgen, dann kann prinzipiell jeder Geld erschaffen, der fähig dazu ist, ein Zahlungsversprechen abzugeben. Darauf hat prominent der Schumpeter-Schüler Hyman Minsky hingewiesen: »Everyone can create money, the problem is to get it accepted.«[100] Die Dollar-, Euroschulden etc. unterscheiden sich von privaten Zahlungsverpflichtungen, die buchstäblich jeder erschaffen kann, durch ihre Einbindung in eine politische Anerkennungsordnung. Ist jemand etwa besonders gut in sein lokales Umfeld eingebunden, hat er oder sie vielleicht eine Stammkneipe, in der er oder sie anschreiben lassen kann. In diesem Fall würde ein Preisvertrag für ein Bier durch eine private Schuldverschreibung aufgelöst und das Bier konsumiert. Diese private Schuld unterscheidet sich allerdings in entscheidendem Maße von Banknoten oder Giralgeld, was man auch daran merkt, dass die Schuld eben *nicht* durch ein persönliches Zahlungsversprechen getilgt wird, sondern die Beziehung zwischen Wirt und Konsument bestehen bleibt. Die Schulden von Banken (Buchgeld) werden erst dadurch für die Tilgung von Schuld- und Preisverträgen attraktiv, dass sie in eine »Hierarchie« von Schulden eingebettet sind:

> »Issuers [von Geld, A. S.] commonly add another promise to increase acceptability: to convert their IOUs to the IOUs issued by some entity whose liabilities are even more acceptable. That led us to the notion of the debt pyramid. Liabilities of households and firms are converted to demand deposits of banks, […] and bank IOUs are convertible to government currency.«[101]

---

99 »In systems were credit is highly developed, what does it mean for one agent to promise to pay money? […] Payment normally means delivering a third party's promise to pay, where the third party's liability is more acceptable than the debtor's«, Foley, »Money in Economic Activity«, S. 249.

100 Minsky, Stabilizing an Unstable Economy, S. 255.

101 Wray, Modern Money Theory, S. 262; vgl. Bell, »The Role of the State and the Hierarchy of Money«.

Überlässt mir ein Wirt ein Bier, so tilge ich diese Schuld durch die Übertragung einer Schuld meiner Bank (Giralgeld). Mit dieser Schuld, anders als mit einem von mir selbst ausgestellten Schuldschein, kann der Wirt wiederum andere Schulden tilgen, weswegen es für ihn Sinn macht, meine Schuld durch die Übertragung von Giralgeld als abgegolten anzusehen. Das liegt nicht zuletzt daran, dass die Bankschuld – anders als ein von mir selbst unterzeichneter Schuldschein – durch die Einbindung in ein Währungssystem problemlos in andere Schuldformen, etwa Bargeld, überführbar ist. Versteht man unter Geld das Emittieren, Übertragen (zur Erfüllung von Preisverträgen) und Tilgen von Schulden, dann ruft man damit in diesem Sinne notwendig die Kategorie politischer Anerkennung privater Schulden auf. Geldsoziologie ist deswegen für Geoffrey Ingham im Kern politische Soziologie.[102]

Drittens stellen die Kredittheorien des Geldes nicht nur einen alternativen Geldbegriff in den Raum, sondern können diesen überhaupt nur formulieren, weil sich ihr Kreditbegriff von dem der warentheoretischen Orthodoxie unterscheidet. Klar ist, dass die Rechtsform des Giralgeldes als Kredite[103] eindeutig ist, doch wird dieser Sachverhalt aus warentheoretischer Perspektive ganz anders verstanden als in der kredittheoretischen Tradition. Das heißt, es geht weniger darum, ob es sich hierbei um Zahlungsversprechen handelt, sondern darum, was das bedeutet – dieser Zusammenhang muss noch ausgeführt werden. Erst dann wird deutlich, warum wir es beim Disput der beiden Metatheorien nicht nur mit einem innerökonomischen Problem zu tun haben.

Die Definition von Geld als einer sozialen Beziehung legt den Verdacht nahe, dass sich innerhalb der Soziologie relativ leicht ein Konsens darüber herstellen ließe, Geld als Kredit zu verstehen. Tatsächlich aber ist, wie das erste Kapitel zeigen wird, auch hier die Warentheorie üblicher. Es geht den Kredittheoretikern und -theoretikerinnen nämlich nicht darum, den Wert des Geldes als soziale Relation zu verstehen, sondern den Vermögenscharakter von Guthaben als Zahlungsver-

---

102 Ingham, The Nature of Money.

103 In dieser Arbeit bedeutet Kredit ein Zahlungsversprechen eines Schuldners an einen Gläubiger.

sprechen zu begreifen. Auch der Klassiker der Geldsoziologie, Georg Simmel, hat Geld als abstrakte Recheneinheit[104] behandelt und als ein Versprechen bezeichnet,[105] damit aber auf die Kaufkraft als »Anweisung auf die Gesellschaft«[106] angespielt. Den Kredittheoretikern geht es aber nicht wie Simmel darum, Guthaben als Anspruch des Geldbesitzers auf einen Teil der verfügbaren Güter und Dienstleistungen zu thematisieren, sondern Guthaben als ein Zahlungsversprechen – ein Schuld-Vermögens-Hybrid – zu denken. Anders als Simmels Deutung von Geld*wert* (Kaufkraft) als einer *abstrakten* sozialen Beziehung zwischen einem Geldbesitzer und abwesenden Dritten – Verkäufern (potenziellen Akzeptanten des Geldbetrags im Tausch) – geht es in der Kredittheorie doch um Geld als einer *konkreten* (und nicht abstrakten) sozialen Beziehung, d.h. einer Beziehung zwischen eindeutigen Akteuren (und nicht abwesenden Dritten).[107]

Damit ist natürlich nicht gesagt, dass der Bezug auf abwesende Dritte nicht auch für eine kredittheoretische Reflexion entscheidend ist. Natürlich macht auch die Akzeptanz einer Schuld als Tilgungsmittel für einen Preis- oder Schuldvertrag nur dann Sinn, wenn man es in

104 Ausgeführt wird das in Simmel, Philosophie des Geldes, S. 139–155, wo er dafür argumentiert, dass die »Funktion, Werte zu messen, ihm [dem Geld, A.S.] den Charakter eines Eigenwertes nicht aufzwingt«, ebd., S. 155.

105 Simmel, Philosophie des Geldes, S. 214.

106 Ebd., S. 213.

107 Simmel erklärt in der *Philosophie des Geldes* unter anderem, dass die Funktion des Geldes als Zwischentauschmittel auf einer dreigliedrigen Beziehung zwischen den beiden Tauschpartnern und der Gemeinschaft möglicher Geldakzeptanten beruht. Der Tausch mit Geld sei keine Interaktion zwischen Individuen, sondern stets zwischen vergesellschafteten Akteuren. Verkaufen und Kaufen sei etwas anderes, als Güter mit unmittelbarem Nutzen direkt zu tauschen, weil Geld keinen unmittelbaren Zweck habe, sondern »bloße Anweisung auf anderes, definitive Werte« sei, »eine Anweisung, deren Realisierung von der Gesamtheit des Wirtschaftskreises oder von der Regierung als der Vertretung derselben abhängt« (Simmel, Philosophie des Geldes, S. 213). Der geldvermittelte Tausch involviere deswegen »eine dritte Instanz: die soziale Gesamtheit, die für das Geld einen entsprechenden Realwert zur Verfügung stellt« (ebd.). Simmel bezeichnet Geld sogar als »Kreditgeld« (ebd., S. 215–218), meint damit aber auch den Umstand, dass Kaufkraft auf Erwartungen, insofern auf dem Glauben *(credo)* beruhe, das Geld in Waren umtauschen zu können.

dem Glauben bzw. der Erwartung tut, zu einem erweiterten Kreis von Akteuren zu gehören, die dazu bereit sein werden, ihrerseits Schulden auf diese Weise zu tilgen. Hier sollte lediglich auf den Umstand aufmerksam gemacht werden, dass die kredittheoretische Thematisierung von Geld als einer sozialen Beziehung (dem Versprechen eines Schuldners) nicht mit der Konstitution von Kaufkraft oder Geldwert als einer sozialen Beziehung identisch ist.

Auch Niklas Luhmann (als zweiter soziologischer Klassiker, der sich zentral mit Geld beschäftigt hat), der nun Geld ganz explizit nicht als Ware, sondern als soziales Verhältnis namens Kommunikationsmedium versteht, erweist sich genauer besehen im Kern als warentheoretisch imprägniert.[108] Diese klassische Einstimmung der Soziologie setzt sich, wie das erste Kapitel genauer aufschlüsseln wird, fort. Heiner Ganßmann beispielsweise, vielleicht der auffälligste postklassische Geldsoziologe in der deutschsprachigen Soziologie, hat jüngst (im Jahr 2015) die Kredittheorie des Geldes als soziologisch inadäquat abgetan.[109] Von einer kredittheoretischen Lehrmeinung in der Soziologie kann also, obwohl die heterodoxe Metatheorie auf Geld als eine soziale Beziehung abstellt, keinesfalls die Rede sein. Klaus Kraemer und Sebastian Nessel halten die Debatte zwischen Waren- und Kredittheorie generell für »soziologisch wenig ergiebig«,[110] eine Einschätzung, der mit dieser Arbeit widersprochen werden soll.

Theorie und Praxis

Die skizzenhafte Darstellung der beiden Metatheorien des Geldes zeigt weitreichende Unterschiede, die vor allem darauf zurückzuführen sind, dass beide Theorien Geld in ganz verschiedenen Handlungs-

108 Ingham zeigt knapp, aber eindrücklich die Nähe von Simmels und Luhmanns Verständnis der Geldwirtschaft zum neoklassischen Mainstream: Ingham, »On the Underdevelopment«; ders., The Nature of Money, S. 59–66.

109 Ganßmann, »Geld als Fiktion?«; ders., »Geld, Kredit und die Finanzkrise von 2007/08«.

110 Kraemer/Nessel, »Einleitung«, S. 12.

oder Interaktionskontexten verorten:[111] Vertreter der Warentheorie reden über Eigentum und Tausch, die Vertreter der Kredittheorie über das Abschließen, Verbinden und Auflösen von Schuldverträgen. Anders gesagt, die warentheoretische Vorstellung von Geld als einem verwendbaren Etwas im Besitz einer Person findet sich nicht nur in expliziten Gelddefinitionen, sondern auch in den Theorien des weiteren Handlungs- und Interaktionskontextes. Gleiches gilt, offensichtlich, für die Kredittheorie. Diese Handlungs- und Interaktionskontexte kann man soziologisch als »Praxis« bezeichnen. Die Metatheorie des Geldes impliziert also Theorien der »monetären Praxis«,[112] und es ist genau dieser Aspekt, an dem eine soziologische Rekonstruktion ansetzten kann und sollte. Weil Geldtheorien immer auch Theorien der monetären Praxis sind, lassen sich *(ceteris paribus)* auch solche Ansätze der Warentheorie zuordnen, die sich zwar explizit von ihr abgrenzen oder auf eine Definition des Geldes verzichten, aber gleichzeitig über die monetäre Praxis als (reine) Tauschpraxis sprechen, während eine kredittheoretische Position die Tauschvorstellung zugunsten einer Rede von Versprechen aufgeben müsste.[113]

111 Vgl. Foley, »Money in Economic Activity«.

112 »Monetäre Praxis« ist der allgemeine Begriff für das Aktivitätsfeld (bzw. den Handlungs- oder Interaktionskontext) des Geldes, das warentheoretisch primär als Tausch- und kredittheoretisch primär als Versprechenspraxis verstanden wird. Natürlich gehören zum Aktivitätsfeld des Geldes auch Geldgeschenke, Geldtribute etc. Solchen quantitativen Minoritäten werde ich mich nicht widmen können.

113 Ich werde im ersten Kapitel vorschlagen, diese Kredit- oder Schuldpraxis soziologisch als Versprechenspraxis zu verstehen, weil das den Typus von Aktivität, um den es geht, besser erfasst als der moralisch-juristische Begriff der Schuld. Sollte sich die Leserin oder der Leser an dieser Stelle fragen, warum es sich nicht um eine Praxis von Kontrakten handelt – wie es in der ökonomischen Sprache bei Keynes vorausgesetzt wurde –, so kann an dieser Stelle nur auf das Argument von Niklas Luhmann (Luhmann, Soziologie des Risikos, S. 194ff.) und den Abschnitt im fünften Kapitel (S. 213f.) verwiesen werden, in dem dieses Argument – in einem etwas anderen Zusammenhang – diskutiert wird. Luhmann argumentiert in *Soziologie des Risikos*, dass Kredite aus soziologischer Perspektive keine Verträge sind, sondern Versprechen, weil ihr Zustandekommen auf Erwartungen (Vertrauen) beruht, dessen Enttäuschung zwar durch das Rechtssystem bearbeitet werden kann, die aber

Die Interdependenz von Geldbegriff und Theorie der monetären Praxis wird vielleicht am Begriff des Bankkredits am deutlichsten. Darauf hatte Alfred Mitchell-Innes schon in seiner in heterodoxen Kreisen einschlägigen, aber darüber hinaus wirkungsarmen Kritik an der orthodoxen Metatheorie von 1913 hingewiesen. Die orthodoxe Tradition, erklärt Mitchell-Innes, habe ihre Vorstellungen von Geld an Waren im Sinne von Sachwerten orientiert, was man auch daran sehe, dass Kredite als *Umgang* mit Geld verstanden werden. Kredite, schreibt Mitchell-Innes, werden als »Substitut für Gold«[114] (Gold steht hier für Vollgeld) verstanden, also als eine bedingt als Zahlungsmittel einsetzbare Übertragung von wertvollem Eigentum. Daran anschließend legt Schumpeter in der *Geschichte der ökonomischen Analyse* dar, dass sich anhand der Interpretation des Kredits im Verhältnis zum Geldbegriff am deutlichsten die Differenz zwischen geldtheoretischer Orthodoxie und Heterodoxie markieren lässt: Die Warentheorie leitet ihren Kreditbegriff[115] von einem Verständnis von Geld als Ware ab – vertritt also eine »Geldtheorie des Kredits«, während die »Kredittheorie des Geldes« den Geldbegriff aus dem Kreditbegriff ableitet.[116]

Aus warentheoretischer Perspektive sind Kredite ganz normale monetäre Transaktionen – also Transaktionen *mit* Geld, ebenso wie Käufe, Geschenke oder Steuer- oder Tributabgaben.[117] Das Aufkommen von Krediten in Garantiegeldsystemen stellte deswegen, wie Schumpeter detailgenau rekonstruiert, auch keine besondere Heraus-

---

nicht durch diese Bearbeitung erklärt werden kann. Das Rechtssystem kann in der Regel die Nichterfüllung eines Kreditkontraktes nicht kompensieren.

114 Mitchell-Innes, »What is Money?«, S. 377.

115 Der Terminus »Kredittheorie« ist in dieser Arbeit für die heterodoxe Metatheorie des Geldes reserviert (steht also für »Kredittheorie des Geldes«). Theorien, in denen es um Kredite geht, werden dementsprechend als »Theorien des Kredits« oder, wie an dieser Stelle, als »Kreditbegriffe« bezeichnet.

116 Schumpeter, Geschichte der ökonomischen Analyse, S. 876, vgl. ebd., S. 367–380 und S. 875–891.

117 Exemplarisch dazu Werner Ehrlicher: »Als monetäre Erscheinung läßt sich der Kredit als die zeitweilige Überlassung von Verfügungsmacht über eine bestimmte Geldsumme mit dem Versprechen der Rückzahlung definieren«, Ehrlicher, »Geldtheorie«, S. 356.

forderung für die warentheoretische Orthodoxie im 16. und 17. Jahrhundert dar.[118] Warentheoretiker ist eben nicht nur, wer Geld explizit als Ware versteht, sondern (auch) wer die Existenz eines wertvollen Etwas im Besitz von einem Einzelnen als Ausgangspunkt seiner oder ihrer Überlegungen wählt. Mit dem Hinweis der wechselseitigen Abhängigkeit von Geld- und Kreditbegriff formulieren Mitchell-Innes und Schumpeter eine vor allem im Hinblick auf die Reflexion soziologischer Geldtheorie wichtige Referenz: Beide haben klar gesehen, dass die Warentheorie des Geldes immer auch eine Interpretation der Handlungs- und Interaktionskontexte beinhaltet, in denen Geld theoretisch verortet wird. Diese Interpretation kann von einem Wechsel der Metatheorie nicht unabhängig sein. Geldtheorien sind, allgemein gesprochen, deswegen vor allem immer auch Theorien des Kredits.

Mit den beiden Metatheorien stehen sich somit auch zwei Metatheorien des Kredits gegenüber: Die Warentheorie lässt sich, so führt Schumpeter aus, »unmittelbar aus der logisch übergeordneten Theorie des Tausches ableiten«,[119] weil sie alle Handlungen mit und um Geld von der Logik des Tausches her versteht, also auch Kredite. Versteht man Geld als ein wertvolles Stück Eigentum, dann ist es wertvoll, weil man es im Tausch einsetzen kann; Kredite sind dann Distributionsakte, zeitlich befristete Übertragungen von Eigentum, das andere im Tausch einsetzen und dann zurückzahlen. In dieser Sichtachse erscheint der Kredit als ein zeitlich gestreckter Tausch, in dem ein Geldgeber zum Gläubiger wird, indem er sein Geld verleiht und es damit gegen mehr Geld (Tilgung plus Zinsen) in der Zukunft tauscht. Dieser *distributive Kreditbegriff* dominiert, wie man sehen wird, nicht nur in der Ökonomik, sondern auch in der Wirtschafts- und Finanzsoziologie.

Die Kredittheorie versteht Geld hingegen selbst als Kredite, kann sie also dementsprechend nicht mehr als Übertragung von etwas ver-

118 Schumpeter, Geschichte der ökonomischen Analyse, S. 402ff.
119 Ebd., S. 368.

stehen, das von ihnen (den Krediten) unabhängig existiert.[120] Während die distributive Theorie des Kredits also unterstellt, wir hätten es bei Geld im Grundsatz mit Interaktionen im Modus des Tauschens zu tun, in der dann und wann auch mal mit zeitlicher Verzögerung per Kredit »getauscht« wird (Geld heute gegen mehr Geld morgen), spricht die alternative Metatheorie von Handlungs- und Interaktionszusammenhängen, die durch das Geben, Nehmen und Auflösen von Versprechen überhaupt erst konstituiert sind. Ich nenne dieses alternative Verständnis von Krediten den *kreativen Kreditbegriff.*

Aus der freilich noch genauer zu bestimmenden Differenz zwischen *distributivem* und *kreativem* Kreditbegriff wird deutlich, warum es für Vertreter der heterodoxen Metatheorie nicht infrage kommt, Geld allein aus einer Verwendungsperspektive zu thematisieren. Wer Geld als Kredit, d.h. als befristete soziale Beziehung versteht, für den bedeutet Geldverwendung auch immer (Re-)Produktion dieser Beziehung. Auch Zahlungen erscheinen dann, wie gesagt, nicht mehr als Tausch von Eigentum gegen Eigentum, sondern als Veränderung von Gläubiger-Schuldner-Beziehungen. Es war vor allem Geoffrey Ingham, der die Soziologie dazu aufrief, die »Produktionsweise«[121] des Geldes stets mitzureflektieren. In diesem Sinne liegt schon in der Fokussierung bisheriger Geldsoziologie darauf, wie und warum Menschen Geld *benutzen,* ein warentheoretischer Bias.

---

120 »The conventional textbook distinction between ›money‹ and ›credit‹ is not merely anachronistic, but is based on a conceptual confusion«, Ingham, »Money is a Social Relation«, S. 510.

121 Ingham hat die Soziologie vor einigen Jahren dazu aufgefordert, sich für »modes of production of money« zu interessieren (Ingham, The Nature of Money, S. 77, im Original kursiviert). Ingham führt die Entwicklung des Geldes allerdings auf einen Fundamentalkonflikt (Gläubiger gegen Schuldner, näheres dazu im dritten Kapitel) zurück. Solche strukturalistischen Annahmen sind, wie man sehen wird, der Soziologie der Praxis fremd; ihre Erklärungsansprüche sind viel bescheidener: Es geht darum zu verstehen, wie Praxen funktionieren.

Ausblick

Das *erste Kapitel* wird solche Spuren der Warentheorie des Geldes in der Soziologie verfolgen und damit zeigen, wie tief die Analogie von Geld und Ware im Denken dieser Disziplin verankert ist. Mehrheitlich hat man sich über die Adaption einer tauschlogischen Semantik in die warentheoretische Tradition eingeschrieben.

Das *zweite Kapitel* wird drei kritische Argumente evaluieren, die für einen Wechsel von einem waren- auf einen kredittheoretischen Geldbegriff sprechen. Beliebt, aber wenig überzeugend, waren in der Vergangenheit genealogische Kritiken der Warentheorie. Man hat argumentiert, dass universelle Zahlungsmittel aus Ver- und Entschuldungspraktiken entstanden sind und nicht – wie es üblicherweise im Mainstream erzählt wird – aus wertvollen Tauschobjekten hervorgegangen sind. Auch wenn die alternative schuldlogische Entstehungsgeschichte aktuellen Forschungen zufolge aller Wahrscheinlichkeit nach stimmt, so darf man doch die Tragweite einer solchen Kritik nicht überschätzen. Es ist nachvollziehbar, dass sich hartgesottene Warentheoretiker von diesem Einwand bisher kaum haben überzeugen lassen.

Schwerwiegender ist zumindest aus soziologischer Perspektive die Tatsache, dass Guthaben heute mehrheitlich de facto als Schuldvertrag (Bankeinlagen) vorliegt und sich schon als solcher von einer Ware unterscheidet. Man muss genau hinschauen, um zu verstehen, warum auch dieser Fakt die Warentheoretiker nicht überzeugt. Sie argumentieren, dass die rechtliche Verfassung von Bankeinlagen für eine Theorie des Geldes unerheblich ist. Bargeld, so der starke Einwand, ist keine Schuld, sondern eine Ware – und als solche die eigentliche Referenz des Geldbegriffs. Diesem »Bargeldexzeptionalismus« muss allerdings besonders im Hinblick auf das dritte Argument widersprochen werden.

Es erweist sich als notwendig, ein neues (altes) Argument zu ergänzen. Das bereits angedeutete praxeologische[122] Argument ist aus

122 Ich verwende »praxeologisch«, »praxistheoretisch« und »praxissoziologisch«, sofern nicht anders vermerkt, bedeutungsgleich.

soziologischer Perspektive nämlich deutlich vielversprechender als seine beiden Vorgänger: Wie unter Verweis auf Mitchell-Innes und Schumpeter dargelegt, entscheidet sich die Frage, ob die Waren- oder die Kredittheorie des Geldes soziologisch überzeugt, in dieser Arbeit letztendlich daran, ob sich der Kredit als Transportmittel für Wert theoretisieren lässt, oder nicht. Ersteres entspräche der Warentheorie, Letzteres der Kredittheorie. Der Untertitel dieser Arbeit wird dadurch, so hoffe ich, verständlicher: Eine soziologische Theorie des Geldes, das ist der Vorschlag, ist im Grunde immer (auch) eine Praxistheorie des Kredits.

Eine Kritik an der Warentheorie als soziologischer Geldtheorie kann deswegen nur auf Basis einer Evaluation der tatsächlichen Bedingungen der Kreditvergabe von Banken funktionieren. Lässt sich diese Kreditvergabe tatsächlich, wie es gemeinhin geschieht, als spezielle Form des Tauschens begreifen (distributiver Kreditbegriff), oder muss man ganz anders über Bankkredite sprechen (kreativer Kreditbegriff)? Wie sieht, anders formuliert, eine soziologisch adäquate Praxistheorie des Kredits aus? Mit diesem Argument sollte die metatheoretische Debatte der Geldsoziologie zu einem Ergebnis kommen können.

Dafür wird es zunächst notwendig sein, im *dritten Kapitel* den Praxisbegriff genauer zu bestimmen. Die Soziologie der Praxis[123] ist ein produktives Forschungsfeld ohne eindeutige, konsensuale Terminologie. Es ist zu klären, nach welchen Kriterien überhaupt entschieden werden kann, ob Kredite heute distributive oder kreative Aktivitäten sind. Die Soziologie der Praxis interessiert sich für soziale Situationen und Kontexte – man könnte auch sagen: für »Aktivitätsfelder«[124] – und bestimmt den Charakter von Aktivitäten aus einer Beobachtung dieser situativen Kontexte. Menschliches Handeln wird dabei nicht – wie in handlungstheoretischen Ansätzen – als individuell zu erklä-

123 Ich verwende die Begriffe »Soziologie der Praxis«, »Praxissoziologie« und »Praxistheorie« austauschbar.

124 Der Praxistheoretiker Theodore Schatzki definiert Praxen allgemein als »arrays of activity«, um den Begriff der Handlung *(action)* als individuelle soziale Entität zu vermeiden, Schatzki, »Introduction: Practice Theory«, S. 2.

rende und verstehbare Ereignisse angesehen. Das heißt, man fragt nicht nach den Motiven oder Rationalitäten individueller Entscheidungen, etwas zu tun oder zu unterlassen, sondern man geht von den Verknüpfungen, routinierten Abfolgen und Abhängigkeiten aus – eben vom situativen Kontext. Die Soziologie der Praxis ist damit vor allem wirtschaftswissenschaftlichen Ansätzen diametral entgegengestellt, die stets – auch in der Heterodoxie – auf Basis von Entscheidungen individueller Akteure argumentieren.

Der praktische Kontext entscheidet, wie die Kreditvergabe von Banken soziologisch zu deuten und zu theoretisieren ist. Auf die Frage, wie sich solche Kontexte empirisch erheben lassen, gibt es unterschiedliche und teils kontroverse Antworten. Vor allem in der deutschsprachigen Forschung hat sich eine ethnologische Interpretation der Praxistheorie durchgegesetzt, die sich methodisch auf mikrosoziologische teilnehmende Beobachtung beschränkt. Mit dieser »Teilnehmerperspektive« werden dem Forschenden allerdings lediglich überschaubare, lokale Kontexte zugänglich. Kontexte – und damit Praxen – gibt es aber in ganz unterschiedlichen Dimensionierungen. Entgegen der üblichen Mikropraxeologie werde ich deswegen für eine makroskopische Interpretation optieren. Die Kreditvergabe von Banken wird dabei aus einer »Theaterperspektive« untersucht.[125] Erst aus dieser Theaterperspektive, so die zu verteidigende These, lässt sich feststellen, ob Kredite heutzutage distributive oder kreative Akte sind.

Das *vierte Kapitel* wendet sich deswegen den tatsächlichen Bedingungen und Abhängigkeiten der Kreditvergabe privater Banken zu. Die distributive Theorie des Kredits unterstellt nämlich, Banken würden hierbei, genau wie alle anderen ökonomischen Akteure, von knappen Ressourcen abhängen. Ökonomisch zu agieren bedeutet, begrenzte Mittel einzusetzen, um produzieren, tauschen oder konsumieren zu können. Deswegen gehen Wirtschafts- und Sozialwissenschaftler gemeinhin davon aus, dass auch Banken bei der Vergabe eines Kredits – man könnte auch sagen: der »Produktion« einer Schuld – knappe Mit-

125 Zu dieser Unterscheidung von Teilnehmer- und Theaterperspektive: Alkmeyer/Buschmann, »Praktiken der Subjektivierung«.

tel einsetzen müssen, nämlich Kapital (wobei damit Spareinlagen, Zentralbankreserven, Pfand oder Eigenkapital gemeint sein kann).

Genau besehen erweist sich diese Annahme allerdings als falsch: Weder Spareinlagen noch die Reserven der Zentralbanken, weder Eigenkapital oder gar die Menge kreditwürdiger Kunden sind im strengen Sinne knapp. Banken erschaffen bei jeder Kreditvergabe neues Geld aus dem Nichts, ohne dabei zuvor knappe Ressourcen akkumulieren zu müssen.

Kredite, so das Argument des vierten Kapitels, sind deswegen heute keine Kapitaltransportakte mehr, sondern autonome Schöpfungsakte, die außerhalb ökonomischer Beschränkungen funktionieren. In den oben entwickelten Termini gesprochen: Das Kapitel zeigt, warum die soziologische Theorie einen kreativen Kreditbegriff in Anschlag bringen muss. Das heißt, hier vervollständigt sich das zuvor bloß formal entwickelte praxeologische Argument und liefert die finale Bestätigung der Kredittheorie des Geldes.

Das vierte Kapitel macht mit der Analyse der Geldordnung im Hinblick auf die Bedingungen und Abhängigkeiten der Kreditvergabe außerdem – das ist neben der Entscheidung der metatheoretischen Debatte das zweite Anliegen – einen Vorschlag für eine soziologische Bestimmung der durch die Entkopplung von Geld und Gold ausgelösten Transformation des Geld- und Kreditwesens. Unter Rückgriff auf Luhmann lässt sich dieser Moment als die Umstellung von einer nichtkontingenten auf eine kontingente Knappheit erfassen – eine Diagnose, die freilich genauer zu erläutern sein wird. Es zeigt sich, dass Kredite nach 1971 unter Bedingungen vergeben werden, die man nicht mehr vollständig als *ökonomische* Bedingungen beschreiben kann.

Das *fünfte Kapitel* reflektiert die methodologischen Konsequenzen dieser Einsicht. Das allerdings nicht als theoretische Fingerübung, sondern um dem zweiten Anliegen des Buches, eine geldsoziologische Einordnung der Entwicklung des Finanzwesens nach 1971 anzudeuten, mit größerer Genauigkeit nachkommen zu können. Da Kredite dem Argument des vierten Kapitels zufolge keine ökonomischen (Tausch-)Transaktionen sind, können sie eben auch nicht als individuelle Distributionsentscheidungen über Geldkapital – verleihe ich mein Geld oder nicht? – analysiert werden. Vielmehr geht es darum, die Bedingungen der Bildung, Aufrechterhaltung und Terminierung von Kredit*beziehungen* zu erfassen. Kreditbeziehungen sind (Zahlungs-)Versprechen und existieren nur, wenn es jemanden gibt, der dem Versprechen vertraut.

Im fünften Kapitel wird deshalb der Vorschlag ausgearbeitet, Kreditversprechen als vertrauensbasierte Beziehungen in den Blick zu nehmen. Komplexe Verweisungszusammenhänge von Vertrauensbeziehungen werden, das zeigt die Vertrauensforschung, durch Manifestationen von Misstrauen möglich. Genau diese Manifestationen von Misstrauen, oder genauer: das Verhältnis von Vertrauensbereitschaft und Misstrauensmanifestationen, haben sich in den eingangs aufgerufenen strukturellen Veränderungen des Geld- und Kreditwesens in der zweiten Hälfte des 20. und frühen 21. Jahrhunderts neu justiert.

Das *sechste Kapitel* widmet sich diesem »Goldenen Zeitalter« des Kredits, das durch die Entkopplung des Geldes vom Gold, umfangreiche Deregulierungsprozesse und soziotechnische Innovationen (Derivate, Verbriefungen, Schattenbanken beispielsweise) ausgelöst wurde. Die Bedingungen des beispiellosen Wachstums der Schulden ist dabei nur dann wirklich zu verstehen, wenn man die »euphorische« Vertrauenskonfiguration rekonstruiert, welche diese Kreditpraxis am Laufen hält.

Geld, davon will dieses Buch seine Leserinnen und Leser überzeugen, ist aus soziologischer Perspektive *erstens* am besten als eine Praxis des Kredits verstanden. Diese Kreditpraxis wird *zweitens* durch die Entscheidung von Richard Nixon und die Innovationen und Rekonfigurationen der folgenden Dekaden in einen paraökonomisch-euphorischen Zustand versetzt, der letztendlich bis heute anhält. Diese Entwicklung nötigt uns dazu, künftig verstärkt die Parameter zu überdenken, mit denen wir uns unsere sozioökonomische Welt transparent zu machen versuchen. Es geht darum, einen paradoxen Kapitalismus zu verstehen, dessen Konjunkturen und Krisen Schockwellen eines paraökonomischen Hypozentrums sind.

1 Die warentheoretische Soziologie

Die Soziologie ist ebenso wie der wirtschaftswissenschaftliche Mainstream von der Warentheorie des Geldes geprägt. Unter diesem Titel wurde einleitend unter Rückgriff auf Schumpeter eine grundsätzlich tauschlogisch argumentierende Metatheorie aufgerufen, die Geld als das am wahrscheinlichsten tauschbare Eigentumsobjekt zu verstehen versucht. Geld erscheint aus dieser Perspektive als reines Vermögen, über das jemand verfügen, also bindende Distributionsentscheidungen treffen kann. Eigentum ist in diesem Verständnis zwar selbstverständlich ein soziales Verhältnis (wahrscheinlich am besten als Institution charakterisiert), aber keine soziale Relation im Sinne einer konkreten Beziehung zwischen zwei Kooperationspartnern. So hingegen will die alternative Metatheorie Geld verstanden wissen – als Beziehung zwischen einem Gläubiger und einem Schuldner, eine Beziehung, die als Kredit zu bezeichnen ist. Kredite sind Beziehungen vom Typ des Versprechens.

Wie bereits eingeräumt wurde, mag besonders für jene mit der Soziologie des Geldes nicht im Detail vertrauten Leserinnen und Leser die Behauptung fragwürdig erscheinen, in der Soziologie wäre Geld in der Regel *nicht* als soziale Beziehung thematisiert worden – sondern als Objekt. Diese Behauptung will also gut belegt sein, das ist die erste Aufgabe dieses Kapitels. Dabei wird allerdings *nicht* behauptet, man hätte das Geldobjekt selbst nicht als sozial konstituiert verstanden, im Gegenteil. Die warenlogisch imprägnierten soziologischen Reflexionen des Geldes liefen folgerichtig darauf hinaus, die soziale Instanziierung der Geldeigenschaften am Geldobjekt zum Gegenstand der Untersuchung zu machen. Anders gesagt hat man sich häufig gefragt, wie es sein kann, dass bunte Papierscheine und digitale Zahlen *besonders gut tauschbar* werden können. Die Eigenschaften, *besonders gut tauschbar* und *Eigentum* zu sein, machen aus Objekten Geld. Niemand würde bestreiten, dass diese beiden Eigenschaften – die man in Anlehnung an den üblichen Sprachgebrauch als Geldwert oder (hier gleichbedeutend) Kaufkraft zusammenfassen kann – auf sozialen Beziehungen beruhen. Das zuzugestehen bedeutet also keinesfalls, solche Kaufkraftstudien der Kredittheorie zuzuordnen.[1] Ganz im Gegenteil, impliziert doch eine Fokussierung auf die Frage, wie sich die Tauschbarkeit des Geldes soziologisch entschlüsseln lässt, bereits eine warentheoretische Festlegung auf Geldsoziologie als Tauschforschung. Es wird also in diesem Kapitel darum gehen, solche Spuren der orthodoxen Metatheorie nachzuzeichnen. Dabei geht es nicht darum, empirische Erkenntnisse pauschalisierend infrage zu stellen, sondern Axiomatiken zu bestimmen, die durch eine Umstellung des soziologischen Geldbegriffs von Vermögen auf Versprechen betroffen wären. Dieses Kapitel will, kurz gesagt, die konzeptuelle Verbindung von Warenanalogie und Tauschtheorie der monetären Praxis nachvollziehen und dabei genauer verstehen, was einen warenlogischen von einem kreditlogischen Geldbegriff unterscheidet.

Geld als Tauschobjekt

Man kann den Ursprung der Verbindung von Warenanalogie und Tauschlogik bei Aristoteles verorten – das jedenfalls schlägt Joseph Schumpeter vor. Der antike Philosoph hat in seinen Schriften zu Politik und Ethik eine Denkfigur vorgestellt, die auf die Gegenwart der Theorien von Wirtschaft und Geld durchwirkt. Aristoteles rekonstru-

1 Ein zeitgenössisches Beispiel ist die Argumentation von Heiner Ganßmann in *Doing Money*. Dort kritisiert er zwar die neoklassische Ökonomik dafür, die Bedeutung sozialer Bausteine zu übersehen, versteht diese sozialen Bausteine aber als Tauschtransaktionen, wodurch sich seine »Kritik« am neoklassischen Mainstream in bloß oberflächlich verändertem Vokabular auflöst. Ganßmann versucht, die Trivialität, dass Geld eine soziale Tatsache darstellt, durch einen Verweis auf soziale Beziehungen aufzuwerten. Tatsächlich geht es ihn dabei dann aber um »relations between individuals and money« (Ganßmann, Doing Money, S. xiv), nicht um Geld selbst als einen Beziehungstypus.

iert eine ursprüngliche, »embryonale«[2] Form von Ökonomie, die jenen uns gut bekannten geldvermittelnden Wirtschaftsformen vorangeht, sich aber auch in diesen durchhält. Diese embryonale Form von Wirtschaft entsteht, sobald sich die Arbeitsteilung durchsetzt, Haushalte also nicht mehr ihren Konsumbedarf durch eigene Produktion vollständig stillen.[3] In einer solchen, von Aristoteles noch als »barbarisch«[4] bezeichneten Gesellschaft findet *Realtausch* statt, ein unmittelbarer Austausch von Eigentum, manchmal auch Naturaltausch, im Englischen als *barter* bezeichnet. Die Annahme, dass Ökonomie in ihrem embryonalen Ursprung Realtauschökonomie war, zieht sich durch die Ideengeschichte der Ökonomik[5] und liegt auch, wie man sehen wird, soziologischen Klassikern wie Simmel oder Luhmann zugrunde.

Für diese Realtauschökonomie identifiziert Aristoteles nun ein fundamentales Problem, das als Problem der Unwahrscheinlichkeit einer »doppelten Koinzidenz der Bedürfnisse«[6] bis heute den ökonomischen Mainstream prägt.[7] Haushalte, die ihre Bedürfnisse nicht mehr selbst befriedigen können, sondern sich auf die Herstellung ausgewählter Güter beschränken, sind, das ist die Idee, darauf angewiesen, nicht nur jemanden zu finden, der das von ihnen begehrte Gut im Überfluss hat, sondern der auch das sucht, was sie selbst anzubieten haben. Diese »doppelte Koinzidenz der Bedürfnisse«, das gleichzeitige Begehren dessen, was der andere anzubieten hat, ist – so die Hypothese – unwahrscheinlich. Deswegen ist es für die Haushalte der Realtauschökonomie sinnvoll, die selbst produzierten Güter nicht nur gegen solche auszutauschen, die sie tatsächlich momentan benötigen, sondern auch gegen solche Güter, die allgemein begehrt sind.

2 Schumpeter, Geschichte der ökonomischen Analyse, S. 100.

3 Das Argument stammt ursprünglich von Aristoteles, vgl. Aristoteles, Politik, S. 1257a.

4 Ebd.

5 Zur Karriere des Realtauschmythos: Dillard, »The Barter Illusion«.

6 Die Formulierung stammt von: Jevons, »Money and the Mechanism of Exchange«, Kapitel 1, Absatz 5 und 6, Übersetzung A. S.

7 Schumpeter, Geschichte der ökonomischen Analyse, S. 103; vgl. Ingham, »On the Underdevelopment«.

Diese bei Aristoteles angelegte Vermutung wird später von Adam Smith[8] und dann besonders von Carl Menger popularisiert: Es scheint doch sinnvoll, davon auszugehen, dass Haushalte in embryonalen Ökonomien danach strebten, ihren überschüssigen Besitz nicht nur gegen etwas zu tauschen, das ihnen unmittelbare Bedürfnisbefriedigung versprach, sondern auch gegen solche Güter, die das nur mittelbar, nämlich über einen erhofften erneuten Tausch in der Zukunft taten. Man kann nun davon ausgehen, dass in diesem nun langsam postembryonalen Wirtschaftsraum einige wenige Güter nach und nach von immer mehr Haushalten im Austausch gegen die eigenen akzeptiert wurden, ihre Austauschbarkeit[9] sich selbst verstärkte (je mehr Haushalte etwas akzeptieren, desto sinnvoller wird es, dieses Etwas selbst im Austausch zu akzeptieren). Smith und Menger argumentieren deswegen, dass sich auf diese Weise ein einzelnes Gut – etwa Salz, Tierfelle oder Gold – durch fortgesetzten Realtausch irgendwann durch einen so hohen Grad an Austauschbarkeit auszeichnet, dass es von praktisch jedem Haushalt in einem Wirtschaftsraum akzeptiert wird und deswegen als universelles Tauschmittel gelten kann.

Als historische Theorie der faktischen Geldentstehung aus dem freien Spiel der Tauschtransaktionen wird diese aristotelische Denkfigur heute nicht mehr vertreten,[10] sie dient aber weiterhin in bestimmter Hinsicht als Referenz ökonomischer Geldtheoriebildung.[11] Es ist

8 Smith, Der Wohlstand der Nationen, S. 22f.

9 Bei Menger: »degree of saleableness«, siehe Menger, »On the Origin of Money«, S. 38.

10 Issing, Einführung in die Geldtheorie, S. 1. Auch Schumpeter erklärte, man könne die Karriere der aristotelischen Geldtheorie nur als Theorie eines logischen Ursprungs, nicht aber eines historischen Ursprungs verstehen (Schumpeter, Geschichte der ökonomischen Analyse, S. 104f.).

11 Expemplarisch dazu die Lehrbücher: Krugman/Wells, Volkswirtschaftslehre, S. 967; Berlemann, Makroökonomik, S. 86f.; Engelkamp/Sell, Einführung in die Volkswirtschaftslehre, S. 122ff.; Naubäumer/Hewel (Hg.), Volkswirtschaftslehre, S. 489ff., und Woll, Volkswirtschaftslehre, S. 481ff. Zur Prägung der Ökonomik durch dieses aristotelische Gedankenexperiment: Wray, »Modern Money«; ders., Understanding Modern Money; Ingham, »On the Underdevelopment«; ders., The Nature of Money; Dowd, »The Invisible Hand and the Evolution of the Monetary System«.

deswegen (mindestens an dieser Stelle) müßig, über tatsächliche historische Ursprünge zu spekulieren. Vielmehr geht es um das prägende theoretische Erbe Aristoteles, die Vorstellung einer embryonalen Realtauschwirtschaft, die in der geldvermittelten Wirtschaft, die wir heute (noch) kennen, ihre adoleszente Form findet.

Die geldvermittelte Wirtschaft der Griechen funktioniert in Aristoteles Rekonstruktion in der Hinsicht anders, als dass durch die Existenz eines universellen Tauschmittels das Feld ökonomischer Aktivitäten verändert wird: Fortan tauscht man nicht mehr überschüssige Güter gegen dringend benötigte, sondern es wird ver- und gekauft.[12] Geld »erleichtert«[13] diese ökonomischen Tauschaktivitäten, weil hier nicht zwei komplementäre Angebote und Bedürfnisse koinzidieren müssen. Obwohl der basale Akt der ökonomischen Praxis nun ein doppelter Tausch ist, hat sich an der Charakteristik des Aktivitätsfeldes als Feld des Tauschens nichts verändert. Aristoteles versteht geldvermitteltes Interagieren und geldloses Interagieren als »bloß oberflächlich verschiedene Weisen, dasselbe zu tun«.[14]

Die Annahme, dass Wirtschaften mit und ohne Geld prinzipiell dieselbe Aktivität ist, erhält durch Adam Smith Einzug in die ökonomische Klassik und wird auch in die zeitgenössische ökonomische Theorie überführt.[15] Dieses Theoriefundament lässt sich mit Schumpeter noch etwas präzisieren: Wirtschaft wird in der Klassik als Ensemble von Beziehungen zwischen Objekten (relative Preise) und Beziehungen zwischen Akteuren und Objekten (Eigentum, Nachfrage, Angebot) gedacht. Soziale Beziehungen, also solche zwischen Akteuren, kommen in der fundamentalen Architektonik nicht vor. Schumpeter hat für dieses Fundament den Ausdruck der Realanalyse geprägt.[16] »Real« meint also nicht eine Bezugnahme auf tatsächliche,

12 Meikle, »Aristotle on Money«, S. 157.

13 Aristoteles, Politik, S. 1258b.

14 Meikle, »Aristotle on Money«, S. 158, Übersetzung A. S.

15 Schumpeter, Geschichte der ökonomischen Analyse, S. 104; Dillard, »The Barter Illusion«; Wray, Understanding Modern Money.

16 »Die *Realanalyse* geht von dem Grundsatz aus, daß alle wesentlichen Phänomene des Wirtschaftslebens in Form von Gütern und Dienstleistungen und in Entschei-

rohe Fakten gegenüber einer idealistischen Betrachtung oder dem Entwurf eines fiktiven Narrativs. Es geht vielmehr darum, dass geldlose wie geldvermittelte Wirtschaft realanalytisch als ein Aktivitätsfeld erscheint, in dem Akteure Beziehungen zu Gütern haben – letztendlich: ihre Eigentümer sind oder werden wollen – und sich diese Beziehungen im Austausch verändern. Ebenso wie sich Aristoteles, Smith und Menger Wirtschaft als Warentausch vorgestellt haben, bei dem irgendwann einfach eine Ware ganz besonders häufig getauscht wird (was sie zu einem universellen Tauschmittel macht), so setzt der realanalytisch denkende ökonomische Mainstream voraus, dass Wirtschaft stets als bloßer Warentausch zu analysieren ist. Dementsprechend fasst diese Tradition Geld als makroökonomisch neutral auf;[17] das heißt, eine Wirtschaft mit Geld verhält sich – so die Annahme – genauso, als würden nur Waren ausgetauscht. Diese Annahme bleibt für gegenwärtige Theorien des ökonomischen Mainstream prägend.[18]

dungen über sie bzw. in Beziehungen zwischen ihnen ausgedrückt werden können«, Schumpeter, Geschichte der ökonomischen Analyse, S. 354.

17 Dazu ausführlich: Sener, Die Neutralitätstheorie des Geldes.

18 »Money exists in the classical and neoclassical models but it is assumed to be no more than a refined form of barter. The principles of the theory would not be different if goods did exchange directly for goods«, Dillard, »The Barter Illusion«, S. 300. »In fact, the whole architecture of economic theory since the marginal revolution [...] only makes sense *if* money is neutral«, Ganßmann, Doing Money, S. 14. »Die herrschende Doktrin der Wirtschaftswissenschaften, die Neoklassik, unterscheidet zwischen der realen und monetären Sphäre. Im Fokus der realen Analyse stehen Güter und Faktoren, mit denen Waren produziert werden, die anschließend von privaten Haushalten konsumiert oder Firmen genutzt werden. Im monetären Bereich hingegen stehen Geld, die monetären Effekte von Geld und monetäre Transmissionsmechanismen im Mittelpunkt. Diese räumlich-konzeptionelle Teilung der Ökonomie in zwei nebeneinander existierende Parallelwelten wird als ›klassische Dichotomie‹ bezeichnet. Sie beruht auf der Prämisse, dass die ökonomischen Prozesse in den jeweiligen Sphären lediglich ihren eigenen, voneinander unabhängigen Gesetzmäßigkeiten und Prinzipien gehorchen [...]. Behauptet wird, dass von der monetären Sphäre aus keine nachhaltigen strukturverändernden Wirkungen auf die reale Sphäre ausgehen. In diesem Sinne verhält sich Geld bezogen auf die Realwirtschaft, *neutral*«, Sener, Die Neutralitätstheorie des Geldes, S. 7f.; vgl. Ingham, The Nature of Money. Als eindeutiges Beispiel: Friedman/Friedman, Chancen, die ich meine, S. 266.

Auch wenn gemeinhin höchstens noch von langfristiger Neutralität monetärer Faktoren ausgegangen wird, so beruht die Ontologie weiterhin auf Individuen und Objekten.[19] Wirtschaft erscheint auch dem neoklassischen Mainstream als »Dorfmarkt«[20], als eine Praxis der Begegnung von Eigentümern zum Zwecke des Tauschens.[21]

Vor diesem Hintergrund kann Geld folgerichtig nur als ein Objekt in einer Akteur-Objekt-Beziehung erscheinen. Die warenlogische Metatheorie operiert deswegen stets mit einer Vorstellung von Geld als Vermögen, d.h. einem wertvollen Objekt, das sich in Eigentums- oder Besitzbeziehungen zu Akteuren befindet. Es unterscheidet sich damit von anderen Waren nur insofern, als dass es die begehrteste aller Waren darstellt. Geld wird mit Liquidität, also mit Tauschbarkeit identifiziert.[22] Versteht man Besitz als die Fähigkeit und Eigentum als das einklagbare Recht, Distributionsentscheidungen über etwas zu treffen, lässt sich die orthodoxe Metatheorie überall dort identifizieren, wo über Geld vornehmlich als einem Tauschobjekt gesprochen wird.

---

19 »Agent-object ontologies pervade economics, downplaying [...] relations between individuals«, Hodgson, Conceptualizing Capitalism, S. 56.

20 »Der Leitgedanke der Mainstream-Theorie besteht in der Annahme, eine Volkswirtschaft ließe sich analysieren, als wäre sie ein Dorfmarkt«, Minsky, »Die Hypothese der finanziellen Instabilität«, S. 34.

21 »Turning to neoclassical theory, we find barter illusion comfortably ensconced in a body of doctrine primarily concerned with the allocation of given resources among alternative uses in order to yield maximum satisfaction. The theory focuses on equilibrium of real satisfaction und real sacrifice, with money in a subsidiary role and typically treated, if at all, in a volume apart from the basic principles of economics«, Dillard, »The Barter Illusion«, S. 311; vgl. Ganßmann, Doing Money.

22 Dazu besonders: Ingham, The Nature of Money, S. 17. Beispielhaft findet sich diese Definition explizit etwa bei Krugman/Wells, Volkswirtschaftslehre, S. 962; Samuelson/Nordhaus, Volkswirtschaftslehre, S. 578; Issing, Einführung in die Geldtheorie, S. 2; Holmström/Tirole, Inside and Outside Liquidity; Berlemann, Makroökonomik, S. 86f.; Engelkamp/Sell, Einführung in die Volkswirtschaftslehre, S. 122ff.; Neubäumer/Hewel (Hg.), Volkswirtschaftslehre, S. 489ff., und Woll, Volkswirtschaftslehre, S. 481ff.

Die Tatsache, dass die Mehrheit der Ökonomen bis heute theoretische Metallisten sind, soll hier nicht noch einmal belegt werden. Das haben andere bereits ausführlich getan, die zentralen Arbeiten wurden bereits in der Einleitung genannt.[23] Bevor allerdings die warentheoretische Prägung der Soziologie zur Sprache kommt, sollte man sich noch einmal genauer vergewissern, wie die gegenwärtige Geldart gewöhnlich in der Ökonomik thematisiert wird. Es geht im Folgenden nicht darum, die üblicherweise als Genealogie verfasste Theorie des Fiat-Geldes tatsächlich als Theorie der Entwicklung der Guthabenformen oder Geldarten zu lesen, sondern nachzuvollziehen, warum aus der warentheoretischen Perspektive die Geldart der Gegenwart, bzw. das Ende von Bretton Woods, für eine Theorie des Geldes als so »unspektakulär« gilt, wie Paul Kellermann befand.[24]

Wer gemäß dem ökonomischen Mainstream Geld betrachtet, der tut dies vor dem Hintergrund einer Praxis, in der Eigentümer (an irgendetwas, sei es Arbeitskraft, Ressourcen oder Geld) ihre Marktchancen maximieren wollen.[25] Unter dieser Prämisse stellt sich nun auch die Entwicklung von stoffwertlichen zu stoffwertlosen Guthabenformen als unproblematischer Prozess dar. Hatten zunächst verschiedene Naturalgüter wie Muscheln, Salz oder Vieh den Status der am leichtesten einzutauschenden Ware inne, so verloren diese ihre Nützlichkeit durch die Ausdehnung ökonomischer Verkehrswege. Denn es macht für rational kalkulierende Akteure zwar Sinn, Vieh oder Salz unabhängig von den eigenen akuten Bedürfnissen im Austausch zu akzeptieren, wenn man weiß, dass die anderen Dorfbewohner gerne Vieh konsumieren würden, doch nimmt diese Nützlichkeit in dem Maße ab, wie sich die (räumliche oder zeitliche) Distanz zu künftigen Tauschpartnern vergrößert. Es erscheint deswegen nur logisch, auf Edelmetalle als Guthaben zu setzen. Edelmetalle waren haltbar ge-

23 Die warentheoretische Prägung des ökonomischen Mainstreams zeigen im Detail beispielsweise Schumpeter, Geschichte der ökonomischen Analyse; Wray, Understanding Modern Money; Ingham, The Nature of Money, und Graeber, Schulden.

24 Siehe Einleitung.

25 Ingham, The Nature of Money, S. 19.

nug, um sie über weite Strecken zu transportieren und über einen langen Zeitraum aufzubewahren. Sie eigneten sich deswegen besser, die raumzeitliche Koordination von Angebot und Nachfrage zu ermöglichen. Die Wahrscheinlichkeit, in komplexer werdenden Handelsnetzwerken einen Abnehmer zu finden, wuchs, ergo war ihre allgemeine Akzeptanz irgendwann so hoch, dass sie als Zwischentauschmittel gelten konnten.

Aus der Perspektive orthodoxer Geldtheorie ist dann auch der Schritt vom Natural- zum Vollgeld relativ leicht zu erklären. Münzen eigneten sich besser als unbehandeltes Metall zur Optimierung von Tauschchancen, weil sie mit einem Wertzeichen versehen waren. Somit wurde die Unsicherheit des Messens und Wiegens reduziert (allerdings niemals eliminiert),[26] also die Unsicherheit der Kaufkraft gegebener Metallquantitäten. Angesichts ihres Gewichts und der Anfälligkeit für Diebstahl waren Vollgeldsummen allerdings zu wenig mobil für sich weiter verbreitende Handelsnetzwerke. Je größer die Summe, desto größer der Aufwand und die Gefahr des Transports. Quasi folgerichtig wurde das Vollgeld deswegen durch Formen von Garantiegeld ergänzt. Die fast schon sprichwörtlichen britischen Goldschmiede erklärten sich bereit, die unhandlichen und riskant zu transportierenden Goldmünzen zentral zu lagern und ihren Besitzern im Austausch eine Art Urkunde aus Papier zu überreichen, auf der die Menge des eingelagerten Goldes vermerkt war. Die Urkunde funktionierte wie ein Pfandschein, die Goldschmieden wurden so zu Vorläufern moderner Banken. Da Münzen sich nicht voneinander unterschieden, war es für die Einleger nicht wichtig, ob sie ihre eingezahlten Münzen oder die von anderen abheben konnten, solange der auf der Quittung urkundlich vermerkte Nennwert verfügbar war. Schließlich ging es auch bei den materiellen Geldwaren theoretisch betrachtet um deren *Tauschbarkeit*, oder moderner: Liquidität, und diese zeichnet jede Münze gleicher Prägung gleichermaßen aus. Diese *Anonymität* der Geldmittel ermöglichte es beispielsweise, dass ein Kaufmann sein Gold in seiner Heimatstadt einlagerte, den Pfand-

26 Smith, Der Wohlstand der Nationen, S. 25.

schein aber in einer Filiale dieser Bank an einem anderen Ort einlöste. Da es nur noch selten Sinn machte, Vollgeld für Garantiegeld einzufordern, konnten die Banken (die ehemaligen Goldschmieden) nun gegen Rückzahlungsversprechen mehr stoffwertlose Garantieguthaben herstellen, als sie theoretisch in Vollgeld hätten tauschen können. Ebenso wie die Einführung eines Tauschmittels bei Aristoteles ist auch die Bereitstellung bankbasierten Geldes aus der Perspektive klassischer und neoklassischer Ökonomik wiederum eine Verbesserung des allgemeinen Tauschhandels, der generell (nicht nur auf das Geld bezogen) dahin tendiert, seinen Kapitalstock beweglich, also besser handelbar (und damit günstiger) zu machen, wie schon Adam Smith erklärte: »Tritt an die Stelle von Gold- und Silbermünzen Papiergeld, so wird ein kostspieliges Tauschmittel durch ein wesentlich billigeres ersetzt, das zudem gleich dienlich ist.«[27] Der Wechsel von Voll- zu Garantiegeld ist dementsprechend theoretisch eher trivial, weil die vorausgesetzte Logik des Aktivitätsfelds – nutzenmaximierendes Tauschen – unangetastet bleibt.

Genießen die Banknoten nun allgemeines Vertrauen, so Smith weiter, können Banker damit beginnen, ihr selbst produziertes stoffwertloses Guthaben genauso zu verleihen, wie die zuvor vollständig durch Vollgeld gedeckten Quittungen.[28] Da die Banken dabei immer mit gelegentlicher Abhebung des Vollgeldes rechnen müssen, erweitern sie zwar die Geldmenge, wirken aber letztendlich bloß als »Dynamisierer« gegebener Vollgeldmengen, die einen bestehenden Kapitalstock in Liquidität verwandeln.[29] Je länger es die »Massengewohnheit der Annahme«[30] des stoffwertlosen Bankguthabens gibt, so kann man mit der ökonomischen Rekonstruktion fortfahren, desto normaler wird dessen Wertbeimessung für die geldbesitzenden und -benutzenden Menschen. Folglich wird es immer unwahrscheinlicher, dass sie Gold abheben, statt weiter mit dem Papiergeld zu hantieren. Somit werden profitorientierte (rationale) Banken

27 Ebd., S. 241.

28 Ebd.

29 Vgl. ebd., S. 241f.

30 Issing, Einführung in die Geldtheorie, S. 2.

ihre kostenintensiven Reserven reduzieren, also das Verhältnis von (stoffwertlosem) Papiergeld zu (stoffwertlichen) Goldmünzen vergrößern.[31]

Indem das Geldobjekt nur durch seine Tauschbarkeit definiert ist und diese Eigenschaft auf den Erwartungen (»Massengewohnheit der Annahme«) beruht, benötigen die unterschiedlichen Guthabenformen (stoffwertlich, stoffwertlos) oder Geldarten (Naturalgeld, Vollgeld, Garantiegeld) keine eigene Theorie, noch nicht einmal konzeptuelle Modifikationen. Das ändert sich auch durch den Wegfall der Wertsubstanz nicht, für den die Geschichte rationaler Transaktionskostenreduktion weitererzählt werden kann. Funktioniert die Erwartung der Tauschbarkeit des Geldobjekts erst einmal verlässlich in einem Garantiegeldsystem, in dem die stoffwertlosen Guthaben (Ansprüche) die Volumen des Vollgeldes systematisch übertreffen, kann das stoffwertlose Guthaben selbst als Garantiereserve verwendet werden.[32] Stoffwertlose Reserven haben geringere Produktionskosten als etwa Gold, wodurch Banken ihren Kunden lukrativere Konditionen anbieten können. Aus der rationalen Logik dieser tauschgenealogischen Erzählunge folgt deswegen laut Kevin Dowd: »It is therefore in a bank's interest to offer to redeem its liabilities using less costly redemption media: and it is in the public's interest to prefer such redemption media to gold.«[33]

Wenn Geld nur durch seine Tauschbarkeit definiert ist und diese Tauschbarkeit auf den Erwartungen derzeitiger und potenzieller Geldeigentümer beruht, dann sollte der Ersatz einer stoffwertlichen Reserve stoffwertloser Garantieguthaben durch eine selbst stoffwertlose Reserve – das Ende von Bretton Woods hat das empirisch bestätigt – kein faktisches Problem darstellen. Sobald die Liquidität des stoff-

31 »While banks need to protect themselves against demands for redemption, they also have an incentive to reduce the costs of reserves they hold to meet such demands. These costs will fall anyway as the banking system develops, because public demands for redemption will fall as their confidence in banks gradually grows«, Dowd, »The Invisible Hand and the Evolution of Monetary System«, S. 148.

32 Dowd, »The Invisible Hand and the Evolution of Monetary System«.

33 Ebd., S. 148.

wertlosen Papiergeldes die des stoffwertlichen Guthabens übersteigt, kann Letzteres schadlos verschwinden. Die Zentralbank, Produzentin und Verwalterin der stoffwertlosen Reserve, muss nun lediglich darauf achten, den Preis der Reserve – also seine Objekt-Objekt-Relationen zu den gehandelten Gütern und Dienstleistungen – geldpolitisch zu erhalten, um das nun nichts anderes mehr »garantierende« Bankgeld zu stabilisieren.[34] Diese Ratio von auf Einhaltung von Inflationsniveaus verpflichteten Zentralbanken findet sich etwa auch in den Selbstdarstellungen der Deutschen Bundesbank.[35] Geld bleibt in dieser Rekonstruktion konzeptuell betrachtet ein durch besonders wahrscheinliche Eintauschbarkeit ausgezeichnetes Objekt, das in Beziehung zu anderen Objekten (Preisen) und in einer Akteur-Objekt-Beziehung steht, die als Eigentum oder Besitz zu charakterisieren ist.

Die Klassiker Simmel und Luhmann

Die warenlogische Denkfigur von Geld als einem Tauschobjekt ist auch in der Soziologie des Geldes prominent. Das sieht man besonders gut dort, wo Geld ebenfalls vor dem Hintergrund des Koordinationsdilemmas der doppelten Koinzidenz der Bedürfnisse reflektiert wurde; oder allgemeiner, wo Geld vornehmlich unter dem Gesichtspunkt eines Vergleichs von Geldwirtschaften mit geldlosen Wirtschaften betrachtet wurde. Einschlägige Studien von Heinemann und Kellermann etwa heben die Koordinationsfunktion von Angebot und Nachfrage hervor, die aus einem Vergleich mit einer fiktiven Realtauschwirtschaft abgeleitet wird.[36] Der Blick auf Geld als die adoleszente Form einer embryonalen Realtauschwirtschaft ist aber vor allem

34 Vgl. ebd., S. 150f.

35 Vgl. Deutsche Bundesbank, Geld und Geldpolitik.

36 Heinemann, »Soziologie des Geldes«, S. 322; Kellermann, »Soziologie des Geldes«, S. 325.

bei den beiden geldsoziologischen Klassikern Georg Simmel und Niklas Luhmann präsent.[37]

Einiges von dem, was Simmel über das Geld selbst als abhängige Variable seiner Untersuchung entschlüsselt, ordnet sich unmittelbar in die neoklassische Geschichte ein.[38] Wirtschaft versteht er als Feld spezieller »Wechselwirkungen«, die auf ihre vergesellschaftende Funktion hin zu untersuchen sind.[39] Diese Wechselwirkungen zeigen sich im Austausch wertvoller Dinge, und innerhalb dieser Struktur wird auch Geld verortet.[40] Der Tausch ist für Simmel ein Prozess gesellschaftlicher Wertsteigerung, den das Geld optimiert. Werte entstehen,

---

37 Simmels *Philosophie des Geldes* gilt bis heute als *der* Klassiker geldsoziologischen Denkens, vgl. Rammstedt (Hg.), Georg Simmels Philosophie des Geldes. Erst kürzlich rief Nigel Dodd zu einer erneuten Rückkehr zu Simmel auf, in: Dodd, The Social Life of Money. Luhmann ist nach Simmel der einzige soziologische Klassiker, in dessen theoretischem Gebäude Geld eine ähnlich zentrale Rolle einnimmt, vgl. Pahl, Das Geld in der modernen Wirtschaft. So wie für Simmel der geldvermittelte Tausch das Paradebeispiel für seine verallgemeinernden Überlegungen zu sozialen Wechselwirkungen und Vergesellschaftungsprozessen ist, dient Geld Luhmann immer wieder als anschaulichstes Beispiel für Kommunikationsmedien.

38 »Simmel stützt sich in dem analytischen Teil der ›Philosophie des Geldes‹ auf das Tauschparadigma, so wie es von der österreichischen Schule ausgearbeitet wurde. [...] Gleichzeitig weiß er – wie die Argumentation im synthetischen Teil seiner Arbeit zeigt –, dass Geld historisch schon in anderen Funktionen (insb. als Mittel der Solution von Verpflichtungen) aufgetreten ist, lange bevor es als Tauschvermittler relevant wurde, und er erkennt an, dass die tatsächliche historische Entwicklung nicht von der Tauschvermittlerfunktion zu den anderen Funktionen voranschreitet. [...] Es ist sein Anspruch, ein Modell zu konstruieren, das die Beziehungen von Individuen zur Grundlage hat. Simmel weiß, dass Geld tatsächlich nicht aus den Handlungen von Einzelmenschen entsprungen ist. Aber er ist nicht bereit, diese Tatsache anzuerkennen, sondern substituiert die wirkliche Entwicklung durch ein fiktives theoretisches Konstrukt«, Thomasberger/Voy, »Geldtheorie und Geldgeschichte«, S. 219; vgl. dazu auch Papilloud, »Tausch«. Auch Laidler/Rowe, »Georg Simmel's Philosophy of Money«, ordnen Simmel in ihrem einschlägigen Artikel in die österreichische Schule der Nationalökonomie ein.

39 Vgl. Simmel, Philosophie des Geldes, S. 61.

40 Vgl. Simmel, ebd., S. 445: »... bloßes ›Geld‹, d.h. reines Tauschmittel«. Dazu auch: Thomasberger/Voy, »Geldtheorie und Geldgeschichte«.

weil Individuen Interesse an Waren haben. Das heißt, die soziale Erzeugung von Wert ist nicht in der Produktion von Gütern und Dienstleistungen, sondern in ihrem Austausch zu verorten. Tauscht man nämlich seine Biberfellmütze (an der man persönlich wenig Interesse hat) gegen Kartoffeln (an denen man selbst viel Interesse hat),[41] so erfahren beide Güter bei ihren neuen Besitzern höhere Wert*schätzung*. Ähnlich wie bei Adam Smith katalysiert Geld dieses Potenzial des Tausches, indem es ihn räumlich und zeitlich koordiniert, und schafft es so, »ein Maximum des in ihnen [den Gütern, A. S.] latenten Wertes zu entbinden«.[42] Historisch entsteht es, weil sich menschliche Wechselwirkung nach Simmels Vorstellung stets vom Einfachen und Unmittelbaren zum überpersönlich Vermittelten entwickelt. Simmel universalisiert mit seiner funktionalistischen Entwicklungsgeschichte vom Primitiven zum Komplexen die Warengenealogie der klassischen Ökonomie, indem er das Geld zu einem Paradebeispiel gesellschaftlicher Entwicklung im Allgemeinen erklärt. Geld ist Tausch ist Wechselwirkung, so wie alles Gesellschaftliche letztlich sedimentierte Wechselwirkung ist. Institutionen entstehen nach Simmel sodann generell aus einem freien Interagieren von Personen, die sich nach und nach zu »überpersönliche[n] Gebilden«[43] verfestigen. Simmel verteidigt damit die Methodik einer logischen Genealogie für die Erklärung alles Gesellschaftlichen, die sich paradigmatisch am Geld formulieren lässt. Mit einer teleologischen Entwicklungstendenz von der Unmittelbarkeit zur Vermittlung folgt die gesellschaftliche Organisation des

41 Simmel, Philosophie des Geldes, S. 387ff.

42 Ebd., S. 389.

43 Ebd., S. 208. Dort heißt es genauer: »Als den Ausgangspunkt aller sozialen Gestaltung können wir uns nur die Wechselwirkung von Person zu Person vorstellen. Gleichviel wie die in Dunkel gehüllten historischen Anfänge des gesellschaftlichen Lebens wirklich gestaltet waren – seine genetische und systematische Betrachtung muß diese einfachste und unmittelbarste Beziehung zugrunde legen [...]. Die weitere Entwicklung ersetzt nun diese Unmittelbarkeit der wechselwirkenden Kräfte durch die Schaffung höherer überpersönlicher Gebilde, die als gesonderte Träger eben jener Kräfte auftreten und die Beziehungen untereinander durch sich hindurchleiten und vermitteln«, Simmel, Philosophie des Geldes, S. 208f.

Tausches einem Trend, dem soziale Wechselwirkungen allgemein unterliegen.[44] Analoge Unbequemlichkeiten zum Warentausch zeigen sich nach Simmel beispielsweise auch im Feld der Politik oder der gesellschaftlichen Organisation der Arbeit: Die direkte Beteiligung aller an der Regierung ist ebenso kostenintensiv, wie es eine ungeteilte Subsistenzwirtschaft, die Konzentration aller politischen Gewalt in einem Akteur oder eben das Tauschen von Biberfellmützen gegen Kartoffeln ist. Bei wachsender Komplexität und Größe von Gesellschaften, erklärt Simmel, würden irgendwann diese Kostenprobleme zu einer »Abgabe dieser Funktionen an besondere arbeitsteilige Organe, andererseits auf die Kreierung vertretender und zusammenhaltender Ideale und Symbole hindrängen«.[45] Auf der einen Seite identifiziert Simmel das Geld damit zwar nicht mit einer Ware, sondern mit der Institutionalisierung einer Fähigkeit des menschlichen Geistes, will also nach eigenen Angaben eine »transzendentale«[46] und keine materialistische Geldtheorie vorlegen. Jedoch vereint er in seiner Ausdifferenzierungsthese die tauschgenealogische Methode und funktionalistische Perspektive des warentheoretischen Erbes. Ganz wie in der ökonomischen Genealogie ist der durch Papiergeld vermittelte Tausch für Simmel Ergebnis einer Entwicklung von unvermittelter Wechselwirkung zu mediatisierter Wechselwirkung und damit nur ein besonders exponiertes Beispiel allgemeiner Entwicklungen gesellschaftlicher Wechselwirkung, wie schon bei Adam Smith. Simmel hält also an einer quasi natürlichen Genealogie vom unmittelbaren Tausch zum Geldtausch fest.[47] Im Geld kommt die ökonomische Form der

44 Ebd., S. 210f.

45 Ebd., S. 210.

46 »Mit der Ansicht Adam Smiths ist die Richtung auf die hier vertretene Geldtheorie eingeschlagen, die man im Gegensatz zu den materialistischen, als transzendentale bezeichnen kann. Denn wenn der Materialismus erklärt: der Geist ist Materie – so lehrt die Transzendentalphilosophie: auch die Materie ist Geist«, ebd., S. 208.

47 »Es ist also nicht anders denkbar, als daß der Tausch ursprünglich ein Naturaltausch, d.h. ein zwischen unmittelbaren Werten erfolgender gewesen ist. Man nimmt an, daß Objekte, welche gerade wegen ihrer allgemeinen Erwünschtheit besonders häufig eingetauscht wurden und kursierten, also besonders häufig mit

Wechselwirkung zu ihrer höchsten, ihrer (bisher) komplexesten Form. So ist, nach Simmel, »der Tausch selbst im Gelde Körper geworden«;[48] es ist – so die berühmte Formel – die »Substanziierung der Tauschfunktion«.[49]

Der Anschluss an das tauschlogische Erbe findet sich auch im zweiten klassischen Ansatz der Geldsoziologie, nämlich in der an Talcott Parsons anschließenden systemtheoretischen Tradition Niklas Luhmanns.[50] Luhmann selbst verortet seine Medientheorie des Geldes abseits der tauschtheoretisch argumentierenden ökonomischen Klassiker, die zunächst erklären, »was es mit dem Tausch auf sich hat«, und schließlich das Geld ohne weitere Reflexion addieren.[51] Dagegen geht es Luhmann mit der Notion von Geld als universalisiertem Medium um eine bestimmte Form ausdifferenzierter und verlässlicher Kommunikation.[52] Luhmann identifiziert Geld also nicht mit einer liquiden Ware, sondern mit Kommunikationsroutinen, einem Set von (relativ) eindeutigen Verhaltenskonventionen.[53] Mit dem Medium Geld lässt sich eine »bestimmte Art kommunikativer Handlung systematisieren [...], nämlich *Zahlungen*«.[54] Durch die etablierte Leitunterscheidung, für eine angebotene Ware zahlen oder nicht zahlen

---

anderen Gegenständen dem Werte nach gemessen wurden, psychologisch am ehesten zu allgemeinen Wertmaßen auswachsen konnten. [...] Weder als Tauschmittel noch als Wertmesser hätte es [das Geld, A. S.] entstehen können, wenn es nicht *seinem Stoffe* nach als unmittelbar wertvoll empfunden worden wäre«, ebd., S. 156f.

48 Ebd., S. 389.

49 Ebd., S. 222.

50 Man kann, wie es etwa prominent Heiner Ganßmann getan hat, vor allem die teilweise fragwürdigen Analogien von Geld und Sprache debattieren, die den Medienbegriff des Geldes begleiten, vgl. Ganßmann, »Geld – ein symbolisch generalisiertes Medium der Kommunikation?«.

51 Luhmann, Die Wirtschaft der Gesellschaft, S. 230f.

52 Ebd., S. 230. »Geld ermöglicht es, ein besonderes Funktionssystem für Wirtschaft auf der Basis der Grundoperation der Geldzahlung auszudifferenzieren. [...] Für das System sind Zahlungen notwendig. Zugleich ist aber keine einzige Zahlung notwendig, weil jede Zahlung erfolgen oder unterbleiben kann. Die Wirtschaft ist eine Menge notwendiger/nichtnotwendiger Zahlungen«, ebd., S. 243.

53 Vgl. Luhmann, Vertrauen, S. 60ff.

54 Luhmann, Die Wirtschaft der Gesellschaft, S. 14.

zu können (solche Selektionshilfen heißen bei Luhmann »Codes«), wird ökonomische Anschlusskommunikation sichergestellt.[55] Wer Zahlungen annimmt, also Guthaben akzeptiert, der rechnet damit, es wieder abgeben, also die Kommunikationsart fortsetzen zu können. Angenommen wird Geld deswegen nur von dem, der damit rechnet, die monetäre Kommunikation (Zahlung) irgendwann wiederholen zu können, indem er sein erworbenes Guthaben wieder abgibt (Anschlusskommunikation). Die Reproduktion des Kommunikationssystems der Zahlungswirtschaft ist also in der etablierten Kommunikationsweise des Monetären angelegt. Als generalisiertes Medium »sichert« Geld Kommunikation, eben weil es alle weiteren Unsicherheiten – beispielsweise die im Gabentausch angelegte Unsicherheit, ob man seinem Gegenüber noch über das gegebene Gut hinaus etwas schuldet, was zu Beschämung oder Krieg führen könnte – im numerischen Tauschwert, dem Preis,[56] aufhebt. Luhmann präferiert deswegen den Begriff des »Gesamtgeldes«, der Geld mit dem »Gesamtwert allen Eigentums, gesehen unter dem Gesichtspunkt seiner Liquidierbarkeit«, identifiziert.[57] Damit ist Geld bei Luhmann keine Ware, »sondern erhält seine Funktion gerade dadurch, dass es der Güterwelt gegenübergestellt wird«;[58] es bezeichnet eher die Gesamtheit aller möglichen Preise.[59] Damit trägt Luhmann seine Überlegungen bei aller Abgrenzung doch wieder in das warentheoretische Muster zurück, geht es doch um eine Praxis der kontingenten Übertragung von Preisträgern. Auch wenn man Geld als ein Medium der auf Märkten dominierenden Kommunikationsform betrachtet, geht es letztendlich um Guthaben und Eigentum.[60] Anschlusskommunikation mittels Geld

55 Ebd., S. 244. Das gilt auch für Nichtzahlung: Der Preisbildungsprozess ist etwa nur duch (drohende) Nichtzahlung möglich.

56 Vgl. dazu auch das Kapitel »Preise« in: Luhmann, Die Wirtschaft der Gesellschaft, S. 13ff.

57 Ebd., S. 201.

58 Spahn, »Die Ordnung der Gesellschaft als Zahlungswirtschaft«, S. 61.

59 Wer einen Preis für eine Ware veröffentlicht, der »hofft« sozusagen auf Anschlusskommunikation, nämlich auf Zahlung.

60 Baker/Jimerson, »The Sociology of Money«, S. 678ff.; Ingham, The Nature of Money, S. 60f.

herstellen kann nur, wer Guthaben *besitzt.* Deswegen geht es auch hier letztendlich um den Eigentumstausch. Ganz neoklassisch wird bei Luhmann durch einen »Substitutionsvorgang« der Vorgang des Realtausches »durch zwei spezifischere«[61] Vorgänge ersetzt: den ersten Tausch von Ware gegen Geld (Verkauf) und den zweiten Tausch von Geld gegen Ware (Kauf). Auch in den Medientheorien des Geldes geht es um Akte, die aufgrund übertragbarer Guthabenbestände vollzogen oder nicht vollzogen werden – es geht um »zahlen oder nicht zahlen«, also um die »zeitpunktgemäße«[62] Entscheidung, (vorhandenes) Geld auszugeben oder zurückzuhalten.

Auch neuere Ansätze der Geldsoziologie berufen sich auf die konzeptuelle Verortung von Geld in einer Akteur-Objekt-Konstellation, die Distributionsentscheidungen ermöglicht. Gemeinhin steht in der Soziologie dabei die Funktionalität von Geld im Kontext moderner Marktgesellschaften als begriffsbestimmendes Merkmal im Fokus.[63] Dabei wurden teilweise neben diesem empirischen Zuschnitt auch die Fragen aus der Ökonomik mitimportiert, etwa die Untersuchung von Inflations- und Deflationsprozessen.[64] Diesen Arbeitsauftrag haben einige Soziologien des Geldes aufgenommen; so schreibt sich etwa die 1972 erschienene *Soziologie des Geldes und der Inflation* von Anton Burghardt eine Untersuchung von Geldpreis und Inflation auf die Fahnen, und auch Klaus Heinemann, dessen Buch *Grundzüge einer Soziologie des Geldes* drei Jahre zuvor erschien, »ist ein Versuch, Problemstellungen der ökonomischen Geldtheorie in einen neuen, nämlich soziologischen Bezugsrahmen aufzunehmen«,[65] Pro-

61 Luhmann, Die Wirtschaft der Gesellschaft, S. 196.

62 Ebd., S. 17.

63 Vgl. Baker/Jimerson, »The Sociology of Money«. Natürlich nicht nur, es gibt beispielsweise auch Forschungen zu Geld in Paarbeziehungen (Wimbauer/Schneider/Ludwig-Mayerhofer, »Prekäre Balancen«, oder Wimbauer, »Geld und Liebe«), zur sozialisatorischen Eingewöhnung in geldvermittelte Ökonomien (Alltag, Geld und Medien) oder zu lokalen Zahlungsmittelinstitutionen (Thiel, Das ›bessere‹ Geld).

64 Inflation und Deflation benennen bekanntlich u. a. Prozesse der Wertrelationsveränderung zwischen Tauschmittel und Tauschobjekten.

65 Heinemann, Grundzüge einer Soziologie des Geldes, S. V.

blemstellungen, welche die mit einem Überfluss von Geld assoziierten Inflationsphänomene im Blick haben.[66] Hier rückt, wie in so vielen soziologischen Studien, der Wert des Geldobjekts in den Mittelpunkt. Wer so fragt, interessiert sich für den Vermögenscharakter eines Objekts und damit die Bedingungen und Gefahren der Eigentumsbeziehung zwischen Geld und Geldbesitzer.

Das ist, dieser Einschub ist wahrscheinlich notwendig, nicht als Einwand zu verstehen, sondern soll lediglich der Systematisierung dienen. Es geht hier nicht darum, in einem großen Rundumschlag zahllose soziologische Studien zu diffamieren, sondern lediglich zu zeigen, wie weit verbreitet ein »theoretischer Metallismus« auch in der Soziologie ist. Erst wenn diese Hypothese mehr oder weniger überzeugend untermauert ist, wird es sinnvoll, darüber nachzudenken, ob und inwiefern eine kredittheoretische Neuausrichtung der Geldsoziologie der orthodoxen Metatheorie vorzuziehen ist.

Spuren der Warentheorie

Die warentheoretische Denkfigur von Geld als einem Objekt, das durch Eigentumsbeziehungen in eine Tauschpraxis eingebettet ist, findet sich nicht nur in den klassischen Großtheorien von Simmel oder Luhmann und auch nicht nur in jenen zitierten geldsoziologischen Arbeiten, die gar nicht anstreben, über das theoretische Angebot des ökonomischen Mainstreams hinauszugehen. Mit den folgenden Verweisen auf implizite Anwendung warentheoretischer Axiome kann außerdem auf Funktionsannahmen verwiesen werden, durch die Differenzen zwischen einem waren- und einem kredittheoretisch fundierten soziologischen Geldbegriff markiert werden. Solche Spuren des theoretischen Metallismus finden sich in mehreren in der Soziologie populären Annahmen über Geld: in der an Aristoteles und Keynes anschließenden These Luhmanns, Geld schaffe vor allem Er-

66 Nicht umsonst läuft Heinemanns Argumentation (Grundzüge einer Soziologie des Geldes) nach einer Funktionsbestimmung im letzten Kapitel auf die Inflation hinaus, ebenso Burghardt, Soziologie des Geldes.

wartungssicherheit, in der von zahlreichen Autorinnen und Autoren vertretenen These von Geld als einem legitimen Beziehungsunterbrecher oder der verbreiteten Fokussierung auf die Frage nach der sozialen Konstitution von Kaufkraft. Der folgende Durchgang durch diese Spuren der Warentheorie bezweckt keine Kritik, sondern soll lediglich auf ihr Vorhandensein hinweisen. Erst dadurch wird klar, dass eine Umstellung der soziologischen Geldtheorie von Vermögen auf Versprechen, also von Metallismus auf Antimetallismus, sofern sie sich denn als gerechtfertigt erweist und gelingt, tatsächlich folgenreich wäre für die Soziologie.

Unsicherheitsabsorption

Die Geldfunktion der Wertspeicherung (siehe Einleitung) wurde von einigen Sozialwissenschaftlern[67], darunter keine Geringeren als Aristoteles, John Maynard Keynes und Luhmann, in den Mittelpunkt ihrer Reflexionen gestellt.[68] Geld, so die These, bearbeitet das Problem offener, d.h. unbekannter und prinzipiell unerkennbarer Zukunft.[69] Der Grundgedanke hier lautet, dass die epistemisch verschlossene Zukunft menschliches Handeln einer existenziellen Unsicherheit aussetzt, der durch soziale und technische Strategien begegnet werden muss. Solche Strategien wären etwa Risikoprognosen (beispielsweise Wetterberichte), Wohlfahrtsstaaten, aber auch Praktiken der Ignoranz oder eben Geld. Geld bearbeitet, so das Argument, einen Teilaspekt dieses Problems unbestimmter Zukunft, nämlich die Ungewissheit künftiger Bedürfnisse. Darauf hatte Aristoteles hingewiesen,

---

67 Mit Sozialwissenschaft ist stets Ökonomik *und* Soziologie gemeint.

68 Vgl. Aristoteles, Nikomachische Ethik, S. 1133b; Keynes, Allgemeine Theorie, besonders S. 248; Luhmann, »Organisation im Wirtschaftsleben«. Zuletzt hat Heiner Ganßmann eine ähnliche These von Georg Simmel abgeleitet: »My argument in this book is: Given the starting point of interactions between individuals, one can show that uncertainty is an emergent property of such interactions. Given uncertainty, one can introduce money as a means of uncertainty absorption. The use of money ›crowds out‹ uncertainty and replaces it by the one certainty that governs economic life: the need or desire for money«, Ganßmann, Doing Money, S. xiv.

69 Für die zeitsoziologische Bearbeitung der allgemeinen (nicht geldspezifischen) Problematik vgl. exemplarisch: Adam/Groves, Future Matters.

als er schrieb, Geld spiele nicht bloß im akuten Moment des Tauschens seine Rolle: »Für den künftigen Austausch – dafür, dass der Austausch, wenn jetzt kein Bedarf besteht, möglich sein wird, wenn Bedarf aufkommt – ist uns das Geld gewissermaßen Bürge.«[70] Guthaben verschafft seinen Benutzern den Vorteil, so die von Keynes und Luhmann weiterentwickelte Idee, Entscheidungen über erfolgreiche Strategien zur Bedürfnisbefriedigung auf unbestimmte Zeit vertagen zu können.[71] Das ist äußerst sinnvoll, da wir womöglich heute gar nicht wissen, was wir in Zukunft genau brauchen, was wir haben werden und was uns angeboten wird. Weil Geld neben sachlich und sozial auch zeitlich generalisiert ist, also in seinem Wert indifferent gegenüber dem Zeitpunkt seiner Erwerbung oder Abgabe ist, stellt es eine übersituative Sicherung »wirtschaftlicher Einflusschancen« dar.[72] Sofern ein Guthabenbesitzer den Fortbestand ökonomischer Tauschaktivitäten nicht ernsthaft infrage stellt, verkörpert der Geldbesitz eine unkonkrete, unbestimmte Möglichkeit. Das Tauschmittel hat damit eine ganz eigene Qualität, die sich nicht auf die dafür hergegebenen (z.B. Nahrungsmittel) oder dafür gewünschten (z.B. Schuhe) Mittel der Bedürfnisbefriedigung reduzieren lässt. Der Geldbesitzer muss noch nicht sofort entscheiden, was er mit seinem Guthaben erwerben wird, und kann deswegen potenziell alles erwerben, was es für seinen verfügbaren Betrag zu kaufen gibt. Deswegen nennt Luhmann Geld im Kern eine Form verfügbarer, also: »disponsible[r] Zukunft«[73].

Guthabenbesitz erlaubt es, das ist die Pointe dieses Arguments, angesichts einer prinzipiell ungewissen Zukunft die Ruhe zu bewahren, und damit sichert er Handlungsfähigkeit,[74] wie Elena Esposito im Anschluss an Luhmann und Keynes erläutert:

---

70 Aristoteles, Nikomachische Ethik, S. 1133b.

71 »Denn die Bedeutung des Geldes rührt im wesentlichen daher, daß es ein Verbindungsglied zwischen der Gegenwart und der Zukunft darstellt«, Keynes, Allgemeine Theorie, S. 248; vgl. mit derselben Stoßrichtung Deutschmann, »Kapitalismus, Religion und Unternehmertum«, S. 93.

72 Heinemann, »Soziologie des Geldes«, S. 329.

73 Luhmann, »Organisation im Wirtschaftsleben«, S. 459.

74 »Die Entscheidungen über die Verwendung des Geldes können beliebig vertagt und damit Einfluss- und Steuerungsmöglichkeiten in die Zukunft übertragen

»Geld wird in einer Welt benötigt, in der man sich an einer unbekannten Zukunft orientiert, weil der Sinn der Monetarisierung in der Möglichkeit besteht, Entscheidungen auf einen Zeitpunkt zu verschieben, an dem man über mehr Informationen verfügen wird, d.h. in der Möglichkeit, Transaktionen vorzunehmen, ohne gleich entscheiden zu müssen, was und wann man was im Gegenzug dafür haben möchte.«[75]

Für Niklas Luhmann entscheidet sich die adoleszente geldvermittelte Wirtschaft in diesem Punkt temporallogisch von der embryonalen Realtauschökonomie: Geld wird zum Prinzip und zur Bedingung einer adoleszenten Wirtschaft, deren Aufgabe es gar nicht mehr ist, die Befriedigung *aktuell bestehender* Bedürfnisse zu organisieren, sondern die Befriedigung kommender und insofern noch unbekannter Bedürfniszustände zu garantieren.[76] Nur so kann man, erklärt Luhmann, verstehen, warum Menschen nach Geld statt nach Gütern streben und sparen. Das Streben nach Geldbesitz ist somit aus dem Sinn ökonomischen Handelns rekonstruierbar.

Wer Geld metatheoretisch als Versprechen definiert, der hat damit eine riskante soziale Beziehung im Blick. Versprechen können, salopp gesagt, gebrochen werden. Es im Sinne Aristoteles, Keynes und Luhmanns, als etwas »disponsibles« zu charakterisieren, das Sicherheit angesichts unklarer künftiger Bedürfnisse schafft, impliziert dagegen ein eher warenlogisches Verständnis von Geld als einem (disponiblen) Objekt in einer Akteur-Objekt Beziehung. Die kredittheoreti-

---

werden«, schreibt etwa auch Klaus Heinemann, »Soziologie des Geldes«, S. 330. In seiner Form als *besessenes Guthaben* ist Geld tatsächlich einer der »soziale[n] Mechanismen, die es erlauben, Entscheidungen zu vertagen und doch schon sicherzustellen, also mit einer Zukunft von hoher, unbestimmter Ereigniskomplexität zu leben«, wie Niklas Luhmann in seiner Theorie des Vertrauens schreibt: Luhmann, Vertrauen, S. 19.

75 Esposito, Die Zukunft der Futures, S. 76f.

76 Die moderne Geldwirtschaft hat nicht mehr die Funktion, gegenwärtige Bedürfnisse zu befriedigen, sondern mit der Geldwirtschaft »tritt vielmehr die *Sicherung künftiger* (und insofern immer auch: noch unspezifizierter) *Bedürfnisbefriedigungen* als das spezifisch Wirtschaftliche hervor«, Luhmann, »Organisation im Wirtschaftsleben«, S. 456, Hervorhebungen im Original.

sche Wende würde, obschon sie das Grundargument gar nicht infrage stellt, doch eine Blickerweiterung verlangen, die die soziale Produktion von Zukunftssicherheit mit der sie konstituierenden Produktion unsicherer Beziehungen notwendig zusammendenken müsste.

Beziehungsterminierung

Die Koordination von Tauschakten durch das Zwischentauschmittel Geld wird in der Soziologie als sozial anspruchsvoller symbolischer Vorgang beschrieben. Um Angebot und Nachfrage wirksam zu vermitteln, müssen ganz unterschiedliche Dinge, die zur Befriedigung eine Pluralität von Bedürfnissen verwendet und verbraucht werden können, miteinander wechselseitig verglichen, also in Relation gesetzt werden können. Erst wenn dieses nicht selbstverständliche In-Relation-Setzen als praktisches Repertoire eines Kontextes zur Verfügung steht, wird so ein Austausch als zeitlich stabile routinierte Praxis möglich. Wie aber vergleicht man einen Schuh und eine Kuh mit einem Haufen Mehl? Alle Eigenschaften, die Schuhe und Kühe auszeichnen – Größe, Form, Farbe, Gefühle, Geschichte –, werden im Preis eins. Geld mache »alle Ungleichheiten gleich«[77], schrieb etwa Fjodor Dostojewski. Trotz der vermeintlichen Kälte ist es diese Eigenschaft monetärer Skalen, heterogene Eigenschaften in einem einheitlichen Preis auszudrücken, die spätestens mit Simmel als sozial beachtliche und unverzichtbare Funktionsbedingung von Geldvermittlung gewürdigt wird. Um zwei Dinge vergleichen zu können, erklärt Simmel,[78] müssen beide Dinge dieselbe Eigenschaft instanziie-

77 Dostojewski, Der Jüngling, S. 142.

78 »Das Geld ist seinem Wesen nach nicht ein wertvoller Gegenstand, dessen Teile untereinander oder zum Ganzen zufällig dieselbe Proportion hätten wie andere Werte untereinander; sondern es erschöpft seinen Sinn darin, das Wertverhältnis eben dieser andern Objekte zueinander auszudrücken, was ihm mit Hilfe jener Fähigkeit des ausgebildeten Geistes gelingt: die Relationen der Dinge auch da gleichzusetzen, wo die Dinge selbst keine Gleichheit oder Ähnlichkeit besitzen. Da diese Fähigkeit sich aber erst allmählich aus der primitiveren entwickelt, die Gleichheit oder Ähnlichkeit zweier Objekte unmittelbar zu beurteilen und auszudrücken, so entstehen die oben berührten Erscheinungen, in denen man auch das

ren, die dann als Medium des Vergleichs dienen kann. Will man tauschfähige Dinge nun aber auch quer und über diesen Kategorien vergleichen, nicht nur Äpfel mit Birnen (nach Gewicht, Geschmack oder Größe), sondern auch Äpfel mit Kompetenz, Kunstfertigkeit oder Autositzen, dann muss eine gemeinsame und vergleichsfähige Kategorie sozial aufwendig hergestellt und durchgesetzt werden. Das erfordert einerseits die kognitiven Schemata, von konkreten Eigenschaften zu abstrahieren, und wiederum eine von beiden geteilte, aber verschieden instanziierte Eigenschaft, einen ökonomischen Wert. Dieser Wert wird in Geld ausgedrückt und mittels Geldzeichen getauscht. Wenn jedes Gut innerhalb einer Wirtschaftsgemeinschaft nun einen Preis bekommt, erklärte Niklas Luhmann, erhalten die Güter eine »Doppelexistenz«[79]: Man kann und wird sie fortan immer sowohl als das Mittel zur Bedürfnisbefriedigung betrachten als auch – abseits ihrer konkreten Eigenschaften – den Geldbetrag in ihnen sehen, den sie (wahrscheinlich) im Tausch wert wären.[80] Damit entsteht ein Medium des Vergleichs heterogener Dinge und gleichermaßen die Grundlage eines rational-kalkulierenden Weltverhältnisses.[81]

Weil der Preis damit alle Eigenschaften heterogener Objekte und Bedürfnisse in eine einzelne, objektive und deshalb, ob ihrer Ignoranz gegenüber Vielfalt und Komplexität, kalte und substanzlose Eigenschaft überführt, wird das Geld häufig als negierendes und nivellie-

Geld in eine unmittelbare Beziehung dieser Art zu seinen Gegenwerten zu bringen suchte.« Simmel, Philosophie des Geldes, S. 164; vgl. ebd., S. 139.

79 »Alle Güter haben demnach eine Doppelexistenz: als Gut und als Geld. Das zeigt sich nicht zuletzt [...] an der jederzeit möglichen Überlegung, was sie einbringen würden, wenn man sie verkaufen würde«, Luhmann, Die Wirtschaft der Gesellschaft, S. 201.

80 Zur Differenzierung von Nutz- und Tauschwert natürlich auch Simmel, Philosophie des Geldes, S. 179.

81 »Die für die Ökonomie konstitutive Praxis des geldvermittelten Warentausches gilt der soziologischen Forschung traditionell als Indiz für die Rationalisierung gesellschaftlicher Praxis, weil Tauschvorgänge mit dem Geld berechenbar werden, indem zu tauschende Güter einen Preis erhalten, der sie in ihrem Tauschwert vergleichbar macht. Die Frage, welcher Gegenstand gegen welchen Gegenstand getauscht wird, lässt sich durch die Frage ersetzen, wie viel ein zu erwerbendes Gut kostet«, Hillebrandt, »Begriff und Praxis des Tausches«, S. 4279.

rendes Medium beschrieben.[82] Deswegen spricht Luhmann auch, wie oben erwähnt, von Geld als »Gesamtgeld« möglicher Zahlungen. Der Geldwert ersetzt also letztendlich alle anderen Eigenschaften der Waren als mögliche Vergleichskategorien und vermeidet so das Problem der Wertheterogenität, weil er selbst »sachlich generalisiert« ist, »d.h. als Wertmesser neutral gegenüber spezifischen Eigenschaften«.[83] Als soziale Institution bearbeitet Geld in dieser Perspektive das Problem der Unmöglichkeit »vollständige[r] Information[en]«[84]. Geldgesellschaften lösen diese Informationsprobleme, indem durch die »technische Form des wirtschaftlichen Tauschverkehrs«[85] Preise für Güter gebildet werden – Werte also, die in gewisser Weise anonym, beziehungsweise »von ihrem subjektiv personalen Unterbau gelöst sind«.[86] Warum Güter angeboten und nachgefragt werden, ist systemlogisch irrelevant.[87]

Die Möglichkeit, Breschen der Äquivalenz in die heterogene Wirklichkeit zu schlagen, bietet für Simmel nicht nur die Chance, wechselseitige Bedürfnisse zu befriedigen. Vielmehr verstärkt der Geldhandel die »Freiheit und Würde«[88] der Geldverwender. Dafür argumentiert der Soziologe zunächst historisch: Waren die Unterdrückten des Feudalismus durch wiederkehrende Abgaben von Naturalien an ihre Herren gebunden, so zwang sie das zur Produktion dieser konkreten Waren. Wer eine bestimmte Menge Holz liefern musste, musste Holz fällen gehen; wer Weizen abgeben musste, musste Weizen anbauen. Die historische Option, wiederkehrende Verpflichtungen statt-

82 Die These, dass Geld Informationen über Angebote, Nachfrage und Tauschbereitschaft reibungsloser kommunizieren lässt, sollte nicht dazu verleiten, es selbst als Information zu begreifen. Aus Zeitnot wird statt einer eigenen Argumentation auf die überzeugende verwiesen, die Christoph Deutschmann vorgelegt hat: Deutschmann, »Wie harmlos ist Geld?«, S. 161–172.

83 Heinemann, »Soziologie des Geldes«, S. 329.

84 Ganßmann, »Das Geldspiel«, S. 42; Heinemann, »Soziologie des Geldes«.

85 Heinemann, »Soziologie des Geldes«, S. 330.

86 Ebd., S. 330.

87 »Der subjektive Vorgang der Bewertung führt zu einem sachlichen, überpersönlichen Verhältnis zwischen Gegenständen«, ebd., S. 330.

88 Simmel, Philosophie des Geldes, S. 542.

dessen in einem universellen Tauschmittel vergelten zu können (bis hin zur Möglichkeit, Abhängigkeitsbeziehungen durch Geldtransfer dauerhaft aufzulösen), steigert somit gesellschaftliche Freiheit – »der Gewinn von Freiheit durch die Geldablösung jener Verpflichtung«.[89] Wer nämlich seine Abgaben in Geld entrichten darf, kann dieses Geld einnehmen, wie er möchte; statt Weizen anbauen zu müssen, wird ein Raum der Optionen eröffnet. Man kann diesen Gedanken nun in systematischer Absicht wieder mit den Ermöglichungsbedingungen ökonomischer Tätigkeit verbinden, die zuvor als Koordination beschrieben wurden: Die Möglichkeit, monetäre Transferinteraktionen unabhängig von anderen sozialen Verbindungen – »verwandtschaftlicher, nachbarschaftlicher, freundschaftlicher Art«[90] – stabil zu etablieren, war für die Konstitution von Wirtschaft sicherlich von entscheidender Bedeutung. Das »befreiende« Potenzial von Geldvermögen ist damit von seinem historischen Kontext gelöst und gilt bis heute, wie auch Christoph Deutschmann betont: »Indem Geld es dem Einzelnen ermöglicht, seine Ansprüche an die Leistungen anderer in gegenständlicher Form – gleichsam ›in der Tasche‹ – mit sich herumzutragen, wird das Individuum aus persönlichen Bindungen und Verpflichtungen befreit. [...] Erst durch das Geld konstituiert es sich als autonomes wirtschaftliches und soziales Subjekt.«[91] Erst wenn statt Herrschaft die freie Entscheidung über den Einsatz monetärer Budgets die Verteilung von Eigentum bestimmt, kann von einem *ökonomischen* Subjekt oder einem ausdifferenzierten *ökonomischen* System ausgegangen werden.

Diese liberalisierende Wirkung von Geldtransfers wurde auch im Anschluss an die ethnografischen Forschungen von Marcel Mauss durchdacht.[92] Die Koordinationsleistung monetärer Tauschvermittlung fußt auf der Annahme, geldlose Austauschverhältnisse wären

89 Ebd., S. 543. Was nicht heißt, dass er nicht auch zum Gegenteil eingesetzt werden kann bzw. gegenteilige Effekte erzielte, vgl. Simmel, Philosophie des Geldes, S. 542ff., und Postberg, Macht und Geld, S. 173.

90 Heinemann, »Soziologie des Geldes«, S. 332.

91 Deutschmann, »Kapitalismus, Religion und Unternehmertum«, S. 92f.

92 Ich beziehe mich hier nicht auf die Überlegungen von Mauss zur Frage, wie historische Geldmittel ihre Kaufkraft erlangt haben, dazu: Dodd, The Social Life of Money, S. 30ff.

historisch oder würden theoretisch in der Form des Realtausches ablaufen. Die Idee, geldloser Tausch würde als situative Transaktion stattfinden, indem sich zwei Besitzer über das Verhältnis ihrer Überschussquantitäten zueinander einig werden (beide glauben, dass drei Sack Kartoffeln ein Paar Schuhe wert sind) und diese dann austauschen. Damit sind Interaktion und Beziehung zwischen beiden Tauschpartnern erst einmal abgeschlossen, hat doch jeder das erhalten, was er wollte, und gegeben, wozu er bereit war. Mit seiner Studie der »Form und Funktion des Austausches in archaischen Gesellschaften«[93] bringt Marcel Mauss die »gabentheoretische« Kritik an diesem Ansatz ins Rollen. Er argumentiert, die prinzipielle Form des Warenumschlags war (oder ist) nicht der Tausch von (subjektiv definierten) Wertäquivalenten – ich gebe meine Kartoffeln für genau so viele Schuhe ab, wie ich für angemessen halte –, sondern die wechselseitige Überlassung von Gaben. Dabei geht es im Grundsatz um folgende Überlegung: Wenn Menschen untereinander Güter tauschen, dann tun sie das nicht in der Annahme der Wertäquivalenz. Sie gehen in der Praxis nicht davon aus, dass beide durch den Tausch den gleichen Wert erhalten – für den Bauern sind die Schuhe wertvoll, für den Schuster die Nahrungsmittel –, sondern davon, dass ein »Rest« übrig bleibt: Geben und Nehmen erzeugt Reziprozitätsnormen. Bei der Beobachtung von Praktiken der Besitzübertragung in »archaischen Gesellschaften« fiel dem Ethnologen Mauss auf, dass eigentlich (formal) unverbindliche Tauschakte von Ding A gegen Ding B weitere Tauschakte in der Zukunft zur Folge hatten. Mauss sah Gaben, die »theoretisch freiwillig sind, in Wirklichkeit jedoch immer gegeben und erwidert werden *müssen*«.[94] Er schlussfolgert, dass geldloser Austausch nicht in Form von »Transaktionen«[95] (gleichzeitiges Geben und Nehmen), sondern sich als fortgesetztes Geben vollzieht, das immer die nächste Gabe »fordert«.[96] Mit Geld allerdings kann die Äquivalenz

93 So der deutsche Untertitel von Mauss, Die Gabe.

94 Mauss, Die Gabe, S. 17 (Hervorhebung im Original).

95 Claude Lévi-Strauss, zitiert aus: Hillebrandt, Praktiken des Tauschens, S. 127.

96 »Schließlich vollziehen sich diese Leistungen und Gegenleistungen in einer eher freiwilligen Form, durch Geschenke, Gaben, obwohl sie im Grunde streng obliga-

von Gegebenem und Genommenem sichergestellt und somit der Verbleib eines »Rests« an Verpflichtungen umgangen werden.[97] Durch den in der Recheneinheit Geld ausgedrückten Preis werden zwei Waren restlos vergleichbar, damit neutralisiert der Geldverkehr die Grundlagen von Reziprozitätsnormen.[98] Es ist, so der Tenor soziologischer Geldtheorie, »ein Prinzip sozialer Distanzierung«.[99] Wir sehen hier also eine Praxis »legitime[r] Beziehungsunterbrechungen«[100] mittels der Übertragung eines tilgungsfähigen Vermögens. Die (wie die Fußnotenverweise zeigen) ubiquitäre Betonung der Eigenschaft des Geldes, Beziehungen zu beenden, impliziert also eine warenlogische Metatheorie, in der Geld ein Objekt ist, das einem Akteur gehört (und das durch die Transaktion, Eigentum eines anderen Akteurs zu werden, die Beziehung zu diesem abbricht). Versteht man im Sinne der kredittheoretischen Metatheorie Guthaben selbst als soziale Beziehung – also gemäß der oben von Ingham entlehnten Formulierung als Akteur-Akteur- und nicht als Akteur-Objekt-Beziehung –, dann ist gewissermaßen ausgeschlossen, es vornehmlich als dissoziierendes Me-

torisch sind, bei Strafe des privaten oder öffentlichen Kriegs«, Mauss, Die Gabe, S. 22.

97 »Der Tausch von Waren […] gegen Geld lässt prinzipiell keine Verpflichtungen zurück, weil mit dem Bezahlen des Geldes für die Ware der Tausch eindeutig abgeschlossen ist«, Hillebrandt, Praktiken des Tauschens, S. 9.

98 »Geld führt zu einer Neutralisierung direkter und unmittelbarer persönlicher Bindungen, wie sie bei Reziprozitätsnormen Voraussetzung sind«, Heinemann, »Soziologie des Geldes«, S. 333.

99 Luhmann, Kontingenz und Recht, S. 311; Vgl. auch Heinemann, Grundzüge einer Soziologie des Geldes, S. 117ff. Auch Heiner Ganßmann betont, Geld sei doch immer genau das Vermögen, das zur Tilgung sozialer Beziehungen herangezogen werden kann, vgl. »Geld als Fiktion?« und »Geld, Kredit und die Finanzkrise von 2007/08«.

100 Schobin, Freundschaft und Fürsorge, S. 61. Um es deutlich zu sagen: Das ist nicht Mauss' These, der sich eher für Geldformen als Kontinuierung von Gabentauschprozessen interessiert hat (vgl. Dodd, The Social Life of Money, S. 33f.). Schobin weist aber richtigerweise darauf hin, dass Märkte Preise nur durch legitime Androhung von Beziehungsverzicht oder Beziehungsabbruch bilden lassen. Erst wenn es möglich wird, zur Bedürfnisbefriedigung mit abwesenden Unbekannten in Austausch zu treten, kann mit Tauschverzicht im konkreten Fall gedroht und können somit Preise ausgehandelt werden.

dium zu untersuchen. In diesem Abschnitt wurde also nicht nur gezeigt, dass viele soziologische Arbeiten, indem sie von Geld als einem beziehungsterminierenden Eigentumsobjekt sprechen, sich bereits auf die Warentheorie des Geldes verpflichtet haben, sondern auch ein weiteres Unterscheidungsmoment der beiden Metatheorien aufgetan: Wer kredittheoretisch über Geld nachdenkt, muss sich fragen, wie Akteur-Akteur-Beziehungen zustande kommen und aufrechterhalten werden – nicht, wie soziale Bindungen aufgelöst werden.

Vergesellschaftung

Das in der Soziologie prominente Verständnis von Geld als einem Medium der Auflösung sozialer Nahbeziehungen (solche zwischen konkreten Akteuren) führte häufig zur Anschlussfrage der allgemeinen sozialen Konstitution der Geldfunktionalität, oder eben einfach: des Geldwerts. Dabei lautet die leicht nachvollziehbare (und kaum zu bestreitende) Überlegung, dass die Akzeptanz von Geld auf der Erwartung beruht, dass es Menschen gibt, die in Zukunft bereit sein werden, Geld im Austausch gegen Güter zu akzeptieren. Dieser Grundgedanke der Identifikation von Geld mit der Tauschbarkeit eines Objekts hat, wie oben gesehen, auch die Ökonomie beschäftigt. Soziologen haben nun versucht, diesen Sachverhalt zu vertiefen, indem sie die Rolle abwesender Dritter in diesen konstituierenden Erwartungen betonten: Wer von der Tauschbarkeit eines Objekts ausgeht, der hat nicht nur Erwartungen bezüglich konkreter, bekannter Akteure, sondern gegenüber einer anonymen Menge situativ abwesender möglicher Tauschpartner. Für Simmel liegt im Übergang von geldlosen zu geldvermittelten Ökonomien ein Vergesellschaftungsmoment, weil sich ökonomische Reproduktion nun nicht mehr über Nahbeziehungen zur Dorfgemeinschaft vollziehen muss, sondern mit Geld Ansprüche an die Gesellschaft selbst zirkulieren können.[101]

---

101 Simmel, Philosphie des Geldes, S. 213. Das ist für Georg Simmel das Vergesellschaftungsmoment der Umstellung von einer geldlosen auf eine geldvermittelte Wirtschaftschaftsform: »Indem der Naturaltausch durch den Geldtausch ersetzt wird, tritt zwischen die beiden Parteien eine dritte Instanz: die soziale Gesamt-

Auch diesen Gedanken greift Luhmann auf, wenn er erklärt, dass durch die Existenz von Geld die Notwendigkeit von Vertrauen in konkrete Personen durch ein verallgemeinertes Vertrauen in den Fortbestand der monetären Ordnung ersetzt wird.[102] Da man Leistungen auch an völlig unbekannte und unbeteiligte Personen verkaufen kann und die zur Befriedigung der eigenen Bedürfnisse benötigten Güter auch von Fremden erwerben kann, Geld also »sozial generalisiert« ist,[103] entbindet es überhaupt von der Notwendigkeit, die Bedürfnisbefriedigung innerhalb dichter Beziehungsgefüge zu organisieren. Erst dadurch wird für Luhmann Ökonomie im Sinne eines funktional ausdifferenzierten Systems möglich.[104] »Das generalisierte Vertrauen in die Institution des Geldes ersetzt dann jene unzähligen einzelnen und schwierigen Vertrauenserweise, die nötig wären, um den Lebensbedarf einer kooperativen Gesellschaft sicherzustellen, durch einen Globalakt.«[105]

Auch Michel Aglietta hat in dieser Weise Geld vor allem mit einem Vertrauensverhältnis zwischen Geldbesitzern und der Gesellschaft insgesamt gleichgesetzt.[106] Dieses Verhältnis bezeichnet er als eine Schuld, ohne damit aber in das Lager des theoretischen Antimetallismus überzuwechseln. Denn bei ihm geht es ebenso wie bei Luhmann und auch Simmel (an dessen Beispiel bereits in der Einleitung auf diese Differenz aufmerksam gemacht wurde) nicht darum, Geld als eine Nahbeziehung zwischen zwei konkreten Akteuren zu definieren,[107] sondern hingegen die Tauschbarkeit des Geldobjekts als sozial konstituiert (eben hier: in Vertrauen begründet) zu begreifen.

---

heit, die für das Geld einen entsprechenden Realwert zur Verfügung stellt«, ebd; vgl. auch die folgenden Seiten.

102 Luhmann, Vertrauen, S. 66.

103 Heinemann, »Soziologie des Geldes«, S. 329.

104 Luhmann, Die Wirtschaft der Gesellschaft.

105 Luhmann, Vertrauen, S. 66.

106 »Money involves trust because it is a debt between society as a whole and each of its members«, Aglietta, »Money«, S. 2.

107 Vgl. dazu auch beispielhaft die Studie von Heinemann: »Die Verwendung eines Geldes [...] führt [...] zur Lockerung unmittelbarer Bindungen an den Nächsten, um dafür aber neue zu Entfernten und Unbekannten zu schaffen«, Heinemann,

Auch ohne auf den Begriff des Vertrauens abzustellen, haben Soziologen häufig unter dem Thema Geld vor allem eine Reflexion der Tatsache verstanden, dass der die Tauschbarkeit des Geldes ausmachende Geldwert – die Kaufkraft – ein sozialer Tatbestand ist. John Searle entwickelt seinen Begriff sozialer Tatsachen etwa prominent am Beispiel des Geldes; aus seiner Sicht existieren funktionale Regeln, die einen bestimmten Typus von Papierscheinen, gewisse digitale Zahlen und Metallstücke tauschbar machen. Soziale oder: institutionelle Tatsachen sind für Searle kollektiv geteilte, aber zumeist unthematisch bleibende Regeln, die Dingen einen Status zuweisen, der unabhängig ihrer physikalischen Beschaffenheit ist oder über deren kausalen Potenziale hinausgeht.[108] Diese Regeln weisen damit, dass sie *gelten,* also *befolgt werden,* Dingen und Personen Eigenschaften zu. Mehrere sich wechselseitig aufeinander beziehende Kataloge solcher Statusfunktionen bilden dann für Searle stabile soziale Phänomene.[109] Statt von Regeln liest man mit ähnlicher Schlagrichtung auch von Konventionen, habituellen Routinen usw. Geld habe einen »sozialen Kern«,[110] schrieb etwa Anton Burghardt 1977, da es als ein »Bündel«[111] seiner Funktionen eine »Schöpfung tradierten und habitualisierten sozialen Handelns« sei.[112] Aufgrund von »Geldkonventionen«, die die Erwartbarkeit künftiger Annahme stabilisieren – also aufgrund geltender Regeln –, bietet Geld »seinen Besitzern [...] die Chance, auf alle im Tauschbereich befindlichen, disponiblen Güter im Ausmaß der in ihm angelegten Kaufkraft Anspruch zu erheben«.[113]

Grundzüge einer Soziologie des Geldes, S. 119; vgl. auch Spahn, »Die Ordnung der Gesellschaft als Zahlungswirtschaft«, S. 59.

108 Ihre Erschaffung beruht »auf der Zuweisung von Status und damit einer Funktion an ein Gebilde«, Searle, Die Konstruktion der gesellschaftlichen Wirklichkeit, S. 104.

109 Ebd., S. 89.

110 Burghardt, Soziologie des Geldes, S. 11.

111 Ebd., S. 12.

112 Ebd., S. 17.

113 Ebd., S. 21.

Dass es sich bei der Eigenschaft Kaufkraft um eine *soziale Konstruktion* handelt, die von den materiellen Eigenschaften des Geldes unabhängig ist, ist für sich genommen eine vergleichsweise triviale Erkenntnis.[114] Es ist also tatsächlich so »unzweifelhaft [...]«, dass Geld »erst im Hinblick auf soziale Interaktionen Sinn [erhält]«,[115] dass man sich ob der häufigen Erwähnung dieser Tatsache wundern muss. Nichtsdestotrotz haben soziologische Studien diesen Sachverhalt zu ihrem Gegenstand gemacht. Mehr noch, die Spuren der Warentheorie in der Soziologie verweisen allesamt auf den Objektwert der Geldware: Versteht man unter Geld ein Mittel der Versicherung gegenüber einer unbestimmten Zukunft, so identifiziert man es mit Liquidität, Tauschbarkeit, Kaufkraft. Ebenso gehört zur Axiomatik eines Beziehungsterminierers die Annahme eines Objekts, das restlos übertragen wird und als Eigentum dann die Möglichkeit künftiger Transaktionen (aber eben nicht Beziehungen) impliziert. Dafür muss man anonymen Dritten eine Nachfrage nach diesem Objekt unterstellen. Die traditionelle Warensoziologie des Geldes läuft demnach im Prinzip folgerichtig auf eine Soziologie des Geld*werts* hinaus. Der Wert stoffwertloser Melddinge wurde »aus der Sicht einer tauschtheoretischen Soziologie« immer wieder als Problem gesehen.[116] Bevor im zweiten Kapitel geklärt werden kann, was für einen Bruch mit dieser theoretischen Tradition spricht, soll ein genauerer Blick auf die Kaufkraftsoziologie geworfen werden.

Kaufkraft

Eine warenlogische, d.h. tauschtheoretische Reflexion des Geldes führt fast schon mit Notwendigkeit zur Reflexion der Bedingungen, die bestimmte Objekte universell tauschbar werden lassen. Diese Problematisierung findet sich in zahlreichen Arbeiten von Paul Keller-

114 So auch Boghossian, Angst vor der Wahrheit, S. 25.
115 Häußling/Klein, »Geld«, S. 79.
116 Haesler, »Irreflexive Moderne«. Siehe auch: Ganßmann, Doing Money, bes. S. 133ff., und Beckert, Imagined Futures, S. 97ff.

mann, die hier noch einmal gesondert betrachtet werden sollen. Sie eignen sich, um Gesagtes zu resümieren und für den Wechsel zur Kredittheorie zu argumentieren.

Die Funktionalität des Geldes im Tausch beruht für Kellermann auf der Erwartung der Geldverwender, dass dem Geldwert Sachwerte entsprechen, also Kaufkraft realisierbar ist.[117] Diese Erwartung habe sich im zwanzigsten Jahrhundert als Gewohnheit internalisiert und werde in der Regel nicht länger praktisch infrage gestellt.[118] Zweifel an einem möglichen »Leistungstausch« (Geld gegen Ware) kommen schlicht kaum mehr auf, so Kellermann.[119] Geld werde damit gleichgesetzt mit jenen kaufbaren Gütern, die einen Nutzwert haben, also Bedürfnisse wie Hunger oder Obdach tatsächlich befriedigen können. Im allgemein verbreiteten Streben nach Geld drücke sich damit, so Kellermann weiter, eine »höher[e] Wertschätzung des Tauschmittels gegenüber den realen Leistungen« aus.[120] Diesen »unreflektierten, von den Leistungen abstrahierten Glauben«[121] an den Geldwert nennt Kellermann die »Alltagsreligion«[122] des »Moneyismus«[123].

Kellermann schließt damit an die ökonomische Tradition an, den Tauschwert der ohne Nutzwert ausgestatteten stoffwertlosen Guthaben als gesondert erklärungsbedürftig zu begreifen. Diese besondere Erklärungsbedürftigkeit lässt sich, folgt man hier Heiner Ganßmann, auf »Carl Mengers Rätsel«[124] zurückführen. Dabei bezieht er sich auf folgendes Zitat:

---

117 So auch die zentrale These in: Burghardt, Soziologie des Geldes.

118 Kellermann, Soziologie des Geldes, S. 33. Die Internalisierungsthese wird häufig für unbefriedigend befunden, ist aber durchaus soziologisch angemessen. Vgl. dazu etwa auch Reemtsma, Vertrauen und Gewalt, der das Vertrauen in soziale Routinen von der relativ einfach zu beschreibenden Zuversicht in die Kaufkraft differenziert.

119 Kellermann, »Moneyismus«, S. 115.

120 Ebd., S. 123.

121 Ebd.

122 Ebd., S. 115.

123 Ebd., S. 123.

124 Ganßmann, »Das Geldspiel«, S. 22. So argumentiert auch Beckert, Imagined Futures, S. 98.

»Dass ein Gut von seinem Besitzer gegen ein anderes, ihm nützliches, im Austausch hergegeben wird, ist ein Vorgang, welcher auch dem gemeinsten Verstande einleuchtet. Dass aber bei allen einigermaßen zivilisierten Völkern jedes wirtschaftliche Subjekt bereit, ja eifrig bemüht ist, seine zum Austausche bestimmten Güter gegen kleine, an sich nutzlos erscheinende Metallscheiben, oder gegen letztere vertretende Urkunden, auszutauschen: dies ist ein dem gemeinen Laufe der Dinge [...] widersprechender Vorgang.«[125]

Unterstellt man (was man nicht muss), dass die Kaufkraft des Geldes besonders rätselhaft ist, wird es vielleicht etwas verständlicher, warum Kellermann mit solch starken Begriffen – wie einem zur Alltagsreligion aufgestiegenen Glauben an die Kaufkraft der stoffwertlosen Guthaben – ins Feld ziehen muss. Schließlich scheint doch das Begehren von Geld von den wachsenden Geldmengen unbeschadet zu bleiben, obwohl Guthaben weder vollständig durch Waren noch durch stoffwertliche Rücklagen der Zentralbanken gedeckt sind. An die Kaufkraft des Geldes wird heute, schlussfolgert Kellermann, ohne einen Bezug zu den Gebrauchswerten der für Geld einzutauschenden Leistungen geglaubt, »der Glaube an Geld« hat sich, anders gesagt, als eigenständige soziale Trägerstruktur durchgesetzt.[126]

Diese Trägerstruktur ist dann für Kellermann nur noch als »Illusion« zu verstehen: Dass jemand die Verfügbarkeit von Guthaben ge-

125 Menger, »Geld«, S. 3f., zitiert aus: Ganßmann, »Das Geldspiel«, S. 22. Menger schließt damit an das klassische ökonomische Wertparadoxon an, auch Wasser-Diamanten-Paradoxon genannt. Von ihren Anfängen bis heute müssen makroökonomische Theorien einen Erklärungsansatz dafür anbieten, warum etwas so nützliches wie Wasser viel billiger ist als weniger nützliches, etwa Diamanten (wobei man sich an der Auswahl dieser Beispiele nicht festhalten sollte, sie stammen aus einer Zeit, als Diamanten lediglich als Schmuck eingesetzt wurden). Menger fragt (und erklärt), warum vernünftige Menschen bereit sind, zur unmittelbaren Bedürfnisbefriedigung einsetzbare Vermögensgegenstände gegen einen akut nutzlosen, nämlich bedruckte Papierscheine und immaterielle Bucheinträge, einzutauschen. Die von Menger als Grundlage der bis heute dominierenden Grenznutzen-Schule gefundene Antwort braucht hier nicht weiter interessieren, ist sie doch sicherlich innerhalb eines neoklassischen Theoriegebäudes schlüssig.

126 Kellermann, »Soziologie des Geldes«, S. 322.

genüber der Verfügbarkeit von Waren vorzieht, muss Paul Kellermann durch die Identifikation einer illusorischen Gleichsetzung des Symbols Geld mit den von ihm bezeichneten »eigentlich« nützlichen Gütern erklären.[127] Dass Menschen Geld statt Güter wollen, oder sogar eher auf das Horten von Geld denn auf das Horten von Dingen abstellen, führt Kellermann damit auf einen sozialisatorisch erlernten Irrtum der Indifferenz zurück, eine Denkfigur, die theorielogisch das Rationalitätskalkül der ökonomischen Erklärung des Geldglaubens ersetzt. Sein Argument ist also: Menschen begehren »an sich« nutzloses (stoffwertloses) Guthaben, weil sie es irrtümlich mit den Waren identifizieren, die man damit hypothetisch kaufen könnte. Diese Diagnose basiert dabei auf der Prämisse der Rätselfrage, Geld habe als reines Symbol für ein (wie auch immer verstandenes) Versprechen der Gesellschaft auf Leistungen an sich keine begehrenswerten Eigenschaften *jenseits* dieser Verweisung. Dass Geld selbst eine positive Qualität zu haben *scheint,* ist nach Kellermanns Verständnis nur noch als Effekt besagten Irrtums zu verstehen. Kellermann erklärt, Menschen würden heute unter der Herrschaft einer »Geldideologie« handeln, welche die Vorstellung transportiert, Geld selbst hätte die Macht, Bedürfnisse zu befriedigen.[128]

---

127 »Eine der wichtigsten Funktionsvoraussetzungen für Geld ist seine Akzeptanz innerhalb des Orientierungsrahmens der Systemmitglieder. Die Geldakzeptanz kann [...] nur bestehen, wenn Symbol und das von ihm Bezeichnete zumindest tendenziell übereinstimmen. Geld symbolisiert die Interdependenz von Versprechen und Anspruch: das Versprechen des Geld emittierenden Systems auf Leistungslieferung und den Anspruch der Geld Besitzenden (Person, Organisation) auf Leistungserhalt im Tausch gegen Geld. [...] Diese Orientierung ist umso tiefer im Bewusstsein verankert, je problemloser der Tausch von Leistungen gegen Geld erfahren wird. Als unbewusst oder verinnerlicht ist diese Handlungsorientierung zu bezeichnen, wenn das Symbol ›Geld‹ von der realen Leistung kaum mehr unterschieden wird, also Geld verfügbar zu haben mit der unmittelbaren Verfügbarkeit über Güter und Dienste gleichgesetzt wird«, Kellermann, »Geld ist kein ›Mysterium‹«, S. 117.

128 »Geld wird gewissermaßen unter ›Wegkürzen‹ seiner Tauschfunktion (Ware – Geld – Ware) selbst als Gut oder Dienst wahrgenommen, als wenn bereits Geld die Bedürfnisse der Menschen unmittelbar zu stillen vermöchte«, Kellermann,

Diese Analyse überzeugt nicht. Kellermann ist lediglich dadurch argumentativ ermächtigt, so großspurige Erklärungen für das allgemeine Begehren von Kaufkraft einzuführen, weil er eine kaum überzeugende Differenz axiomatisch einführt: die Differenz zwischen »an sich« nutzlosem Geld und den »an sich« nützlichen Dingen (»Leistungen«), die damit zu erwerben sind. Nur dann nämlich würde einem soziologischen Beobachter überhaupt auffallen, dass buntes Papier in zeitgenössischen Gesellschaften wichtiger zu sein scheint als die Verfügbarkeit von bedürfnisbefriedigenden Gütern. Deswegen behauptet Kellermann, die Geldbenutzer würden dem Geld einen »illusorischen« Wert zuschreiben, den es faktisch gar nicht hätte.

Die von Kellermann getroffene Unterscheidung von tatsächlichen und illusorischen Eigenschaften überzeugt schon im Grundsatz nicht. Darüber hinaus aber kann man aus der Tradition der Geldsoziologie lernen – siehe den vorangehenden Abschnitt –, dass man dem Geld sehr wohl einen Nutzen für denjenigen zuschreiben kann, der es besitzt. Darauf haben Aristoteles, Luhmann oder John Maynard Keynes hingewiesen. Kellermanns Annahme, Guthaben selbst habe für den Besitzer keine positiven Eigenschaften, biete keinen unmittelbaren Vorteil bzw. erfülle ihm keine Bedürfnisse (sondern symbolisiere, das wäre Kellermanns Position, nur die damit zu kaufenden Güter der Bedürfnisbefriedigung), wurde von diesen Autoren aus guten Gründen bezweifelt. Geld kann etwas bieten, was Güter gerade *nicht* können, wodurch dieser Nutzen soziologisch von dem konkreten Nutzen der jeweiligen Güter, auf die Geld nach Kellermann verweist, zu differenzieren ist, bietet es doch gerade *Unbestimmtheit.* Weil Geld eben *nicht* auf konkrete Leistungen verweist (diesen Umstand nimmt Kellermann zum Anlass, den Geldglauben als illusorisch zu charakterisieren), kann es Sicherheit angesichts offener Zukunft erzeugen. Es ist deswegen unnötig, allen Teilnehmern der Geldwirtschaft einen religiösen Irrtum zu unterstellen, der nach Kellermann darin bestünde, Geld mit Leistungen (zur Bedürfnisbefriedigung) gleichzusetzen. Denn

---

»Geld ist kein ›Mysterium‹«, S. 118. Diese Macht aber hat Geld natürlich nicht, erklärt Kellermann, vgl. ebd.

gerade weil Geld von den realen Leistungen (also: Mitteln der Bedürfnisbefriedigung) immer zu unterscheiden ist und *gerade weil* es seine Besitzer von der unmittelbaren Verfügung über Güter und Dienste *entlastet*, ist es so attraktiv; es erfüllt selbst ein Bedürfnis, genau weil es *keine konkreten* Leistungen symbolisiert. Es ist also kein verblendeter Moneyismus, Geld unabhängig von konkreten Leistungsverweisen zu begehren, sondern darin besteht – mit Luhmann – gerade der Sinn geldvermittelter Ökonomien.

Durch ihre warenlogische Tiefenstruktur hat sich die Soziologie Geld als etwas vorgestellt, mit dessen Übertragung Transaktionen ohne Beziehungsreste möglich werden, dessen Besitz Sicherheit in Anbetracht zukünftiger Bedürfnislagen und Angebotsstände schafft und das dabei auf einem abstrakten Verhältnis zwischen dem Geldeigentümer und der Menge möglicher Tauschpartner beruht. Das Sediment dieser Reflexionen ist die Frage nach dem Wert dieses Etwas, also warum wir erwarten und erwarten können, dass das Eigentumsobjekt Geld besonders gut tauschbar ist. Diese Frage nach der gesellschaftlichen Konstitution von Kaufkraft ist für sich genommen allerdings theoretisch trivial: Geld wird begehrt, weil es wie viele andere Dinge auch nützlich ist: Es sichert angesichts unbestimmter Zukunft ab, weil es künftig Zugriffe auf andere Dinge ermöglicht. Absichernd wirken und Zugriffe ermöglichen kann Geld nur, wenn es weiterhin begehrt wird – damit setzt das Begehren selbst die Erwartung des Begehrens anderer voraus. Dass der Wert der Ware Geld in dieser Weise durch Erwartungen konstuiert ist, lässt sich durchaus noch länger ausführen,[129] kann aber im Kern als unstrittig gelten. Eine weitere Wiederholung der immergleichen These wäre in der Tat überflüssig.

Damit wurden in diesem Kapitel drei Dinge erreicht. Erstens wurde gezeigt, dass die Soziologie des Geldes warentheoretisch geprägt ist. Zweitens konnte im Durchgang bereits gezeigt werden, dass eine Umstellung auf einen kredittheoretischen Geldbegriff tatsächlich Folgen für zentrale Theoreme der tauschlogischen Geldsoziologie hätte. Man wäre gezwungen, die monetäre Praxis nicht mehr vornehmlich als

129 So etwa in Ganßmann, »Das Geldspiel«.

Routinen fortgesetzten Beziehungsabbruchs (Tauschtransaktionen) zu untersuchen, die durch Erwartungen an das Verhalten Dritter (Geldverwender) möglich werden. Stattdessen müsste man, in vorläufiger Vagheit formuliert, über die Reproduktion riskanter Beziehungen zwischen konkreten Individuen nachdenken. Drittens konnte zumindest angedeutet werden, dass die Betrachtung von Geld als einem durch Tauschbarkeit konstituierten Objekt letztendlich zu keinen neuen Fragen führt. Da damit aber noch kein Theoriewechsel zu begründen ist, gilt es nun, nach Argumenten für eine Umstellung des soziologischen Geldbegriffs von Ware auf Kredit oder: von Vermögen auf Versprechen zu suchen.

2 Argumente für die Kredittheorie

Heute ist alles Geld Kredit. Diese, nach Meinung von Heiner Ganßmann inzwischen »modisch gewordene[e] Pauschalaussage«[1], ist in Wahrheit weit davon entfernt, sich in der Soziologie durchzusetzen. Sie wird überhaupt nur vereinzelt wahrgenommen und noch seltener wirklich diskutiert. Wo man sich aus warentheoretischer Perspektive auseinandersetzt – hier muss Heiner Ganßmanns *Doing Money* als grundsätzliches löbliches Beispiel gelten –, wird sie allerdings häufig nicht auf dem Niveau zeitgemäßer Beiträge behandelt. So ist etwa Ganßmanns selbstgewählter Gegner vor allem der Aufsatz von Mitchell-Innes von 1913. Nichtsdestotrotz kommen hier und anderswo valide Einwände zum Tragen, die in diesem Kapitel mit den Faktoren kontrastiert werden sollen, die für die modisch gewordene Pauschalaussage sprechen. Zu sagen, alles Geld sei Kredit, bedeutet dabei tatsächlich zu behaupten, dass die kreditlogisch argumentierende Metatheorie soziologisch adäquater ist als die Warentheorie des Geldes. Es geht nicht nur darum, zuzugestehen, dass es Geldformen oder Geldäquivalente gibt, die in Form von Zahlungsversprechen vorliegen, was natürlich auch Ganßmann nicht bestreitet. Die Kredittheorie des Geldes begreift Geld anders als die ökonomische und soziologische Tradition nicht als ein durch seine Tauschbarkeit konstituiertes Objekt in einer als Eigentum zu charakterisierenden Akteur-Objekt-Beziehung. Vielmehr versteht sie Guthaben als ein Versprechen und unterstellt, dass damit Geld insgesamt – und nicht nur einige wenige Schwund-

1 Ganßmann, »Geld, Kredit und die Finanzkrise von 2007/08«, S. 136. Ganßmann bezeichnet die Vertreter einer »Alles Geld ist Kredit«-These dort als »AMICs«, abgeleitet von der englischen Formulierung: »All money is credit«.

formen – soziologisch begriffen ist. Im Folgenden soll diese These mit drei Argumenten belegt werden, wobei das erste *Argument der genealogischen Adäquatheit* – obschon das Beliebteste – an den Einwänden der Warentheorie scheitert. Das zweite *Argument der konstitutiven Adäquatheit* wurde schon in der Einleitung angedeutet und verweist auf die Rechtsform, in der die große Mehrheit des verfügbaren Guthabens vorliegt. Dem halten einige Soziologen entgegen, eine soziologische Geldtheorie müsse sich am Bargeld messen, welches sich der Kreditlogik aber entziehe und deswegen theoretisch als Ware zu erfassen sei.

Dieser als These eines Bargeldexzeptionalismus zu bezeichnende Einwand lässt sich aus meiner Sicht nicht durchhalten, weil er am *Argument der praxeologischen Adäquatheit* scheitert. Damit wird auf die in der Einleitung von Schumpeter und Mitchell-Innes übernommene These Bezug genommen, eine Theorie des Geldes müsse sich vor allem als adäquate Theorie der monetären Praxis erweisen – also des Aktivitätsfeldes, das mit dem Geldbegriff aufgerufen ist. Nun könnte man vermuten, daraus ließe sich weder Verteidigung noch Einspruch für oder gegen eine der beiden Metatheorien ableiten, weil Waren- und Kredittheorie schlicht andere Beschreibungen der monetären Praxis implizieren. Die Behauptung, die monetäre Praxis sei eigentlich eine Kreditpraxis (oder eigentlich eine Tauschpraxis), kann deswegen kein Argument für (oder gegen) die Kredittheorie sein, sondern ist mit ihrer Proklamation (oder Ablehnung) identisch.

Tatsächlich aber ändert sich bei diesem Argument die Blickrichtung. Schumpeter hatte argumentiert, die Kredittheorie des Geldes würde Geldaktivitäten ausgehend von Kreditaktivitäten verstehen, während die Warentheorie eine monetäre Theorie des Kredits ist, also Kredite tauschlogisch einordnet. Man denkt dann nicht länger darüber nach, ob Zahlungen zum Kaufen von Waren besser als Routinen der Ver- und Entschuldung oder als Routinen des Tauschens konzeptualisiert sind, sondern wiederholt diese Abwägung bei Bankkrediten. Diese Abwägung wird im dritten Kapitel vorbereitet und im vierten Kapitel durchgeführt. Das Argument der praxeologischen Adäquatheit kann hier also zunächst nur der Vollständigkeit halber aufgeführt, aber noch nicht expliziert werden.

Das Argument der genealogischen Adäquatheit

Die Warentheorie des Geldes tritt zumeist in genealogischer Form auf, deren Grundgedanken im ersten Kapitel dargelegt wurden. Geld hat sich in dieser Erzählung aus dem Realtausch von Nutzgütern entwickelt, indem sich die Eintauschwahrscheinlichkeit einzelner Waren so lange gesteigert hat, bis eine dieser Waren für praktisch jeden Anbieter akzeptabel wurde – diese tauschbarste aller Waren wurde so zu einem universellen Zwischentauschmittel. Diese warentheoretische Konventionsgeschichte, nach der die Entstehung und die Entwicklung von Geldsystemen aus dem freien Tauschspiel von Händlern hinreichend zu erklären sei, ist historisch – und hier muss man sich als Soziologe auf die einschlägige Forschung verlassen – aller Wahrscheinlichkeit nach falsch.[2] Vor allem die Bedeutung herrschaftlicher Instrumente für die Etablierung von Währungssystemen und den Erhalt der Kaufkraft (etwa durch Annahmezwang und Steuern) vernachlässigt die Erzählung. Ferner ist mehr als strittig, ob sich der geldlose Alltag vormoderner Ökonomien überhaupt als Realtausch erfassen lässt. Wahrscheinlicher ist es, dass sich geldloser Warenumschlag als Praxis der Ver- und Entschuldung etablierte und das Dilemma der doppelten Koinzidenz der Bedürfnisse vermieden, also anders als durch Geld gelöst werden konnte.[3] Eine Erklärung, wie man sich das vorstellen kann, bietet die kredittheoretische Tradition, die sich der orthodoxen Metatheorie häufig auf dem Feld der Genealogie gestellt hat. In dieser alternativen Genealogie wird Geld statt ahistorisch als wertvolles Tauschobjekt nun ebenso ahistorisch als Schuldbeziehung rekonstruiert. Die Vorstellung der geldlosen Embryonalökonomie weicht dabei axiomatisch vom tauschtheoretischen Bild ab. Zur Erinnerung: Die warentheoretische Genealogie hat sich die geldlose Wirtschaft als Realtauschökonomie vorgestellt, die nicht so recht in Gang

---

2 »Anthropologen kritisieren seit fast einem Jahrhundert den Mythos vom Tauschhandel«, Graeber, Schulden, S. 58; vgl. Wray, »Modern Money«, Semenova, »The Origin of Money«, Martin, Geld, oder Ingham, The Nature of Money.

3 Dazu: Graeber, Schulden, und Martin, Geld.

kommen sollte, weil es für die Haushalte nur dann Sinn machte, tauschbare Überschüsse zu produzieren, wenn sie auf eine unwahrscheinliche doppelte Koinzidenz der Bedürfnisse hoffen konnten. Die embryonale Ökonomie der Kredittheorie, wie sie etwa von David Graeber, Felix Martin, Randall Wray, Geoffrey Ingham oder Alla Semenova rekonstruiert wird,[4] ist keine der punktgenauen Tauschtransaktionen. Vielmehr stellen sich die Kredittheoretiker die Embryonalökonomie als kooperative Dorfgemeinschaft vor, in der arbeitsteilige Spezialisierung dadurch möglich wurde, dass man sich aufeinander verlassen konnte. Haushalte konnten hier darauf verzichten, vollständig für ihre eigene Reproduktion zu sorgen und stattdessen Überschüsse einzelner Güter herzustellen, weil sie auf die Überschüsse anderer Dorfbewohner zugreifen konnten, ohne auf eine Koinzidenz der Bedürfnisse zu warten. Ein Beispiel: Ein Ziegenwirt in einer geldlosen Dorfgemeinschaft hatte zwar Ziegenfleisch und Ziegenmilch im Überfluss, benötigte aber aufgrund eines Unwetterschadens Zimmermannsarbeiten. In einem Realtauschszenario wäre der Ziegenwirt nun darauf angewiesen, auf eine doppelte Koinzidenz der Bedürfnisse zu hoffe, also darauf, dass der Zimmermann eine Nachfrage nach Ziegenfleisch oder Ziegenmilch entwickelt. Erst dann, wenn gleichzeitig Zimmermannsarbeiten und Ziegenprodukte nachgefragt und angeboten würden, könnte man beides tauschen. Tatsächlich, wenden die Kredittheoretiker gegen diese Problembeschreibung ein, wäre es doch aber so, dass sich Ziegenwirt und Zimmermann in dieser Dorfgemeinschaft kennen würden. Sie wären durch dichte soziale Nahbeziehungen verbunden, hätten eine gemeinsame Geschichte, gemeinsame Freunde und würden sich als Mitglieder eines Gemeinwesens identifizieren. Der Zimmermann würde also wahrscheinlich das Dach des Ziegenwirts nach dem Unwetter reparieren, unabhängig davon, ob er im selben Moment einen Bedarf an Ziegenprodukten

4 Wray, Understanding Modern Money; Graeber, Schulden; Martin, Geld; Wray, »Introduction to an Alternative History of Money«; Tymoigne/Wray, »Money – an Alternative Story«; Semenova, »The Origin of Money«; vgl. für Überblicke auch Ingham, The Nature of Money, S. 38 ff.

hätte. Der Zimmermann wiederum würde den Ziegenwirt einfach zu einem späteren Zeitpunkt um etwas Ziegenmilch bitten, wenn er einen Bedarf danach entwickelt hätte. Und der Ziegenwirt – das ist die Grundidee der kredittheoretischen Genealogie – würde diese Schuld begleichen, weil er sich an vergangene Gefallen des Zimmermanns erinnerte und künftige antizipiert.

Wenn aber eine embryonale geldlose Ökonomie gar nicht auf das Zusammentreffen passender Angebots- und Nachfragestrukturen angewiesen ist, dann kann die Entstehung des Geldes auch nicht tauschtheoretisch mit dem Problem der doppelten Koinzidenz der Bedürfnisse erklärt werden. Geldlose Wirtschaften muss man sich nämlich nicht als praktisch unmögliche arbeitsteilige Warentauschökonomien vorstellen, sondern, folgt man der kredittheoretischen Genealogie, als *Verschuldungspraxen.* Geldlose Gemeinschaften standen nicht vor dem hypothetischen Problem der Koordination von Angebot und Nachfrage durch zu einem Zeitpunkt abgeschlossene Äquivalenztauschakte, sondern befriedigten arbeitsteilig Bedürfnisse durch regelmäßiges wechselseitiges Ver- und Entschulden auf Basis dichter Nahbeziehungen.

Tatsächlich gibt es natürlich auch in dieser Genealogie des Geldes genau dann ein Problem, wenn die Arbeitsteilung die engen Dorfgrenzen überwindet und ein Modell für Gesellschaften wird. Das heißt, wenn man in seiner Bedürfnisbefriedigung auf Produkte angewiesen ist, die Fremde hergestellt haben, mit denen man – etwa aufgrund von Mobilität – nicht ohne Weiteres in eine Routine wechselseitiger Ver- und Entschuldung eintreten kann, weil man sie noch nie gesehen hat oder nicht wiedersehen wird. Es entsteht zumindest mit größer werdenden Gemeinschaften der Bedarf, Verschuldungen eindeutig zu messen und gegebenenfalls gegen solche verrechnen zu können, die für ganz andere Dienste unbeteiligter Personen entstanden sind. Die Geschichte unseres modernen Geldes beginnt in der kredittheoretischen Genealogie also nicht mit Biberfellen oder Goldklumpen, sondern mit Instrumenten, mit denen man Verschuldungen registrieren konnte. Tatsächlich sind die Evidenzen für den Vermerk von Schulden und Salden zahlreich und reichen weiter zurück als die Funde von Münzgeld oder die Belege für andere Warengeldformen.[5] In Europa etwa wurden sogenannte *tally sticks* verwendet, in denen die Schulden eines Menschen eingeritzt wurden. Die Stöcke wurden dann zerbrochen, sodass die einzigartige Bruchstelle Gläubiger und Schuldner – die jeweils ein Bruchstück bekamen – jederzeit durch das Zusammenführen der Teile hätte legitimieren können.[6]

Geld im modernen Sinne entsteht nun, wenn sich politische Autoritäten einmischen und eine feste Metrik und einen Namen für die Registratur der Verschuldungen einsetzen. »Charta« in Chartalismus, was so viel wie Urkunde bedeutet, steht für die Betonung des beglaubigenden Aktes der Politik. Geld ist damit nicht primär ein Tauschmittel, sondern ein beglaubigter Maßstab, in dem Preise und Schulden benannt werden können.[7] Der Begriff des Geldes bezeichnet in dieser Perspektive nicht mehr eine Ware, deren Besitzer wechseln, sondern den »zugrunde liegende[n] Mechanismus von Kreditkonten und Verrechnungsprozessen«.[8] Felix Martin erinnert exemplarisch an die *fei,* verschieden große, bearbeitete Steine der *Yap*-Inseln, die in der Regel vor den Häusern der Dorfbewohner als allgemeinverständliches Zeichen ihrer Kreditwürdigkeit aufgebahrt und nicht etwa als Tauschmittel zu Markte getragen wurden.[9] Im alltäglichen Umschlag von Gütern und Dienstleistungen stellten diese Steine ein Guthaben im Sinne der Fähigkeit dar, Schulden bei anderen, auch dann zu tilgen, wenn man seinem Gläubiger für keine eigenen Dienste oder Güter begeistern konnte. Münzen, Scheine, digitale Kontoguthaben, mit an-

---

5 Ryan-Collins u.a., Where Does the Money Come From?, S. 34.

6 In dieser Geschichte wird nun auch noch eine zweite, außerökonomische Quelle von Schulden für die Geschichte des Geldes relevant, nämlich von solchen, die aus begangenem Unrecht entstanden. Zu Theorien der Entstehung des Geldes aus Gewaltpraktiken siehe: Ingham, The Nature of Money, S. 92f. und Dodd, The Social Life of Money, S. 43ff.

7 »Der Charakter des Geldes [...] leitet sich her aus seiner Beziehung zur Rechnungseinheit, da die Schulden und Preise vorher in der letzten ausgedrückt worden sein müssen«, Keynes, Vom Gelde, S. 3. Dass Keynes hier Schulden und Preise als analoge Ausdrücke mit unterschiedlichem temporalem Vorzeichen (das eine jetzt zu entrichten, das andere morgen) bezeichnet zeigt, dass Geld hier unter dem Aspekt des Saldenausgleichs betrachtet wird.

8 Martin, Geld, S. 41.

9 Ebd., S. 9ff.

deren Worten: »Währungen sind nützliche Zeichen, um das zugrunde liegende System von Kreditkonten zu dokumentieren und den zugrunde liegenden Verrechnungsprozess zu implementieren«.[10] Die politischen Autoritäten haben den einheitlichen Namen eines Schuldenvermerkwesens aber nicht zum allgemeinen Vorteil eingeführt, sondern letztlich, um Guthaben emittieren zu können, mit dem eigene Ausgaben gedeckt werden konnten. Es wurde deswegen gleichzeitig zur Ausgabe als *Tilgungsmittel* für Schulden rechtlich festgeschrieben. Für Schulden, die einmal im privaten Handel dadurch entstehen, dass jemand eine Ware überträgt oder eine Dienstleistung erfüllt, vor allem aber für Steuerschulden: Politische Akteure haben irgendwann entdeckt, so die chartalistische These, dass man seine eigenen Ausgaben dadurch begleichen kann, dass man gleichzeitig seine Untertanen zu Schuldnern macht (indem man Steuern erhebt) und sie mit dem selbst geschaffenen Mittel bezahlt, das diese Schulden tilgen kann: Geld. Legt man nun noch fest, dass dieses Mittel auch gesetzliches Zahlungsmittel ist *(legal tender),* also zur Begleichung jeder (monetären) Schuld verwendet werden kann, steigert sich die Funktionalität eines solchen Schuldbegleichungsmittels derart, dass es Sinn macht, es als Tauschmittel einzusetzen. Eine Idee, die auch von Max Weber als überzeugendste Rekonstruktion der Geldentstehung gewürdigt wurde.[11] Der Chartalismus denkt die Entstehung sowie die Geltung des Geldes »im Sinne einer Monopolisierung der Definitionsmacht und der Institutionalisierung des Annahmezwangs« von Schuldbegleichungsmitteln, die erst infolgedessen Tauschmittelfunktion erlangen.[12] Damit war es wohl die Zeichenfunktion der *fei,* die jenen Geldformen voranging, die mit ihrem Substanzwert für Akzeptanz werben mussten.[13] Nun ist die historische bzw. genealogische Frage nach dem Huhn und dem Ei der Geldfunktionen soziologisch

10 Ebd., S. 23f.

11 Vgl. Ingham, The Nature of Money, S. 66f.

12 Kaufmann, »Kritik des neutralen Geldes«, Mitchell-Innes, »What is Money?«, S. 227.

13 So etwa Graeber, Schulden, bes. S. 47.

von geringem Interesse.[14] Welche Rolle politische Autoritäten bei der Genese von Währungssystemen spielen, bleibt umstritten. Unzweifelhaft sollte sein, dass sie immer wieder bedeutsam waren – vor allem bei einem Wechsel der Träger der Geldfunktion. Aber dass sich die (Genese der) Funktionalität allein aus dem politischen Befehl zur Annahme erklärt, ist ebenso unwahrscheinlich.[15] Glücklicherweise interessiert in dem hier verhandelten Kontext nicht, wie Geld historisch in die Welt gekommen ist, sondern mit was für einem Phänomen wir es heute zu tun haben. In diesem Zusammenhang gewinnt die Erinnerung an die alternative Genealogie vor allem deswegen an Plausibilität, weil sie die Gegenwart beschreibt. Geld ist am besten als ein Beziehungssystem registrierter Schulden verstanden.

So überzeugend die schuldgenealogische Geschichte auch sein mag, reicht sie doch nicht aus, die Umstellung des soziologischen Geldbegriffs von Ware auf Kredit zu rechtfertigen. Dafür lassen sich mindestens drei Gründe anführen.

Erstens hat es sich als fruchtlos erwiesen, die Warentheorie aufgrund historischer Inadäquatheit infrage zu stellen. Obwohl die historische Kritik am »Realtauschmythos«[16] schon seit vielen Jahren immer wieder angeführt wird, sind Mainstreamökonomen nicht in Scharen in das Lager der Heterodoxie gewechselt. Und das zu Recht, schließlich würde die Tauschgenealogie des Geldes als Behauptung historischer Sachverhalte missverstanden. Die Geschichte des Geldes als Distinktionsprozess einer Ware aus dem Realtausch hat nicht (mehr) den Status einer historischen Hypothese. Es handelt sich vielmehr um eine Form der Rationalisierung, die man mit David Hume *theoretische* Geschichte *(conjectural history)* nennen könnte.[17] Die Warengeldgeschichte wird als Ordnungs- oder Legitimierungsnarrativ

14 So auch: Kraemer/Nessel, »Einleitung«.

15 Man denke etwa an die Entstehung von Wechselbriefen im spätmittelalterlichen Messewesen.

16 Graeber spricht in der deutschen Übersetzung vom »Mythos des Tauschhandels«, siehe Graeber, Schulden, S. 27, im Original allerdings vom »barter myth«; vgl. Dillard, »The Barter Illusion«.

17 Die Bezeichnung des Konzepts geht wohl eher auf Dugald Stewart zurück, vgl. Evnine, »Hume, Conjectural History, and the Uniformity of Human Nature«.

verwendet. Sie soll Geld verständlich machen und eine bestimmte Art der Konzeptualisierung plausibilisieren, nicht aber über historische Sachverhalte aufklären, wie Kevin Dowd überzeugend darstellt.[18]

Zweitens ist die Erklärungsleistung einer solchen Theorieform zweifelhaft. Ingham ergänzt seine historische Kritik deswegen um eine systematische, indem er argumentiert, ein Wertmaßstab könne sich nicht aus dem Tauschwert einer bestimmten Ware entwickelt haben.[19] Nichtsdestotrotz wäre, selbst wenn man die Tauschgeschichte mit unzweifelhaften Evidenzen durch eine Schuldhistorie ersetzen könnte, das exemplikatorische Potenzial von Genealogien fragwürdig. Auf der Grundlage einer auf den kommenden Seiten noch zu spezifizierenden praxissoziologischen Ausrichtung jedenfalls kann die situative Gegenwart eines sozialen Aktivitätsfeldes nicht einfach durch eine konzeptionelle Aufarbeitung seiner Vorgeschichte ersetzt werden. Selbst wenn Geld in der Vergangenheit einmal angemessen als Ware oder angemessen als Schuld konzeptualisiert gewesen wäre, ist das eine nicht einmal dürftige Grundlage einer Praxistheorie der gegenwärtigen Geldart.

Drittens haben Genealogien den allgemeinen Nachtteil, dass der Blick in die Herkunfts- oder Vorgeschichte von etwas Gegenwärtigem von der Anschauung des Gegenwärtigen vorgeprägt ist. Wer gewohnt ist, den Umgang mit Geld als Tausch zu beschreiben, der sieht eine Tauschmittelgeschichte; wer hingegen diese Tauschmittelgeschichte herausfordern will, sieht etwas anderes. Genealogien sind notwendig zirkulär und auch deswegen eine eher unbequeme Theorieform. Man

18 »[The conjectural history approach] investigates how the monetary system might plausibly evolve from some initial primitive state, driven primarily by the self-interested behaviour of the parties involved, and without any form of governmental intervention. […] A conjectural history provides a benchmark to help assess the world we live in, but it is important to appreciate that it is not meant to provide an accurate historical description of how the world actually evolved. The conjectural history is a useful myth, and it is no criticism of a conjectural history to say that the world failed to evolve in the way that it postulates«, Dowd, »The Invisible Hand and the Evolution of the Monetary System«, S. 139.

19 Ingham, The Nature of Money.

sollte aus den drei genannten Gründen dem Aufruf des Soziologen Nigel Dodd folgen, entgegen dem Trend auf eine genealogische Fundierung des Geldbegriffs zu verzichten.[20]

Das Argument der konstitutiven Adäquatheit

Ein deutlich überzeugenderes Argument für die Umstellung des soziologischen Geldbegriffs von Tauschware auf Versprechen ist die Tatsache, dass man damit die Rechtsform ernst nimmt, in der Guthaben mehrheitlich vorliegt. Guthaben in Form von Bankschulden – wie Sichteinlagen – übertreffen die als Münzen und Scheine vorliegenden Geldbeträge um ein Vielfaches. Während man also nur über einen kleinen Teil der Geldmenge deskriptiv sagen kann, er werde als Vermögen besessen und getauscht, liegt viel mehr Guthaben als Forderung, als Finanzwert, vor. Bruce Carruthers hat argumentiert, dass die Rechtsverfassung von Finanzwerten für eine Theorie von Finanzwerten nicht zu vernachlässigen sei, weil sie anders als Sachwerte nicht nur in rechtliche Strukturen eingebettet sind, sondern durch ihre Rechtsform konstituiert werden. Forderungen sind Schuldkontrakte und können nur durch Abstrahierung von ihrer faktischen Konstitution durch das Recht mit Sachgütern gleichgesetzt werden.[21]

Mit einer solchen Abstraktion wurde zuletzt vor allem gegen die These, alles Geld sei Kredit, argumentiert. Sieht man von Beiträgen ab, denen es bei dieser Ablehnung der Kredittheorie bloß um eine Rettung marxistischer Geschichtsschreibung geht,[22] so wird hier vor allem ein Argument starkgemacht, das man als Bargeldexzeptionalismus bezeichnen kann. Das Argument des Bargeldexzeptionalismus hat zwei Elemente: erstens bestünde, so die Behauptung, eine entscheidende Differenz zwischen Geldforderungen und Bargeld, nämlich die, dass Bargeld kein Kredit sei; zweitens müsse man eine Theorie des Geldes von dieser »Ausnahme« der Kreditkonstitution her

20 Vgl. die Übersicht in Dodd, The Social Life of Money, Kapitel 1, S. 17–50.
21 Carruthers, »Economy and Law«, S. 129.
22 Stützle, »Der Gott der Waren«.

denken.[23] Die These lautet also, kurz gesagt: Bargeld ist kein Kredit, und das ist für die Theorie des Geldes entscheidend.

Dem Bargeldexzeptionalismus lässt sich entgegenhalten, dass Bargeld sehr wohl als Schuldbeziehung vorliegt. Das verfügbare Barguthaben steht als Zahlungsverpflichtung in der Bilanz der Zentralbank. Auch wenn diese Beziehung zwischen dem Besitzer einer Banknote und der Bilanzspalte mit den Zahlungsverpflichtungen der Zentralbank eine abstrakte ist (die Notenbank schuldet ihm nichts außer einem neuen Schein), so gibt es sie doch nur, weil es sie *auch* als Schuldeintrag in einer Bilanz gibt. Die Papierscheine werden nicht dadurch zu Geld, dass sie gedruckt werden, sondern dadurch, dass sie in die Bilanz der Zentralbank eingetragen werden. Sie werden dann als Geld herausgegeben, wenn eine private Geschäftsbank einen Teil des Guthabens, das sie in Form von Reserven bei der Zentralbank unterhält, als Bargeld halten möchte, etwa um ihre Geldautomaten zu bestücken. Bargeld wird also als eine andere, abgeleitete Form von Zentralbankguthaben herausgegeben, das als solches als Buchgeld entsteht. Reserven wie Bargeld sind eine Schuld der Zentralbank, die im Austausch gegen ein Rückzahlungsversprechen der Bank, gewöhnlich abgesichert durch eine Schuldverschreibung Dritter, hergestellt wird. Man kann also nicht davon sprechen, dass Bargeld unabhängig von in Bankbilanzen verschriftlichen Schulden existiert, anders gesagt: Es ist Kredit.

Dagegen wiederum wendet Ganßmann eine funktionale Differenzierung ein. Bargeld sei deswegen vom Kreditgeld (also Bankeinlagen im weitesten Sinne) zu unterscheiden, weil nur Bargeld ein verbindliches Tilgungsmittel ist. Nur Bargeld, so Ganßmann im Anschluss an die klassische Konzeption von Geld als einem Beziehungsterminierer, kann Schulden verlässlich aus der Welt schaffen. Nur Zentralbankgeld – und damit letztendlich Bargeld – ist reine Liquidität, weil es verbindlich zum Bezahlen und damit zum Terminieren von Krediten eingesetzt werden kann:

23 Ganßmann, »Geld, Kredit und die Finanzkrise von 2007/08«; ders., »Geld als Fiktion?«; ders., Doing Money, S. 116–128; Weber, »Geldreform als Weg aus der Krise?«; vgl. auch Huber, Monetäre Modernisierung.

> »Wenn in einer Kreditkette ein Schuldner nicht zahlt, kann sich die Zahlungsunfähigkeit in der Kette fortsetzen. Falls einer der Beteiligten jedoch endgültig zahlen kann, findet die Kette ihr Ende. Dafür muss einer der Zahlungspflichtigen über genügend liquide Reserven des endgültigen Zahlungsmittels verfügen.«[24]

Der Terminus »Geld« sollte nach dieser Auffassung exklusiv für dasjenige Vermögen reserviert werden, mit dem sich Schulden tilgen, also Beziehungen beenden lassen. Das ist in letzter Instanz das Bar- und Buchgeld der Zentralbank. Ganßmann würde deswegen wohl Beat Weber zustimmen, für den Zentralbankgeld bloß in einem »formalen« Sinne eine Schuldbeziehung ist (insofern, als dass es faktisch als Schuld in der Bilanz der Zentralbank steht), »substanziell« allerdings »ein reines Aktivum«, also Ware sei.[25] In Verbindung mit Ganßmann könnte man das Adjektiv »substanziell« hier durch »praktisch« ersetzten und damit sagen: Bargeld mag zwar formal eine Schuldbeziehung sein, es funktioniert aber praktisch anders, nämlich als endgültiges Tilgungsmittel.

Diese Entscheidung, das Bargeld in seiner alltagsnahen Erscheinungsform als reines Vermögen als Definitionsreferenz des soziologischen Geldbegriffs heranzuziehen, kann trotz der angeführten Plausibilitäten aus vier Gründen nicht recht überzeugen. Nehmen wir zunächst einmal an, Zentralbankgeld sei als »reines Aktivum« theoretisch gut erfasst. Dann wäre es erstens dennoch ziemlich gewagt, den soziologischen Geldbegriff auf eine Guthabenform zu beschränken, die nur einen winzigen Bruchteil der Geldbestände und Geldtransaktionen ausmacht. Beginnt man die Geldsoziologie mit einer solchen Unterscheidung zwischen »eigentlichem« (Bar-)Geld und »uneigentlichem« Giralgeld, das aus Krediten in Bankbilanzen besteht, so wird man um eine defizitäre Deutung des Verhältnisses einer um das Mehrfache größeren »uneigentlichen« Geldmenge nicht herumkommen. Solche normativen Unterscheidungen tun Theorien selten gut. Die Entscheidung, Geld mit einem »reinen Aktivum« zu identifizieren

24 Ganßmann, »Geld, Kredit und die Finanzkrise von 2007/08«, S. 139.
25 Weber, »Geldreform als Weg aus der Krise?«, S. 219.

und damit das als Forderungen vorliegende Guthaben aus dem Geldbegriff zu verbannen, kann dann allenfalls durch eine warentheoretische Vorprägung motiviert sein. Es leuchtet, anders gesagt, nur ein, wenn man schon voraussetzt, dass man ein warentheoretisches Verständnis von Geld präferiert.

Dieser erste Einwand gegen den Bargeldexzeptionalismus hat eingeräumt, dass der Kreditcharakter des Bargeldes lediglich formaler Natur sei. Aber auch das lässt sich bestreiten. Ein zweites Argument gegen die von Ganßmann und Weber vorgetragene Kritik ist die Betonung der realen praktischen Abhängigkeiten der Rechtsform des Bargeldes als Schuld. In Webers Sprache: Die Schuldbeziehung des Bargeldes ist durchaus »substanziell«, und nicht nur formal, das heißt, sie lässt sich auch in der Praxis beobachten. Banken müssen, um ihren Kunden Bargeld anbieten zu können, Versprechen an Zentralbanken geben. Zahlungsversprechen, die Handlungsmöglichkeiten (die Bank kann ihre Kunden mit Bargeld versorgen) und Handlungsnotwendigkeiten (der Kredit muss irgendwann erneuert werden) schaffen. Der Schuldcharakter dieser Beziehungen ist keineswegs nur »formal«, sondern etwas, das aus täglicher Beziehungsakquise und Beziehungspflege »besteht«. Wieso diese Schuldbeziehung weniger »substanziell« sein soll als die der Bankeinlagen, bleibt unbeantwortet.

Drittens überhöht das Argument, Geld sei vor allem ein Tilgungsmittel und deswegen eher Ware als Beziehung, die Bedeutung des Beziehungsabbruchs. Lässt man sich hingegen zumindest für einen Moment auf die Annahme ein, der soziologische Geldbegriff beziehe sich vielleicht besser auf Kreditbeziehungen denn auf einen besonderen Vermögenswert, so wird man gewahr, dass Zahlungen nicht so sehr Beziehungen beenden, sondern sie vielmehr häufiger bestätigen. Giralgeld, also die Zahlungsbeziehung zwischen einer Bank und ihrem Kunden, endet in der Regel nicht durch einzelne Überweisungen und Abhebungen an Bargeld, wohl aber dann, wenn *keine* Zahlungen durchgeführt werden können – etwa weil der Bank kein Bargeld mehr zur Verfügung steht. Der Ökonom Hyman Minsky hat prominent darauf hingewiesen (und damit eigentlich eine soziologische These vertreten), dass Finanzen Beziehungen sind, die Cashflows generieren, Zahlungszuflüsse und Zahlungsabflüsse. Zahlungsflüsse sind als

Grundgerüst eines auf Kredit basierenden Wirtschaftssystems nicht als »zeitpunktgemäße«[26] Zahlungstransaktionen zu verstehen, die im Moment ihres Vollzugs die Tauschinteraktion der beiden Partner terminieren. Das kontinuierliche Bedienen von Schulden durch Zins- und Abschlagszahlungen (so ist auch das Abheben eines Bargeldbetrags vom Konto ein Abschlag) ermöglichen und erhalten das Vertrauen in die Zahlungsbeziehungen selbst. Kredite werden so durch regelmäßige Zahlungsakte immer wieder neu legitimiert. Das vorübergehende Nichtstattfinden von Zahlungen löst die Beziehung nicht unmittelbar auf, Bilanzen werden nicht sofort korrigiert, weswegen Wirtschaft gerade nicht »von einem Moment zum anderen schlicht aufhören [würde] zu existieren«, wenn Zahlungen ausblieben.[27] Zahlungen sind demnach gerade nicht das basale Element ökonomischer Praxis, sondern Zahlungsbeziehungen, die auf kontinuierliche Tilgungszahlungen angewiesen, aber nicht auf diese zu reduzieren sind.

Der Bargeldexzeptionalismus will also nicht nur eine vergleichsweise seltene Variante von Guthaben – Münzen und Scheine – zum Maßstab einer soziologischen Geldtheorie erheben, sondern begründet dies auch mit einer Funktion, die das Bargeld nur in den seltensten Fällen wirklich vollzieht. Gleichzeitig ignoriert dieser Einwand, dass die Schuldbeziehung zwischen Zentralbank und Geschäftsbank, die Münzen und Scheine erst zu Geld werden lässt, keineswegs bloß formal besteht, sondern praktische Konsequenzen hat.

Damit ist der Bargeldexzeptionalismus bereits verabschiedet, obwohl der vierte Einwand noch fehlt. Er greift allerdings nicht nur dem dritten Argument vor, sondern auch dem vierten Kapitel, sodass er hier lediglich genannt, aber nicht ausgeführt werden kann. Wie das vierte Kapitel zeigen wird, entsteht die Zentralbankgeldmenge nicht unabhängig von der Buchgeldmenge, für die auch Ganßmann kredittheoretische Argumente gelten lässt. Im Gegenteil, Zentralbankguthaben entsteht als *Effekt* privater Kreditgeldschöpfung. Da die Produktion des Zentralbankgeldes den Logiken von Ver- und Ent-

26 Luhmann, Die Wirtschaft der Gesellschaft, S. 17.
27 Ebd.

schuldungsvorgängen in den Bilanzen privater Banken unterworfen ist, macht es wenig Sinn, eine Theorie des Geldes zu vertreten, die nicht nur mit der Exzeptionalismus des Bargeldes argumentiert, sondern die Semantik zur Beschreibung des gesamten Phänomens von dieser vermeintlichen Singularität des Bargeldes abzuleiten gedenkt. Weil auch das Zentralbankgeld faktisches Schuldverhältnis ist und praktisch aufgrund privater Kreditentscheidungen produziert und reproduziert wird (wie man sehen wird), gibt es faktisch keinen Ausnahmestatus des Bargeldes mehr. Deswegen ist heute alles Geld Kreditgeld.

Das Argument der praxeologischen Adäquatheit

Der vierte Einwand gegen die Kritik des Bargeldexzeptionalismus ist eigentlich bereits Teil des Arguments der praxeologischen Adäquatheit der Kredittheorie des Geldes. Er besagt, abstrakter formuliert, dass die Praxis des Umgangs mit Bargeld nicht als Umgang mit einem »reinen Aktivum« (siehe oben) verstanden werden kann (was selbstverständlich noch nicht belegt wurde). Das Argument der praxeologischen Adäquatheit ist weiter gefasst und schließt an die These Schumpeters und Mitchell-Innes' an, dass sich die Debatte zwischen den beiden Metatheorien des Geldes in der Praxis entscheiden würde. Die Warentheorie versteht das Aktivitätsfeld, von dem unter dem Titel Geld gesprochen wird, als Tausch wertvoller Objekte. Dementsprechend, so Schumpeter und Mitchell-Innes, hat sie immer auch den Kredit selbst als eine Art Tausch verstanden, bzw. als ein Substitut für den Tausch wertvoller Objekte. Sie vertritt damit einen *distributiven Kreditbegriff.* Die Warentheorie ist, so wurde Schumpeter weiter oben zitiert, immer auch Geldtheorie des Kredits. Die Kredittheorie des Geldes hingegen kann Kredite trivialerweise nicht mehr als Umgang mit Geld begreifen, weil sie Geld selbst als Kredit definiert. Sie muss, allgemeiner gesagt, von einer Praxis der Versprechen ausgehen, wobei natürlich noch unklar ist, was das genau bedeutet. In der Einleitung habe ich für diese alternative Interpretation von Bankkrediten die Formulierung des *kreativen Kreditbegriffs* vorgeschlagen. »Kreativ« soll hier lediglich auf den Umstand verweisen, dass eine nicht tauschlogische, antimetallistische Theorie des Kredits auf das Entstehen, den Erhalt und die Abwicklung von Beziehungen zwischen Gläubiger und Schuldner zu blicken hat, und nicht auf beziehungsterminierende Distributionsentscheidungen von Eigentümern. Es ginge nach einem Wechsel der Metatheorie also um die Bedingungen und Prozesse der »Kreation« von Versprechensbeziehungen. Ein Vorschlag, was das bedeuten könnte, machen die letzten beiden Kapitel.

Um das Argument der praxeologischen Adäquatheit zu schärfen, ist es also nötig zu klären, ob Kredite in der Praxis der gegenwärtigen Geldart distributive oder kreative Aktivitäten sind. Anders gesagt: Es wird eine *Praxistheorie des Kredits* nötig. Das nächste Kapitel wird deswegen versuchen zu bestimmen, was man unter dem Begriff Praxis versteht und nach welchen Kriterien eine Aktivität wie Kredit beurteilt werden kann. Die Versuche, den Begriff der Praxis genauer zu fassen, sind in den letzten Jahren Legion geworden. Dabei hat sich die *Soziologie der Praxis* zu einem eigenständigen Forschungsansatz innerhalb der Soziologie entwickelt. Diese vielversprechende junge Tradition grenzt sich von beliebten kognitivistischen oder konstruktivistischen Ansätzen ab, bei denen der Sinn sozialer Aktivitäten – also, allgemein gesagt, wie sie zu verstehen und einzuordnen sind, was sie bedeuten – von den Meinungen oder Vorstellungen der Akteure abhängt, die sie vollziehen. Um das an einem vereinfachenden Beispiel zu verdeutlichen: Ob etwa das Hin-und-her-Bewegen einer Hand als Gruß oder als Lockerungsübung zu gelten hat, hängt bei akteurszentrierten Ansätzen von der geistigen Vorstellung ab, die die Handelnde mit dieser Körperbewegung verbindet. Der *Sinn* der Aktivität – Gruß oder Lockerungsübung – wird durch den Geisteszustand des Handelnden entschieden, auf den der Forschende etwa mittels Befragung zugreifen kann. Man könnte diese beliebte Tradition deswegen im weitesten Sinne als Idealismus bezeichnen. Die Soziologie der Praxis versteht Sinn als situativ bzw. kontextual konstituiert; was einen Gruß als soziale Aktivität von einer Lockerungsübung unterscheidet, ist nicht durch die Vorstellung Handelnder determiniert, sondern durch beobachtbare Gegebenheiten der Situation. Also aus dem Kontext der einzelnen Körperbewegung, nicht aus dem Bericht des sie ausführenden Geistes. Damit bezieht sich auch die Frage, ob Kredite distributive oder kreative Aktivitäten sind (und davon hängt immerhin ab, ob man Geld als Ware oder als Versprechen konzeptualisieren sollte), nicht auf so etwas wie narrative Deutungen des Kredits bei Bankpersonal. Auch wird die Praxistheorie des Kredits nicht in wissenssoziologischer Manier auf dem Feld schriftlicher Diskurse entschieden. Der Einschub einer genauen Bestimmung der praxissoziologischen Perspektive ist an dieser Stelle also nötig, um eventuelle Voranname über die Analyse sozialer Aktivitätsfelder zu justieren. Nachdem im nächsten Kapitel die Formalitäten einer Praxistheorie geklärt wurden, also wie man so etwas wie einen Bankkredit theoretisch erfasst, kann das vierte Kapitel auf die tatsächliche Praxis blicken – die Bedingungen und Abhängigkeiten der Kreditvergabe von Banken.

3 Makroskopische Praxissoziologie

Die Soziologie der Praxis interessiert sich für »das, was sich tatsächlich situativ vollzieht«.[1] Diese sozialontologische Schule definiert ihren Gegenstand – Praxis – als Grundbegriff von Sozialität, also nicht als etwas, was zusätzlich zu anderen Fundamentalkategorien wie Akteur, Handlung, Diskurs oder System existiert.[2] Praktiken oder Praxen (diese Begriffe werden hier nicht differenziert) sind Aktivitätsfelder (»arrays of activity«[3]), in denen einzelne Akte geordnet aufeinander bezogen sind beziehungsweise miteinander zusammenhängen.[4] Diese »Felder« sind allerdings nicht als strukturell definierte Interaktionszonen zu verstehen, sondern als »Ereignisse« oder »Situationen«. Als »Letztelemente«[5] des Sozialen müssen (und können) Praxen nicht durch einen Rekurs auf individuelle Motivlagen hergeleitet, begründet oder erklärt werden. Sie sind folglich weder in planvolle, intentionale Einzelakte ihrer Teilnehmer zerteilbar noch als Instanzen oder Effekte von ihnen selbst unabhängiger makroskopischer, anthropologischer oder strukturalistischer Tatsachen zu analysieren.[6] Wer eine Praxis erforscht, fragt deswegen nicht nach Motiven oder Rationalitä-

---

1 Schäfer/Daniel/Hillebrandt, »Einleitung«, S. 7.

2 »Praktiken bilden somit eine emergente Ebene des Sozialen, die sich jedoch nicht ›in der Umwelt‹ ihrer körperlich-mentalen Träger befindet«, Reckwitz, »Grundelemente«, S. 289.

3 Schatzki, »Introduction: Practice Theory«, S. 2.

4 Es geht stets um »organized activity«, Schatzki, The Site of the Social, S. xi.

5 Hillebrandt, Praktiken des Tauschens, S. 51.

6 Aktivitätsfelder *(arrays of activity)* sind nicht in einzelne Handlungen *(actions)* zu zerlegen. Dieser wichtige Punkt wird etwa von Andreas Reckwitz einschlägig herausgearbeitet: Reckwitz, »Grundelemente«, S. 282–301, und ders., »Die Entwicklung des Vokabulars der Handlungstheorien«.

ten einzelner Handlungen, sondern interessiert sich für den »sozialen Normalfall«[7], in dem diese Akte möglich werden, vorkommen und in dem sie mit anderen ein »geordnetes« Aktivitätsfeld bilden. Praxistheorien beobachten und argumentieren in diesem Sinne kontextualistisch; nicht die Einzelanalyse vermeintlicher Teile (wie singuläre Handlungen) definieren den Gesamtzusammenhang, sondern der Sinn solcher Teile erschließt sich aus der Interpretation des Gesamtzusammenhangs – der *Situation*, die den Kontext aller Teile bildet – durch den Beobachter. Das ist nur deswegen überhaupt möglich, weil man von so etwas wie einer Öffentlichkeit der Situationseigenschaften ausgehen muss – ein womöglich kontraintuitives Axiom, das in diesem Kapitel zunächst erläutert werden soll. Es handelt sich dabei um einen der wenigen gemeinsamen Nenner der verschiedenen Spielarten der Praxissoziologie. Umstritten ist bereits, auf welcher Ebene sich diese Situationseigenschaften zeigen. Ich werde in einem zweiten Schritt mit dem amerikanischen Theoretiker Theodore Schatzki gegen eine prominente Lesart praxistheoretischer (oder auch: praxeologischer) Grundannahmen dafür plädieren, dass Situationen nicht nur auf der Mikroebene beobachtet werden können.

Der dritte und vierte Abschnitt dieses Kapitels grenzt die vorgeschlagene Perspektive ab, einerseits von einem Element der Axiomatik der sogenannten Neuen Wirtschaftssoziologie (New Economic Sociology, NES), andererseits von machttheoretischen Studien der Geldordnung, wie sie (mit explizit geldsoziologischem Forschungsinteresse) Geoffrey Ingham, (mit politökonomischen Forschungsinteresse) Wolfgang Streeck oder (mit figurationssoziologischem Forschungsinteresse) Christian Postberg vorgelegt haben. Eine praxistheoretische Perspektive ist mit diesen Zugriffen lediglich partiell vereinbar.

7 Reckwitz, »Grundelemente«, S. 289.

Öffentliche Eigenschaften

Ein basales, aber womöglich etwas kontraintuitives Axiom praxissoziologischer Forschung ist die Annahme, dass die Eigenschaften des Normalfalls »öffentlich«[8] sind. Was Praxen ausmacht, ist (zumindest theoretisch) öffentlicher Beobachtung zugänglich. Von einer Öffentlichkeit des sozialen Normalfalls zu sprechen bedeutet selbstredend nicht, Praktiken würden nur in öffentlichen Räumen stattfinden. Auch nicht, dass die Eigenschaften einer Praxis in öffentlich zugänglichen Dokumenten niedergeschrieben sind. Das Prinzip der Öffentlichkeit meint vielmehr, dass die Bedingungen und Eigenschaften von Praxis weder auf personale Informationen, also private Bewusstseinsinhalte, noch auf unsichtbare und/oder in der konkreten Situation abwesende Strukturen zurückgeführt werden können. Die private Repräsentation einer Situation hat gegenüber einer bloß vermeintlich »äußeren« Deutung von Aktivitäten (etwa durch den Forscher) keine *privilegierten* Zuschreibungsrechte.[9] Es gibt, praxistheoretisch gesprochen, beispielsweise keine Emotionen im Sinne von Zuständen eines kognitiven Apparats, über die ein Akteur die Deutungshoheit beansprucht, sondern es gibt emotionale Akte.[10] Damit ist nicht ausgeschlossen, dass Menschen auch individuell emotionalen Zuständen ausgesetzt sind und diese als private Zustände reflektieren. Allerdings ist das eben nicht die Weise, in der Emotionen soziale Realität sind, das sind sie

8 Schmidt, Soziologie der Praktiken, S. 226. Vgl. auch Schmidt/Volbers, »Öffentlichkeit als methodologisches Prinzip«, und Schatzki, »A New Societist Social Ontology«, S. 184. Für eine weitere Diskussion dieses Sachverhalts kann ich an dieser Stelle außerdem nur auf die ersten Kapitel in Theodore Schatzkis *Social Practices* verweisen: Schatzki, Social Practices, S. 21–53. Schatzki leitet das Argument im Kern von Ludwig Wittgensteins Sprachspielthese her, bei der es in diesem Zusammenhang darum geht, philosophisch zu begründen, warum individuellen Akteuren keine Deutungshoheit über ihre Handlungsursachen obliegt; vgl. dazu auch Kripke, Wittgenstein.

9 Schatzki, »A New Societist Social Ontology«, S. 183; Schatzki, Social Practices, S. 40.

10 »There is no such thing as ›an emotion‹. What there is, are various ways of acting and feeling emotionally«, Schatzki, Social Practices, S. 33.

nur als emotionale Aktivität. Die Eigenschaft, Verhalten im emotionalen Modus zu sein, ist nichts, was dem »Geist« einer Person zuzuschreiben ist, sondern es ist eine sichtbare Eigenschaft (als körperlicher »Erregungszustand«[11]), die innerhalb von Situationen vollzogen, gesehen und verstanden wird und deswegen weitere Akte ermöglicht oder fordert. Dasselbe gilt etwa für jenen Modus von Aktivität, der im vierten Kapitel wichtig werden wird: Vertrauen.

Weil die Eigenschaften einer Praxis öffentlich und nicht privat sind, lassen sie sich »nicht einfach im Interview abfragen«.[12] Wer Praxissoziologie betreibt, der muss beobachten.[13] Die Implikationen dieses Gemeinplatzes allerdings sind in der heterogenen Theoriefamilie, die hier aufgerufen ist, umstritten. Da der Zugriff auf die Praxis in dieser Studie eher unüblich ist, muss diese Differenz scharf gestellt und erläutert werden. Gemeinhin wird nämlich das Prinzip der Öffentlichkeit situativer Vollzüge auf eine lokale Konfiguration von Sinn bezogen. Geordnet laufen Aktivitäten ab, so die Annahme, weil die einzelnen Akte nur aufeinander bezogen, miteinander, und einander antizipierend Sinn machen und dieser Sinn als praktisches Wissen der Teilnehmer vorliegt. Verständige Routine tritt, so eine Grundidee praxistheoretischer Ansätze, an die Stelle bewusster Kalküle und unpersonaler Wirkmächte – deswegen spricht man gerne von sich routiniert bewegenden *Körpern* und nicht von handelnden Personen als *Teilnehmern* einer Praxis. Die Körper wissen, was sie im Umgang mit Dingen und anderen Körpern tun, ohne dass die Annahme nötig wäre, dieses Wissen sei den Teilnehmern in den Praktiken thematisch. Wenn Praktiken theoretisch als Bewegungen »kompetente[r] Körper«[14] verstanden werden, dann ist die Soziologie dazu aufgerufen, Körperbewegungen zu beobachten und dabei zu versuchen, sie (ihr inkorporiertes Wissen und die Logik, der es folgt) zu verstehen. Körperbewegungen finden nun in einem raumzeitlichen Sinne *lokal* statt. Man muss

11 Reckwitz, »Praktiken und ihre Affekte«, S. 37.

12 Meyer, »Neopraxiology«, S. 93; vgl. Schäfer/Daniel, »Zur Notwendigkeit einer praxissoziologischen Methodendiskussion«, S. 41.

13 Reckwitz, »Grundelemente«, S. 290.

14 Ebd.

nah herangehen, um sie zu sehen, wodurch sich die häufige Gleichsetzung von praxistheoretischer Forschung mit mikrosoziologischer Ethnografie erklärt.[15] Kredite praxistheoretisch zu untersuchen soll an dieser Stelle aber nicht als Aufruf verstanden werden, eine teilnehmende Beobachtung in den Büros und Schalterhallen einer Bankfiliale durchzuführen und Angestellten dabei zuzuschauen, wie sie Auszahlungen vornehmen. Eine solche Mikrosoziologie von Bankangestellten würde allerdings wichtige Einsichten in die strukturelle Konstitution und Restrukturierung des Kreditgeldes versperren, die eher dann sichtbar werden, wenn man die Kreditvergabe von Banken makroskopisch in den Blick nimmt. Diese Behauptung muss nun zunächst gerechtfertigt werden. Auf die Rechtfertigung eines makroskopischen Zugriffs sozusagen »an der Sache« folgt dann eine sozialontologisch/methodologische Rechtfertigung. Schließlich muss erklärt werden, wie ein makroskopischer Blick auf Basis einer Sozialontologie möglich werden soll, die nur noch lokale Körper zu kennen scheint.

Zur Notwendigkeit eines makroskopischen Zugriffs

Die Notwendigkeit einer makrosoziologischen Rekonstruktion der monetären Praxis lässt sich mit Geoffrey Ingham begründen. Er erklärt, dass ein aus riskanten Beziehungen (Versprechen) bestehendes Guthaben nicht vornehmlich als Summe singulärer Beziehungen betrachtet werden kann, sondern als aufeinander verweisendes Beziehungsgeflecht zum Gegenstand sozialwissenschaftlicher Beobachtung werden muss. Das Argument lässt sich ausgehend von der Zeitlichkeit der Beziehungen explizieren: Zahlungsversprechen sind keine auf unbestimmte Dauer angelegten Beziehungen, sondern haben einen Termin. Dieser kann zu einer täglichen Bestätigung der Beziehung

15 Beispiele und Reflektionen zu diesem Verständnis der Soziologie der Praxis finden sich in Schäfer/Daniel/Hillebrandt (Hg.), Methoden einer Soziologie der Praxis.

auffordern. Das Girokonto kann als sogenannte Sichteinlage täglich durch den Kunden, den Gläubiger, aufgelöst, die Beziehung also terminiert werden; hier bestätigt ein Ausbleiben der finalen Zahlung die Beziehung. Andere Formen von Kredit verlangen kontinuierliche Tilgungszahlungen und haben feste Ablaufdaten. All diese unterschiedlich befristeten Zahlungsversprechen existieren, weil sie in den Bilanzen von Banken manifestiert sind und sich dort als Vermögen und Schulden austarieren. Geld ist nichts anderes als Bankschulden, und Banken finanzieren mit diesen Schulden wiederum Kredite, die sie als Vermögen halten. Blickt man in die Bilanzen von Banken, so sieht man Schulden anderer (Kredite als Vermögen), die sich mit eigenen Schulden (Kredite als Verpflichtungen) die Waage halten. Zahlungsversprechen existieren somit nur innerhalb eines interdependenten »Beziehungsgeflechts«.

Da Banken in ihren Bilanzen ganz unterschiedlich befristete Zahlungsversprechen gegeneinander aufrechnen, kann man sich dieses »Geflecht« aber nicht als statische Entität vorstellen, sondern nur dynamisch: Durch Tilgung terminierte oder gebrochene Versprechen (Insolvenz) müssen ständig durch neue Versprechen wieder ausgeglichen werden. Aufgrund der unterschiedlichen Befristung der einzelnen, aber doch interdependenten Versprechen wird kontinuierlich die Bildung neuer, die Evaluation und Bekräftigung bestehender und die Terminierung abgeschlossener oder gescheiterter Zahlungsversprechen nötig. Der Begriff »Geflecht« trifft durch seine eher passive Assoziation die Sachlage also nicht ganz: Wer Geld als Kredit betrachtet, der ruft damit nicht nur einzeln zu untersuchende Beziehungen auf, sondern ein dynamisches Aktivitätsfeld – eine Praxis – fortwährend produzierter und terminierter interdependenter Beziehungen. Durch beglichene, neue und gescheiterte Beziehungen geraten Bilanzen ständig aus dem Gleichgewicht und müssen zum Abschluss des Geschäftstages durch neue Verschuldungen erneut ausgeglichen werden. Die Geldmenge nicht einfach vorhanden, sondern muss faktisch täglich *reproduziert* werden. Das bedeutet, dass die Persistenz der Praxis davon abhängt, dass sich immer wieder Akteure bereiterklären, Gläubiger und Schuldner zu werden, also riskante Bindungen einzugehen. Geoffrey Ingham hat den Aspekt der Reproduktion in seiner Monografie *The Nature of Money* in den Mittelpunkt gerückt. Dort betont er die dynamische Verflechtung von Zahlungsversprechen: »Money consists in vast networks of debtor-creditor relationships [...], and the seemingly obvious point that monetary systems involve the continuous contracting and discharging of debts must not be overlooked.«[16]

An dieser Praxis sind nicht nur diejenigen beteiligt, die sich mit einem Kreditantrag an ihre Hausbank wenden. An der Reproduktion des monetären Beziehungssystems haben auch Kaufhandlungen teil. Umgang und Produktion von Geld sind in dem Sinne nicht (mehr) voneinander zu trennen, als dass jeder Kauf auch immer das Gewebe bilanzierter Zahlungsversprechen berührt. Nehmen wir einmal gängige Fälle monetärer Transaktionen: den Kauf eines Films bei einem Internetversandhaus, das Bezahlen der Miete und den Wocheneinkauf im Supermarkt, der mit der EC-Karte beglichen wird. Klassisch würde man diese Vorgänge als Tauschtransaktionen beschreiben, als Tausch Geld gegen DVD, Wohnraum oder Lebensmittel. Nimmt man aber ernst, dass es sich bei Buchgeld um eine Schuld handelt, so wird klar, dass diese Zahlung nicht vornehmlich Eigentumsbeziehungen verändert, sondern ebenso das Geflecht bilanzierter Zahlungsversprechen. Die Bank des Käufers schuldet ihm nach dem Kauf einen geringeren Betrag, dafür aber dem Verkäufer, dem Begünstigten der Überweisung, mehr. Ist das Konto des Käufers die Schuld einer anderen Bank, muss gleichzeitig ein Betrag an Zentralbankguthaben vom dortigen Konto der Käuferbank auf das der Verkäuferbank transferiert werden, sodass durch einen DVD-Kauf per Buchgeldüberweisung auch Versprechen zwischen zwei Banken und ihrer Zentralbank modifiziert werden. Auch wenn es bei der DVD, der Miete oder einem Wocheneinkauf im Einzelnen nur um geringe Summen geht, so verdeutlichen die Beispiele doch ein fundamentales Prinzip: Wir bezahlen heute Waren mit Versprechen.

Indem wir das tun, nehmen wir Einfluss auf das Geld selbst, auf das es konstituierende Beziehungssystem von Bilanzen. Das Gewebe

---

16 Ingham, The Nature of Money, S. 77.

von Zahlungsversprechen verändert sich täglich – und das auch durch unser alltägliches Handeln als Guthabenbesitzer. Die Verwendung von Geld findet nicht abseits oder losgelöst von der Praxis der Knüpfung und Lösung bilanzieller Zahlungsversprechen statt. Eine Soziologie des Kreditgeldes spricht also stets über eine Praxis der Knüpfung und Lösung finanzieller Versprechen, selbst dann, wenn sie vermeintlich nur die Verwendung von Geld ins Auge fasst.

Unabhängig davon, ob man bereits von der Kredittheorie des Geldes überzeugt ist, lässt sich eine Praxistheorie des Kredits – also die Entscheidung, ob es sich bei Krediten um distributive oder kreative Aktivtäten handelt – nicht auf der Ebene individueller Kreditbeziehungen entscheiden. Kredite existieren nur als unselbstständige Teile eines dynamischen Beziehungsgeflechts oder eben schlicht: einer Praxis der fortwährenden Knüpfung, Aufrechterhaltung und Terminierung riskanter, interdependenter Beziehungen. Eine Praxistheorie des Kredits sollte diese »Makrokonstituierung« berücksichtigen. Es gilt deswegen nun zu prüfen, inwieweit diese Bedingung mit dem sozialontologischen Fundament vereinbar ist.

Eine flache Ontologie

Die Angemessenheit einer Anwendung des Begriffsbestecks der Praxissoziologie auf »große« soziale Zusammenhänge ist umstritten. Unbestritten allerdings ist die Notwendigkeit, klassische »transsituative«[17], also nicht auf eine lokale Mikrosituation beschränkte soziale Aktivitätszusammenhänge (etwa Unternehmen, Wirtschaft, Finanzmärkte, Milieus, Staaten, Recht usw.) in den praxissoziologischen Theorieansatz zu integrieren. Die prominenteste Lösung für das Problem der Transsituativität ist ein mikrosoziologischer Reduktionismus, der nur raumzeitlich lokale Beobachtungen von Situationen zulässt. Dementgegen steht die flache Ontologie von Theodore

17 Schmidt, Soziologie der Praktiken, S. 228, S. 238ff. und S. 255ff.; Reckwitz, »Grundelemente«, S. 295.

Schatzki, bei der die Beobachtungsebene nicht reduktionistisch verengt ist.[18]

Kontra Reduktionismus

Üblicherweise wird der Kontext praxissoziologisch auf der Mikroebene beobachtet, d.h. in einem überschaubaren Feld sich bewegender Körper. Überlokale Zusammenhänge haben nach der Vorstellung vieler Praxeologen bloß im Lokalen Realität.[19] Transsituative oder makroskopische Phänomene (die klassischerweise etwa als Systeme, Institutionen, Strukturen beschrieben würden) wären in dieser Interpretation von Praxis Emergenz- oder Aggregationseffekte von Körperbewegungen »vor Ort«. Andreas Reckwitz erkennt in transsituativen Praktiken »lose« Zusammenhänge routinierter Körperbewegungen, die sich zu »Praktiken-Komplexe[n]«[20] aufstapeln.[21] Solche »scheinbare[n] [...] Totalität[en]« müssen durch den Forschenden in »präzise bestimmbare« Einzelpraktiken »heruntergebrochen« werden.[22] Erst dann lässt sich der Sinn solcher Zusammenhänge durch Beobachtung lokaler Mikrosituationen erschließen. Die Praxissoziologie wird deswegen häufig im Forschungsvollzug mit klassischer und bewährter Ethnomethodologie gleichgesetzt, die für eine reine Mikroforschung

---

18 Vgl. zum Folgenden vor allem Schatzki, »Praxistheorie als flache Ontologie«.

19 Vgl. neben Schmidt, Soziologie der Praktiken, auch Hirschauer, »Verhalten, Handeln, Interagieren«.

20 Reckwitz, »Grundelemente«, S. 295.

21 Diese Komplexe gibt es nach seiner Wahrnehmung in zwei Varianten. Zunächst als so etwas wie »Lebensformen«, in dem Sinne, wie man manchmal von einer »bürgerlichen Lebensform« spricht. Es handelt sich hierbei letztendlich um »lose gekoppelte« Amalgamierungen einzelner »wissensbasierter« Bewegungen, die von einem (einzelnen) Körper zu verschiedenen Zeiten in unterschiedlichen Umgebungen vollzogen werden. Im Falle der »bürgerlichen Lebensform« also beispielweise »Praktiken der Arbeit – etwa der wirtschaftsbürgerlichen Arbeit im Kontor, der bildungsbürgerlichen Arbeit am Schreibtisch, der hauswirtschaftlichen Arbeit –, Praktiken der intimen Interaktion – im Umgang von Ehepartnern, zwischen Eltern und Kindern, im Rahmen bürgerlicher ›Geselligkeit‹ –, Praktiken des Selbst [usw.]«, Reckwitz, »Grundelemente«, S. 293.

22 Ebd.

bestens gerüstet ist.[23] Für faktisch globale Aktivitäten wie die Finanzmärkte würde dies eine »multi-sited ethnography«,[24] eine wiederholte Beobachtung interagierender Körper in Finanzfirmen erfordern, so wie sie unter anderem Karin Knorr-Cetina und Urs Bruegger vorgelegt haben.[25] Mit dem Abstellen auf das Lokalwerden des Makroskopischen durch multilokale Beobachtung vieler, durch Kommunikations- und Vermittlungsartefakte verbundener Gegenwarten versuchen Knorr-Cetina und Bruegger zu zeigen, wie Aktivitäten auf der Mikroebene das scheinbare Makrophänomen »Finanzmarkt« hervorbringen. Größere soziale Zusammenhänge werden in der den Großteil der deutschsprachigen Praxisforschung ausmachenden mikroreduktionistischen Interpretation der Praxissoziologie zu bloß »scheinbar«[26] translokalen Phänomenen, die analytisch auf raumzeitliche Lokalitäten zurückgeführt werden müssen.

So plausibel diese Argumentation auch ist, bleibt es doch fraglich, ob man beispielsweise die Abertausenden täglich registrierten und getilgten Kredite dadurch am besten versteht, dass man die zu ihrer materiellen Ausführung nötigen lokalen Skripte erhebt. Eine Kreditvergabe wäre dann ja nicht mehr als das Klicken mit einer Computermaus (eine Körperbewegung). Die Skepsis betrifft aber nicht nur diesen konkreten Gegenstand. Es ist ebenso fraglich, ob man beispielsweise schon das soziale Phänomen des allmorgendlichen Hamburger Berufsverkehrs *versteht,* wenn man es in die Praktiken des Linksabbiegens, des Rechtsabbiegens, des Rückwärtseinparkens etc. zerteilt und dann jeweils das diesen Vollzügen sicherlich innewohnende Knowhow rekonstruiert. Eine solche Zergliederung, wie sie Reckwitz für methodologisch gefordert hält, scheint doch allenthalben *artifiziell*

---

23 Zahlreiche Beispiele finden sich in Schäfer/Daniel/Hillebrandt (Hg.), Methoden einer Soziologie der Praxis.

24 Das Verfahren der »multi-sited ethnographies« (Schmidt, Soziologie der Praktiken, S. 256), das sich etwa an den Namen George Marcus binden lässt, versteht Transsituativität als Multilokalität, nicht Translokalität, vgl. Marcus, »Ethnography in/of the World System«.

25 Knorr-Cetina/Bruegger, »Global Microstructures«.

26 Vgl. Reckwitz, »Grundelemente«, S. 293.

zu sein, da es schließlich die Frage, inwiefern die Dinge »der Sache nach« zusammenhängen, in die Umwelt der Praktik und damit auch der Theorie verbannt. Der amerikanische Theoretiker Theodore R. Schatzki versteht die Praxissoziologie in scharfem Kontrast zu den genannten Autorinnen und Autoren nicht als den Vorschlag, die Makroebene zu einem Abfallprodukt mikroskopischer Körperbewegungen zu erklären. Aus seiner Sicht – die ich für die einzig überzeugende halte – bestehen überlokale bzw. transsituative soziale Phänomene nicht aus kleineren, lokalen Aktivitätssituationen, sondern sie müssen, wenn man sich für ihr Funktionieren interessiert, als »große« Phänomene ernst genommen werden. Damit unterläuft die Praxissoziologie nach Schatzki die Mikro-Makro-Differenzierung nicht dadurch, dass sie eine Ebene zugunsten einer anderen auflöst, sondern indem sie alle Phänomene entdifferenziert und in einer gemeinsamen Realitätsebene verortet, die deswegen flach ist, weil sie eben keine hierarchischen Unterscheidungen kennt.

Perspektiven

Die geteilte Annahme der praxissoziologischen Theoriefamilie lautet, dass einzelne Akte nicht als singuläre Handlungen zu verstehen sind, sondern nur in einem konkreten *Kontext* – der Praxis – möglich werden und deutbar sind. Diesen Kontext gilt es zu beschreiben und zu verstehen. In der Realität lassen sich Akte allerdings nicht nur einem Kontext, also einer einzelnen Praxis zuordnen. Man fährt in der Regel nicht einfach nur Fahrrad, sondern man fährt in einem Kontext, beispielsweise *zur Arbeit.* Damit ist das Fahrradfahren nicht als singuläre Praktik aufgerufen, die sich dann mit anderen (singulären) Akten zur Praxis der Arbeit addieren ließe. Vielmehr ist das Radfahren hier als Teil eines Kontextes zu deuten, der dann etwa auch die Freizeit als Regeneration von Arbeitskraft etc. thematisieren könnte. Weil sich in der Realität die Organisationen von Praxen »bündeln« und überschneiden, greift der Forschende so wie jeder Beobachter immer nur auf Ausschnitte in bestimmter Hinsicht zu. Nur wenn ein bestimmter Kontext in den Blick zu nehmen ist, sind Akte überhaupt in eine praxissoziologische Beschreibung zu überführen. Lokale Mikrosituationen, das ist die entscheidende Konsequenz, besitzen jedenfalls kein ontologisches Primat.[27] Somit ist durch die praxissoziologische Positionierung keinesfalls eine mikrosoziologisch-ethnografische Perspektive vorgegeben. Transsituative soziale Zusammenhänge sind nicht mehr als eben *größere* Zusammenhänge, sie können ebenso real sein wie Mikrosituationen und müssen und können deswegen nicht stets auf kleinere Komponenten, etwa kleinere Bündel, dann Praxen und zuletzt einzelne, singuläre Handlungen bzw. Praktiken, zurückgeführt werden.[28] Kontexte lassen sich, einfach gesagt, ganz unterschiedlich erschließen. Schatzki schlägt damit vor, die Praxissoziologie als *flache Ontologie* zu verstehen, in der verschiedenformatige soziale Phänomene dieselben Existenzberechtigungen und Kompositionen haben.[29] Beobachter können mit gleichem Recht auf verschieden skalierte raumzeitliche Ausschnitte sozialer Koexistenz als Kontexte von Aktivitäten Bezug nehmen und dabei über strukturell homologe Entitäten sprechen: »Large social phenomena (like macro and global ones) have the same composition as do small, local, and micro phenomena.«[30] Somit stehen sich etwa »ein Kaufakt« und »die

27 »It follows, pace the widespread assignment of practice theory to ›local‹ or ›micro‹ phenomena, that the above ontology grants no priority to local situations«, Schatzki, »Where the Action Is«, S. 4. Schatzki nennt diesen Ansatz eine »site ontology«. Die *site ontology* geht davon aus, dass menschliche Aktivität »in seinem Sein« verortet ist, »inherently tied to a type of context in which it occurs« (Schatzki, »A New Societist Social Ontology«, S. 176). Aktivitäten werden nur möglich und verstehbar (sie *sind* nur) innerhalb des und ausgehend von dem sozialen Gefüge, in dem sie auftauchen. Deswegen kann man sozialen Handlungen, oder dem Sozialen von Handlungen, nicht auf die Schliche kommen, wenn man Menschen in ihre Köpfe schaut oder allein über Gesellschaften als Totalitäten redet (inkl. eines Systems der Subsysteme), sondern indem man den Kontext erschließt, der sie bedingt. »Site ontologies maintain that social phenomena can only be analyzed by examining the sites where social coexistence transpires«, ebd.

28 »Large social Phenomena might contrast with small, local, or micro ones, but what constitutes them is not inherently an instance of the latter. Whether, moreover, a given bundle counts as large (or macro or global) versus small/micro/local depends on the relevant universe of comparison«, Schatzki, »Where the Action Is«, S. 2. Vgl. Schatzki, »Praxistheorie als flache Ontologie«, S. 34.

29 Schatzki, »Praxistheorie als flache Ontologie«; Schatzki, »Where the Action Is«.

30 Schatzki, »Where the Action Is«, S. 2. »All social phenomena share the same basic ingredients [...] and composition. The difference between, for example, small so-

Wirtschaft« nicht auf einer Skala von konkret bis abstrakt gegenüber, sondern sind in einem Kontinuum der Größe integriert. Beide Begriffe stellen innerhalb eines praxissoziologischen Ansatzes unterschiedliche Referenzweisen auf soziale Wirklichkeit dar. Wer sich etwa für Finanzpraktiken interessiert, muss nicht zwangsläufig auf lokale Situationen der Knüpfung einzelner Beziehungen abstellen; ebenso kann man, wie es das nächste Kapitel tun wird, über den Bankensektor als Praxis sprechen und diesen aus einer makroskopischen »Theaterperspektive«[31] beobachten.[32] Damit wäre nicht gesagt, dass sich nicht durch die Beobachtung eines kleineren Ausschnitts aus der »Teilnehmerperspektive«[33] – etwa einer einzelnen Bank als Firma, in der Angestellte kommen und gehen etc. – fruchtbare Einsichten gewinnen lassen, ganz im Gegenteil. Es würde sich bei einer mikrosoziologischen Untersuchung nur nicht um eine *genauere* Beobachtung desselben, sondern schlicht um eine *andere* Beobachtung handeln.[34]

---

cial phenomena such as individual classes and large social phenomena such as a national educational establishment is the difference between less and more spatially (and temporally) expansive practice-arrangement bundles of aspects thereof«, Schatzki, »A Primer on Practices«, S. 21.

31 Alkmeyer/Buschmann, »Praktiken der Subjektivierung«, S. 125.

32 »As examples of phenomena analyzable [...] consider loan transactions at a bank, the branch of a bank, the bank corporation, and the banking industry«, Schatzki, »A New Societist Social Ontology«, S. 198. Dass auch Schatzki in seinen Beispielen häufig Beispiele aus der Mikroebene heranzieht, ist Forschungsinteressen und Gewohnheit, nicht aber ontologischen Axiomen geschuldet, vgl. Schatzki, »Where the Action Is«, S. 3.

33 Alkmeyer/Buschmann, »Praktiken der Subjektivierung«, S. 125.

34 Eine Praxistheorie des Kredits wird hier also nicht verstanden als die Studie von Kreditakt XY oder Bank Z. Damit ist keinesfalls gesagt, dass alternative Studien des Kreditgeldes, die etwa eine multilokale Methodik anwenden, nicht weitere Einsichten in diese Praxis liefern können. Es wäre aber falsch zu glauben, man könne Kredittransaktionen im Sinne einer lokalen Praktik verstehen, ohne die Integration dieser Handlungen in die Zusammenhänge der Bankenindustrie (wenn man so will, der *Bilanzen insgesamt*) zu berücksichtigen. Auch bei dieser, eher makroskopischen Zugriffsebene sprechen wir von einer Praxis. Keine so angesetzte Untersuchung des Kontextes kreditärer Akte kann darauf spekulieren, eine »vollständige« Theorie der Praxis des Kreditgeldes zu liefern. An das Material ist immer wieder die Frage heranzutragen, wie scharf sich die Auflösung der Praxis auf diesem Weg stellen lässt, wo Unschärfen oder blinde Flecken bleiben und an wel-

Die »Organisation« von Praxis

Komplexe und großformatige Zusammenhänge geordneter Aktivität strukturell homolog zu lokalen, situativen Praktiken zu denken verlangt weitere Spezifizierung. Immerhin gehen die oben aufgerufenen Spielarten der Praxissoziologie davon aus, dass sich Praktiken auf Körperbewegungen reduzieren lassen, die durch ein unthematisches, »inkorporiertes« Wissen, respektive Sinnverständnis der Teilnehmer, zu eben jenen geordneten Koexistenzen verbunden sind, die man ständig als Berufsverkehr, Wissenschaft, Wirtschaft, Protest, Kochen usw. miterleben kann. Anders gesagt, hebelt die mit Schatzki aufgezeigte Möglichkeit der makroskopischen Reflexion von Aktivitätskontexten doch den Physikalismus[35] des Körperprimats aus und schlägt dem praxissoziologischen Forschungsansatz scheinbar das wichtigste Standbein weg. Tatsächlich aber schlägt Schatzki gar nicht vor, den »methodologischen Situationismus«[36] zu verlassen, sondern lediglich, den Situationsbegriff selbst – verstanden als definierenden Kontext einzelner Akte – als potenziell transsituativ zu verstehen. Die starre Identifikation von Praxis mit Körperbewegungen, deren Sinn (also wie und warum Aktivitäten auf die vorhergehenden folgen und an die nächsten anschließen) man allein und nur an den Bewegungen selbst interpretierend ablesen kann, wird allerdings dadurch tatsächlich gelockert. Das allerdings erweist sich genau betrachtet nicht als Problem, ist der Körperbegriff doch in vielen Darstellungen zu einer Art Fetisch stilisiert worden, obwohl er eigentlich zunächst strategisch zum Einsatz kam. Mit dem Begriff des »Körpers« wurde eine scharfe Abgrenzung zu jenen Ansätzen markiert, die handelnde Menschen (Personen, Akteure) oder Kommunikationsakte als Ausgangspunkt wählen. »Körper« zeigt somit nicht notwendig mehr als die Annahme der Öffentlichkeit des Wissens an, mit dem sich die Praxistheorien

---

cher Stelle die Einnahme alternativer Perspektiven neue Einsichten versprechen würde. Das aber ist eine unhintergehbare Eigenschaft der Bezugnahme auf das Soziale und kein Problem der hier vorgeschlagenen Perspektive.

35 Schäfer/Daniel, »Zur Notwendigkeit einer praxissoziologischen Methodendiskussion«, S. 43.

36 Meyer, »Neopraxiology«, S. 98.

den Schulen objektiven Sinns anschließen. Der *»body and material turn«*[37] der Praxistheorie wird deswegen zu Recht von Armin Nassehi als überzeichnet kritisiert.[38] Wenn man erstens davon ausgeht, dass sozialer Sinn eine öffentliche Erscheinung ist – also Normen sich beispielsweise als normative Erwartungen im Enttäuschungsverhalten agierender Menschen zeigen und nicht durch Rekurs auf mentale Zustände definiert zu werden brauchen –, und man zweitens Praktiken als verständige (also sinnhafte) Vollzüge definiert, dann kommen Körper in dieser Beschreibung streng genommen gar nicht mehr vor. Hebt jemand eine Hand zum Gruß, nimmt ein Beobachter – bei Lichte besehen – ja gerade *keine* biomechanische Bewegung von Haut, Fleisch und Knochen wahr, sondern eine Geste. Sähe er tatsächlich nur eine seltsam wackelnde Extremität, würde ihm die Praktik des Grüßens in Wahrheit entgehen. In letzter Konsequenz sprechen wir also gar nicht mehr zwingend von Know-how-basierten Körperbewegungen, sondern schlicht von sinnhaftem Verhalten, das stattfinden kann, weil gegebene Daten von einem Empfänger verstanden werden, die sich bewegende Hand nämlich als Geste, das heißt als eine interpretierbare Information aufgefasst wird.

Aus dem Gesagten lassen sich wichtige Konsequenzen ziehen: Praxissoziologen und -soziologinnen gehen davon aus, dass wir mit dem Begriff »Praxis« geordnete – das heißt vor allem: zeitlich persistente – Aktivitätsfelder aufrufen, die vor allem deswegen geordnet sind, weil die Teilnehmer der Praxis »wissen, was sie tun«, also ein gemeinsames Verständnis (»common understandings«[39]) davon haben, wie Aktivitäten aufeinander bezogen sind, welche als Nächstes folgen und welche nicht. Dieses Verständnis kann allerdings nicht, wie es die reduktionistisch-mikrosoziologischen Interpretationen der praxissoziologischen Axiomatik nahelegen, bloß körperliches Know-how sein – also durch Beobachter an Körperbewegungen ablesbar. Im Kontext einer flachen Ontologie – und dann in Kontrast zur reduktionistisch-mikrosoziologischen Interpretation der praxissoziologischen

37 Schmidt, Soziologie der Praktiken, S. 13, Hervorhebung im Original.

38 Nassehi, Der soziologische Diskurs der Moderne, S. 230ff.

39 Schatzki, »Where the Action Is«, S. 4.

Axiomatik – müssen sich derartige Verständnishypothesen auch für größere Aktivitätsmuster diagnostizieren lassen, also solche, deren Teilnehmer etwa Organisationen (z.B. Banken) oder Gruppen (z.B. Kleinanleger) sind. Hier kann Verständnis nicht mehr im Sinne von Körperbewegungs-Know-how gedacht werden. Vielmehr ginge es auf einer solchen makroskopischen Beobachtungsebene um Erwartungen der Kontinuierbarkeit der Praxis selbst. Man kann nicht erwarten, dass das geteilte Verständnis, das Radfahren ermöglicht, dem, das Kredite ermöglicht, strukturell in irgendeiner Weise ähnelt. All die unterschiedlichen Referenzmöglichkeiten auf Praktiken von vornherein auf Körperbewegungs-Know-how festzulegen, leuchtet deswegen nicht ein. Hier ist jeder beobachtende Zugriff auf eine eigene Rechtfertigung der jeweils gewählten Beobachtungsheuristik angewiesen. Da Kredite interdependente riskante Beziehungen sind, werde ich weiter unten vorschlagen, den Sachverhalt der »common understandings« mit dem für Versprechen klassischen Begriff des Vertrauens aufzuarbeiten – doch das braucht an dieser Stelle noch nicht ausgeführt werden.

Für Schatzki lässt sich die Ordnung von Praxis aber nicht exklusiv auf ein geteiltes Verständnis der Teilnehmer von den eigenen Aktivitäten und den Aktivitäten anderer zurückführen; er führt zwei weitere Kategorien ein: Regeln und Teleologien. Regeln integrieren Praxen, das heißt, sie beziehen einzelne Aktivtäten und Aktivitätsfolgen aufeinander und halten sie zusammen.[40] So zeichnet sich beispielsweise »die sportliche Praktik des Hallenhandball[s]«, wie auch Robert Schmidt betont, durch »fixe Spielzeiten, deutlich markierte Spielfeldbegrenzungen, Vereinssatzungen, Spielberechtigungsausweise, Siegerurkunden, alters-, geschlechts- und leistungsbezogene Segregation, vom Verband festgelegte Reglements« aus.[41] Diese Regeln sind nicht als Texte zu verstehen, sondern gelten dann, wenn sie entweder praktisch bemerkt, bespielt und eingehalten werden oder ihr Bruch

40 Schatzki, The Site of the Social, S. 79; vgl. ders., Social Practices, S. 98f.; ders., »A New Societists Social Ontology«, S. 191f.

41 Schmidt, Soziologie der Praktiken, S. 90.

von anderen Teilnehmern bemerkt und angeklagt wird. Schon ein konkretes Handballspiel (eine raumzeitlich lokale Mikrosituation) wäre ohne diese Regeln, nur durch das Interpretieren von inkorporierten Wissensbeständen, unzureichend beschrieben. Die einzelne Partie ist immer auch Teil eines Kontextes, der Praxis des organisierten Handballspiels.

Praxen sind drittens geordnet durch eine Gerichtetheit, die Schatzki »teleologische« oder auch »teleoaffektive Strukturen« nennt.[42] Damit sind für die Performanz notwendige normative[43] und hierarchische Verbindungen von Aufgaben *(tasks)*, komplexeren, aus mehreren Aufgaben bestehenden (Teil-)Projekten *(projects)* und Zielen *(ends)* der Aktivitäten gemeint.[44] Diese Begriffe sind nur auf den ersten Blick intentionalistisch gefärbt. Klar ist innerhalb einer praxissoziologischen Perspektive, dass Aufgaben, Projekte oder Ziele nicht im Bewusstsein agierender Personen repräsentiert sein müssen, um real, d.h. durch einen Beobachter identifizierbar zu sein.[45] Anders gesagt: Aufgaben, Projekte und Ziele sind hier nicht als etwas zu verstehen, dass Akteure denken oder wissen müssen, wenn sie innerhalb einer teleologischen Struktur handeln. Eine teleologische Struktur findet man etwa in einer Fabrik, in der am Fließband Stühle hergestellt werden. Mehrere Arbeiter vollziehen hier je einzelne Aufgaben innerhalb eines Stuhl-Projekts, schrauben Beine in den Korpus, befestigen Lehnen usw. Diese Beobachtung so zu fassen ist nicht gleichbedeutend damit zu sagen, die einzelnen Arbeiter würden im Sinne von Intentionalität das Ziel verfolgen, einen Stuhl herzustellen. Das Projekt (Stuhl) respektive das Ziel eines Arbeitstages, möglichst viele Stühle herzustellen, ist eine beobachtbare Situationseigenschaft. Die Witt-

---

42 Schatzki, Social Practices, S. 89 und S. 110ff.

43 Schatzki, The Site of the Social, S. 80. Normativität wird hier als praktisches Element gedacht, vgl. dazu ausführlich Möllers, Die Möglichkeit der Normen.

44 Schatzki, The Site of the Social, S. 80.

45 »Ends [...] need not to be conscious goals, that is to say, states of affairs that people consciously seek to realize. A person need not be thematically aware – at any time – of the teleological end points that determine what makes sense to him or her to do«, Schatzki, The Site of the Social, S. 81.

genstein'sche Axiomatik, dass private Zustände keine Deutungshoheit über den Sinn von Verhalten haben, gilt eo ipso auch für teleologische Strukturen.[46]

Schatzki nennt die Konfiguration der drei verbindenden Elemente der Praxis deren »Organisation«.[47] Die Letztelemente des Sozialen sind in diesem Sinne »organisierte« Aktivitäten, nicht Organisationen im Sinne von Handlungsverbänden (Firmen, Verwaltungen usw.), die auf Aktivitäten zurückgeführt oder mit ihnen begründet werden müssen. Eine praxissoziologische Perspektive einzunehmen bedeutet also, die Organisation einer Situation zu analysieren: Welche Regeln sind entscheidend, um die Logik der Situation zu verstehen? Welche Teleologien strukturieren die Aktivitäten? Welche Erwartungen bezüglich der Persistenz des Aktivitätsfeldes bestehen bzw. wie wird Erwartung in die Persistenz ermöglicht?

Die Gewichtung dieser einzelnen Aspekte der Organisation einer Praxis muss sich am Gegenstand bzw. am Erkenntnisinteresse entscheiden. Über formalisierte Regeln wird im Folgenden nur mittelbar gesprochen. Das liegt nicht daran, dass sich hier generell keine interessanten Einsichten verbergen, nur gibt es über die formalen Regeln der Kreditvergabe von Banken wenig Dissens, so dass man den metatheoretischen Disput kaum hier wird auflösen können. Die zu klärende Frage, was ein Kredit ist, wird sich stattdessen in den teleologischen Strukturen entscheiden. Die übliche Deutung von Krediten als distribuierenden Aktivitäten, die weiter unten genauer nachvollzogen wird, ist nämlich letztendlich eine Hypothese über die *task-project*-Abhängigkeiten im Feld. Der distributive Kreditbegriff setzt voraus, dass die Voraussetzung eines Kredits akkumuliertes Kapital ist, also zuerst *(task)* akkumuliert werden muss, bevor es *(project)* verliehen werden kann. Der kreative Kreditbegriff behauptet, dass das nicht der Fall

46 »[T]he organization of a practice is expressed only in the (open) set of actions that composes the practice, and is not contained in the sum of minds of those participating in it«, Schatzki, »A New Societist Social Ontology«, S. 193.

47 Schatzki, The Site of the Social, S. 77.

ist, also dass das Projekt Kredit lediglich willige Versprechensgeber und -nehmer voraussetzt.

Im Anschluss wird das Verständnis der Teilnehmer beleuchtet, im oben bereits angedeuteten und weiter unten genauer erklärten Sinne von Vertrauen. Die Leitfrage lautet, wie wird Vertrauen in zahllose Zahlungsversprechen möglich, die durch nichts anderes erfüllt werden können als weitere Zahlungsversprechen? Es sind diese Vertrauensbedingungen, anhand derer sich zahlreiche Veränderungen des Bankensystems seit den 1970er Jahren zusammenführen und deuten lassen.

Abgrenzungen

Ein praxissoziologischer Zugriff auf die Kreditvergabe von Banken unterscheidet sich in gewisser Hinsicht von zwei populäreren Alternativen. Zum einen muss man eine klare Demarkationslinie zum Hauptstrang der neueren Wirtschaftssoziologie ziehen, der sich bereits axiomatisch auf eine tauschlogische Grundlage stellt, indem Wirtschaftssoziologie als Marktsoziologie begriffen wird. Zum anderen unterscheidet sich der praxeologische Zugriff von den eher machttheoretisch fundierten Studien, die etwa Geoffrey Ingham, in großer Nähe dazu Wolfgang Streeck und in einer der Praxissoziologie dann wieder näheren Variante Christian Postberg vorgelegt haben. Mit diesen zwei Demarkationen kann die Position dieser Studie noch einmal geschärft werden.

Marktsoziologie

Ein praxissoziologischer Zugriff auf Geld ist keine Wirtschaftssoziologie im engeren Sinne der New Economic Sociology.[48] Natürlich teilen eine praxissoziologische Perspektive und die Neue Wirtschafts-

48 Ein detailreicher und hellsichtiger Überblick über die verschiedenen Theorien, die sich in dieser Subdisziplin versammeln, bietet Sparsam, Wirtschaft in der New Economic Sociology. Vgl außerdem Beckert/Besedovsky, »Die Wirtschaft als Thema der Soziologie«.

soziologie den grundsätzlichen und eben auch trivialen Anspruch, eine dezidiert soziologische Perspektive und Methodologie auf (»eigentlich«) ökonomische Phänomene anzuwenden.[49] Es gibt allerdings, natürlich abhängig von der jeweiligen Detaildefinition der mitunter recht heterogenen Ansätze der Neuen Wirtschaftssoziologie, Unterschiede. Die Neue Wirtschaftssoziologie versteht Ökonomie dort, wo sie sich auf das »Einbettungs-Paradigma« Mark Granovetters beruft,[50] als einen spezifischen Typus von Handlung, der in soziale, d.h. vor allem normative, epistemologische und kulturelle Beziehungsnetzwerke »eingebettet« ist.[51] Was aber genau das »Ökonomische« an einer ökonomischen Handlung ausmacht, bleibt häufig vage. In der Wirtschaftswissenschaft versteht man unter ökonomischen Handlungen die Gesamtheit der (rationalen) Entscheidungen über den Einsatz von beschränkten Budgets.[52] Das soziologische Verständnis dieses Handlungstyps ist gewöhnlich weiter und umfasst schlicht alles, was mit der Produktion, der Verteilung oder dem Austausch von Waren, also Gütern und Dienstleistungen, zu tun hat.[53] Dabei bleibt die Vorstellung einer ökonomischen Handlung in der Einbettungstradition Granovetters letztendlich allerdings im Kern mit der ökonomischen Fassung identisch.[54]

Das ist aus Sicht einer Soziologie der Praxis aus zwei Gründen problematisch. Erstens ist es aus praxissoziologischer Perspektive nicht möglich, Typen von Handlungen von anderen zu differenzie-

49 Smelser/Swedberg, »Introducing Economic Sociology«, S. 3; Maurer, »Perspektiven der Wirtschaftssoziologie«, S. 12f.; Beckert, »Was ist soziologisch an der Wirtschaftssoziologie«, S. 125; Beckert/Deutschmann, »Neue Herausforderungen der Wirtschaftssoziologie?«, S. 14; Guillén u.a., »The Revival of Economic Sociology«, S. 6; Fligstein/Dauter, »The Sociology of Markets«, S. 112, und viele mehr.

50 Granovetter, »Economic Action and Social Structure: The Problem of Embeddedness«.

51 Krippner/Alvarez, »Embeddedness and the Intellectual Project of Economic Sociology«; vgl. Beckert/Deutschmann, »Neue Herausforderungen der Wirtschaftssoziologie«; Swedberg/Granovetter, »Introduction«.

52 Krugman/Wells, Volkswirtschaftslehre, S. 4; vgl. Trigilia, Economic Sociology, S. 193.

53 Trigilia, Economic Sociology, S. 193.

54 Sparsam, »Ist die Marktsoziologie eine realistische Wissenschaft?«, S. 189.

ren, versteht man Soziales doch als Situationen und nicht als Handlungsaggregate oder Handlungssysteme. Natürlich entstehen Kredite durch eine Reihe von Entscheidungen. Nur wäre es aus praxissoziologischer Perspektive schlicht falsch, hier von einem besonderen Typus von Akt zu sprechen, dessen Sein und Charakteristik nicht durch den Kontext bestimmt wird, in dem er auftritt, sondern der lediglich in eine – dann aber analytisch von ihm unterschiedene – Umwelt eingebettet ist.

Zweitens gründet sich der Ökonomiebegriff der Einbettungsforschung auf der Annahme, ökonomische Entscheidungen würden unter Knappheitsbedingungen stattfinden.[55] Das nächste Kapitel wird zeigen, wie verbreitet diese Annahme ist – und dass sie das Bankensystem in gewisser Hinsicht ausschließt. Würde man also den Blick qua Bereichsdefinition auf Handlungen unter Knappheitsbedingungen beschränken, so wäre eine Soziologie des Geldes, wie das nächste Kapitel zeigen wird, kaum mehr möglich.

Damit hängt ein dritter Demarkationsgrund zusammen, der nicht nur die Einbettungsforschung der Neuen Wirtschaftssoziologie berührt. Ökonomische Handlungen werden in der Forschungslandschaft häufig faktisch mit Markthandlungen identifiziert,[56] also letztlich mit Entscheidungen, zu kaufen oder zu verkaufen. Identifiziert man Wirtschaftssoziologie mit Marktsoziologie, so wäre eine anschließende Untersuchung der monetären Praxis bereits auf eine tauschlogische Analyse festgelegt. Das nächste Kapitel wird allerdings zeigen, dass Kredite keine Akte sind, die man als Vorkommnisse eines Marktkontextes analysieren kann. Interessiert man sich für die Organisation der Praxis der Kreditvergabe von Banken, ist es nicht einmal hilfreich, das Untersuchungsfeld vorab als eine von anderen sozialen Formationen abgesetzte »ökonomische« Praxis zu definieren. Denn

55 Ebd.; vgl. Swedberg, »The Economic Sociology of Capitalism«.

56 Etwa bei Mikl-Horke, Historische Soziologie – Sozioökonomie – Wirtschaftssoziologie, S. 55; Fligstein, Die Architektur der Märkte; Fligstein/Dauter, »The Sociology of Markets«; Lie, »Sociology of Markets«; Fourcade, »Theories of Markets and Theories of Society«. Vgl. dazu Sparsam, »Ist die Marktsoziologie eine realistische Wissenschaft?«.

was das »Ökonomische« an dieser Praxis ausmacht, müsste sich in der untersuchten Situation zeigen und dürfte nicht durch ein von der Ökonomik eingekauftes Modelldenken vorentschieden werden.[57] Gerade um die stillschweigende Prägung der Wirtschaftssoziologie durch die Wirtschaftswissenschaft zu umgehen, lohnt es, den eingeschlagenen praxissoziologischen Pfad weiterzuverfolgen.

Machtsoziologie

Geoffrey Ingham analysiert die Kreditvergabe von Banken als Machtkampf zwischen Gläubigern und Schuldnern. Mit dieser Betrachtungsweise will Ingham Max Webers Vorstellung von Wirtschaft als Preiskonflikt aktualisieren.[58] Weber hatte in *Wirtschaft und Gesellschaft* argumentiert, Wirtschaft sei am besten als eine Arena zu verstehen, in der Akteure ihre Handlungschancen durch möglichst hohe Preise vergrößern wollen – und zwar zu Lasten anderer, die dasselbe Interesse haben.[59] Ingham übersetzt diese Grundidee in das Konzept eines monetären Klassenkampfes, durch den sich sowohl die Geschichte des Geldes als auch aktuale Entwicklungen der Geldmengen und Zinsniveaus erklären lassen sollen.

---

57 Bisher unerwähnt blieb der diskurstheoretische Einbettungsbegriff, der Märkte respektive Wirtschaft allgemein als konkrete Interaktionen auf bestimmte performative epistemologische Wissensformen zurückführt (etwa: Callon, »Introduction«; MacKenzie, »Is Economics Performative?«; ders., An Engine, Not a Camera; ders., Material Markets). Michel Callons Position etwa »consists in maintaining that economics, in the broad sense of the term, performs, shapes and formats the economy, rather than observing how it functions« (Callon, »Introduction«, S. 2). Die Kausalitäten und Beziehungen der ökonomischen Waren- und Güterproduktion, der Geldproduktion und der ökonomischen Wissenschaft sind für sich genommen ein interessantes und wichtiges Forschungsfeld und als solches und in dieser Ausrichtung auch mit einem praxissoziologischen Ansatz vereinbar. Allerdings gilt das nicht für eine starke Lesart der diskurstheoretischen Einbettungs- respektive Performanzthese, die Situationen als Effekte von Diskursen begreift.

58 Ingham, The Nature of Money, S. 67.

59 Vgl. Weber, Wirtschaft und Gesellschaft, Gesamtausgabe, Band 22-1, S. 253-258f., und Band 23, S. 248.

Im monetären Klassenkampf steht auf der einen Seite die Gläubigerklasse, die das Verhältnis von Waren und Tauschmitteln (die Kaufkraft) stabil halten möchte. Sie versuchen, den Nachschub an neuem Geld zu begrenzen, um ihre Vermögen anlegen und Zinsgewinne erwirtschaften zu können, ohne dass die Kapitalanlagen durch steigende Preise entwertet werden.[60] Der Gläubigerklasse steht die Schuldnerklasse gegenüber, deren vornehmliches Ziel in Inghams Schema die Entlastung ihrer Verpflichtungen durch eine Ausweitung von Kreditangeboten ist. Mit Schuldnerklasse sind nun keine Interessenverbände verschuldeter Personen gemeint, sondern die Teile der Bevölkerung, die ihren sozioökonomischen Status nicht in erster Linie aus Kapitalbesitz reproduzieren (Gläubigerklasse), sondern mittelbar (Arbeiter) oder unmittelbar (Produzenten) durch den Verkauf von Waren.

Die Produzenten versuchen nun stets – eine der Ideen, die Ingham von Weber übernimmt –, Gewinne zu erhöhen, indem sie ihre Marktmacht monetisieren.[61] Das heißt, sie versuchen, die Preise ihrer Produkte anzuheben oder ihren Handlungsspielraum durch neue Kreditaufnahme zu erhöhen. Mit dem Anheben von Preisen verändert man (tendenziell) das Verhältnis von Geld und Gütern, handelt also entgegen den Stabilitätsinteressen der Gläubigerklasse. Die Produzenten können (als Gruppe) ihre Gewinne aber nur dann durch Preissteigerungen ausweiten, wenn die Arbeiter diese auch kaufen können. Produzenten und Arbeiter sind diesem Modell nach also daran interessiert, dem System zusätzliche Kaufkraft zuzuführen, also entgegen den Interessen der Gläubigerklasse die Kreditkapazitäten bzw. die Geldmengen auszuweiten. »The most structurally fundamental struggle in capitalism«, schreibt Ingham deswegen, »is not that between productive capital and labour, but rather between debtor (producers and consumers of goods) and creditor (producers and controllers of

60 Dabei handelt es sich um eine recht nahe Paraphrase von Nigel Dodd: »On one side of the struggle, monetary agencies (banks, and so forth) contend to preserve and store value in money, control its supply and extract interest«, Dodd, »Laundering ›Money‹«, S. 395; vgl. dort auch zum Folgenden.

61 Ingham, The Nature of Money, S. 67f.

money) classes.«[62] Durch Konflikte widerstreitender Interessen zwischen Vermögensanlegern, die an hohen Zinsen und stabilen Preisen interessiert sind, und den auf Finanzierung angewiesenen Unternehmen und in der Folge auch deren Arbeitern, die ihr Gut »Arbeitskraft« in Konsummöglichkeiten umsetzen wollen, entstehen temporäre gesellschaftliche Arrangements, die sich, so Ingham, vor allem durch den Geldpreis, d.h. Zinsniveaus ausdrücken.[63] Phasen einer fordistischen Arbeitsorganisation in den 1950er und 1960er Jahren der Bundesrepublik Deutschland sind damit nach Ingham immer auch durch von beiden Seiten »akzeptierte« Inflations- und Profitraten gekennzeichnet. Diese Kämpfe »between the debtor classes, who demand ›soft credit‹, and the creditors, who want safe ›hard money‹«,[64] drehen sich damit um den Tauschwert – also die Kaufkraft – des Geldes.[65] Auch die Politische Soziologie des Kreditgeldes landet damit letztendlich bei der Frage nach dem Geldwert.[66]

Ähnliche Vorschläge haben etwa auch Colin Crouch oder Wolfgang Streeck unterbreitet. Auch sie schauen unter der Annahme endemischer Interessenkonflikte auf historische Kompromisse über Geldmengen respektive Zins- und Preisniveaus.[67] Da die Menge des verfügbaren Kreditgeldes »qua öffentlicher Gewalt«[68] verändert werden kann, so Streeck, kann die Geldmengensteuerung in demokratischen Gesellschaften ein Ort gesamtgesellschaftlicher Machtkämpfe

---

62 Ebd., S. 150.

63 Ebd., S. 150.

64 Ebd., S. 78.

65 Vgl. ebd., S. 198.

66 So wird Ingham auch rezipiert, vgl. Sgambati, »The Significance of Money«. Durch die praxissoziologische Interpretation der chartalistischen Kredittheorie vermeidet man den warenlogischen Zirkelschluss, Geld zwar nicht mehr mit der liquidesten Ware, dann aber mit der liquidesten Schuld zu identifizieren – also Geld weiterhin mit seiner Kaufkraft zu identifzieren, vgl. zu dieser Kritik an Ingham ebd.

67 Crouch, »What Will Follow the Demise of Privatised Keynesianism?«; ders., »Privatised Keynesianism«; Streeck, »The Crises of Democratic Capitalism«; ders., Gekaufte Zeit. Explizit an Ingham schließt etwa auch Geoff Mann an: Mann, Disassembly Required, bes. S. 47–77; ders., »The Monetary Exeption«.

68 Streeck, Gekaufte Zeit, S. 63.

werden. Führt eine Ausweitung der Geldmengen zu einem Anstieg der Preise für Investitions- und Konsumgüter, so vermindert sich die Rentabilität von Kapitalanlagen. In Zeiten des Fordismus waren Arbeiter hingegen in der Lage, eine drohende Entwertung ihres Einkommens zu kompensieren:

> »In its early stages, inflation was not much of a problem for workers represented by strong trade unions and politically powerful enough to achieve de facto wage indexation. Inflation comes primarily at the expense of creditors and holders of financial assets, groups that do not as a rule include workers [...]. This is why inflation can be described as a monetary reflection of distributional conflict between a working class [...] and a capitalist class striving to maximize the return on its capital.«[69]

Mit dem Übergang von den 1970ern in die 1980er Jahre ändert sich das Kräfteverhältnis und stabilisiert sich aufseiten der Kapitalistenklasse. Die »neoliberale Ära« ist bekanntlich durch eine Schwächung der Arbeitermacht, höhere Arbeitslosenzahlen und abnehmende Akzeptanz hoher Inflationswerte gekennzeichnet. Politiken, die Inflationsprozesse einzudämmen vermochten, wurden demokratisch positiv sanktioniert. Da die Arbeiter ihre Ansprüche am Anteil am Bruttosozialprodukt nicht mehr auf dem Feld des Arbeitskampfes durchsetzen konnten oder wollten, mussten die Regierungen der betreffender Ländern den sozialen Frieden durch eigene Verschuldung erhalten.[70] Somit erzählt Streeck die Geschichte monetärer Gesellschaftsverträge, die, je nach institutioneller und machtpolitischer Rahmung, entweder die Lage der Gläubiger oder die der Schuldnerklasse begünstigen. Auch Glyn Davies identifiziert in seiner *History of Money* diesen strukturellen Klassenkonflikt zwischen Quantität und Qualität als Triebfeder historischer Dynamik. Er beschreibt, ebenso wie Ingham, die

69 Streeck, »The Crises of Democratic Capitalism«, S. 11.

70 »With inflation no longer available for closing the gap between the demands of citizens and those of ›the markets‹, the burden of securing social peace fell on the state. Public debt turned out, for a while, to be a convenient functional equivalent of inflation«, Streeck, »The Crises of Democratic Capitalism«, S. 14.

monetäre Entwicklung als getrieben von einem Interessenkonflikt, ausgetragen auf dem Feld der Geldschöpfungspraxis. Ein Feld, auf dem die Optionen von mehr oder weniger Guthaben (oder: mehr oder weniger legitimen Guthaben*formen*) im Widerstreit aufeinandertreffen:

> »[T]here is an unceasing conflict between the interests of debtors, who seek to enlarge the quantity of money and who seek busily to find acceptable substitutes, and the interests of creditors, who seek to maintain or increase the value of money by limiting its supply, by refusing substitutes or accepting them with great reluctance, and generally trying in all sorts of ways to safeguard the quality of money«.[71]

Es drängt sich damit zumindest der Verdacht auf, dass die Übernahme von Inghams Perspektive auf das Geld als Feld des Klassenkampfes weniger auf eine Beschreibung der Kreditvergabe selbst als vielmehr auf eine Analyse gesellschaftlicher Machtkämpfe hinausläuft. Aus der Perspektive einer Soziologie der Praxis hingegen können solche subkutanen Strukturen zumindest nicht vorausgesetzt werden. Die Untersuchung der Organisation einer Praxis im Sinne Schatzkis kann also nicht unterstellen, die Kreditvergabe von Banken sei die Untereinheit einer Klassenkampfpraxis.

Ferner führt einem der klassentheoretische Blick wiederum die Kaufkraft vor Augen,[72] auf die schon die warentheoretische Position hinauslief. Freilich geht es den Klassentheoretikern nicht mehr darum, den Preis des Geldes als Rätsel, sondern genau andersherum als Effekt konkreter Konflikte zu beobachten. Geldsoziologie wird in dieser politischen Soziologie des Kreditgeldes mit der Produktion von Kredit*preisen* identifiziert, was in einer Politischen Soziologie von Inflation respektive Zinsvarianz mündet.[73] Die von Ingham selbst pos-

71 Davies, A History of Money, S. 30.

72 So interpretiert auch Nigel Dodd den Ansatz Inghams: Dodd, »Laundering ›Money‹«, S. 395.

73 »Inflation may [...] be considered an expression of anomie in a society which, for structural reasons, cannot agree on common criteria of social justice« (Streeck, »The Crises of Democratic Capitalism«, S. 12). Entsprechend sind Zinsen für Ing-

tulierten drei Fragen der Geldsoziologie, was Geld sei (oder tut), wie es in die Gesellschaft gelangt, in der es verwendet wird, und wie es dabei einen Preis erhält und behält,[74] fallen seiner eigenen Argumentation nach schließlich in der letzten zusammen. Mit der hier vorgeschlagenen praxissoziologischen Perspektive soll auch verdeutlicht werden, dass die Umstellung von einer Waren- auf eine Kredittheorie des Geldes Erkenntnispotenziale verspielt, wenn sie am Ende wieder dieselbe Frage zu beantworten versucht wie die Warentheorie.

Betrachtet man die Geldordnung klassenkampftheoretisch, so muss die gewaltige Expansion der Geldmengen auf eine Dominanz jener Schuldnerklasse (realwirtschaftliche Produzenten und Arbeiter und Angestellte) zurückgeführt werden. Immerhin entspricht eine Ausweitung dem Modell nach deren Interesse, und nicht dem der Kapitalbesitzer. Auch wenn man das für überzeugend halten würde, wäre noch nicht erklärt, auf welcher Basis eine Zu- oder Abnahme von Zahlungsversprechen – also riskanten Bindungen – möglich wird, will man ihre Möglichkeit nicht durch das Kalkül von Akteuren allein erklären. Die politische Soziologie des Kreditsystems geht also an den Fragen einer Praxissoziologie vorbei und macht gleichzeitig axiomatische Annahmen, die mit ihr unvereinbar sind.

Dennoch bietet vor allem Inghams Forschung selbstredend eine Vielzahl an Einsichten über die strukturellen Bedingungen der Kreditvergabe, die im nächsten Kapitel ausschlaggebend werden. Gleiches gilt für die Arbeit Christian Postbergs, der das Bankensystem ebenfalls mit einem machtsoziologischen Interesse analysiert, dabei aber auf ein Klassenkampfmodell verzichtet.[75] Er interessiert sich nicht für die Erklärung von Kreditpreisen als Ergebnis struktureller Konflikte, vielmehr analysiert er Autonomieverluste und Autonomiegewinne von privaten Banken in Relation zu Staaten, Zentralbanken und anderen Wirtschaftsbereichen, die sich durch die Entkopplung von Geld und

ham, sofern sie stabil sind, das Zeichen eines temporären Waffenstillstandes, Ingham, The Nature of Money, S. 150.

74 Diese drei Fragen der Geldsoziologie finden sich bei Ingham an mehreren Stellen, in: Ingham, The Nature of Money, S. 10, S. 34 und S. 69f.

75 Postberg, Macht und Geld.

Gold mit dem Ende des Systems von Bretton Woods ergeben haben. Postberg spricht dabei allerdings nicht von Praxis, sondern wendet Norbert Elias' Begriff der »Figuration« auf die Geldordnung an. Figurationen sind »Geflechte semiautonomer Akteure, welche insbesondere durch Art sowie Stärke der gegenseitigen Abhängigkeiten und Machtdifferenzen ihrer Begründer charakterisiert sind«.[76] In solchen Figurationen existiert Macht nicht im Sinne einer einem einzelnen Akteur zurechenbaren Kraft, sondern als relationale »Machtbalancen«, also mal mehr, mal weniger stabile »Autonomie-Abhängigkeitsrelationen«.[77] Die Balancen haben sich, so Postberg, durch die Kündigung der Goldbindung des US-Dollars durch Richard Nixon 1971 maßgeblich verschoben. Ingham und Postberg konstatieren dabei einheitlich eine Autonomie der Geldschöpfungsentscheidungen privater Kreditinstitute. Diese Beobachtung ist für eine Praxissoziologie des Kredits entscheidend. Das folgende Kapitel wird zeigen, dass damit tradierte Theorieskripte korrekturbedürftig werden. Die Verarbeitung der Folgen dieser Einsicht können ferner nicht innerhalb eines machttheoretischen Schemas bearbeitet werden. Die praxissoziologische Grundfrage nämlich, wie in und durch Praxis Ordnung im Sinne von Persistenz hergestellt wird, ist nicht hinreichend durch Klasseninteressen oder Machtbeziehungen zu beantworten.

Im nächsten Schritt wird der Konflikt zwischen Waren- und Kredittheorie des Geldes nun also auf dem Feld der Kreditvergabe von Banken entschieden. Die teleologischen Strukturen Kreditvergabe von Banken definieren als Kontext Kredite als entweder distributive (und damit tauschlogisch zu analysierende) oder kreative (und damit versprechenslogisch zu analysierende) Aktivitätsfelder.

76 Ebd., S. 35.
77 Ebd., S. 171.

4 Vom distributiven zum kreativen Kreditverständnis

Das Jahr 2013 begann mit einem geldsoziologisch brisanten Ereignis in den USA, das in der bundesdeutschen Medienlandschaft eher am Rande registriert wurde.[1] Die Regierung der Vereinigten Staaten stand zu diesem Zeitpunkt vor einem drohenden Staatsbankrott. Das lag nun zunächst einmal daran, dass die USA nicht genug Geld einnahmen, um sowohl ihre Ausgaben zu decken als auch die fällig werdenden Schulden zu bedienen. Ein solches, für moderne und auch gegenwärtige Regierungen übliches Defizit würde man gewöhnlich einfach durch staatliche Neuverschuldung ausgleichen. Obwohl aber die Vereinigten Staaten kreditwürdig waren, also die Finanzmärkte bereit gewesen wären, ihnen das benötigte Geld zu leihen, konnte man so nicht verfahren. Ein Gesetz verhinderte die Aufnahme weiterer Schulden über die bereits erreichte Höchstgrenze hinaus. Im Jahr 1917 hatte sich die politische Führung Amerikas selbst eine absolute Begrenzung der eigenen Schuldenhöhe oktroyiert. Diese Grenze wurde im Verlauf des zwanzigsten Jahrhunderts viele Male erreicht und daraufhin vom Kongress angehoben. Eine solche Anhebung erfolgte allein seit 1962 74 Mal. Die regelmäßige Anhebung der maximal möglichen Schuldenhöhe hatte sich zu einer Routine entwickelt, die nur noch selten Gegenstand ernsthafter politischer Auseinandersetzung wurde. Das änderte sich im Jahr 2011, als die republikanische Mehrheit mit der Verweigerung einer weiteren Anhebung drohte, um politischen Druck auf den demokratischen Präsidenten auszuüben. Dieser Konflikt schwelte bis zum besagten Frühjahr 2013. Zu diesem Zeitpunkt erreichte ein ungewöhnlicher Lösungsvorschlag, der im Internet schon

1 Vgl. Sahr, »Von Richard Nixon zur 1000000000000$-Münze«.

eine Weile grassierte, die Aufmerksamkeitszone einer breiteren Öffentlichkeit. Sicherlich nicht zuletzt, weil auch Paul Krugman – berühmter Ökonomieprofessor, Nobelpreisträger, erfolgreicher Publizist von Lehr- und Fachbüchern und viel gelesener (Online-)Kolumnist der *New York Times* – den Vorschlag publik gemacht und verteidigt hatte. Der Vorschlag lautete, die Zentralregierung sollte ihre Ausgaben nicht durch eine zu diesem Zeitpunkt illegale Neuverschuldung bei der eigenen Zentralbank oder internationalen Kapitalmärkten begleichen, sondern durch einen auf eigene Anweisung hin erst geschaffenen Geldbetrag, den sie niemandem schulden würde. Das scheint nun zunächst einmal ausgeschlossen; denn könnten Regierungen einfach aufgrund einer exekutiven Entscheidung ihr Budget erhöhen, wäre die ganze Idee staatlicher Verschuldung – die beispielsweise auch in Europa seit Jahren die politischen Debatten und Wahlkämpfe prägt – absurd. Geld, so werden nicht wenige Amerikaner angesichts dieses Vorschlags gedacht haben, produziert die Federal Reserve Bank, nicht der Präsident. Nun wiesen die findigen Internetökonomen aber auf ein Gesetz hin, das es dem Department of Treasury erlaubte, selbst *legale* Guthabenbeträge herzustellen, sofern diese Beträge in Münzform produziert wurden und diese Münzen wiederum aus Platin bestanden. Der Grund für diese Ausnahme ist bemerkenswert: Auch in Deutschland stößt man beim Zappen durch die Fernsehprogramme immer mal wieder auf Angebote von Ehren- oder Gedenkmünzen, die als Sammel- oder Geschenkartikel dienen sollen, aber legales Zahlungsmittel sind, also mit einem »echten« Wert geprägt wurden. Die Wertprägungen dieser Münzen entspricht dabei zumeist nicht dem regulärer Münzen, sondern beträgt etwa 10 oder 20 Euro, um den Geschenkartikel für prospektive Kunden attraktiver zu machen. Das zeigt: Wer Münzen herstellen darf, kann, unabhängig von ihrem Material, beliebige Zahlen auf sie prägen und ihnen damit einen eben solchen nominellen Wert verleihen. Das Gesetz in den USA, das für eben solche Geschenkartikel gedacht war, sollte nun gemäß dem von Krugman protegierten Vorschlag dazu genutzt werden, eine *einzelne* Platinmünze mit dem Wert von *einer Billion Dollar* zu prägen. Damit hätte der Präsident gegenüber dem Kongress auf einen Schlag seine finanzielle Handlungsfähigkeit wiedergewonnen. Der Vorschlag provozierte massiven medialen und politischen Gegenwind, der sicherlich teilweise auf den Umstand zurückgeführt werden kann, dass es schlechterdings absurd anmutet, eine solche Summe auf ein winziges Metallstück mit einem Materialwert von ein paar Hundert Dollar zu prägen. Letztendlich waren es unbegründete Ängste, die Platinmünze hat es als Vorschlag zwar bis in das Weiße Haus geschafft, allerdings nur insofern, als dass sich der Sprecher des Präsidenten ablehnend zu ihr äußerte. Das dürfte den republikanischen Abgeordneten Greg Walden erfreut haben, der sich zuvor als fundamentaler Opponent der Idee inszeniert hatte. Walden ist nun insofern in diesem Kontext interessant, weil er in seiner Kritik auf eine teleologische Struktur ökonomischer Praxis verweist. Er formuliert eine Theorie der Organisation dieses Aktivitätsfeldes, wenn er schreibt:

> »My wife and I have owned and operated a small business since 1986. When it came time to pay the bills, we couldn't just mint a coin to create more money out of thin air. We sat down and figured out how to balance the books.«[2]

Greg Waldens Statement über sich und seine Frau impliziert, anders gesagt, die Kurzversion einer Theorie des Ökonomischen: Wirtschaft bedeutet Zahlungen *(to pay the bills)*, diese sind nicht voraussetzungslos möglich – das heißt, sie können nicht nach Belieben »aus dem Nichts« möglich werden *(we couldn't [...] create more money out of thin air)*. Zahlungen *(project)* sind also in eine teleologische Struktur eingebettet, die Einnahmen *(task)* voraussetzten. Die Platinmünze wäre aus dieser Logik herausgefallen und provozierte deswegen[3] den Widerspruch von Walden und zahlreichen anderen Beobachtern.

Eine Soziologie der Praxis interessiert sich, diese Formulierung wurde weiter oben von Reckwitz übernommen, für den sozialen Normalfall. Waldens Beschreibung von Ökonomie als einer Praxis, in der

---

2 Das komplette Statement ist auf der Internetseite des Abgeordneten nachzulesen: http://walden.house.gov/s2012/greg-walden-plans-to-introduce-bill-to-stop-us-treasury-from-creating-trillion-dollar-platinum-coins-to-pay-bills-andexpand-debt/ [11. 12. 2015].

3 Jedenfalls verweist die Argumentation auf diese Begründung, was den republikanischen Senator »wirklich« motivierte, ist hier unerheblich.

Zahlungen unter Konkurrenzbedingungen stattfinden – sie müssen durch generierte Einnahmen finanziert werden, die nicht »aus dem Nichts« zu gewinnen sind –, ist eine Theorie des sozialen Normalfalls der Ökonomie oder: des ökonomischen Normalfalls. Dass ökonomische Aktivitäten Ressourcen benötigen, die nicht »aus dem Nichts« zu gewinnen sind, die deswegen auch für andere Zwecke als für Waldens Zahlungen eingesetzt werden könnten und deswegen als knapp zu bezeichnen sind, ist eine allgemein anerkannte Eigenschaft dieses ökonomischen Normalfalls. Wirtschaft wird sogar zumeist definiert als Umgang mit Knappheit. Der erste Abschnitt dieses Kapitels wird sich diesem Umstand zuwenden, weil auch die Kreditvergabe von Banken gemeinhin unter diesen ökonomischen Normalfall subsumiert wird. Auch für Banken wird anders gesagt angenommen, sie würden in einer teleologischen Struktur operieren, bei der die Akquise knapper Mittel *(task)* der Kreditaktivität *(project)* vorausgeht. Der Kredit gilt deswegen als distributiver Akt, dessen Voraussetzung etwas ist, das distribuiert wird.

Um zu prüfen, ob das stimmt, braucht es in einem zweiten Schritt eine genauere Definition von Knappheit, die von Niklas Luhmann übernommen wird. Dessen Begriff von Knappheit ist mit der praxissoziologischen Perspektive kompatibel. Luhmann stellt nämlich heraus, dass Knappheit keine Sacheigenschaft ist, wie die alltagssprachliche Verwendung nahezulegen scheint, sondern eine Struktureigenschaft von Situationen, die dann von Luhmann als Kommunikation, im Kontext dieser Studie eben als Praxis gedacht werden.

Durch einen auf diese Weise geschärften Blick soll mit diesem Kapitel also einerseits das Argument der praxeologischen Adäquatheit komplettiert werden. Dieses Argument berief sich auf die These Schumpeters und Mitchell-Innes', Varianten des Geldbegriffs implizierten immer auch eine Vorstellung davon, wie die Aktivitäten zu interpretieren sind, in die das Geld eingebunden oder durch die es konstituiert ist. Anders gesagt: Unabhängig davon, welcher Metatheorie des Geldes man zuneigt, sie muss immer auch eine nachvollziehbar valide Theorie der monetären Praxis implizieren, das heißt vor allem: einen adäquaten Begriff des Kredits. Der dritte Abschnitt wird zeigen, dass die übliche These, Banken seien »normale« ökonomische Akteure, die unter Knappheitsbedingungen tauschen, aus praxissoziologischer Perspektive nicht haltbar ist. Damit fällt die tauschlogische Interpretation von Krediten als distributiven Aktivitäten und damit die Warentheorie des Geldes.

Was ist Wirtschaft?

Anfang des Jahres 2012 entbrannte zwischen dem US-amerikanischen Ökonomen Krugman und seinem australischen Kollegen Steve Keen eine Debatte darüber, was Banken eigentlich aus wirtschaftswissenschaftlicher Sicht tun. In einem Konferenzbeitrag hatte Keen orthodoxen neoklassischen Ökonomen, darunter Krugman, vorgehalten, sie würden in ihren Theorien die Arbeitsweise von Banken missverstehen, indem sie unterstellen, es gebe keine grundsätzliche Differenz zwischen ihnen und anderen ökonomischen Akteuren.[4] Krugman antwortet mit einer Kritik an Keen in seinem Weblog bei der *New York Times*.[5] Nach weiteren wechselseitigen Repliken[6] schließlich versuchte Krugman, die Debatte durch die Feststellung eines fundamentalen Dissenses zu beenden. Wirtschaftswissenschaftler wie Keen, die nicht dem neoklassischen Mainstream zuzuordnen sind, würden Banken für Anomalien halten, während er, Krugman, dies nicht tue: »[Heterodox scholars, A. S.] view banks as institutions that are somehow *outside the rules that apply to the rest of the economy* […]. I guess I don't see it that way.«[7]

4 Keen, »Instability in Financial Markets«, bes. S. 2–5.
5 Krugman, »Minsky and Methodology«.
6 Eine Übersicht der Debatte bietet Carney, »Paul Krugman vs. MMT«.
7 Krugman, »Banking Mysticism«, Kursivierung A. S.

No Free Lunch

Ein Blick in die Theorien des Ökonomischen offenbart, von welchen basalen »Regeln«[8], an die sich jeder ökonomische Akteur halten muss, Krugman hier spricht. Sie finden sich pointiert in dem englischen Sprichwort: »There is no such thing as a free lunch«. Dieses berühmte Zitat, das häufig dem Monetaristen Milton Friedman zugeschrieben wird,[9] steht für ein fundamentales Strukturmoment unseres Denkens über Wirtschaft.[10] Die Redewendung impliziert, das nichts, nicht einmal Mittagessen, ohne Kompensation entstehen kann – ohne verfügbare Rohstoffe zu reduzieren, Energie zu investieren und Zeit zu verbrauchen. Rohstoffe, Energie und Zeit, die dann nicht für andere Dinge zur Verfügung stehen. »There is no such thing as a free lunch« erinnert somit an die Allgegenwärtigkeit des Knappheitsparadigmas in den akademischen und nichtakademischen Narrativen des Ökonomischen. Die gemeinhin als Mainstream bezeichnete neoklassische Wirtschaftswissenschaft erklärte mit Lionell Robbins Knappheit zum Kern ihrer Definition von Ökonomie.[11] Menschliche Bedürfnisse, so nimmt man an, übersteigen stets die Mittel zu ihrer Befriedigung. Deswegen sind wir gezwungen, Entscheidungen zugunsten einiger und zulasten vieler anderer Bedürfnisse zu fällen.

8 Krugmans Regelbegriff stimmt in dieser Lesart nicht mit dem Schatzkis überein. Eher, diese Interpretation halte ich für sinnvoll, entspricht Krugmans »Regel« hier Schatzkis »teleologischer Struktur«, weswegen »Regeln« an dieser Stelle in Anführungszeichen gesetzt wurde.

9 Friedman hat zumindest dem Herrenmagazin *Playboy* ein Interview mit diesem Titel gegeben, das später in einem gleichnamigen, aber leider vergriffenen Buch von der Open Court Publishing Company (1977) herausgegeben wurde.

10 »Der Begriff der Knappheit«, schreibt der Soziologe Alois Hahn, »fungiert in der ökonomischen Theorie als Grundkonzept« (Hahn, »Soziologische Aspekte der Knappheit«, S. 119.). So ist etwa der Modellzustand eines Pareto-Optimums (das Ergebnis effizient funktionierender Märkte) als jener zu verstehen, in dem niemand mehr für sich die Knappheit an Gütern reduzieren kann, ohne sie für andere zu vergrößern.

11 »Economics is the science which studies human behaviour as a relationship between ends and scarce means which have alternative uses«, lautet Robbins berühmte Definition, Robbins, An Essay on the Nature and Significance of Economic Science, S. 16.

Auf gesellschaftlicher Ebene bietet diese Annahme eine rationalfunktionalistische Erklärung für die Existenz ökonomischer Institutionen: Weil Gesellschaften Verfahren manifestieren müssen, die solche Entscheidungen legitimieren und implementieren, entstanden Eigentumsrechte, Märkte und Geld. Kapitalistische Gesellschaften bestehen in dieser Narration aus ökonomischen Arenen, in denen Haushalte mit begrenztem Budget miteinander um knappe Befriedigungsmittel grenzenloser Bedürfnisse konkurrieren. Auch wenn die Soziologie nicht, wie die Wirtschaftswissenschaft, um die Entdeckung möglichst effizienter Verfahren für die Allokation knapper Ressourcen bemüht ist, so hat sie die prominente Position von Knappheit in ihren Definitionen des Ökonomischen doch übernommen.[12]

Da man in wirtschaftssoziologischen Arbeiten sehr selten explizite Definition von Wirtschaft findet,[13] lässt sich ihre Adaption des Knappheitsparadigmas am besten anhand des allgegenwärtigen Marktbegriffs nachvollziehen. Knappheit versteckt sich hier in den Begriffsfundamenten – das heißt, wer Markt sagt, setzt Knappheit voraus.

Der wirtschaftstheoretischen Version von Märkten als selbstlaufenden und quasi naturwüchsigen seriellen Wiederholungen des Aufeinandertreffens von Angebot und Nachfrage, also Eigentumsüberschuss auf der einen und Mangel auf der anderen Seite, die zu einem Gleichgewicht tendieren, begegnet die Wirtschaftssoziologie traditio-

12 Vgl. Daoud, Scarcity, Abundance and Sufficiency für eine Debatte der Klassiker. Häufig wird Robbins Definition schlicht übernommen, vgl. dazu auch den detaillierten Überblick von Sparsam, Wirtschaft in der New Economic Sociology. Die Neue Wirtschaftssoziologie versteht Preise und konjunkturelle Entwicklungen zwar nicht als mechanische Effekte objektiver Angebotsquantitäten und Nachfragemuster, doch bleibt die Prämisse aus guten Gründen als Teil von Handlungsbeschränkungen bestehen, siehe etwa: Smelser/Swedberg, »Introducing Economic Sociology«, S. 5. Auf die Prägung der soziologischen und philosophischen Theorie durch Knappheit insgesamt weist auch Andrew Abbott, »The Problem of Excess«, hin.

13 Wie Leslie Sklair, »Review Essay – The Nature and Significance of Economic Sociology«, anmerkt, ignoriert die Neue Wirtschaftssoziologie den Definitionsbedarf ihres Gegenstandes gerne. Vgl. dazu auch Sparsam, »Ist die Marktsoziologie eine realistische Wissenschaft?«.

nell mit Kritik.[14] Diese Kritik führt allerdings nicht zu einer grundsätzlichen Infragestellung des Konzepts selbst. In der Hauptsache besteht die Kritik im Hinweis auf die Abhängigkeit von Marktaktivitäten von politischer Initiative und Sorge oder von sozialer und kultureller Einbettung. Das bedeutet, lediglich einige neoklassische Automatismen werden aus dem theoretischen Gerüst des Marktbegriffs gestrichen und soziologische Problemstellungen, etwa der Bedarf an Kooperation, die Komplexität von Verfahren der Unsicherheitsreduktion oder der kulturellen Performativität von Wahrnehmungsmustern, angefügt.[15] Im Kern bleiben Märkte dabei Verfahren des Eigentumtausches. Kurz gesagt, ein Markt wird in der Wirtschaftssoziologie gemeinhin als ein »Modus, in dem ein Gut den Besitzer wechselt«, gedacht.[16]

Es gibt aber noch ein zweites Element, das soziologische Marktvorstellungen ebenso wie ökonomische durchdringt: Wir sprechen hier von einem Tausch knapper Dinge. Knappheit ist als Bedingung, unter der diese Tauschtransaktionen ausgeführt werden, Teil des Marktkonzepts.[17] So ließen sich etwa die typischen Rollen, die Akteure auf Märkten einnehmen können – Verkäufer und Käufer –, ohne die Annahme knapper Waren, die ge- und verkauft werden, gar nicht schlüssig formulieren. Schon Motivationen wären unklar: Warum sollte jemand Eigentum austauschen, wenn das Getauschte als Mittel der Bedürfnisbefriedigung nicht beschränkt wäre? Die allgegenwärtige (und überzeugende) Annahme, Angebot und Nachfrage definierten eine *kompetitive* Situation, setzt voraus, dass es sich hier um potenziell unabhängige Größen handelt, die Nachfrage nach Mitteln der Be-

14 Vgl. den Sammelband Beckert/Diaz-Bone/Ganßmann, Märkte als soziale Strukturen.

15 Fligstein/Dauter, »The Sociology of Markets«; Aspers, Märkte.

16 Engels, »Die soziale Konstitution von Märkten«, S. 69.

17 Vgl. dazu etwa Patrick Aspers, Märkte, S. 31. Dort stellt Aspers die Existenz von Ressourcen als notwendige Bedingung von Ordnung (durch Märkte) heraus. Bruce Carruthers' und Sarah Babbs Einführung in die Wirtschaftssoziologie kann als weiteres Beispiel herangezogen werden. Märkte, erklären sie dort, seien ohne die Annahme begrenzter Budgets nicht zu verstehen, Carruthers/Babb, Economy/Society, S. 3.

dürfnisbefriedigung also größer sein *kann* als das Angebot. Märkte sind schließlich, im Gegensatz zu anderen Formen des Handels, durch Wettbewerbsstrukturen gekennzeichnet.[18] Diese entstehen aber nur, wenn nicht unbegrenzt auf ein Gut zugegriffen werden kann, wenn es also kein Free Lunch gibt. Märkte setzen die Existenz beschränkt verfügbarer Produkte deswegen bereits voraus.[19] Nicht umsonst wird die Ressourcenabhängigkeit zu einem Definitionsmoment,[20] auch in Ansätzen, die Märkte nicht in erster Linie als Transaktionsarenen thematisieren.[21] Nicht nur in kommunikationstheoretischen Ansätzen sind Märkte deswegen (mindestens implizit) als Arenen der »Kommunikation von Knappheit«[22] definiert.

Ob Produktion, Distribution (wie über den Marktmodus) oder Konsumption – die ökonomische Praxis zeichnet sich auf fundamentaler Ebene durch eine bestimmte teleologische Struktur aus: Zunächst muss man sich Zugriffe auf knappe Ressourcen sichern, die dann entweder transformiert und verkauft (Produktion), direkt verkauft (Distribution) oder konsumiert werden.

Auch das Finanzsystem wird theoretisch in der Regel als Praxis des »strukturierten Austausches«[23] konzipiert. Nicht umsonst geht die Finanzsoziologie annähernd in der Finanz*markt*soziologie auf. Die Finanzwirtschaft erscheint dabei als ökonomischer Normalfall, in

18 Aspers, Märkte, S. 22ff.

19 Vgl. Fligstein, Die Architektur der Märkte, S. 42f. So etwa auch Bourdieu, der den Marktbegriff zugunsten des Feldbegriffs auflösen will, vgl. Hillebrandt, »Kaufen, Verkaufen, Schenken«.

20 Fligstein/Dauter, »The Sociology of Markets«, S. 114.

21 Harrison C. White und Frédéric C. Godart merken in einem einschlägigen Beitrag zwar an, die Soziologie würde unter dem Begriff des Marktes gerade keine Tauschvorgänge, sondern im Grundsatz Beobachtungs- und Anpassungsvorgänge von Firmen beobachten, doch auch hier bleibt die Existenz von »Pools«, also endlichen Mengen von Ressourcen auf der einen und potenziellen Kunden auf der anderen Seite – mit denen man dann auch bei White u. a. in Austausch tritt –, eine Voraussetzung dafür, Aktivitätszusammenhänge als Märkte zu charakterisieren, White/Godart, »Märkte als soziale Formationen«.

22 Baecker, Wirtschaftssoziologie, S. 10.

23 Fligstein, Die Architektur der Märkte, S. 76. Siehe auch: Fligstein/Dauter, »The Sociology of Markets«; Aspers, Märkte.

dem Produzenten/Verkäufer, Händler (hier dann als Intermediäre bezeichnet) und Käufer von Kapital auftreten und in punktuellen Transaktionen interagieren.[24] Auch Bankgeschäfte finden dieser Perspektive nach auf Märkten statt, die dann wahlweise Geld-, Loanable Funds- oder Kapitalmärkte genannt werden. Banken gelten gemeinhin als Teilnehmer einer Praxis des ökonomischen Normalfalls, des letztendlich am Tausch orientierten Umgangs mit knappen Dingen. Bevor diese Axiomatik an Beispielen aus der Bankentheorie nachvollzogen und geprüft werden kann, gilt es zu klären, was Knappheit im Kontext einer Praxissoziologie bedeutet.

Eine praxeologische Definition von Knappheit

Knappheit ist ein soziales »Artefakt«.[25] Das gilt nicht nur für offensichtlich hergestellte Dinge wie Geld, Markenwaren oder Kunstwerke, sondern ebenso für Erdöl, Äpfel, Zeit oder fruchtbare Ackerflächen. Auch die letztgenannten Beispiele entstehen *als* Knappheiten nur in und durch soziale Aktivitäten, also: als Teil von Praktiken. Natürlich existiert Erdöl in endlichen Quantitäten, und das unabhängig von seiner Einbettung in soziale Aktivtäten. Erdöl war auch schon in endlichen Quantitäten vorhanden, bevor Menschen es entdeckt haben. Das Attribut knapp sagt aber mehr aus – oder sogar etwas anderes – als Endlichkeit. Damit Erdöl knapp werden konnte, mussten sich Akteure darauf beziehen, Absichten und praktische Zugriffsmöglichkeiten zu entwickeln und sich den Intentionen und Möglichkeiten der anderen bewusst zu werden. Statt von natürlicher Begrenztheit sollte man von Knappheit deswegen frühestens dann sprechen, das schlägt Niklas Luhmann vor, wenn Endlichkeit von Menschen bemerkt und organisiert wird.[26] Knappheit ist somit eine Kombination von Endlichkeit und menschlicher Aktivität, die sich auf diese Endlichkeit bezieht.[27]

---

24 Stearns/Mizruchi, »Banking and Financial Markets«, S. 287.

25 Luhmann, »Organisation im Wirtschaftsleben«, S. 457.

26 Ders., Die Wirtschaft der Gesellschaft, S. 177f.; vgl. Baecker, Wirtschaftssoziologie.

27 Eine Verbindung ließe sich etwa über den Begriff der Intentionalität herstellen, vgl. Hank, »Warnung vor dem Schlaraffenland«.

Auch eine genauere Spezifikation dieser Kombination lässt sich von Luhmann übernehmen. Zwar ist Luhmann selbst kein Praxistheoretiker, sondern Kommunikations- respektive Systemtheoretiker, doch sind diese beiden Traditionen verwandt, wie etwa Armin Nassehi nachgezeichnet hat.[28] Der große Vorteil von Niklas Luhmanns Fassung der Knappheitsproblematik ist, dass er Knappheit nicht als einen differenzierbaren Bereich, bestimmte Dinge oder personale Relationen, sondern als Charakteristik einer Situation konzeptualisiert – als »Struktureigenschaft«[29]. Menschen sind Luhmann zufolge nicht mit vorsozial gegebenen Begrenzungen der innerweltlich vorhandenen Dinge konfrontiert, sondern beobachten (und behandeln) diese als knapp. Er spricht somit über die praktische Reproduktion einer sozial erzeugten »Wahrnehmung von Beschränkungen«.[30] Damit eine solche Wahrnehmung entsteht, müssen regelmäßig Zugriffe auf ein Gut in Verhältnissen erfolgen, in denen sich diese Zugriffe wechselseitig ausschließen oder zumindest unwahrscheinlicher machen. Am Beispiel von freien Sitzplätzen im Nahverkehr wird das schnell klar. Jeder Akt des Zugriffs auf das Gut Sitzplatz – also: jedes Hinsetzen – schließt zum einen andere vom Zugriff auf die konkrete Instanz des Gutes (der Sitzplatz, auf den sich gerade jemand gesetzt hat) aus. Denn schließlich existieren beispielsweise soziale Regeln, die verhindern, dass man jemanden, der bereits sitzt, mit Gewalt wieder von seinem Platz entfernt. Somit entsteht aus der Kombination von Akteuren, die an einem Gut interessiert sind und auf es zugreifen können, sozialen Regeln, die erfolgte Zugriffe stabilisieren, und einer endlichen Anzahl des entsprechenden Gutes eine Interaktionssituation, in der sich Zugriffe wechselseitig ausschließen. Mehr noch, jeder Zugriff schließt nicht nur vom Zugriff auf das konkrete und nun in Besitz genommene Exemplar des Gutes aus, es reduziert auch insgesamt die Chance, auf diesen Typ von Gütern zuzugreifen. Im Feld der Ökonomie sprechen wir anders als bei den Sitzplätzen in einer U-Bahn nicht von Konventionen der Höflichkeit und des gewaltfreien Umgangs

28 Nassehi, Gesellschaft der Gegenwarten.
29 Baecker, Wirtschaftssoziologie, S. 13.
30 Luhmann, Die Wirtschaft der Gesellschaft, S. 177.

miteinander, die Zugriffe stabilisieren, sondern, ganz allgemein, von Eigentumsrechten. Auch die Knappheit von Rohstoffen ist also insofern ein soziales Artefakt, als dass die Wahrnehmung seiner Beschränkung nicht durch seine natürliche Endlichkeit erklärt werden kann. Der Knappheitscharakter etwa von Erdöl entsteht erst als Arrangement von kulturellen Mobilitätswünschen und -normen und der Verteilung von Erdölquantitäten in Besitzverhältnissen. Knappheit bezeichnet somit eine Konkurrenzsituation, in der sich Zugriffe wechselseitig negativ beeinträchtigen, das heißt, Knappheit existiert dann, wenn Zugriffe weitere Zugriffe unwahrscheinlicher werden lassen.

In diesem Sinne ist Knappheit Element der Organisation einer Praxis – man könnte deswegen auch von einer Struktureigenschaft von Situationen sprechen. Sie ließe sich einmal als Teil des Verständnisses der Teilnehmer von der wechselseitigen Chancenreduktion thematisieren, das sich im U-Bahn-Beispiel auf verschiedene Weise beobachten ließe. Etwa als das zielstrebige Zusteuern auf einen der letzten freien Plätze in der Rush Hour im Gegensatz zum bedächtigen Aussuchen eines Platzes in einer fast leeren Bahn. Man sieht dieses Verständnis, das die Teilnehmer der U-Bahn-Praxis von der Knappheitscharakteristik der Sitzplätze haben, auch daran, wie die Stehenden die Sitzenden taxieren, um als Erste auf Anzeichen des Aufstehens reagieren und den frei werdenden Platz einnehmen zu können. Oder auch schlicht daran, dass Sitzende in der Regel nicht zum Aufstehen aufgefordert werden. Die Tatsache dieses Verhaltens festzustellen ist praxeologisch gleichbedeutend damit, auf ein Verständnis der Fahrgäste davon hinzuweisen, dass erfolgreiche Zugriffe auf Sitzplätze sich wechselseitig ausschließen.

Damit lassen sich die Knappheitsbedingungen einer Situation (auch) als Charakteristik der teleologischen Struktur beschreiben, bei der die Ausführbarkeit eines *tasks* durch die erfolgreiche Komplettierung derselben *tasks* unwahrscheinlicher wird.[31] Für einige Teilneh-

31 Das Projekt *Kraftstoffherstellung* mit dem Ziel des *Verkaufs* macht einen *Zugriff* auf Erdöl nötig. Denselben und damit unter Bedingungen der Endlichkeit von Erdöl konfligierenden Schritt des *Zugriffs* macht ebenso das Projekt *Heizölherstellung* mit dem Ziel der *Lagerung* zum Eigenbedarf nötig.

mer der U-Bahn-Praxis ist *Hinsetzen* ein Schritt *(task)* von *Bahnfahren (project)*, bei dem die (ungeschriebene) Regel gilt, dass Sitzende einen hinreichenden Anspruch auf ihren Platz haben. Die Chance, den Schritt (Hinsetzen) auszuführen, reduziert sich, wenn andere denselben Schritt vorher ausführen können. Bei Knappheit handelt es sich also um teleologische Strukturen, die sich überschneiden. Anders gesagt: Ein praxeologischer Begriff von Knappheit verweist auf *konfligierende Teleologien*.

Kontingente und nichtkontingente Knappheiten

Die sozialen Konfigurationen, die nötig sind, um Dinge knapp werden zu lassen, unterteilt Niklas Luhmann in zwei Kategorien.[32] *Nichtkontingente* Knappheiten sind dabei solche, deren Charakteristik als Knappheit in der alltäglichen Kommunikation nicht sinnvoll infrage gestellt werden kann. Auch wenn die Knappheit von Erdöl in einem akademischen Sinne ein soziales Artefakt ist, macht es wenig Sinn eine gesellschaftliche Auseinandersetzung darüber zu beginnen, ob Erdöl knapp ist. In einer Zeit, in der ein Bedarf an Mobilität und Status durch Maschinen erfüllt wird, die endliche Brennstoffmengen in Energie verwandeln, und diese Brennstoffmengen viel langsamer nachwachsen, als sie verbrennen, ist der Konflikt der Teleologien nur dadurch aufzuheben, dass ein Projekt oder Ziel so modifiziert wird, dass auf den Schritt des Zugriffs auf Erdöl verzichtet werden kann. Ausgeschlossen ist es, die Knappheit des Erdöls selbst durch Neuverhandlung aufzulösen.

Die nichtkontingente Knappheit von materiellen Rohstoffen muss deswegen nicht weiter legitimiert werden und kann so, das ist Luhmanns Argument, die Gesellschaft von Rechtfertigungsdruck, also letztendlich von potenziellen sozialen Konflikten, entlasten. Dass es Ungleichverteilungen in unserer Gesellschaft gibt, kann somit durch den Hinweis verständlich (und damit potenziell akzeptierbar) werden, dass materielle Ressourcen (und Zeit) knapp sind und man gegen diese Knappheit nichts *Grundsätzliches* tun kann – sie müssen verteilt

32 Hierzu und zum Folgenden: Luhmann, Kontingenz und Recht, S. 300ff.

werden, und nicht jeder kann das bekommen, was er will (so das basale liberal-ökonomistische Argument). Die Nichtkontingenz von Knappheit ist deswegen, so Luhmann, als Legitimationsmodus von Differenz ein wichtiges Funktionselement bürgerlicher Gesellschaft. In einer auf Eigentum basierenden Gesellschaft kann mindestens die Knappheit materieller Ressourcen »als Eigenart der Welt angesehen« werden. Sie ist »in der Erfahrung so gegeben, und nicht etwa als kalkulatorische Maxime oder als Konsequenz institutioneller Einrichtungen«. Damit kann sie, wie Luhmann weiter schreibt, »ohne weitere Überzeugungsmittel als nichtkontingent angenommen werden«.[33] Missstände – also etwa Verschwendung – können so als moralisches Problem, nicht aber als ein Problem des Knappheitscharakters selbst thematisiert werden. Aus natürlicher Endlichkeit resultierende Verteilungen können als gerecht oder ungerecht bewertet werden, nicht aber als richtig oder falsch. »Knappheit ist ein Prinzip zunächst des Erlebens, nicht des Handelns. Man kann ungerecht, aber nicht unknapp handeln.«[34]

Auf der anderen Seite haben Gesellschaften auch mit *kontingenten* Knappheiten zu tun; Konkurrenzsituationen, deren Knappheitscharakter sozial verhandelt, hergestellt und gegebenenfalls aufrechterhalten werden muss. Ein Beispiel wären digitale Produkte im Zeitalter des Internets. Mit dem Internet stehen Gegenwartsgesellschaften in Bezug auf die Produkte kreativer Arbeit vor der Aufgabe, eine adäquate und zeitgemäße Form immateriellen Eigentums in einem radikal entgrenzten Medium zu verwirklichen – das heißt, eine sozial verträgliche Zugriffsverknappung zu gewährleisten. Mit seiner Logik von *Server* und *Client* steht das Internet als ein Medium des Wirtschaftens im Konflikt mit der klassischen Warenform: Der Konsum einer Webseite oder einer Datei schließt strukturell andere nicht aus. Gerade das ist das Grundprinzip des Internets: Statt nur auf lokale (auf dem eigenen Rechner vorhandene) Daten zuzugreifen, sollte man sich einfach zentral gelagerte Daten auf den Bildschirm holen

33 Ebd., S. 304.
34 Ebd., S. 305.

können. Dateien werden dabei zur Darstellung auf dem Nutzercomputer (temporär) vom Server kopiert. Mehrere *Clients* können deswegen theoretisch gleichzeitig zugreifen, ohne sich gegenseitig auszuschließen. Daten im Internet sind also in diesem Sinne nicht knapp; sie sind funktionslogisch so häufig verfügbar, wie es interessierte Nutzer gibt. Güter und Dienstleistungen hingegen müssen deswegen gekauft und können deswegen verkauft werden, weil sie nicht beliebig oft verfügbar sind. Mit Gewinnerwartung hergestelltes digitales Eigentum wird durch die Struktur des Mediums zu so etwas wie einem öffentlichen Gut. Es ist nun viel juristische Feinarbeit, technische Regulation und öffentliche Debatte nötig, um die klassische Warenknappheit auch für digitalisierbare Produkte herzustellen. Erst *Digital-Rights*-Architekturen (etc.) sorgen für die sich wechselseitig negativ beeinträchtigenden Zugriffe.

In Situationen kontingenter Knappheit beeinträchtigen sich Zugriffe wechselseitig negativ, aber die Konkurrenzsituation selbst kann infrage gestellt werden. Man kann *Digital-Rights*-Architekturen technisch, politisch oder juristisch unterlaufen, kann sich in einen bereits voll besetzten Studiengang einklagen oder Deadlines hinausschieben. Dass sich der »Arbeitsschritt« Zugriff auf X negativ auf die Wahrscheinlichkeit weiterer Zugriffe auswirkt, ist prinzipiell verhandelbar. Das schließt selbstverständlich nicht aus, dass dieser Teleologiekonflikt so etabliert werden kann, dass Infragestellungen praktisch ausgeschlossen sind (etwa durch Regeln) und auch kontingente Knappheiten aus der Binnenperspektive einiger oder aller Teilnehmer einer Praxis als unverrückbare Faktizität erscheinen können.

Der ökonomische Normalfall und das Geld

Knappheit ist dann ein Strukturmoment von Praxis, wenn Zugriffe auf (im weitesten Sinne) Dinge weitere Zugriffe unwahrscheinlicher machen. Diese konfligierenden teleologischen Strukturen können so angelegt sein, dass die Vermeidung des Konflikts nur durch eine Variation der Projekte oder Schritte entschärft werden kann (nichtkontingente Knappheit), oder auch durch eine Infragestellung des Konfliktes selbst (kontingente Knappheit).

Der Einfachheit halber werde ich Dinge, die eine solche Struktureigenschaft instanziieren, im Folgenden *Ressourcen* nennen.[35] Erdöl etwa wäre innerhalb der sozialen Konfiguration von existierenden Verbrennungsmotoren, Mobilitätsbedarf, Eigentumsrechten und der natürlichen Endlichkeit fossiler Brennstoffe eine Ressource (in diesem Sinne) für all diejenigen, die auf Erdöl zugreifen wollen. Ebenso – und diese Redeweise ist natürlich gegenüber der Alltagssprache etwas schief, dient hier aber der Vereinfachung – sind unbeanspruchte U-Bahnsitze eine Ressource der Praxis des U-Bahnfahrens, sofern deren Teleologie den *task* Hinsetzen beinhaltet.

Auf Basis dieser Definitionen lässt sich jetzt wieder in die Ausgangsüberlegung dieses Kapitels zurückfragen und spezifizieren, was unter dem »Normalfall« der Gegenwartsökonomie zu verstehen ist, also was, anders gesagt, eine geldvermittelte Wirtschaftspraxis gängiger Theoreme zufolge auszeichnet. Ökonomische Praxen wurden zuvor als solche definiert, in denen Teilnehmer mit einer Zugriffslogik konfrontiert sind, die als Knappheit charakterisiert werden kann. Mit dem Begriff der Knappheit wird auf eine weitere Kompetenz des Monetären hingewiesen. Sowohl in ökonomischer wie soziologischer Perspektive wird der Ware Geld eine befriedende Funktion zugesprochen, die zugrunde liegende Denkfigur ist die des Bedürfnisüberschusses.[36] Weil menschliche Nachfrage immer das Angebot übersteigt, sind Gesellschaften stets von einem »Kampf um diese Knappheiten«[37] bedroht. Dieser Kampf wurde durch die Modernisierung befriedigt, indem sich gewaltlose Arenen und stumpfe Waffen einführten, näm-

35 Somit wären etwa auch Sitzplätze in einer U-Bahn in einer Gesellschaft, in der jeder einen Sitzplatz legitim beanspruchen kann, der bereits sitzt, Ressourcen. Damit ist nicht gesagt, dass Ressourcen so gut definiert sind. Lediglich erleichtert es die weitere Argumentation, »knappe Dinge«, »Knappheiten« oder »knappe Ressourcen« durch »Ressourcen« ersetzen zu können. Diese Definition beschränkt Ressourcen keinesfalls auf materielle Stoffe, sie gilt etwa auch für Zeit im Kontext von Organisationen o. ä. Zur Knappheit von Zeit vgl. Luhmann, »Die Knappheit der Zeit und die Vordringlichkeit des Befristeten«.

36 Dazu kritisch Daoud, Scarcity, Abundance and Sufficiency.

37 Hörisch, Gott, Geld und Medien, S. 108, vgl. Hank, »Warnung vor dem Schlaraffenland«.

lich Märkte mit Geld. »Man kann nicht immer alles bekommen, was man sich wünscht«,[38] schreibt etwa Paul Krugman in seinem Lehrbuch zur *Volkswirtschaftslehre,* und scheint damit mit meinem jüngeren Ich aus der Einleitung zu kommunizieren, das nicht verstehen wollte, warum man nicht jedes Spielzeug haben kann. Jeder kann mit seiner knappen Zeit und seinen knappen Ressourcen anders umgehen, und er wird mit einer Vielzahl von Vorschlägen anderer konfrontiert, wie er dies zu tun hat. Gesellschaften müssen also, so Krugman, die Möglichkeiten und Bedingungen solcher Entscheidungen über Knappheiten regeln. Eine Möglichkeit einer solchen Regelung ist ein Markt. Hier werden Entscheidungen über die Verwendung verschiedener Knappheiten als Kaufentscheidungen möglich, also solche über die Ausgabe (oder das Zurückhalten) monetärer Budgets. Mithilfe des Geldes also lässt sich die Praxis des Umgangs mit Knappheiten – der Tausch von Waren gegen Geld und Geld gegen Waren – gestalten.[39]

Die soziologische Variante dieses Arrangements haben vor allem Niklas Luhmann und Dirk Baecker ausgearbeitet.[40] Sie verweisen darauf, dass der Kauf nicht nur faktisch ein Zugriff auf knappe Dinge ist, sondern vor allem auch einen *legitimen* Zugriff darstellt. Dabei übernehmen sie die Interpretation von Knappheitszugriffen als »Kampf«, als konfliktträchtige Situation: Da Menschen stets Bedürfnisse haben, die sie nur durch konkurrierende Zugriffe befriedigen können – d.h. durch Zugriffe, die die Bedürfnisbefriedigung anderer unwahrscheinlicher machen –, müssen Gesellschaften legitime Zugriffsformen entwickeln.[41] Im Falle der U-Bahnsitze reicht es aus, das

38 Krugman/Wells, Volkswirtschaftslehre, S. 4.

39 »If economics, defined briefly, is the logic of limited resource usage, money is the main method by which that logic is put to work«, Davies, A History of Money, S. 35, eine Formel, die der Geldsoziologie nicht fremd ist. Vgl. Heinemann, Grundzüge einer Soziologie des Geldes.

40 Luhmann, Die Wirtschaft der Gesellschaft; Baecker, Wirtschaftssoziologie.

41 »Soziologen wundern sich darüber«, schreibt Dirk Baecker im Anschluss an Luhmann, »dass die Beobachter stillhalten, während andere auf dadurch knapp werdende Güter zugreifen, um ihre dazu in Stellung gebrachten, also auch für andere attraktiv werdenden Bedürfnisse zu befriedigen«, Baecker, Wirtschaftssoziologie, S. 62.

altbewährte Prinzip des *first come, first serve* anzuwenden. Im ökonomischen Normalfall erfüllt die Zahlung dieselbe Funktion: Durch Geld kann man sich also »über den Zugriff auf knappe Ressourcen verständigen«,[42] weil der Kauf einen legitimierten Zugriff auf (zum Verkauf stehende) Überschüsse bedeutet. Damit ermöglicht Geld, dass »die Bedürfnisbefriedigung des einzelnen durch Zugriff auf begehrte Güter zum moralisch neutralisierten bloßen Erleben anderer wird – sofern er bezahlt«.[43]

Die Legitimität der Mangelkompensation durch den Kauf beruht nun laut Luhmann und Baecker darauf, dass dieser Kaufakt gleichzeitig ein Äquivalenztausch ist, als er dem Verkäufer ebenso einen Zugriff auf ebenso knappe Güter – nämlich Geld – ermöglicht. Zahlungen funktionieren also, weil der Käufer gleichzeitig zur Verringerung seines Mangels an dem Gekauften eine Reduzierung seines Geldbesitzes akzeptiert. Kauft jemand einen Apfel, weil er oder sie Hunger hat, so hat er nun zwar keinen Mangel an Äpfeln mehr, dafür mangelt es ihm aber an dem bezahlten Betrag. Luhmanns Idee ist also, dass in geldbasierten Wirtschaften der Austausch Mangel/Überfluss deswegen so friedlich funktioniert, weil es weder Käufer noch Verkäufer nach dem Austausch *insgesamt* an weniger mangelt. Ökonomischer Austausch funktioniert unter der Annahme eines Nullsummenspiels,[44] in dem durch den Austausch von Gut gegen Geld zwar bei Käufer und Verkäufer jeweils ein Mangel behoben wird (der eine hat mehr Äpfel, der andere nun mehr Geld), aber gleichzeitig ein gleichgroßer erzeugt wird (der Erste hat nun weniger Geld, der Zweite weniger Äpfel). Nur wenn letztlich im Hinblick auf Knappheit durch den Tausch »nichts passiert« (also nicht mehr oder weniger da ist als vorher), kann er für das Publikum neutral, der Austausch also konfliktfrei sein. Weil es die Beseitigung eines Mangels zulasten anderer sozial verträglich werden

42 Luhmann, Die Wirtschaft der Gesellschaft, S. 14.

43 Ebd. Vgl. Hörisch, Gott, Geld und Medien. Dieser Umstand mag uns, wie Dirk Baecker einräumt, »trivial« erscheinen, »aber genau in dieser Trivialität besteht auch die Robustheit dieser sozialen Einrichtung«, Baecker, Wirtschaftssoziologie, S. 63.

44 Baecker, »Zweimal null ist eins«.

lässt, »dynamisiert«[45] Geld den gesellschaftlichen Umgang mit knappen Ressourcen, indem es »als das Medium einer zweiten künstlichen Knappheit, die [...] erste Knappheit an Gütern und Dienstleistungen auffängt«.[46]

»Wirtschaft ist dann gesellschaftlich funktionsfähig«, schreibt Baecker, »wenn finanzielle Entscheidungen im Zeichen einer Nullsummenkonstanzprämisse stattfinden. Alle Beteiligten müssen davon ausgehen können, dass den einen nur dann etwas gegeben werden kann, wenn den anderen etwas genommen werden kann.«[47] Die Prägung einer Eine-Billion-Dollar-Münze lässt sich nicht unter diese Beschreibung bringen. Die Produktion eines Tauschwerts von einer Billion Dollar setzt keinen Zugriff auf etwas voraus, das mit den Zugriffen anderer konkurriert, sieht man einmal von der verschwindend geringen Menge an Platin ab, die man für die Münze benötigt. Anders als bei Erdöl kann ein weiterer Geldbetrag von der US-amerikanischen Regierung einfach per Befehl eingesetzt werden; sie hat dank der Gesetzeslücke die Macht, »unknapp« zu handeln. Die Platinmünze wäre ein Free Lunch in einer Welt des Nullsummenspiels.

Banken werden gemeinhin – die These Krugmans, sie würden »nach denselben Regeln spielen« wie alle anderen – als Teilnehmer eben dieses Nullsummenspiels betrachtet. Man unterstellt, anders gesagt, Bankkredite könnten aus dem Kontext des ökonomischen Normalfalls verstanden werden. Wirtschaft ist als Aktivitätsfeld in diesem Sinne durch konfligierende teleologische Strukturen definiert, d.h. durch *task-project-end*-Verknüpfungen, in denen Zahlungen vorkom-

---

45 Luhmann, Die Wirtschaft der Gesellschaft, S. 197.

46 Hörisch, Gott, Geld und Medien, S. 109. Damit ist auch der Grund genannt, der die Konstitutionsleistung des Geldmediums für das System Wirtschaft erfasst: »Jede einzelne Zahlung, das ist die Autonomiebedingung der Wirtschaft, muss uno actu den Warenbesitzer motivieren, den dualen Tausch von Ware gegen Geld zuzulassen. Möglich ist dies nach der Analyse von Luhmann nur, weil die Zahlung beim Zahlenden ›dieselbe‹ Knappheit, nur in anderer Form, wiederherstellt, die er durch den Zugriff auf das knappe Gut reduziert hat«, Baecker, »Die Form der Zahlung«, S. 77.

47 Baecker, »Zweimal null ist eins«.

men, die knapp sind. Zahlungen sind dann Teil eines Nullsummenspiels, wenn sie die Wahrscheinlichkeit weiterer Zahlungen zumindest in diesem Moment reduzieren. Zugriffe auf knappe Dinge wird so mittels des knappen Dings Geld möglich. Lassen sich Banken diesem Normalfall zuordnen?

Ressourcen der Kreditvergabe

Die Sache mit den Banken, erklärte der deutsche Finanzminister Wolfgang Schäuble im Jahr 2008, sei grundsätzlich ganz einfach. Sie seien für die Ökonomie unverzichtbare Firmen, die Geldbestände von investitionsscheuen und sicherheitsbedürftigen Besitzern zu risikofreudigen und investitionswilligen Nachfragern transferieren: »Der eine spart, der andere braucht Geld, das er noch nicht hat. Das muss organisiert werden. Das nennt man Bank. So einfach ist das.«[48] Schäuble ruft damit das Distributionsmodell von Banken auf, das sich auch in den gängigen Lehrbüchern der Volkswirtschaftslehre findet.[49] Firmen vom Typus der Geschäftsbank erfüllen in dieser Konzeptualisierung eine wichtige Vermittlungsfunktion in der Wirtschaft. Sie sammeln das Geld von den Sparern und verleihen es an interessierte und vielversprechende Schuldner, die damit lukrative Investitionen tätigen oder kostspielige Anschaffungen durchführen wollen. Damit leisten Banken als »Intermediäre« zwei wichtige Dinge: Sie ermöglichen langfristige Kapitalanlagen, die sie, auf eigenes Risiko, durch kurzfristig fällige eigene Schulden finanzieren. Banken fassen viele kleine Risiken zu einem großen, dem Kredit an den Investor, zusammen,[50] aus den Zinsdifferenzen ziehen sie ihren Gewinn. Das heißt, sie zahlen für die Einlagen in der Regel weniger, als sie vom

48 Wolfgang Schäuble, 20. November 2008, zitiert aus dem Mittelweg 36, 3(2013), Schmuckzitat auf Seite 1.

49 Vgl. noch einmal exemplarisch Ehrlicher, »Geldtheorie«, S. 356.

50 Das Sammeln vieler kurzfristiger, kleiner Schulden (Einlagen), um damit langfristige, große Ausgaben zu ermöglichen, wird im Englischen als *maturity transformation* bezeichnet. *Maturity* bezeichnet im Fachjargon das Fälligwerden der Tilgung.

Schuldner an Zinsen verlangen. Die Mehrheit von Texten und Forschungsarbeiten zur Finanzökonomie verwendet das Distributionsmodell oder: *intermediation of loanable funds model* (ILF), um Banken zu charakterisieren.[51] In diesem Modell sind Banken nicht anderes als Händler materieller Produkte, zumindest wenn man die Ressourcenabhängigkeit betrachtet. Das Bankengeschäft besteht nach ILF im Sammeln und Verleihen von Liquidität, d.h. bereits vorhandener und endlicher Mengen an Finanzmitteln, die von ihren Besitzern als Spareinlagen angelegt und damit zu verleihbaren Finanzmitteln *(loanable funds)* werden. Diesem Modell nach sind Banken damit eindeutig mit »scarce resources«[52] konfrontiert, weil eine Spareinlage nur bei einer Bank angelegt und ausgeliehen werden kann, Zugriffe auf verleihbare Liquidität weitere Zugriffe tendenziell unwahrscheinlicher machen würden. ILF impliziert damit eine Interpretation der Kreditvergabe als Kreditmarkt,[53] einer sozialen Arena, in der Anbieter von Kapital auf Nachfragende treffen und Besitzrechte austauschen.

Das Distributionsmodell ist auch in der Soziologie populär, so schreibt etwa Hans Joachim Klein im Eintrag »Geld« der vierten Auflage der *Grundbegriffe der Soziologie*: »Die institutionelle Verwaltung des G[eld]es erfolgt im Bankwesen, dem insbes. auch die Vermittlungs- und Verteilungsfunktion akkumulierter G.-Mengen zu produktiven Zwecken (Kapital) obliegt.«[54] Diese Annahme zeichnet auch das

---

51 Zu diesem Modell und seiner Dominanz: Jakab/Kumhof, »Banks Are Not Intermediaries of Loanable Funds«, und Werner, »Can Banks Individually Create Money out of Nothing?«. Exemplarisch für seine Verwendung: Allen/Gale, »Financial Intermediaries«; Bhattacharya/Thakor, »Contemporary Banking Theory«; Boot/Thakor, »Financial System Architecture«; Klein, »A Theory of the Banking Firm«; Krugman/Wells, Volkswirtschaftslehre; Mishkin, The Economics of Money; Patinkin, »Financial Intermediaries«.

52 Klein, »A Theory of the Banking Firm«, S. 206.

53 Exemplarisch: Krugman/Wells, Volkswirtschaftslehre, S. 821; vgl. Issing, Einführung in die Geldtheorie, S. 110f., 117f. u. 127.

54 Klein, »Geld«, S. 83. Generell gilt allerdings wohl weiterhin Dirk Baeckers Einschätzung, nach der »[s]oziologische Auseinandersetzungen mit Banken so selten [seien], wie andererseits die Faszination einiger Soziologen durch die Banken groß ist«, Baecker, Womit handeln Banken?, S. 22.

beliebte Gesellschaftsspiel Monopoly aus.[55] Bei Monopoly geht es bekanntlich darum, sein Vermögen durch Investitionen in Immobilien zu steigern, die ihren Kaufwert durch entsprechende Mieten amortisieren und dann Gewinne abwerfen sollen. Vieles von dem, was während einer Partie Monopoly passiert oder passieren kann, lässt sich als eine (stark vereinfachte) Theorie der Wirtschaft lesen: Auf der Grundlage von Privateigentum finden Käufe von Straßenzügen, Versorgungsfirmen und Verkehrsnetzen statt; es gibt Versteigerungen, Steuern und Lotteriegewinne, Strafen und Gefängnisaufenthalte. Und natürlich: Es werden Häuser und Hotels errichtet und wieder abgerissen. All das funktioniert, weil Geld bereitsteht. Die Bank des Spiels, kooperativ geleitet von der Gemeinschaft und durch ein starres Regelwerk kontrolliert, hat es vorrätig und stellt es den Unternehmern in diesem Spiel zur Verfügung. Dank eines verfügbaren, einheitlichen Tauschmittels können diese die ihnen auferlegten Steuern mit genau dem bezahlen, was sie als Miete oder durch ihr turnusmäßiges Grundeinkommen eingenommen haben. Dank der bunten Geldscheine können die Straßenzüge und Bahnhöfe ihre Besitzer wechseln, und es kann schließlich auch ein Gewinner ermittelt werden: nämlich der, der als Letzter noch Geld hat. Monopoly kommuniziert damit eine populäre Vorstellung, die ich an besagter Stelle *Bestandslogik* genannt habe. Geld ist in der Bank Monopolys in einer endlichen Stückzahl gegeben und wird von der Bank verteilt. Gerät ein Spieler in Zahlungsschwierigkeiten, so kann er einen Kredit aufnehmen. Er dreht eine seiner Straßenkarten um und erhält dafür den aufgedruckten Geldbetrag von der Bank, die nun natürlich weniger Geld in ihren Plastikvertiefungen hat als vorher. Kredit ist hier eine Darlehenspraktik, eine Übertragung von bereits vorhandenen Geldmengen, ebenso wie sie in der zuvor skizzierten populären Theorietradition konzeptualisiert wird.

55 Diese Analogie habe ich an anderer Stelle ausgearbeitet, deswegen fasse ich mich hier kurz: Sahr, »Häuser, Händler und Helden«.

Spareinlagen
Das Gesellschaftsspiel Monopoly und die orthodoxen bzw. neoklassischen Theorien des Kredits deuten Kredite als Distributionspraxis, ordnen sie also der Tauschlogik unter. Ein Kredit ist hier eine Aktivität, bei der ein Objekt von seinem Eigentümer vorübergehend an einen temporären Besitzer übertragen wird. Schließlich gelte, schreibt der Ökonom und Nobelpreisträger Eugene Fama, im Nullsummenspiel Ökonomie: »People who get credit have to get it from somewhere.«[56] Im distributiven Kreditmodell ILF steht die Kreditvergabe in einer teleologischen Struktur, bei der das Projekt Kredit den Schritt der Mittelbeschaffung *(to get it from somewhere)* voraussetzt, Banken also mit anderen Banken und anderen Verwendungsoptionen um endliche Spareinlagen als Mittel der Kreditvergabe konkurrieren.

Das Distributionsmodell ist, seiner Dominanz im akademischen Diskurs zum Trotz, als Beschreibung der Vorgänge auf der Mikroebene organisatorischen Handelns falsch.[57] Bankkredite sind keine Darlehen, und das Bankgeschäft ist aus diesem Grund als Sammeln und Verteilen zumindest technisch falsch beschrieben. Bei einem Darlehen unter Freunden muss bereits vorhandenes Geld den Besitzer wechseln, Banken können Kreditanträge gewähren, indem sie ihre Bilanz verlängern. Giralgeld entsteht durch Kreditvergabe, indem eine private Geschäftsbank ihre Bilanzspalten – also Vermögen *und* Verpflichtungen – gleichmäßig ausdehnt. Gewährt eine Bank einem Kunden einen Kredit, so wird kein Geld aus einem bereits existierenden Sparkonto eines anderen Kunden auf das Konto des neuen Schuldners transferiert. Vielmehr wird der Kreditbetrag zwei Mal in die Bilanz geschrieben, ein Mal als Vermögen der Bank (als Rückzahlungsversprechen des Schuldners) und ein Mal als eine Schuld der Bank

56 Zitiert nach Pettifor, Just Money. Vgl. auch Pettifor, »Just Money, Introduction«.
57 So argumentieren sowohl heterodoxe Ökonomen (exemplarisch: Minsky, Stabilizing an Unstable Economy«; Wray, Modern Money Theory; Huber, Monetäre Modernisierung; Ryan-Collins u.a., Where Does the Money Come From?; Jackson/Dyson, Modernising Money) als auch SoziologInnen (exemplarisch: Ingham, The Nature of Money; Pixley, Emotions in Finance; Postberg, Macht und Geld).

dem Kunden gegenüber. Da Buchgeld nichts anderes als eine Schuld ist, können Banken ihre Kredite mit ihren eigenen Zahlungsversprechen bezahlen. Durch solche Bilanzverlängerungen entsteht mit jedem Kredit neues Geld, ebenso wie Guthaben durch die Rückzahlung eines Kredits wieder vernichtet wird.[58]

Auf dieselbe Weise können Banken auch andere Aktiva, nicht nur Rückzahlungsversprechen, mit eigenen Schulden, d.h. mit neu geschaffenem Geld bezahlen. Hier werden Aktiva, beispielsweise eine Aktie, in die Vermögensspalte der Bank eingetragen, und der Vorbesitzer erhält dafür Giralgeld als Kontoeinlagen, das es vorher noch nicht gab. Die Fähigkeit zur Bilanzverlängerung und zum »mittellosen«[59] Kauf von Vermögenswerten ist einzigartig im Feld des Ökonomischen. Alle anderen Akteure müssen zuerst Geld leihen oder einnehmen, bevor sie es ausgeben können – Banken hingegen erschaffen die Mittel, die sie zum Kaufen oder zum »Verleihen« benötigen in dem Moment, in dem sie kaufen oder einen Kredit vergeben. Spareinlagen entstehen somit als Konsequenz von Kredittätigkeiten und sind keine (knappe) Voraussetzung. Bankkredite sind dementsprechend anscheinend keine distributiven Akte (so wie Darlehen), sondern kreative Aktivitäten.

Diese adäquatere Beschreibung von Bankgeschäften auf der Mikroebene wird von Jakab und Kumhof als *financing through money creation model* (FMC) bezeichnet,[60] man könnte dementsprechend im Deutschen in Abgrenzung vom tauschlogischen Distributionsmodell vom Finanzierungsmodell sprechen.

> »In the real world, the key function of banks is the provision of *financing,* or the creation of new monetary purchasing power through loans, for a single agent that is both borrower and depositor. The bank therefore creates its own funding, deposits, in the

58 Für eine detaillierte Darstellung siehe: Huber, Monetäre Modernisierung.

59 D.h. die Vermögenswerte werden mit Geld bezahlt, welches es zuvor noch nicht gab.

60 Jakab/Kumhof, »Banks Are Not Intermediaries of Loanable Funds«, S. ii; vgl. Minsky, Stabilizing an Unstable Economy, S. 255.

> act of lending, in a transaction that involves no intermediation whatsoever.«[61]

Wenn Banken aber tatsächlich mit jedem Kredit und jedem mittellosen Kauf neue Kaufkraft erschaffen, anstatt in Spareinlagen angelegte Finanzmittel zu verteilen, warum ist das Distributionsmodell dann deutlich populärer als das Finanzierungsmodell? Es wäre sicherlich fatal zu unterstellen, den Vertreterinnen und Vertretern des Distributionsmodells seien die Tatsachen der Kreditgeschäfte auf der Mikroebene schlicht nicht bekannt. Tatsächlich besteht zwischen Vertretern beider Modelle gar kein sachlicher Dissens über die bilanztechnischen Möglichkeiten von Banken, Kaufkraft aus dem Nichts zu erschaffen. Vielmehr herrscht Uneinigkeit über den Status des Liquiditätsrisikos, das im Konzept des fraktionalen Reservesystems impliziert ist. Anders gesagt: Genau besehen nehmen die Vertreter des Distributionsmodells gar nicht an, dass Spareinlagen eine knappe Voraussetzung von Krediten sind, sondern die Reserven – also das von der Zentralbank geschaffene Guthaben –, die mit ihnen einhergehen.

Reserven

Das Argument des Liquiditätsrisikos lautet wie folgt: Private Banken haben einen konstanten Bedarf an Ressourcen, die sie nicht selbst herstellen können: Guthaben der Zentralbank, auch Reserven oder eben Zentralbank*liquidität* genannt. Betrachtet man die technische Möglichkeit zur Bilanzverlängerung und dem mittellosen Vermögenskauf,

> »scheint es so, als könne auf diese Weise eine unbegrenzte Geldmenge entstehen, als sei also das Geldangebot unbegrenzt. Zumindest könnte man unterstellen, daß es letztlich ausschließlich auf den Willen der Geschäftsbanken zur Kreditvergabe und den Kunden zur Kreditaufnahme ankomme, wie viel Geld entstehen könne [...]. Doch dies ist nur die halbe Wahrheit. Tatsächlich gibt es für den Umfang des Kredit- und Geldangebots Grenzen, und diese liegen in der begrenzten Verfügbarkeit von Zentralbankgeld.«[62]

---

61 Jakab/Kumhof, »Banks Are Not Intermediaries of Loanable Funds«, S. ii.

62 Duwendag u.a., Geldtheorie und Geldpolitik in Europa, S. 111.

Das Angebot an Zentralbankgeld gilt im Distributionsmodell als Grenze privater Geldschöpfungsmacht, weil private Banken umso mehr davon benötigen, je mehr Geld sie selbst erzeugen. Dieser Bedarf hat drei Gründe: Zunächst einmal gilt in vielen Währungssystemen eine Mindestreservequote, das heißt, es wird den Banken vorgeschrieben, einen kleinen Anteil – eine Fraktion – ihres Giralgeldes (1 Prozent im Euroraum) in Form von Reserven vorrätig zu haben. Aber auch Systeme ohne eine solche Quote, etwa in Großbritannien, können als fraktionale Reservesysteme gelten, schließlich erfüllt auch ein vernunftbasiertes Kalkül, was die Quote vorschreibt. Das folgende Zitat von Paul Krugman aus der Debatte mit Steve Keen, auf die weiter oben verwiesen wurde, expliziert diese Annahme: »[Y]es, commercial banks, unlike other financial intermediaries, can make a loan simply by crediting the borrower with new deposits, but there's no guarantee that the funds stay there.«[63] Obwohl Banken durch Kreditvergabe neue Zahlungsmittel schaffen können, wie Krugman natürlich weiß, *simply by crediting the borrower with new deposits,* operieren sie seiner Ansicht nach doch unter denselben teleologischen Strukturbedingungen (siehe oben), die ökonomische Aktivitätsfelder insgesamt definieren. Denn, so Krugmans Argument in dem kurzen Zitat, diese neuen Einlagen *(deposits)* können abgezogen werden, d. h. an andere Konten überwiesen oder in bar eingefordert, was beides einen Reserveabfluss zur Folge hätte. Geldschöpfung durch Kredit erzeugt also, darauf verweist Krugman hier, das Risiko eines »Liquiditätsproblem[s]«[64], das heißt, Banken müssen erwarten, dass ihre Kunden für Reserveabfluss sorgen. Überweisungen von Giralgeld an andere Banken werden, jedenfalls nachdem ein- und abfließende Zahlungen verrechnet wurden, über die Konten abgewickelt, die Geschäftsbanken bei der Zentralbank führen müssen. Die Zentralbank eines Währungsgebietes hat gegenüber den privaten Banken ein gesetzlich festgelegtes Monopol auf die Ausgabe dieser Reserven, ob sie nun die Form von Bargeld oder Bucheinträgen annehmen. Mit der Erzeugung von

63 Krugman, »Commercial Banks as the Creators of ›Money‹«.
64 Issing, Einführung in die Geldtheorie, S. 62.

Buchgeld entstehen also *Ansprüche* der Kunden, auch über Guthaben zu verfügen – durch eine Überweisungs- oder Abhebeaufforderung –, das die private Bank *nicht* selbst herstellen kann. Deswegen, so die Annahme des Distributionsmodells, werden sich Banken zunächst die für eine Bilanzverlängerung oder einen mittellosen Vermögenskauf benötigten Reservefraktionen durch zufließende Spareinlagen, Interbankenkredite oder Leihgaben der Zentralbank sichern, bevor sie selbst schöpferisch tätig werden; nur so können sie dem Distributionsmodell nach steigende Liquiditätsrisiken vermeiden. In anderen Worten: »[A] bank cannot *safely* make a loan for an amount greater than the excess reserves it has *before* it makes the loan.«[65]

Das Distributionsmodell unterstellt also, dass Reserven Ressourcen privater Geldschöpfung sind, sie also teleologisch der Kreditvergabe vorausgehen, obwohl sie buchhalterisch nicht nötig wären, um Kredite zu vergeben. Deswegen ist für Vertreter des Distributionsmodells aufgrund des Liquiditätskalküls Buchgeldschöpfung per Kreditvergabe »ohne die Bereitstellung von Zentralbankgeld durch die Zentralbank *grundsätzlich* nicht möglich«.[66] Weil die Geldmenge dieser Argumentation zufolge sich nur erhöhen könne, wenn die Reservequote sinkt oder »die Zentralbank die Zentralbankgeldmenge erhöht«,[67] hänge die absolute Geldmenge davon ab, »daß die Zentralbank ein bestimmtes Volumen an Zentralbankgeld bereitstellt«.[68] Die Gesamtgeldmenge ist im Distributionsmodell eine Stellgröße behördlicher Steuerung.[69] Die Geldmenge ist in diesem Sinne eine *exogene* Variable der privatwirtschaftlichen Bankenpraxis, weil sie von der Zentralbank durch die Herstellung der Geldbasis bestimmt wird.[70] Nur auf diese Weise lässt sich annehmen, die Kreditpraxis sei als Markt zu interpretieren, auf dem Anbietende und Nachfragende nach Kapital

65 Mishkin, The Economics of Money, S. 389, Hervorhebung A. S.

66 Duwendag u.a., Geldtheorie und Geldpolitik in Europa, S. 113, Kursivierung A.S. Vgl. das »Lehrbuch für Sozialwissenschaftler« von Schaper, Makroökonomie, S. 99, für die gleiche Annahme.

67 Duwendag u.a., Geldtheorie und Geldpolitik in Europa, S. 115.

68 Ebd.

69 Vgl. Issing, Einführung in die Geldtheorie, S. 74.

70 Wray, »Banking, Finance, and Money«, S. 4f.

aufeinandertreffen. Zwar ist klar, dass die Kreditvergabe privater Banken die Geldmengen ausweitet, doch entpuppt sich diese Ausweitung als ein »Aufzehren« bereitgestellter Vorräte,[71] die schöpferische Tätigkeit ist abhängig vom Angebot an (etwa durch Spareinlagen) zur Verfügung gestellten Finanzmitteln. Deswegen kann der privatwirtschaftliche Kredit in diesem Modell als ein Verleihen noch nicht gebundener Reserven gelten.[72] Bei stabilen Reservemengen konkurrieren private Banken um Zentralbankgeld, sodass sich Zugriffe wechselseitig negativ bedingen würden.

Die Vertreter des Finanzierungsmodells widersprechen der Annahme eines wirksamen Liquiditätsrisikos in stabilen ökonomischen Perioden. Zeitgenössische Bankensysteme können nur noch in einem formalen, nicht länger aber in einem substanziellen Sinne als fraktionale Reserveordnungen bezeichnet werden. Schon 1969 beschrieb einer der damaligen Leiter der US-amerikanischen Federal Reserve Bank, Zweigstelle New York, Alan Holmes, eine ganz andere Schrittfolge der kreditären Geldschöpfung. »In the real world banks extend credit, creating deposits in the process and look for the reserves later.«[73] Damit aber wäre die Grundlage des Liquiditätsrisikoarguments unterlaufen. Tatsächlich hat der Ökonom Richard Werner in empirischen Beobachtungen in einer Bankfiliale diese umgedrehte Teleologie noch einmal bestätigt.[74] Werner konnte sich die Rechnungslegung einer Bank während der Vergabe eines Kredits anschauen:

> »It was found that the bank did not transfer the money away from other internal or external accounts [...]. Instead, it was found that the bank newly ›invented‹ the funds by crediting the borrowers account with a deposit, although no such deposit had taken place. [...] It has been empirically demonstrated that each individual bank creates credit and money out of nothing, when it extends what is called a ›bank loan‹. The bank does not loan any existing

71 Issing, Einführung in die Geldtheorie, S. 66.

72 Krugman/Wells, Volkswirtschaftslehre, S. 972.

73 Holms, Alan R., »Operational Constraints«, S. 73.

74 Werner, »Can Banks Individually Create Money out of Nothing?«.

money, but instead creates new money out. The money supply is created as ›fairy dust‹ produced by the banks out of thin air.«[75]

Der Direktor der Bank versicherte Werner in einem dem Artikel angehängten Schreiben, dass die Frage ausreichender Reserven bei Entscheidung und Buchungsvorgang eines Kredits keine Rolle spiele. Da dieser Sachverhalt bisher kaum zur Kenntnis genommen wird, sei diese an Werner adressierte Versicherung hier zitiert:

»Im Zusammenhang mit der mit Ihnen durchgeführten Krediteröffnung [...] kann ich gerne bestätigen, dass weder ich, als der Vorstand der Raiffeisenbank Wildenberg eG, noch unsere Mitarbeiter, vor oder während der Kreditvergabe geprüft haben, ob wir ausreichend Geldmittel bei unserer Zentralbank, der DZ Bank AG oder der Bundesbank vorhalten. Ebenfalls haben wir keine diesbezüglichen Buchungen vorgenommen, und auch keine Überweisungen oder Kontodispositionen durchgeführt, um die Kreditsumme auf ihrem Konto zu finanzieren.«[76]

Weder die Verfügbarkeit von Spareinlagen noch die Vorräte an Reserven sind somit als Arbeitsschritt *(task)* eines Projekts Kredit zu begreifen. Wie das trotz der formallogischen Gültigkeit des Liquiditätsrisikoarguments oder von Mindestreservevorschriften sein kann, lässt sich durch einen genaueren Blick auf die Bedingungen der Kreditvergabe klären.

Zunächst einmal ist es wichtig, sich zu vergegenwärtigen, dass überschüssige Reserven keine organisatorische *Voraussetzung* von Bilanzverlängerungen und mittellosen Vermögenskäufen sind. Selbst dort, wo Mindestreservequoten politisch festgelegt sind, müssen die Reserveguthaben nicht *vor* der Neuschöpfung von Giralgeld, sondern erst im Nachhinein nachgewiesen werden. Im amerikanischen System beträgt dieser Zeitraum siebzehn Tage,[77] im Euroraum werden Mindestreserven aus dem monatlichen Durchschnitt bilanzierter Werte

75 Ebd., S. 16; vgl. ders., »How Do Banks Create Money«.

76 Werner, »Can Banks Individually Create Money out of Nothing?«, Appendix.

77 Fullwiler, »An Endogenous Money Perspective«, S. 175.

errechnet.[78] Bleibt am Ende dieser Abrechnungsperiode ein Reservedefizit, stehen Banken zwei Quellen zum Ausgleich der Differenz zur Verfügung. Üblicherweise versuchen sie zunächst, sich die benötigten Reserven auf dem Interbankenmarkt zu leihen, also von anderen Kreditinstituten. Da Zu- und Abflüsse von Reserven durch Überweisungen von Kundenkonten, Ein- und Auszahlungen am Automaten und Kreditvergaben und -tilgungen an jedem Geschäftstag einige Banken mit Defiziten und einige mit Überschüssen zurücklassen, ist es für die Überschussbesitzer ökonomisch lukrativ, ihre nicht benötigten Reserven meist kurzfristig (»über Nacht«) zu verleihen. Diese Routinen funktionieren in stabilen Situationen (also zuletzt stets mit Ausnahme einer Kontraktion nach dem Konkurs von Lehman Brothers im Herbst 2008) reibungslos. Hier konkurrieren Zugriffe auf Überschussreserven (Interbankenkredite), da die verfügbare Menge endlich ist. Doch selbst wenn nach Ausschöpfung dieser gut eingespielten und in der Regel verlässlichen Möglichkeiten vor dem Ende des Abrechnungsintervalls ein Reservedefizit bestehen bleibt, lässt sich dieser Bedarf immer bei der Zentralbank durch neu geschaffene Reserven erfüllen. Angst vor einer Verweigerung einer Nachschubproduktion muss nicht bestehen, versetzen bereits privat erzeugte Anrechte auf Zentralbankguthaben doch die auf den Erhalt des Zahlungssystems verpflichteten Zentralbanken in Zugzwang:

> »[C]entral banks have very little choice, *in the short term,* but to supply funds to enable the commercial banks to balance their books and to augment their reserves after they have met the demand for loans. Apart from any other considerations, not to accede to these requests would jeopardize the liquidity of the payments system.«[79]

Die Prämisse des Distributionsmodells ist dadurch unterlaufen. Banken können beruhigt (»safely«) Guthaben erzeugen, da immer zusätzliche Reserven verfügbar sein werden, »Central banks have no al-

78 Auf der Internetseite der EZB kann man sich Kalender für die Mindestreserve-Erfüllungsperioden anschauen.

79 Ingham, The Nature of Money, S. 137.

ternative but to accept this course of events.«[80] Keine Zentralbank könnte es sich leisten, einen eventuellen Bedarf an Reserven zu ignorieren. Auch dafür lassen sich wiederum strukturelle Gründe anführen.

Veränderungen der Geldmengen sind im Kreditgeldsystem erstens »selektiv«.[81] Mit diesem Begriff schließt Christian Postberg an einen wichtigen Hinweis von Geoffrey Ingham an, der auf den »Matthäuseffekt« einer solchen Produktionsweise monetärer Mittel aufmerksam macht.[82] Mit »Matthäuseffekt« ist in der Soziologie ein auf Robert K. Merton zurückgehendes Theorem gemeint,[83] nach dem es soziale Arrangements geben kann, in denen sich Privilegierungen selbstverstärken. Von so einem Vorgang, erklärt Ingham, muss man auch deswegen im Kreditgeld ausgehen, weil hier Guthaben aufgrund von Kreditwürdigkeitsentscheidungen geschaffen wird. Kreditwürdig kann nun derjenige sein, der eine weltverändernde und profitable Geschäftsidee präsentiert, aber kein Vermögen zur Verfügung hat. Ebenso kreditwürdig ist aber auch jemand, der heute schon die nötigen monetären Mittel besitzt (oder die entsprechenden Wertanlagen), um den Kredit zu begleichen. Wer also bereits monetäre Anlagen besitzt, für den wird auch die Akquise *neuen* Guthabens tendenziell günstiger. Relevant für die hier behandelte Frage wird der Matthäuscharakter der Kreditgeldproduktion aber vor allem in seiner umgekehrten Form: Verknappungen sind ebenso selektiv. Wenn die Zinsen für neues Guthaben steigen, werden zuerst Schulden mit geringer Bonität bzw. Investitionen mit niedrigen Gewinnerwartungen unwahrscheinlicher. Eine Verknappung (durch eine Verteuerung) des Geldes bekommen also zuerst europäische Peripheriestaaten, der deutsche Buchhandel oder die Verbraucher zu spüren.[84] Regulative Verschärfungen, die auf

---

80 Moore, Horizontalists and Verticalists, S. 4.

81 Postberg, Macht und Geld, S. 131.

82 Ingham, The Nature of Money, S. 138.

83 Merton, »The Matthew Effect in Science«. Matthäus ist nicht umsonst der Schutzheilige der Bankiers: Freeland, Die Superreichen, S. 146.

84 Ein Beispiel: Unter dem Titel Basel III wurde nach der Finanzkrise von 2008 eine internationale Reform vorangetrieben, die eine Einhegung des Bilanzwachstums von Banken zur Folge haben sollte bzw. soll. Das Ziel ist also eine Verknappung.

eine Hemmung der Kreditproduktivität des Bankensektors zielen würden, träfen stets kreditbedürftige Wirtschaftsbereiche zuerst und verstärkt, deren Schädigung etwa aus politischen Gründen unerwünscht sein könnte.[85] Verknappungen sind deswegen im »demokratischen Kapitalismus«[86] mit Kreditgeldsystem ökonomisch schwierig und politisch nicht ohne Weiteres zu legitimieren, treffen sie doch notwendig das Bruttoinlandsprodukt. Drängt eine Zentralbank somit auf eine Verknappung der Kreditgeldmenge, würde sie riskieren, zuerst wirtschaftliche Sektoren bzw. Akteure mit geringer Bonität zu ›opfern‹. Das aber ist für eine Institution, deren »Neutralität« politisch kündbar ist und deren Leitung von demokratisch gewählten (und insofern verantwortlichen) Regierungen bestimmt werden, nicht gemäß eines ökonomischen, von solchen realen Bedingungen absehenden Modells ohne Weiteres zu gewährleisten. Mehr noch, es ist sogar das Mandat dieser Institution, die Routinen der Kreditvergabe gerade nicht zu beeinträchtigen, sondern zu befördern.

Jede Dämpfung der Kreditvergabe durch Reserverestriktionen birgt zweitens die Gefahr eines Kollapses. Eine Verknappung setzt damit die Kreditwürdigkeit bestehender Zahlungsversprechen herab, da

---

Dazu soll den Kreditinstituten vorgeschrieben werden, dass sie mehr eigene Mittel im Verhältnis zu den von ihnen eingegangenen Zahlungsverpflichtungen ausweisen müssen. Ich werde erst viel später auf Details eingehen, hier sei lediglich auf Ziel und (mögliche) Folgen hingewiesen. In einer Studie des Bundesverbandes für Mittelständische Wirtschaft (BVMW) heißt es dazu: »In Deutschland wirkt sich die pauschale Erhöhung der Eigenkapitalquoten, die Banken für eingegangene Risiken vorhalten müssen, nach den aktuellen Vorschlägen des Basler Komitees und der EU-Kommission (Basel III/CRDIV) vor allem bei der Kreditvergabe an kleine und mittlere Unternehmen aus. Das Kreditgeschäft hat insgesamt 2/3 der zusätzlichen Kapitalanforderungen zu tragen, während nur 1/3 auf die risikoreicheren Handelsgeschäfte entfallen« (BVMW, Auswirkungsstudie Basel III, S. 26). Nun geht es hier um eine infolge der Finanzkrise geplante Erhöhung von Eigenkapitalanforderungen und nicht um Reserven, jedoch wird damit die grundsätzliche Problematik der Selektivität von Geldmengenverkleinerungen deutlich.

85 Auch mittelbar: Die Hälfte der von Daimler Benz produzierten Autos werden auf Kredit gekauft (Maier, Die Plünderung der Welt, S. 23.). Die Folgen einer Verteuerung von Konsumkrediten wären also auch für die Automobilwirtschaft eklatant und auch rasch spürbar.

86 Streeck, »Krisen des demokratischen Kapitalismus«.

weniger Mittel zur Schuldentilgung in Umlauf kämen. Schließlich werden Kredite von heute mit Schulden von morgen beglichen; jede Verknappung heute erhöht demnach das Risiko bestehender Schulden. Verknappungen laufen deswegen immer Gefahr, den Fortbestand des Zahlungssystems zu gefährden. Eine Bank, die ihr Reservedefizit nicht durch die Zentralbank ausgleichen könnte, wäre beispielsweise gezwungen, rasch Aktiva zu verkaufen, um Reserven einzunehmen. Unter Zeitdruck sind solche Verkäufe häufig nur unter Wert möglich (»Fire Sale«), was wiederum Effekte für die Marktpreise ganzer Vermögensarten und damit auch für die Bilanzen bisher unbeteiligter Kreditinstitute hätte. Ein Liquiditätsmangel kann so bei Finanzfirmen sehr schnell zu einem Solvenzproblem werden.[87] Solche Probleme können sich schnell und dramatisch ausbreiten, wie etwa der Konkurs von Lehman Brothers erneut in Erinnerung gerufen hat. Das allerdings liefe der Aufgabe von Zentralbanken, Stabilität sicherzustellen, zuwider.

Ob die beiden Gründe für die These, Zentralbanken könnten den Ausgleich durch Kreditschöpfung entstandener Reservedefizite nicht verweigern, hinreichend sind, kann nicht letztgültig geklärt werden. Das spielt allerdings für das Argument keine Rolle. Wichtig ist, dass die Unterstellung eines handlungsleitendenden Liquiditätsrisikos soziologisch nicht überzeugt, weil es faktisch zu so etwas bisher nicht gekommen ist. In realiter spielt die Angst vor ungenügenden Reserven keine Rolle, weil die Zentralbanken *de facto* nachproduzieren. Die Annahme des Distributionsmodells, hinter dem Konzept des fraktionalen Reservesystems verberge sich eine faktische Kontrollmacht der Zentralbank, scheitert am Praxistest. Die Erfahrung hat allen Teilnehmern der Kreditpraxis gezeigt, dass Zugriffe auf Reserven die Chancen weiterer Zugriffe nicht vermindern, da Zentralbanken den durch private Geldschöpfung entstandenen Bedarf verlässlich bedienen.[88]

87 Jackson/Dyson, Modernising Money, S. 98.

88 Huber, »Monetäre Modernisierung«, S. 294f. Zentralbanken können weder einmal entstandenen Bedarf an Reserven ignorieren noch prophylaktisch allzu restriktiv mit dem Mittel der Leitzinserhöhung operieren. Ihnen angesichts der Au-

Die Sicherstellung einer *kontingenten* Knappheit der Zentralbankreserven stößt in der realen Welt immer wieder an ihre Grenzen, und so sind Zentralbanken seit Jahren angehalten, »unknapp« zu handeln. Der Begriff des fraktionalen Reservesystems ist deswegen heute lediglich ein *formal* richtiger Terminus ohne die praktischen Konsequenzen, die er einst implizierte. Durch die real existierende Liquiditätsgarantie werden für private Banken Kreditentscheidungen möglich, die von gegenwärtigen Geldbeständen unabhängig sind. »Commercial banks are now in the position to supply *whatever volume of credit to the economy their borrowers demand.*«[89] Damit sind nicht mehr die Zentralbanken, sondern die privaten Geschäftsbanken als, mit Christian Postberg, »Initiatoren der Geldschöpfung«[90] zu bezeichnen, weil die politische Reservemenge aufgrund der umgekehrten Teleologie der Praxis als Effekt privater Geldschöpfung gelten muss;[91] Reserven sind demnach keine Ressourcen.

Eigentum

Bei der Geldschöpfung durch Kreditvergabe operieren private Banken also weder in Bezug auf Spareinlagen noch auf Reserven in konfligierenden teleologischen Strukturen, d.h. unter Knappheitsbedingungen. Es scheint, in den Worten Werners (weiter oben), als würden sie ständig Zahlungen »aus dem Nichts« vornehmen, wodurch Waldens (noch weiter oben) Bemängelung der »Platinoption« der amerikanischen Regierung als unzulässige Neuschöpfung von Zahlungsmitteln realitätsfern anmutet. Er hatte ja, zumindest öffentlich, nicht kritisiert, dass die amerikanische Regierung sich derselben Macht bedienen könnte wie private Banken, sondern dass die Zahlung aus dem Nichts

---

tonomie der Geschäftsbanken die Schuld an der Expansion zu geben scheint ob der faktischen Organisation der Praxis unfair.

89 Moore, Horizontalists and Verticalists, S. 4, Hervorhebung A. S.

90 Postberg, Macht und Geld, S. 129.

91 »[R]ather than the central bank controlling the amount of credit that commercial banks can issue, it is the commercial banks that determine the central bank reserves«, Ryan-Collins u.a., Where Does the Money Come From?, S. 7; vgl. Jakab/Kumhof, »Banks Are Not Intermediaries of Loanable Funds«, und Kydland/Prescott, »Business Cycles«, S. 14.

den ökonomischen Bedingungen generell widersprechen würde. Tatsächlich aber werden diese Knappheitsbedingungen bereits alltäglich von Banken unterlaufen.

Man könnte an dieser Stelle die Schlussfolgerungen der zahlreichen zitierten Beobachterinnnen und Beobachter praxissoziologisch interpretieren und schlussfolgern, dass Kredite offensichtlich kreative und keine distributiven Aktivtäten sind. Schließlich benötigen distributive Aktivitäten wie der Tausch Dinge, die unmittelbar oder mittelbar übertragen werden. Da durch diese Schlussfolgerung das Argument der genealogischen Adäquatheit vervollständigt und damit die dominante Geldtheorie der Sozialwissenschaften durch ihre heterodoxe Alternative abgelöst würde, schickt es sich allerdings an, diese Schlussfolgerung nicht vorschnell zu verallgemeinern.

Der Blick in die Geldforschung eröffnet neben Spareinlagen und Reserven einen dritten Kandidaten für eine Ressource privater Kreditvergabe von Banken, den (endlichen) zu einem Zeitpunkt verfügbaren Bestand an Eigentum, welches als Pfand oder Eigenkapital eingesetzt werden kann. Das Vorhandensein von Pfand und Eigenkapital wird manchmal ganz ähnlich den Reserven oder Spareinlagen als Voraussetzung von Bilanzverlängerungen und mittellosen Vermögenskäufen (Geldschöpfung durch Kredit) angesehen. Am eindrücklichsten geschieht das vielleicht in der Eigentumstheorie von Gunnar Heinsohn und Otto Steiger, die aus dieser Annahme ihre Geldtheorie ableiten.[92] Sie gehen davon aus, dass Geldschöpfung durch Kreditvergabe die Umwandlung eines personalisierten Eigentumstitels (etwa ein Haus, das als Pfand eingesetzt wird) in einen »anonymisierte[n] Eigentumstitel«[93] (Geld) bedeutet. Deswegen sind die Kreditmöglichkeiten ihrer Ansicht nach durch die Verfügbarkeit solcher personalisierten Eigentumstitel limitiert. Kreditgeldschöpfung ist für Heinsohn und Steiger also der Vorgang, in dem ein Eigentümer vorübergehend auf seinen Besitz (die Verfügungsgewalt über sein Eigentum) verzichtet und dafür Geld erhält. Geld wird, so nehmen

92 Heinsohn/Steiger, Eigentum, Zins und Geld; dies., »Was ist Wirtschaften?«; dies., »Kurze Grundlegung der Wirtschaftstheorie«.

93 Heinsohn/Steiger, »Kurze Grundlegung der Wirtschaftstheorie«, S. 61.

Heinsohn und Steiger an, durch eine Verpfändung von Eigentum erzeugt.[94]

Damit beziehen sich die Autoren zunächst auf die buchhalterische Funktion, die ein Pfand erfüllt, nämlich auf der Vermögensseite der Bilanz die neue Schuld – das Giralgeld – auszutarieren. Das »Anrecht auf Eigentum«, also Buchgeld, wird in der Verpflichtungenspalte der Bilanz generell (also unabhängig davon, ob bei einem konkreten Kredit ein Pfand übertragen wird) dadurch möglich, dass in der Aktivaspalte Vermögen der Bank selbst als das »die Emission [von neuem Buchgeld, A. S.] sichernd[e] Gläubigereigentum«[95] vermerkt ist. Da allerdings bei einer Bilanzverlängerung das »die Emission sichernde Gläubigereigentum« zusammen mit der Schuld erschaffen wird, kann man in der allgemeinen Tatsache, dass die Schulden einer Bank aus bilanzierungstechnischen Gründen immer durch Vermögen ausgeglichen sein müssen, keine relevante Form der Beschränkung entdecken, schon gar keine knappe Ressource.

Stimmt es denn aber, dass verpfändbares Eigentum eine »wesentliche Begrenzung für die Geldemission dar[stellt]«,[96] wie Heinsohn und Steiger behaupten? Auch Axel T. Paul weist in seiner Monografie *Die Gesellschaft des Geldes* auf einen Pfandbedarf und damit eine augenscheinliche Abhängigkeit kreditärer Geldschöpfung von endlichen Eigentumsbeständen hin.[97] Wenn die Geldschöpfung durch den Bestand verfügbarer, ausgepreister Wertgegenstände beschränkt sein sollte, die Kunden als Sicherheiten bei ihrer Bank hinterlegen können, so wäre eine Ressourcenabhängigkeit der Kreditpraxis gegeben. Schließlich würde dann jeder Kredit einen Zugriff auf verpfänd-

---

94 »Im Geld schaffenden und im Geld verleihenden Kredit wird Eigentum, in das durch unabhängige Rechtsinstanzen *vollstreckt* werden kann, zeitweilig belastet, wodurch es seine Dispositionsfreiheit verliert«, Heinsohn/Steiger, »Was ist Wirtschaften?«, S. 17, Hervorhebung im Original.

95 Heinsohn/Steiger, Eigentum, Zins und Geld, S. 305.

96 Ebd.

97 »Eine [...] kaum hinreichend gewürdigte Einschränkung des Geldmengenwachstums besteht darin, dass die Nichtbank Sicherheiten stellen muss, um Geld zu erhalten«, Paul, Die Gesellschaft des Geldes, S. 182.

bares Eigentum voraussetzen, der die Chancen weiterer Zugriffe zumindest vorübergehend verringern würde.

Das allerdings wäre eine verfehlte Annahme, dafür lassen sich drei Gründe anführen. Paul selbst wendet erstens gegen Heinsohn und Steiger ein, dass der Bank die Bewertung des Pfandes obliegt, sodass Pfandbestände die kreditäre Geldentstehung nicht streng determinieren können, weil ihr zu kreditierender Wert nicht festgelegt ist. Wenn das Volumen des Kredits, den eine Bank einem Kunden gewährt, letztlich von der Bewertung der Bank selbst abhängt, dann ist die Bank in ihrem Schöpfungspotenzial nicht durch einen Bestand an Pfand eingeschränkt. Ob und wie viel Kredit eine Bank einem Schuldner gewährt, hängt letztlich von deren Entscheidung für eine bestimmte (und nicht determinierte) Bewertung von dessen Kreditwürdigkeit ab.

Eigentum als Sicherheit ist zweitens nur ein Mittel der Aushandlung eines Kredits, in keinem Fall aber seine Bedingung. Niemand verpflichtet nämlich eine Bank, für alle ihre Kredite Pfand zu verlangen. So sind beispielsweise Konsum- oder Dispokredite oder auch viele Unternehmenskredite[98] unbesichert. Vor der Finanzkrise im Jahr 2008 waren beispielsweise auch nur ein Drittel der außerbilanziellen Zahlungsversprechen mit einem Pfand geschützt.[99] Ferner war es in den letzten Jahren auch nicht so, dass ein einzelnes Pfand nur einen, sondern immer mehrere Kredite gleichzeitig besichern konnte.[100]

Verstärkend kommt drittens hinzu, dass mehrheitlich Zahlungsversprechen als Pfand eingesetzt werden, Staatskredite, Schuldverschreibungen anderer Banken oder Unternehmen oder schlicht Guthaben selbst. Heinsohn und Steiger nehmen diese Selbstverstärkung kreditärer Geldproduktion nicht ernst genug und übersehen deswegen, dass Kreditwürdigkeit zwar Geld schafft, Geld aber auch, da es in verschiedenen Formen wieder als sicherndes Pfand eingesetzt werden

98 »Commercial Papers«, siehe: Financial Crisis Inquiry Commission [FCIC], The Financial Crisis Inquiry Report (im Folgenden: Report), S. 29f.

99 International Swaps and Derivatives Association [ISDA], »Margin Survey 2006«.

100 Zu »Collateral Chains« vgl. Singh/Stella, »Money and Collateral«, und die Darstellung im sechsten Kapitel.

kann, Kreditwürdigkeit verstärkt. Es sind Erwartungen künftiger Zahlungen, die wiederum Erwartungen künftiger Zahlungen absichern. Deswegen ist die Geldschöpfung nicht als Monetarisierung von Eigentum, sondern nur als Verweisungszusammenhang von Zahlungsversprechen zu verstehen. Auch um Pfand konkurrieren Banken nicht wie um knappe Ressourcen.

In ähnlicher Weise wie bei Reserven und Pfand wird manchmal auch in Bezug auf das Eigenkapital argumentiert. Eigenkapital bezeichnet den Grundstock an Kapitaleigentum (beispielsweise der Bankbesitzer), der als Differenz von Anlagen und Schulden auf der Schuldenseite der Bilanz verbucht wird. Es gilt als der Eigentumseinsatz der Firmenbesitzer und soll Gläubiger vor Verlusten schützen, da Abschreibungen auf der Vermögensseite der Bilanz zunächst das Kapital aufzehren, bevor die Schulden der Gläubiger ausfallen. In den 1980er Jahren entwickelte der bei der Bank für Internationalen Zahlungsausgleich ansässige Baseler Ausschuss für Bankenaufsicht ein Regulationsregime, das als Basel I bekannt wurde. Kern dieser Vereinbarung war die internationale Angleichung von Eigenkapitalvorschriften für Banken. Damit wurde bestimmt, dass jede Anlage einer Bank, gewichtet nach Risikoklassen,[101] durch maximal 8 Prozent Eigenkapital gesichert sein musste.[102] Eigenkapital ist relativ teuer und beeinflusst damit die Kalkulation von Bilanzverlängerungen und Anlagekäufen. Das Eigenkapital soll, der Idee nach, Verluste aus dem Aktivgeschäft einer Bank abfedern, damit die Verpflichtungen weiter bedient werden können. Dadurch sollten Finanzierungskosten für unterkapitalisierte Firmen steigen.[103] Schon mit Beginn der Umset-

101 Die Risikoklassen etwa hatten zur Folge, dass nur für einen Teil der Anlagen tatsächlich Kapital in Höhe von 8 Prozent der Summe vorliegen musste. So waren Barmittel und Staatsanleihen von OECD-Ländern dank einer Risikogewichtung von null gar nicht und etwa Papiere anderer Gebietskörperschaften nur eingeschränkt kapitalpflichtig gewesen.

102 Pelzer, »Basel II«.

103 Erlaubt man Finanzfirmen etwa einen Teil ihres Kapitals als nachrangige Schulden zu halten, die erst dann bedient werden, wenn alle anderen Schuldner zufriedengestellt sind, so sind diese als Anzeige eines Vertrauen des Marktes in die Qualität des Portfolios der Bank zu verstehen, vgl. dazu Mayer, The Bankers, S. 426ff.

zung Anfang der 1990er Jahre wurde die Notwendigkeit einer Anpassung an neue Risiko- und Finanzierungsformen artikuliert, die dem bisherigen Regime entglitten.[104] Die Finanzwirtschaft erschuf ständig neue Kreditformen, die so nicht oder nur unzulänglich in den starren Kategorien der Basel-Verordnungen (in ihren jeweiligen nationalen Umsetzungen) repräsentiert waren. Man kann also sagen: Die Kontrollidee dieses Regimes wurde dadurch unterlaufen, dass die tatsächliche Reduktion der Kapitalsicherung durch neue Risiken nicht sanktioniert wurde. Mit dem neuen Jahrtausend intensivierte man die Bemühungen, die Dynamik immer neuer Risikotypen einzuhegen. Im Jahr 2004 wurde deswegen schließlich die Erweiterung Basel II beschlossen. Die Grundidee auch dieser Reform bestand darin, durch ein Ausnutzen als gleich unterstellter Interessen zwischen Regulatoren und Märkten eine Wahrnehmung von Beschränkung zu erzeugen. Die Festlegung der Quoten und die behördliche Kontrolle und der damit verbundene Zwang zur Offenlegung von Risikokalkülen sollten eine privatwirtschaftliche Disziplinierung einladen.[105] Der Markt selbst, so weiterhin die Idee, würde Institute mit hoher Kapitaldeckung aufgrund des geringeren Risikos für Investitionen bevorzugen.[106] Sinkende Finanzierungskosten sollten also Anreiz zu kleineren »Hebeln«[107] bieten. Deswegen beinhaltete die Basel-II-Reform auch

104 Pelzer, »Basel II«, S. 107f.

105 Der Baseler Ausschuss für Bankenaufsicht spricht von der Marktdisziplin als einer »Säule« des Regulationsregimes, Baseler Ausschuss für Bankenaufsicht, »Internationale Konvergenz der Eigenkapitalmessung und Eigenkapitalanforderungen«, S. 256ff. »Die größte Umgehungslücke in den Eigenkapitalanforderungen besteht darin, dass das Bankenaufsichtsrecht komplexe Vorschriften des Eigenkapitals erlassen hat, in der Frage aber, für wen sie gelten sollen, das Meiste dem privaten Gesellschaftsrecht überlässt. Was ›die Bank‹ ist, entscheidet letztlich die Bank selbst«. Reifner, Die Geldgesellschaft, S. 340.

106 Pelzer, »Basel II«, S. 107f.

107 Das Verhältnis von Schulden und eigenen Mitteln wird als »Hebel« oder »leverage« bezeichnet. Je größer der Hebel, desto weniger Anlagen der Bank werden in der Bilanz durch eigene Mittel ausgeglichen – also durch eigenen *Besitz*. Natürlich müssen Banken sich verschulden, um ihre Anlagen zu finanzieren, sonst gäbe es gar kein Finanzsystem. Die Größe dieser Hebel allerdings hat selbstredend Konsequenzen für die Funktionalität des Kapitals als Stoßdämpfer bei Irritatio-

neue Veröffentlichungsrichtlinien, die den Märkten Einblicke in die Aufstellung – d.h. die Kreditwürdigkeit der Bank – erlauben sollten. Wenn Banken ihre bilanziellen Operationen durch Eigentum an bestimmten Kapitalformen legitimieren müssen, wären sie doch, so jedenfalls ließe sich in Anlehnung an Heinsohn und Steiger überlegen, wieder von einem ressourcenartigen Bestand gegenwärtiger Mittel, nämlich behördlich zulässiger Kapitalsorten, abhängig.

Allerdings sprechen wir bei Eigenkapital nicht von Kassenbeständen, die als Guthabenformen irgendwo einlagern. Kapital ist keine Liquidität. Vielmehr besteht Eigenkapital bei Banken, abseits materieller Güter wie der Immobilien selbst, aus *financial assets,* also Zahlungsversprechen – vornehmlich Aktien. Zwar können sie es natürlich nicht für sich selbst herstellen, nichtsdestotrotz ist das Eigenkapital aber ein endogenes Produkt des Bankensektors. Es kann erstens durch einbehaltene Gewinne wachsen. Sind die Renditen auf Finanzanlagen stabil, so füllen steigende Profite durch Kreditexpansion entstandene Kapitaldefizite auf. Zweitens war es in den prosperierenden Dekaden vor der Finanzkrise, für die hier eine Theorie der Kreditpraxis entwickelt werden soll, für Finanzfirmen praktisch unproblematisch, neues Kapital durch Aktienemission zu gewinnen. Kapitalbestände stellen damit zumindest keine definitive Wachstumsgrenze für Kredite dar, »der Bankensektor schafft sich die Vermögen, die er benötigt, im Verlauf seiner eigenen Geschäftstätigkeit letzten Endes ebenso selbst, wie er nach eigenem Willen Geld schöpft«.[108] Drittens können Banken Kredite stets »außerhalb« der Bilanz und der damit verbundenen regulativen Auflagen eingehen. Da solche Zahlungsversprechen als Verträge zwischen zwei (juristischen) Personen geschlossen werden, also wenn man so will per Handschlag über einem Verkaufstresen, werden sie als *Over-the-Counter*-Beziehungen

nen. Ein höherer Hebel bedeutet ja, dass ein Betrag an eigenen Mitteln als Sicherung für mehr Verpflichtungen aufkommen muss, also sein Sicherungspotenzial schwächt. Damit sind Hebel auch ein Maß von Skepsis. Höhere Hebel zeugen ergo von größerem Optimismus, während niedrigere einen höheren Bedarf an Sicherheit induzieren.

108 Huber, Monetäre Modernisierung, S. 70.

(OTC) bezeichnet. Damit ließen und lassen sich Eigenkapitalbeschränkungen umgehen, indem gewöhnliche Kredite »verbrieft« und dadurch ohne Eigenkapitalrücklagen gehandelt werden können. Ein Vorgang, der im Englischen als *securitization* bezeichnet wird.[109] Viertens schließlich hängt das tatsächlich benötigte Volumen an Kapital nicht von der Menge und dem Umfang – also dem Wert – der privat erzeugten Kredite ab, sondern von *Value-at-Risk*. Wie viel Eigenkapital für einen Kredit benötigt wird, hängt von der Einschätzung des Risikos dieses Kredits durch die Bank (Internal Ratings Based Approach) oder einer externen Bewertungsinstanz ab. In jedem Fall ist die Frage, inwieweit eine Bilanzverlängerung oder ein mittelloser Vermögenskauf die Chancen weiterer Zugriffe vermindert, abhängig von Erwartungen bezüglich der Wahrscheinlichkeit der Rückzahlung des Kredits bzw. bezüglich des Werts des Vermögens. Ebenso wie es den Erwartungen und Motivationen der beteiligten Gläubiger und Schuldner obliegt, ob der Kredit auch ganz ohne Kapital als OTC-Variante entstehen kann. Eigenkapitalvorschriften setzen den privat produzierten Geldmengen damit keine definitive Grenze. Letztendlich gilt für Pfand und Eigenkapital dasselbe: Sie sind keine Ressourcen. Damit ist weder gesagt, dass Eigenkapital unendlich verfügbar, noch dass es kostenlos ist. Es konstituiert lediglich keine strukturellen Bedingungen, die als Knappheit zu fassen sind. Weder »verbraucht« jeder Kreditakt notwendig Eigenkapital, noch vermindern diese Zugriffe auf Kapital zwingend dessen Verfügbarkeit, kommt es doch schließlich auf Erwartungen der Rückzahlung, also auf Einschätzungen von Kreditwürdigkeit an.[110]

---

109 »Banks [...] used securitization to mimic banking activities outside the regulatory framework for banks. For commercial banks, the benefits were large. By moving loans off their books, the banks reduced the amount of capital they were required to hold as protection against losses«. FCIC, Report, S. 42.

110 »The fact that banks *technically* face no limits to increasing the stocks of loans and deposits instantaneously and discontinuously does not, of course, mean that they do not face other limits to doing so. But the most important limit, especially during the boom periods of financial cycles when all banks simultaneously decide to lend more, is their own assessment of the implications of new lending for their profitability and solvency, rather than external constraints such as loanable funds,

Kreditwürdigkeit

Banken konkurrieren nicht im Sinne einer gehaltvollen Knappheitsdefinition um Spareinlagen, Reserven oder Eigentumstitel (als Pfand oder Eigenkapital). Letztendlich sind Banken allerdings darauf angewiesen, dass es eine Nachfrage nach Verschuldungsmöglichkeiten gibt. Nicht nur irgendeine Nachfrage, sondern eine vielversprechende; als profitorientierte Firmen brauchen Banken *profitable* Investments, in anderen Worten, eine *würdige* Nachfrage nach Kredit. Kreditwürdigkeit ist in diesem Kontext nicht als eine natürliche Tatsache, etwa eine objektive Wahrscheinlichkeit der Rückzahlung eines Kredits zu verstehen, die dann von den Gläubigern besser oder schlechter erkannt werden könnte. Auch ist damit kein Urteil über den Charakter eines Schuldners gemeint. Lediglich, dass Banken Schuldner benötigen, denen sie die Rückzahlung eines Kredits samt Zinsen zutrauen. Jemanden kreditwürdig zu nennen bedeutet in diesem Kontext demnach, dass ein Schuldner von einer Bank für willig und fähig gehalten wird, einen bestimmten Geldbetrag in einem bestimmten Zeitrahmen zu bezahlen, einen Betrag, der für die Bank einen Profit bedeutet und das Risiko wert ist.

Kreditwürdigkeit würde dann eine Knappheitssituation konstituieren, wenn die Kreditwürdigkeit durch den Akt der Kreditgewährung konsumiert würde. Wenn also dadurch, dass einem kreditwürdigen Schuldner ein Kredit gewährt wird, weniger kreditwürdige Schuldner vorhanden wären, sich die Chancen weiterer Zugriffe somit verminderten. Tatsächlich zeigt die Performanz der Kreditpraxis seit 1970 deutlich: Die Produktion von Schulden vermindert nicht die Produktionschancen weiterer Schulden, im Gegenteil. Dieser Sachverhalt lässt sich auf mehreren Ebenen nachvollziehen. Zunächst der naheliegende Blick auf die Mikroebene. Hier wird die Kreditwürdigkeit eines Schuldners durch die Gewährung eines Kredits oder die Geldschöpfung durch mittellosen Aktivkauf nicht konsumiert, sondern recycelt. Jeder Kreditakt erzeugt nicht nur Guthaben in der Verpflich-

---

or the availability of central bank reserves«, Jakab/Kumhof, »Banks Are Not Intermediaries of Loanable Funds«, S. iii.

tungsspalte der Bankbilanz, sondern eo ipso ein Vermögen in der Aktivaspalte. Neu geschaffene Zahlungsversprechen können nun als *Sicherheit* direkt wieder in den Kreditschöpfungsprozess eintreten und das *nächste* neue Guthaben erschaffen. Das ist bei keinem anderen Produkt der Fall. Natürlich kann ein fertiges neues Auto in einem mittelbaren Zusammenhang unter Umständen der Verkettung günstiger Faktoren Wirtschaftswachstum erzeugen und damit Angebot und Nachfrage der Kraftfahrzeugbranche stimulieren. Aber das neu gebaute Auto kann weder zur Reproduktion der für seinen Bau aufgewandten Rohstoffe beitragen noch unmittelbar zur Herstellung eines weiteren, etwas kleineren Autos dienen, ohne zerstört zu werden. Gewährt aber eine Bank dem deutschen Staat Kredit, erhält sie ein begehrtes Staatsschuldpapier und ist damit unmittelbar kreditwürdig. Kreditwürdigkeit wird hier also durch den Zugriff, den Schöpfungsakt, nicht verbraucht, sondern transferiert.

Die makroskopischen Mechanismen der Reproduktion von Kreditwürdigkeit durch die Produktion von Kredit hat Hyman Minsky beschrieben. Er hat gezeigt, warum eine Ausweitung der Kreditvergabe die Nachfrage nach Verschuldung nicht befriedigt, sondern steigert, was wiederum zu einer Ausweitung der Kreditvergabe beiträgt. Diesen Rückkopplungsmechanismus erfasst Minskys mittlerweile auch über die heterodoxe Ökonomik hinaus berühmte These zur inhärenten Instabilität des Finanzsektors. Das Argument lautet in aller Kürze wie folgt: Die Produktion eines neuen Kredits benötigt zwei Akteure mit einer spezifischen Erwartung: Einmal muss ein potenzieller Schuldner glauben, die Aufnahme von Schulden lohne sich für ihn. Er muss damit auch (von Täuschung einmal abgesehen) künftige Zahlungszuflüsse als ausreichend erwarten. Ausreichend zur Tilgung der Schuld und Umsetzung der eigenen Investitions- oder Konsumptionswünsche. Aus dieser Erwartung entsteht eine Kreditnachfrage. Hat die Gläubiger-Bank dieselbe Erwartung bezüglich der Wahrscheinlichkeit künftiger Zahlungszuflüsse des Schuldners, kann ein Kredit entstehen. Die Wahrscheinlichkeit, dass diese zwei Erwartungen gebildet werden, so argumentiert Minsky, steigt in stabilen ökonomischen Perioden und fällt allenfalls in Krisensituationen. Erwartungen von Gläubigern und Schuldnern bezüglich Kreditwürdigkeit sind dabei keinesfalls voneinander unabhängige Variablen, wie es die orthodoxe Ökonomik annehmen muss, die in ihrem Theoriedesign von monadischen Haushalten ausgeht. Vielmehr könnten sie, so Minsky, nicht getrennt voneinander verstanden, sondern nur als unselbstständige Teile eines »Erwartungsklima[s]«[111] analysiert werden. Wenn ökonomische Prosperität die Nachfrage nach Krediten erhöht, weil mehr und mehr Investitionen und Finanzierungsstrategien für lukrativ gehalten werden, lockern Gläubiger gleichzeitig ihre Kreditwürdigkeitskriterien, weil sie dieselben Schlüsse aus der Entwicklung ziehen. Die Praxis endogener Kreditgeldproduktion tendiert deswegen, mit Minsky, zu »Euphorie«[112], d.h. zur Ausweitung von Zukunftsvertrauen und Zukunftsfestlegung. Mit sinkender Wahrnehmung von Unsicherheit akzeptieren Schuldner und Gläubiger Finanzierungsstrukturen *(liability structures),* die sie zuvor noch für zu riskant gehalten haben.

Kreditproduktion verbraucht also nichts, sondern reproduziert und expandiert seine eigenen Grundlagen. Zunehmende Volumen an Finanzaktiva lassen etwa deren Preis steigen *(asset price inflation),* was unmittelbar Finanzierungsvolumen vergrößert.[113] Steigende Anlagenpreise machen schuldfinanzierte Investitionen profitabler, wodurch eine gesteigerte Produktion unmittelbar eine steigende Nachfrage bewirkt, die allerdings nicht mit einem beschränkten Angebot konfrontiert ist.[114] In einer optimistischen Phase werden außerdem

111 Minsky, Stabilizing an Unstable Economy, S. 255; ders., »Finanzielle Instabilität«, S. 75.

112 Minsky, »Finanzielle Instabilität«, S. 70 und 73.

113 Nehmen wir an, Sie wären eine Bank mit einem Posten von 100 Milliarden Euro an Immobilienhypotheken. Nun erschaffen Sie 50 Milliarden an neuem Guthaben für weitere Immobilienkäufe. Die Immobilienpreise steigen, Ihre 100 Milliarden Hypotheken steigen im Preis, Sie passen Ihren bilanzierten Wert an und haben sofort Spielraum gewonnen, etwa weil Sie die nun wertvolleren Kredite zur Besicherung höherer Summen einsetzen können.

114 »With continued increases in asset prices, it becomes profitable to borrow to speculate on the rising prices, gambling that the gains to be made from selling for profit (rather than holding the asset for income) will more than meet the costs of borrowing and return even more profit to the investors. The increased demand for credit attracts banks and other lenders who provide additional money to perpe-

die Ansprüche an Finanzierungsstrukturen von Unternehmen oder Haushalten nicht höher, sondern geringer. Es werden also nicht nur mehr Schulden insgesamt, sondern auch größere und riskante Schuldfinanzierungshebel für einzelne Firmen für die Gläubiger akzeptabel.[115] Ferner steigern zunehmende Kreditvolumen die Einkommen von Angestellten des Finanzsektors und Kapitaleigentümern, was den relativen Anteil anderer Bezugsgruppen an den verfügbaren Geldmengen vermindert. Das wiederum kann zu Lohnforderungen in anderen Sektoren und dadurch mittelbar zu einer erhöhten Refinanzierungsnachfrage nichtfinanzieller Unternehmen führen. Zunehmende kreditfinanzierte Renditen von Finanzbeziehungen können Liquiditätsmangel im Nichtfinanzsektor zur Folge haben, wodurch politische Instanzen zu schuldfinanzierten Redistributionen oder zur Lockerung der Bedingungen der Kreditvergabe im Privatsektor genötigt sein können.[116] Im ersten Fall führt privater Kredit zu einer gesteigerten politischen Nachfrage (und nicht zur Verknappung), im zweiten Fall bewirkt die Kreditexpansion Kostensenkungen und damit ebenfalls eine Ausweitung verfügbarer profitabler Kreditwürdigkeit.[117]

In der Vorgeschichte der Finanzkrise von 2008 lassen sich diese Euphorietendenzen deutlich identifizieren.[118] Auf einige dieser Aspekte

---

tuate rising prices. Banks and other lenders will even accept that the assets to be bought with the loans will act as their own security for the loans. Meanwhile banks also benefit from the rising prices and increased fee-earning trading activity, which increases their capital base and expands their capacity to provide even more credit. Investment funds which are boosted (leveraged) by borrowed money in this way seem to promise consistently higher returns, for which investors are prepared to pay substantial performance bonuses«, Hodgson, »Banking, Finance and Income Inequality«, S. 7.

115 Vogl, »Vorbemerkungen«, S. 13.

116 Letzteres meint etwa die Lösung des von Colin Crouch als privatisierter Keynesianismus bezeichneten Arrangements der letzten Dekaden: Crouch, »Privatised Keynesianism«; vgl. Streeck, Gekaufte Zeit.

117 An dieser Stelle ist besonders auf den Beitrag von Graham Hodgson hinzuweisen, der versucht, diese makroskopischen Rückkopplungsmechanismen autonomer privater Geldschöpfung als ein Ineinandergreifen mehrerer Kausalitätszirkel zu differenzieren: Hodgson, »Banking, Finance and Income Inequality«.

118 Orléan, The Empire of Value.

wird im dritten Kapitel unter einem anderen Gesichtspunkt eingegangen, deswegen sollen hier nur ein paar Anhaltspunkte gegeben werden, die plausibilisieren, dass es sich bei den von Minsky angedachten Mechaniken um tatsächliche Eigenschaften der Kreditpraxis handelt. Die stetig wachsenden Kreditvolumen der 1980er–2000er Jahre implizieren zunächst eine konsequent steigende Nachfrage nach neuen Schulden. Trotz stetig steigender Schuldvolumen und wachsender systemischer Risiken wurden die Erwartungen, welche Schuldner und welche Finanzierungsmodelle tragbar waren, zunehmend optimistischer. Das kann man an den sinkenden Risikoindikatoren sehen, etwa den fallenden Preisen für Kreditausfallversicherungen,[119] den steigenden realen *leverage ratios* (d.h. der Akzeptanz immer geringerer Eigenkapitalsicherungen),[120] der sinkenden Preisdifferenz pfandloser und besicherter Interbankenkredite,[121] dem wachsenden Sicherverlassen auf unbesicherte, kurzfristige Refinanzierungen und der zunehmenden Bereitschaft, illiquides Pfand zu akzeptieren.[122] Fast schon berüchtigt ist außerdem die Lockerung der Kriterien für Hypothekenschulden in den USA in den 2000ern,[123] aber auch die großen Zentralbanken erweiterten ihre Definition zentralbankfähiger Sicherheiten in diesem Zeitraum. Plausible strukturelle Annahmen und historische Erfahrungen sprechen dafür, dass die Kreditpraxis in stabilen Zeiten Kreditwürdigkeit nicht wie Rohstoffe verbraucht, sondern reproduziert und erweitert. Damit sind weder Spareinlagen oder Reserven noch Kapital oder Kreditwürdigkeit als Ressourcen zu verstehen, die eine Situation der Knappheit für private Banken konstituieren würden.

---

119 Ebd., S. 256.

120 FCIC, Report.

121 Heider/Hoerova, »Interbank Lending, Credit Risk Premia and Collateral«.

122 Singh/Stella, »Money and Collateral«.

123 Orléan, The Empire of Value, S. 251. Die Risikowahrnehmung von Hypothekenschulden von Schuldnern ohne Vermögenswerte und mit keinem oder geringem Einkommen und US-amerikanischen Staatsschulden glich sich immer mehr an, vgl. ebd.

Das Free-Lunch-Privileg

Private Banken ermöglichen durch Kreditvergabe heute Zahlungen unter nichtökonomischen Bedingungen. Das sind Zahlungen, die außerhalb des Nullsummenspiels liegen; sie setzen nicht voraus, dass zuvor Zugriffe auf etwas Knappes erfolgt sind. Damit wird eine in der Regel unhinterfragte Fundamentalannahme über eine Funktion, die Geld in eine Geldwirtschaft übernimmt, unterlaufen. »Der Gelderwerb«, schreibt Heiner Ganßmann im Einklang mit den Arbeiten von Luhmann und Baecker, die weiter oben zitiert wurden,

> »erfordert normalerweise Anstrengungen, Ressourcen müssen mobilisiert werden. Dazu gehört wesentlich, dass die Geldaneignung immer wieder erneuert werden muss, weil jeder Akteur die Geldmenge, die er erworben hat, nur einmal ausgeben kann.«[124]

Wäre dem so, könnte Geld tatsächlich als Medium der Dynamisierung von Knappheit gelten: Der gesellschaftliche Umgang mit endlichen Ressourcen, Energie und Zeit könnte dann dergestalt geregelt sein, dass jeder Zugriff auf ein solches Gut durch Zahlung nur deswegen funktioniert und legitim ist (d.h. widerspruchsfrei abläuft), weil diese Zahlung gleichzeitig den Verzicht auf knappes Geld bedeutet. Ein Verzicht, der einen Mangel nach sich zieht, der nur durch die Abgabe knapper Güter wieder kompensiert werden kann. Ganz im Sinne des Zitats von Ganßmann: Wer Geld ausgegeben hat, der muss normalerweise Ressourcen mobilisieren, um weiter ausgeben zu können. Im Nullsummenspiel Ökonomie sollen Zugriffe auf Geld nur dadurch möglich sein, dass man anderen Zugriffe auf Zeit oder Eigentum ermöglicht (Tausch), ebenso wie Zugriffe auf Zeit oder Eigentum nur durch Zahlungen möglich werden, also dadurch, dass man anderen den Zugriff auf die eigenen Geldvorräte gestattet.

Der so bestimmte ökonomische Normalfall wird von Banken bei der Kreditvergabe unterlaufen. In Wahrheit werden knappe Güter durch Zahlungen nicht nur umverteilt, sondern kreditbasierte Zahlungen ermöglichen Zugriffe auf knappe Güter, die vorher nicht mög-

---

124 Ganßmann, »Das Geldspiel«, S. 41.

lich gewesen wären – denen also keine Knappheitsvermehrung (durch Verkauf, also Geldeinnahme) vorangeht. Der Bankkredit ist heute ein Attest, das von der Teilnahme am Nullsummenspiel entlastet. Definiert man Wirtschaft als die Transformation, Distribution und Konsumption knapper Ressourcen, so fallen Banken aus diesem Schema heraus, sie bilden eine Anomalie der ökonomischen Praxis.

Natürlich sind Banken nicht erst seit dem Ende von Bretton Woods Produzenten von Kaufkraft. Schon Joseph Schumpeter hatte versucht, seine Fachkollegen davon zu überzeugen, Banken nicht länger als Händler, sondern vor allem als Hersteller ökonomischer Werte zu verstehen. Mit der Möglichkeit, die »Ware ›Kaufkraft‹« zu produzieren, erklärte Schumpeter, bilden Bankiers Triebwerk und Lenksystem ökonomischer Dynamik.[125] Allerdings bezieht sich diese Diagnose auf eine Praxis, die doch von der heutigen zu unterscheiden ist. Schumpeter betrachtet private Kaufkraftproduktion in sogenannten Garantiegeldordnungen.[126] In solchen Ordnungen, wie sie in der Neuzeit und Moderne die Regel waren, produzierten private Banken Buch- und Papiergeld, waren dabei aber abhängig von Vollgeldbeständen. Das aus Edelmetallmünzen oder -barren bestehende und staatlich hergestellte Vollgeld bildete die Rücklage des von Banken erzeugten zusätzlichen Geldes. Das Papier- und Buchgeld stellte ein Anrecht auf die Herausgabe von Vollgeld dar – es »garantierte« den Zugriff auf Vollgeld –, weswegen die Besitzer dieses Garantiegeldes stets in der Erwartung einer Garantiefähigkeit der Bank (Liquidität) gehalten werden mussten. Dabei konnten Banken – deswegen sind sie für Schumpeter bereits Produzenten von Kaufkraft – deutlich mehr eigenes Geld produzieren, als sie als Gegenwert in Reserve hatten. Schließlich wurde, war so ein System erst einmal etabliert, nur noch sehr wenig Vollgeld tatsächlich abgehoben. Banken brauchten schlussendlich nur einen kleinen Anteil, eine Fraktion (dort entstand jene Vorstellung, die noch heute fälschlich auf das Bankensystem angewandt wird) an Vollgeld zu besitzen, um ihr eigenes Garantiegeld zu sichern.

---

125 Schumpeter, Theorie der wirtschaftlichen Entwicklung, S. 110.

126 Vgl. zur Terminologie: Postberg, Macht und Geld.

Die Kaufkraftproduktion konnte so lange ausgeweitet werden, bis die Garantiegeldbesitzer Zweifel an dem Versprechen der Bank bekamen, ihre eventuellen Abhebungswünsche auch erfüllen zu können. So konnten *bank runs* entstehen und Banken in die (Vollgeld-)Insolvenz stürzen. Die Garantiegeldmenge war somit zwar nicht durch die verfügbare Vollgeldmenge streng determiniert, wohl aber beschränkt. Ebenso war die Herstellung von Edelmetallmünzen (Vollgeld) von der Verfügbarkeit des Materials abhängig. Da die Münzherren zwar den nominellen Wert einer Münze unabhängig von ihrem Metallgehalt ändern konnten (»Schrot und Korn«), kann man auch hier zwar nicht von einer Determinierung der Geldmengen durch die verfügbaren Materialvolumen sprechen, wohl aber von einer Begrenzung.[127] Diese Begrenzung wurde bis 1971 (unterbrochen von den monetären Ausnahmezuständen der Weltkriege) in den Goldkernwährungen mitgeführt. In Goldkernwährungen halten nicht mehr einzelne Banken, sondern Zentralbanken Reserven aus Edelmetall und geben auf dieser Grundlage Papier- und Buchgeld heraus, das dann den Banken wiederum als Reserven zur Verfügung steht.[128]

Die prinzipiell beliebig vervielfältigbaren Geldmittel aus Papier oder Bucheinträgen blieben dabei an eine nichtkontingente Knappheit rückgebunden. Das primäre Bedrohungsszenario für an die nicht-

---

127 Zur Geschichte von Geldsystemen und Banken: Davies, A History of Money; North, Kommunikation, Handel, Geld und Banken in der frühen Neuzeit; ders., Kleine Geschichte des Geldes; Postberg, Macht und Geld.

128 International beruhte dieses System im ausgehenden 19. und frühen 20. Jahrhundert auf dem sogenannten Goldautomatismus, der die Verfügbarkeit von Banknoten und Kontoständen an die materielle Substanz des Goldes koppelte. Der Wirtschaftshistoriker Michael North schildert diesen Mechanismus so: »Sobald der Kurs einer Währung im Vergleich zu einer anderen [...] anstieg, floss Gold aus dem Land der schwächeren Währung in das der stärkeren. Der Goldabfluss, das heißt die Verringerung der Reserven, führte zur Einschränkung des Notenumlaufs, zum Anstieg der Zinsen und letztendlich zu Preissenkungen in dem einen Land, während der Goldzufluss in dem anderen Land den Notenumlauf ausweitete, die Zinsen senkte und damit den Preisanstieg begünstigte. Wenn dieser Punkt erreicht war, drehte sich der Goldstrom um, das Gold floss in das Land mit den höheren Zinsen und der größeren Goldnachfrage«, North, »Geld- und Bankenkrisen in Mittelalter und Neuzeit«, S. 51.

kontingente Knappheit der Edelmetalle gekoppelten Geldordnungen war stets der Mangel an Material. In Naturalgeldwirtschaften war man Populationsentwicklungen und natürlichen Prozessen ausgeliefert, die Vollgeldwährungen erlaubten Spielräume der Kontingenz abseits materieller Endlichkeit. Dennoch mussten Geldproduzenten weiterhin um ein Material konkurrieren, das eventuell anderweitig verwendet oder gestohlen wurde, sich abrieb und verloren ging oder dessen Quellen unerwartet versiegten.[129] Die Abhängigkeit vom Material zeigte sich in Garantiegeldsystemen vor allem in Krisenzeiten, konnte doch einer Irritation des Vertrauens in die Garantiefähigkeit der Banken nur mit Material und nicht mit mehr Papier- oder Buchgeld begegnet werden. Ein *bank run* forderte nicht Garantie-, sondern Vollgeld. Als etwa im Jahr 1857 die Banken der amerikanischen Ostküste in Zahlungsschwierigkeiten gerieten, stach in Kalifornien ein mit Gold- und Bargeldbeständen beladenes Schiff, die *SS Central America,* in See. Als es unglücklicherweise sank, löste die Nachricht einen Crash der Wallstreet und einen Ansturm der Anleger auf die Banken aus.[130] Ganz anders Hamburg: Hier wurde eine drohende Insolvenz der Geldhäuser im Herbst desselben Jahres durch das rechtzeitige Eintreffen eines Zugs aus Österreich abgewendet, der fünfzehn Millionen Mark in Silber mitbrachte. Auch Garantiegeldordnungen waren mit dem Bedrohungsszenario des Materialmangels konfrontiert, der nunmehr als Ereignis plötzlicher Konkurrenz und nicht mehr als Prozess der Verschärfung von Zugriffsausschlüssen im Raum stand.

Das System von Bretton Woods war der bisher letzte Versuch, eine Garantiegeldwährung zu konstruieren, und auch dieser Versuch geriet durch einen Mangel am Reservematerial in Bedrängnis.[131] In

129 Die ganze Münzgeschichte des mittelalterlichen und neuzeitlichen Europas ist letztendlich eine Aneinandereihnung von Versuchen, Geldmangel zu beheben.

130 Ob die Krise tatsächlich durch das Nichteintreffen der Schiffsladung erklärt werden kann, ist allerdings umstritten: Calomiris/Schweikart, »The Panic of 1857«.

131 Für eine ausführliche Darstellung dieser internationalen Währungsordnung siehe: Bordo, »The Bretton Woods International Monetary System«; für das Scheitern vgl. außerdem Davies, A History of Money, S. 522f.; Burhop/Becker/Bank, »Deutschland im Weltwährungssystem von Bretton Woods«, S. 224f.

diesem sogenannten Gold-Dollar-Standard befanden sich die Edelmetallreserven im Besitz der US-amerikanischen Zentralbank, die auf dessen Grundlage Dollar schöpfte. Die Dollardevisen dienten als Anrechtsscheine auf Gold wiederum den nationalen Notenbanken als Reserve, die auf dieser Grundlage dieser Garantiegeldbestände wiederum nationales Garantiegeld, etwa die Deutsche Mark, herstellten. Die nationalen Währungen waren durch einen »fixen« Wechselkurs an den Dollar gekoppelt, wobei die Fixierung durch Devisenkauf und -verkauf durch die nationalen Notenbanken aktiv performiert werden musste. In den 1950er und 1960er Jahren führte nun eine konstant steigende externe und interne Nachfrage nach Dollarkapital zu einer stetigen Ausweitung der Reservewährung, die letztendlich Zweifel an der Garantiefähigkeit der amerikanischen Federal Reserve aufkommen ließ. Die Goldreserven der USA flossen ins Ausland, zwischen 1958 bis 1968 verlor die FED im Durchschnitt 1,7 Milliarden Dollar in Gold pro Jahr.[132] In dieser Situation eines gefährlichen und beständigen Bilanzdefizits versprach die Entkopplung von Geld und Material ökonomische Prosperität ohne die Gefahr eines Mangels, die die Geldgeschichte so lange begleitet hatte. So jedenfalls hatte, einige Jahre bevor Richard Nixon die Verbindung zwischen dem Dollar und dem Goldreserven endgültig ad acta legte, dessen Vorgänger argumentiert. Im Februar trat Lyndon B. Johnson vor den amerikanischen Kongress und berichtete vom steigenden Druck auf die monetäre Verwaltung der USA. Durch das notorische Außenhandelsdefizit flossen kontinuierlich mehr Dollar in die Welt als durch Exporte zurückkamen. Die Nachfrage der amerikanischen Währung war groß, aber die Goldmengen, die der Dollarproduktion zugrunde lagen, wuchsen nicht im gleichen Tempo mit. Weil man nicht mehr genug Gold zur Verfügung hatte, um die gewünschten Dollarmengen herstellen zu lassen, forderte Johnson vom Kongress die Aufhebung der Kopplung von Dollar an Gold.[133] Damit schlug er nicht weniger vor, als die Kündigung der traditionellen Bindung von Zahlungsmitteln an eine nichtkon-

---

132 Burhop/Becker/Bank, »Deutschland im Weltwährungssystem von Bretton Woods«, S. 202.

133 Vgl. Duncan, The New Depression, S. 1f.

tingente Knappheit. Besonders Johnsons Begründung für diesen Vorschlag ist bemerkenswert: Zunächst beruhigt er die Kongressmitglieder mit dem Hinweis, dass sich der »Mythos«, man müsse Währungen an Edelmetalle binden, längst als falsch herausgestellt habe.[134] Binden müsse man die Geldschöpfung lediglich an ein *funktionales Äquivalent*, dessen Substanz letztlich egal sei. Würde man statt Gold eine immaterielle Reservewährung verwenden, die politisch knapp gehalten würde, um in dieser Hinsicht mit dem Gold funktional identisch zu sein, so könne man viel flexibler auf die Bedürfnisse der Wirtschaft reagieren.[135] Johnson versprach eine kontingente, beliebig herstellbare Knappheit als globale Reservewährung, an der es nie wieder mangeln müsste.[136] Gestützt auf die Kontrollvorstellungen der neoklassischen (und insbesondere monetaristischen) Geldtheorie, die in diesem und im ersten Kapitel bereits aufgerufen wurden, unterstellte Johnson (und nach ihm Nixon), dass sich die nichtkontingenten Reserven so beschränken ließen, als seien sie eine physische Ware.[137] Diese Simulation der Knappheitscharakteristik materieller Substanzen im Me-

---

134 »The gold reserve requirement against Federal Reserve notes is not needed to tell us what prudent monetary policy should be – that myth was destroyed long ago. [...] It [the gold, A. S.] is not needed to give value to the dollar«, Johnson, »Annual Message«.

135 »The world can no longer [...] depend on gold. Gold production has been levelling off in the face of rising industrial use and a steady drain into private hoards. What is needed is a reserve asset universally acceptable as a supplement to gold and dollars, that can be created in the amount needed to meet the desired expansion of world reserves«, Johnson, »Annual Message«.

136 Zu diesem Zeitpunkt spekulierten viele Anleger darauf, dass die Garantiegeldbesitzer das Vollgeldmaterial Gold einfordern würden, und trieben damit, weil die Goldvorräte nun einmal endlich sind, den Goldpreis in die Höhe. Johnson zentrales (ökonomisches) Anliegen in dieser Rede ist es, diesen Trend zu durchbrechen: »In September, the member nations of the IMF reached agreement on plans to create by deliberate cooperative action a new form of world reserves, supplementing gold and the dollar. Once this plan comes into full operation, the vulnerability of the present system to speculation should gradually fade away, and so should any threat of a possible future strangulation of the growth of world trade and production«, Johnson, »Annual Message«.

137 Ingham, The Nature of Money, S. 29.

dium immaterieller Reserven hat, wie gesehen, versagt, weil sich Gold und Buchgeldreserven nämlich doch deutlich unterscheiden. Kann eine nichtkontingente Knappheit – deswegen ist sie nichtkontingent – eben in der Praxis als knapp gelten, ohne dass diese Knappheit zum Gegenstand von Aushandlungsprozessen wird, so trifft das eben nicht auf eine kontingente Knappheit wie immaterielle Buchgeldreserven zu. Deren Knappheit kann im Bedarfsfall immer selbst infrage gestellt und Reserveguthaben daraufhin nachproduziert werden. Stoffwertlose Reserven sind demnach kein vollständiges funktionales Äquivalent für stoffwertliche Reserven. Zwar ergibt sich die Entkopplung der Kreditpraxis von Knappheit erst im Zusammenspiel von gegenüber den Zentralbankreserven autonomen Banken, der Ineffizienz von Kapitalregulierungen und der nichtknappen Struktur von Kreditwürdigkeit, doch lässt sich Nixons Entscheidung 1971 als Fundament dieses Bedingungsgefüges identifizieren. Nixon hat somit keinesfalls einen real folgenlosen Systemwandel initiiert, wie Kellermann in dem in der Einleitung aufgerufenen Zitat behauptete.

Greg Waldens Horrorvision der Erzeugung von Vermögen aus dem Nichts im Sektor privater Banken ist heute Alltag. Diese Einsicht ist für eine Theorie des Kredits entscheidend: Banken sind keine Logistikunternehmen, die Kapitalien von A nach B verschieben, sondern sie akzeptieren und geben Zahlungsversprechen; im Bankensektor werden keine Mittel transferiert, sondern Handlungschancen in Form neuer Kaufkraft generiert. Die Vorstellung, Banken würden auf einem Markt operieren, also Tauschtransaktionen unter der Bedingung von Knappheit durchführen, ist obsolet. Nicht einmal, so hat etwa Geoffrey Ingham argumentiert,[138] die zu diesem Konzept notwendig gehörigen Funktionsrollen lassen sich noch differenzieren. Bei der Bilanzverlängerung und dem mittellosen Vermögenskauf weisen Banken ihren Kunden für ein Aktivum ein *eigenes* Zahlungsversprechen aus, nämlich Buchgeld. Im Kreditakt werden also nicht nur *ein* Schuldner und *ein* Gläubiger hervorgebracht, sondern zwei Parteien akzeptieren sich wechselseitig in beiden Rollen. Wer neues Gut-

138 Ebd., S. 136–141.

haben in Empfang nimmt und den künftigen Ausgleich einer Schuld dafür verspricht, wird sowohl Schuldner der Bank als auch ihr Gläubiger, weil jeder Kontobegünstigte ein Gläubiger seiner Bank ist. Wenn ein Unternehmer also seine Kunden aufgrund noch nicht generierter Zuflüsse von Zahlungsmitteln per Überziehung bezahlt, anstatt ihnen einfach einen selbst unterzeichneten Schuldschein auszustellen, so ersetzt er seine eigene Kreditwürdigkeit (die ihm die Bank mit der Akzeptanz eines Kredit bescheinigt hat) durch die politisch angereicherte Kreditwürdigkeit der Bank. Banken bieten also an, mit ihrer eigenen Kreditwürdigkeit Salden auszugleichen. Schließlich müssen die Kontobegünstigten davon ausgehen, dass sie von der Bank auch dann Zahlungen erwarten können, wenn Teile ihrer Anlagen ausfallen, also Aktiva an Wert verlieren oder Kredite nicht beglichen werden. Da durch den Akzeptanzakt eines eingegangenen Kredits wechselseitig Kreditwürdigkeit attestiert wird und damit alle Voraussetzungen der Geldschöpfung erfüllt sind, lässt sich der Bankensektor nicht mehr als ein Markt beschreiben. Es ist dann nämlich nicht möglich, für eine marktförmige Praxis aber nötig, zwischen einem Angebot und einer davon zu differenzierenden Nachfrage nach Geld zu distinguieren.[139] Mit der Entkopplung der Geldschöpfung von Gold haben Banken das Privileg eines Free Lunchs[140], sie können Zahlungen in sozialen Situationen realisieren, in der sich keine verlässlichen Knappheitsstrukturen identifizieren lassen; es muss nicht mehr *zunächst* etwas eingebracht werden, um den Vorgang in Bewegung zu setzen.

Es überrascht deswegen nicht, dass der Bankensektor seit der Umstellung auf eine kontingente Knappheit deutlich schneller expandiert als zuvor. Das Verhältnis von Bankanlagen zur Wirtschaftsleistung war zwischen 1870 und 1970 im Durchschnitt um weniger als 6 Prozent

139 »Given there is no necessary limit to the volume of credit and debt that can be created by private, commercial banks then credit is essentially a free good – not subject to finitude, or the market forces of supply and demand«, Pettifor, Just Money. Dieser Essay wurde als E-Book veröffentlicht und enthält keine Seitenzahlen. Vgl. für eine ähnliche Formulierung: Pettifor, »The Green New Deal«, S. 39.

140 Huber/Robertson, Creating New Money, S. 32.

pro Jahrzehnt gewachsen. Danach beschleunigte sich diese Expansion auf etwa 30 Prozent pro Jahrzehnt.[141]

Damit ist nun schließlich das Fundament der Rekonstruktion jener Transformation des Geldes angelegt, die in der Einleitung angekündigt wurde. Denn bevor sich zeigen lässt, inwiefern sich »das Geld« seit dem Ende von Bretton Woods verändert hat, musste geklärt werden, was »das Geld« eigentlich in einem soziologisch gehaltvollen Sinne bezeichnet. Dabei standen sich die traditionelle Vorstellung von einem in eine Praxis der Tauschtransaktionen (wechselseitige Distributionsentscheidungen) eingebetteten wertvollen Objekt – die Warentheorie – und die Vorstellung von Geld als einer Praxis der Knüpfung und Terminierung interdependenter Beziehungen – die Kredittheorie – gegenüber.

Gegen die orthodoxe Metatheorie wurden drei unterschiedlich starke Argumente ins Feld geführt. Das Argument der genealogischen Adäquatheit behauptete, die Kredittheorie ermögliche eine solidere Geschichte des Geldes und sei deswegen vorziehen. Dieses Argument gewinnt seine Plausibilität vor allem aus dem Umstand, dass orthodoxe Geldtheorien selbst sehr häufig genealogisch argumentierten. Es konnte allerdings, zu diesem Schluss kam das zweite Kapitel, für sich genommen nicht überzeugen. Das Argument der konstitutiven Adäquatheit merkte an, dass das meiste Geld heute rechtlich betrachtet tatsächlich als Zahlungsversprechen – also als Beziehung – existiert und dieser Umstand durch die Warentheorie vernachlässigt wird. Ein wirklich zwingendes Argument lässt sich daraus aber erst entwickeln, wenn man sich klarmacht, wieso diese Geldformen tatsächlich nicht als Formen gewöhnlicher ökonomischer Tauschtransaktionen gedeutet werden können, wie es die gängigen Theorien des Kredits nahelegen.

Mit der Identifikation des *Free-Lunch-Privilegs* privater Banken in diesem Kapitel ist das dritte Argument der praxeologischen Adäquatheit nun vervollständigt und zugunsten der Kredittheorie des Geldes entschieden. Kredite lassen sich heute nicht mehr einer tauschlogi-

141 Haldane, »On Being the Right Size«.

schen Axiomatik unterordnen – sie sind nicht das Ergebnis von Distributionsentscheidungen, sondern sie sind kreativ-kooperative Momente der Beziehungsbildung. Beschreibt die Warentheorie des Geldes monetäre Praxis – das mit der Kategorie des Geldes aufgerufene Aktivtätsfeld – als Dorfmarkt, als Tauschtransaktionen von Geld- und Wareneigentümern, so ist mit der Kredittheorie hingegen eine Praxis der Knüpfung, Aufrechterhaltung und Terminierung von Versprechensbeziehungen aufgerufen. Die Teilnehmer dieser Praxis sind Gläubiger und Schuldner und nicht die Eigentümer des Dorfmarkts. Diese theoretische Klarstellung bedeutet nicht, dass die Gläubiger und Schuldner nicht auch Eigentümer sind. Lediglich ist mit dieser Umstellung eine andere praktische Logik angesprochen, die sich nicht aus der Beobachtung zeitpunktmäßiger Transaktionen ableiten lässt, sondern aus der Beobachtung der Entstehung befristeter, interdependenter Beziehungen.

Das folgende Kapitel schickt sich nun an, einen Vorschlag zu entwickeln, wie eine solche Rekonstruktion aus der Perspektive einer Makrosoziologie der Praxis vonstattengehen könnte. Dabei wird auf eine andere Weise als bisher nach dem Kontext von Krediten gefragt.[142] Nach der nun erfolgten Überprüfung, inwieweit Kredite in einem Kontext entstehen bzw. vollzogen werden, der durch Knappheit gekennzeichnet ist, wird nun nach Krediten im Kontext von Vertrauen und Misstrauen gefragt. Damit wird die Kreditpraxis im Unterschied zur Dorfmarktinterpretation als Aktivitätsfeld der Reproduktion riskanter, interdependenter Beziehungen jenseits des ökonomischen Normalfalls ernst genommen.

---

142 Das dritte Kapitel hatte zuvor die Soziologie der Praxis als eine empirische Suchstrategie verstanden, bei welcher Charakteristik und Funktionsweise von sozialen Aktivitäten aus ihrem Kontext, also im weitesten Sinne: ihrer Organisation rekonstruiert werden.

5 Vertrauen und Misstrauen

Im Oktober 2009 wurde der Inselstaat Island aus der Weltgesellschaft verbannt: Die letzte Filiale des Franchise-Riesen McDonalds – immerhin einer der Symbolgeber der komplexen gesellschaftlichen Veränderungen, die man gewöhnlich unter »Globalisierung« zusammenfasst[1] – musste wegen immens gestiegener Preise für deutsche Zwiebeln ihre Pforten schließen.[2] Dass es heute keine nach globalen Standards hergestellten Fleischbrötchen in Reykjavík mehr gibt, ist auf den Kollaps des Bankensektors der Inselnation im Zuge der Finanzkrise von 2008 zurückzuführen. Ein Bankensektor, den es in dieser Form wenige Jahre zuvor noch gar nicht gab und der kurz vor seinem Zusammenbruch ungefähr zehnmal so groß war wie die restliche Wirtschaft der Insel. Die Transformation Islands von einer Fischereiinsel zum Vorzeigehafen des Finanzkapitalismus stellt eine Art »nachholende« Brennglassituation für die Restrukturierungen des globalen Finanzsystems seit etwa den 1980er Jahren dar, die als »New Financial Architecture«[3] bezeichnet werden und ein »Goldenes Zeit-

1 Ritzer, Die McDonaldisierung der Gesellschaft.

2 Da viele der für die Herstellung von Hamburgern notwendigen Zutaten, auch aufgrund von Vorschriften des Franchisegebers, des einheitlichen Geschmacks wegen aus Deutschland importiert werden mussten, war der Restaurantbetreiber von Rohstoffpreisen ebenso abhängig wie von Wechselkursen. Diese hatten sich, vor allem durch eine gegenüber dem Euro um 80 Prozent im Wert gefallenen Dänischen Krone, in den vorangehenden Jahren so stark verteuert, dass sich die Burgerherstellung nicht mehr rentierte, vgl. »Kein Big Mac mehr auf Island«, Faz.net, 27. 10. 2009; vgl. Batty, »McDonald's to quit Iceland as Big Mac costs rise«.

3 Crotty, »Structural Causes«.

alter«[4] der Geldwirtschaft auslösten. Durch die Restrukturierungen der Hochfinanz seien die Geschäfte der Banken, schrieb Martin Mayer schon Mitte der 1990er Jahre, nicht mehr wiederzuerkennen.[5] Es reicht deswegen nicht, die teleologische Relationierung von Privatbanken und Zentralbanken zu reflektieren. Man muss darüber hinaus der »changed nature«[6] der Kreditpraxis innerhalb der neuen Finanzarchitektur Rechnung tragen. Damit die mit diesem Label aufgerufenen Struktureigenschaften der Praxis systematisiert werden können, soll in diesem Kapitel ein Vorschlag entwickelt werden, der an die negative Diagnose des letzten Kapitels, die Kreditpraxis sei nicht als Markt, ja nicht einmal als ökonomische Praxis im Allgemeinen zu klassifizieren, anschließt. Schließlich wurde bisher argumentiert, der Wechsel von einer warenlogischen zu einer kreditlogischen Geldtheorie mache es nötig, die Beschreibung der mit dem Geldbegriff aufgerufenen Praxis von zeitpunktmäßigen Transaktionen auf die Ausbildung, Aufrechterhaltung und Lösung von Beziehungen umzustellen. Kredite sind als Zahlungsversprechen befristete Beziehungen, die durch Erwartungen der Einlösung des Versprochenen möglich werden. Aus praxissoziologischer Perspektive schließt sich an die bisherigen Überlegungen nun die Frage an, wie diese Erwartungen selbst möglich werden. Es geht bei dem hier angestrebten Verfahren einer makroskopischen Praxissoziologie nicht um die psychologistische Suche nach den Gründen und Rationalisierungen einzelner Entscheidungen, sondern wieder um den Kontext, in dem (bloß vermeintlich) einzelne Kreditbeziehungen möglich werden.

Dieses Kapitel wendet sich damit von den teleologischen Strukturen des Kredits ab, die im vorhergehenden Kapitel im Mittelpunkt standen. Stattdessen geht es nun um das, was in der Praxissoziologie von Reckwitz, Schatzki und anderen *Verständnis* genannt wird – ein Verständnis der Teilnehmer davon, wie und warum die Aktivitäten so und nicht anders funktionieren, wie sie funktionieren. Dieses Ver-

4 Vgl. Crotty, »If Financial Market Competition is so Intense«; Warner, »After Barclays«.

5 »Banking […] changed beyond recognition«, Mayer, The Bankers, S. 17.

6 Pozsar, »The Rise and Fall of the Shadow Banking System«, S. 13.

ständnis kann je nach Praxis, die unter Beobachtung steht, oder der Referenzweise, die durch den Forschenden gewählt wird, ganz unterschiedlich konzipiert werden. Wer etwa verstehen möchte, wie Fahrradfahren funktioniert, der wird vor allem auf sensomotorische Reiz-Reaktions-Muster des fahrenden Körpers abstellen, die eine koordinierte Bewegung von Hand und Fuß in Angesicht eines ausgestreckten Arms an einer Kreuzung ermöglichen, die man als Bremsen beobachten kann. Eine auf Basis einer flachen Ontologie argumentierenden makroskopischen Praxistheorie kann ihr Konzept von diesem ein Aktivitätsfeld ordnenden Verständnis aber nicht auf inkorporiertes Know-how beschränken. Der praxissoziologische Verständnisbegriff, so wurde bereits weiter oben erklärt, bezieht sich nicht exklusiv auf inkorporiertes Know-how, sondern unterstellt schlicht, dass Praxen eben nicht nur durch Teleologien und Regeln, sondern auch durch die Verstetigung von Erwartungen des Fortbestands des sozialen Normalfalls geordnet sind. Diese Erwartungen sind nun ebenfalls keine individuell-persönlichen Eigenschaften, sondern rekonstruktive Zuschreibungen, die sich aus der Beobachtung des Normalfalls selbst ergeben. Solche Beobachtungen benötigen eine Beobachtungsheuristik, die im Folgenden entwickelt wird. Um dieses Vorhaben zu plausibilisieren, lohnt ein etwas genauerer Blick nach Island.

Islands Erwartungsklima

Bis zur Jahrtausendwende war die Wirtschaft Islands eng in das politische System eingebettet und der Finanzsektor nur rudimentär entwickelt.[7] Bis zum Ende der 1980er waren die Kapitalströme im Land in der Hand der Regierung, die den verschiedenen Industrien Rationen zuteilte.[8] Die drei größten Banken waren in Staatseigentum.[9] »If you wanted a large loan«, schreibt Robert Wade, »you had a better chance by going to a bank linked to the political party you and your

7 Danielsson/Zoega, »The Collapse of a Country«, S. 1.

8 Wade, »Iceland as Icarus«, S. 9.

9 Benediktsdóttir/Danielsson/Zoega, »Lessons From a Collapse«, S. 188.

family belonged to.«[10] Die drei Gouverneure der Zentralbank wurden ähnlich der Führungsriege der Öffentlich-Rechtlichen Rundfunkanstalten in Deutschland, nicht nach Qualifikation, sondern nach Parteinähe besetzt.[11] In den 1970er Jahren versammelte sich um die Herausgeberschaft einer Zeitschrift mit dem Titel *Lokomotive* eine Gruppe, die sich der Promotion liberaler ökonomischer Theorien in ihrer Heimat verschrieben hatte.[12] Eine zentrale Figur dieser Gruppe war David Oddsson, der schließlich 1991 die Regierungsgeschäfte der Insel übernahm. Vom Wunsch nach Unabhängigkeit motiviert und mit einer angeschlagenen Wirtschaft konfrontiert, ließ sich Island unter neuer Führung auf ein radikales Liberalisierungsexperiment ein. Nicht zuletzt mit dem Ergebnis der Eröffnung der ersten McDonalds-Filiale in Reykjavík im September 1993. Dieses Ereignis wurde als ein Symbol für die Abkehr vom »introvertierten Sozialismus« der Nachkriegszeit verstanden. Premierminister David Oddsson war selbst anwesend und biss in das erste der standardisierten Fleischbrötchen.[13] Neben neuen kulinarischen Erfahrungen brachten die 1990er aber vor allem eine Lockerung der Kapitalkontrollen, Steuersenkungen, die Gründung einer eigenen Börse und die Privatisierung der Banken. Kaupthing (vorher: Bunardabanki), Glitnir und Landsbanki waren bis dahin staatlich streng kontrollierte Finanzierungsanstalten der heimischen Industrie, mit kaum nennenswerten Bestrebungen, über die Inselgrenzen hinauszuwachsen. Das änderte sich nun: Die neuen Eigentümer, allesamt in direkter oder indirekter Verbindung zu den politischen Vorbesitzern, adaptierten die Geschäftsmodelle der globalen Big Player, und der isländische Bankensektor begann zu expandie-

10 Wade, »Iceland as Icarus«, S. 10.

11 Ebd., S. 10; vgl. Gissurarson, »Miracle on Iceland«.

12 Wade/Sigurgeirsdóttir, »Iceland's Meltdown«, S. 59.

13 »The first McDonald's in Iceland opened in Reykjavík on 9 September 1993. The Icelandic economy had long been dominated by nationwide co-ops but the fast food giant's arrival was, for many, a signal that the resource-rich Nordic state was finally embracing the global market. Iceland's political classes could barely hide their enthusiasm – then prime minister, Daví Oddsson was pictured sinking his teeth into the first McDonald's hamburger sold in Iceland«, Hubijbens/Porsteinsson, »Letters From Iceland«, S. 20.

ren.[14] 1994 trat Island der European Economic Area (EEA) bei und schuf so durch die damit verbundene Übernahme internationaler Regulationsprinzipien und -richtlinen die Grundlage für die finanzwirtschaftliche Wachstumsgeschichte. Die Liberalisierungen des Kapitals hoben Island vom 53. Rang auf der Skala des Economic-Freedom-of-the-World-Index im Jahr 1975 auf den neunten im Jahr 2004.[15] Das *Wall Street Journal* würdigte das neoliberale Deregulierungsprojekt in Island als »die größte Erfolgsgeschichte der Welt«.[16]

In der Hochphase ihrer Expansion von 2004 bis 2008 wuchsen die Bilanzsummen der drei größten isländischen Banken – häufig schlicht die »Großen Drei« genannt – um durchschnittlich etwa 50 Prozent, und das jährlich. Das BIP war im selben Zeitraum nur um durchschnittlich 5,36 Prozent jährlich gewachsen. Eine Geschwindigkeit, die auch im internationalen Vergleich bemerkenswert ist. Die beiden größten irischen Banken etwa schafften es im selben Zeitraum »nur« auf 20 Prozent Jahreszuwachs. Das Ergebnis dieses rasanten Wachstums ist ein Bankensystem, dessen Anlagen die Gesamtleistung der isländischen Wirtschaft um ein Vielfaches überstiegen. Die Vermögenswerte der Banken wuchsen relativ zum BIP von gut 100 Prozent im Jahr 2004 nach Berechnung des IWF auf 923 Prozent im Jahr 2007.[17] Das beispiellose Wachstum seiner Banken beschleunigte den Aufschwung der Insel. Der neu gegründete Aktienindex ICEX stieg von 2103 Punkten 2004 auf einen Spitzenwert von 9016 Punkten am 18. Juli 2007.[18]

Als im Sommer 2007 die Preise für die mit amerikanischen *Subprime*-Hauskrediten abgesicherten Schuldpapiere drastisch sanken und die internationalen Finanzmärkte fast zum Erliegen kamen, begannen die isländischen Großen Drei zu fallen. Kaupthing, Glitnir und

14 Benediktsdóttir/Danielsson/Zoega, »Lessons From a Collapse«, S. 188.
15 Wade/Sigurgeirsdóttir, »Iceland's Meltdown«, S. 134.
16 Gissurarson, »Miracle on Iceland«, Übersetzung A. S.
17 IWF, »Iceland: Financial System Stability Assessment – Update«, S. 11. Benediktsdóttir/Danielsson/Zoega, »Lessons From a Collapse«, S. 186, sprechen hingegen von 174 Prozent im Jahre 2003 und 744 Prozent 2008.
18 Flannery, »Iceland's Failed Banks«, S. 96.

Landsbanki waren im hohen Maße abhängig von kurzfristigen Finanzierungen durch eben diese internationalen Märkte, und so waren sie handlungsunfähig, als 2007 Schuldpapiere im Wert von über zwei Milliarden und 2008 noch einmal von drei Milliarden ausfielen.[19] Dieses Wegbrechen der Anlageseite ihrer Bilanzen war nicht mehr auszugleichen. Angestoßen von der Veröffentlichung eines internen Kaupthing-Dokuments durch die Internetplattform Wikileaks, die erhebliche Zweifel an der Solvenz der Bank verstärkte, kollabierte das eng vernetzte Bankensystem in einer trüben Herbstwoche im Oktober 2008 und musste vom Staat zurückgekauft werden. Dieser Schock blieb natürlich nicht ohne Folgen für den Rest der Insel. Kaum ein Land wurde so hart von der Finanzkrise getroffen wie Island. Der Wertpapiermarkt brach um 75 Prozent ein.[20] An seinem tiefsten Punkt hatte der isländische Aktienindex nur noch 5 Prozent des Wertes, den er gerade einmal ein Jahr zuvor – ein historisches Allzeithoch – erreicht hatte. Schließlich musste er abgeschafft werden. Der am Aktienmarkt verlorene Wohlstand wird auf 150 Prozent des Bruttoinlandsproduktes beziffert.[21] Im Jahr 2007 noch das fünftreichste Land der Welt, stand Island im Jahr 2011 nur noch auf Platz 25.[22] Der einst solvente Staat war mehr als angeschlagen. Betrugen die Staatsschulden relativ zum Bruttoinlandsprodukt 2007 noch 29 Prozent, waren sie durch die Rettungsaktionen bis 2010 auf 120 Prozent angewachsen.[23] Die Nettoauslandsschulden des Landes stiegen von 90 Prozent des BIP im Jahr 2000 auf 240 Prozent im Jahr 2006.[24] Die Realwirtschaft, obwohl aus heutiger Sicht weniger dramatisch getroffen als zunächst befürchtet, konnte dem Druck nicht standhalten.[25] Als im Jahr

19 Hreinsson/Gunnarsson/Benediktsdóttir, »Causes of the Collapse of the Icelandic Banks«, S. 6.

20 Vgl. Benediktsdóttir/Danielsson/Zoega, »Lessons From a Collapse«, S. 196.

21 Vgl. ebd., S. 201.

22 Zumindest nach dem *CIA World Factbook* von 2012.

23 Vgl. Benediktsdóttir/Danielsson/Zoega, »Lessons From a Collapse«, S. 201.

24 Zoega, »A Spending Spree«.

25 Auch ist ob der gestiegenen privaten Verschuldung zu befürchten, dass der vorgezogene Konsum den Effekt der Krise vertagt hat. Schulden privater Haushalte

2008 ein Drittel der isländischen Bevölkerung über Emigration nachdachte,[26] hatten sie gemessen an den fiskalischen Kosten relativ zum BIP die teuerste jemals verzeichnete Bankenpleite in einer entwickelten Volkswirtschaft erleben müssen.[27]

In weniger als einem Jahrzehnt haben sich die isländischen Banken von lokalen Dienstleistern für Fischereibetriebe in Global Player verwandelt und Island Zahlungsversprechen im Wert von 143 Milliarden Euro bei einem Bruttoinlandsprodukt von 10–14 Milliarden Euro beschert. Um dieses Ausmaß an Kreditexpansion zu verstehen, reicht es sicherlich nicht aus, auf die Autonomie von Banken hinzuweisen. Vielmehr muss die Transformation, die nicht nur Island, sondern etwa auch die Ökonomien der USA und Europas durchlaufen haben, aus praxissoziologischer Perspektive als Kontext von Kreditakten in Anschlag gebracht werden.

Zu diesem Zweck scheint es ratsam, auf die naheliegende Verbindung von Versprechen und Vertrauen abzustellen. Das zweite Kapitel hatte die verbreitete, aber irrige Annahme verabschiedet, die Interaktionen von Banken sollten theoretisch als eine Praxis des tauschförmigen Umgangs mit politisch kontrollierten und damit knappen Ressourcen gedeutet werden. Wir haben es nicht mit einer seriellen Verkettung singulären Besitzumschlags zu tun, sondern mit einer Praxis sich wechselseitig ermöglichender, privat bilanzierter Zahlungsversprechen, in der kein Treibstoff verbraucht wird, sondern Zukunft als erwartete Zahlungen ständig kodifiziert wird. Es stellt sich nun die simple, aber nicht ganz einfach zu beantwortende Frage, wie eine solche Praxis aus Versprechen ihre eigene Kontinuität organisiert. Dazu bietet sich an, den Vorschlag von Hyman Minsky ernst zu nehmen, der zum Ende des letzten Kapitels thematisch wurde. Der postkeynesianische Ökonom hatte Umfang und Gestalt der Finanzierungsweisen oder Schuldformen auf so etwas wie ein Erwartungsklima zurückgeführt, in dem sich nicht mehr von vornherein zwischen Anbietern

---

stiegen von durchschnittlich 160 Prozent des verfügbaren Jahreseinkommens im Jahr 2000 auf 240 Prozent 2006, Zoega, »A Spending Spree«.

26 Danielsson, »The First Casualty of the Crisis: Iceland«, S. 9.

27 Laeven/Valencia, »Systemic Banking Crises Database: An Update«.

und Nachfragern (tauschlogische Verfassung) unterscheiden lässt, sondern Umfang und Gestalt der Praxis als wiederholtes Kooperieren von sich wechselseitig als Gläubiger und Schuldner akzeptierenden Akteuren gedacht wird. Diese kreditlogische Denkfigur bleibt allerdings insofern individualistisch (und damit ökonomisch), als sich Minsky als Ökonom auch in dieser Hinsicht letztendlich für die Kalküle einzelner Haushalte interessiert. Der individualistisch verfasste Begriff des Erwartungsklimas muss deswegen nun zunächst in ein praxistheoretisches Konzept von Vertrauen in die Kontinuität eines Ver- und Entschuldungsprozesses übersetzt werden.[28]

Was bedeutet es zu vertrauen?

Wenn man über Geld als Kreditbeziehung spricht und Kredite soziologisch als Versprechen bestimmt, dann redet man natürlich nicht von Sprechakten, sondern von durch Gläubiger akzeptierten und kodifizierten Versprechensbeziehungen. Zum Gewebe von Krediten zählen nicht jene Versprechen, die folgenlos in den Raum hineingerufen werden, sondern nur solche, die ein Gegenüber finden, das dem Versprechenden vertraut. Erst wenn der Gegenüber das Versprechen akzeptiert, gilt es, und der Sprecher wird zum Versprechenden und sein Gegenüber zum vertrauenden Empfänger eines Versprechens. Kreditgeld basiert demnach völlig unabhängig davon, ob es bei der *Geldverwendung* auf Vertrauen ankommt,[29] auf dem Vertrauen in das Versprechen des Guthabens selbst. Was aber heißt es, in einem praxissoziologischen Sinne, jemandem zu vertrauen?

28 Minskys Konzept eines Erwartungsklimas ist insofern nicht zu verwechseln mit der geläufigen ökonomischen Erklärung für die Expansion der Kreditbeziehungen, die auf, etwa in den Bonuszahlungen begründete, *Anreizstrukturen* für eine erhöhte Risikobereitschaft abstellt (siehe etwa: Crotty, »Structural Causes«, oder Lanchester, Warum jeder jedem etwas schuldet). Dass es lukrativ war, viele riskante Engagements einzugehen, erklärt soziologisch nicht viel. Dementsprechend fallen auch ökonomistische Moral-Hazard-Erklärungsmodelle aus.

29 So der Titel eines Aufsatzes von Klaus Kraemer, »Kommt es bei der Geldverwendung auf Vertrauen an?«.

Es überrascht natürlich nicht, dass es in den Geistes- und Gesellschaftswissenschaften keine konsensuale Definition für Vertrauen gibt.[30] In der Ökonomik wird Vertrauen in diesem Sinne als eine Überwindung von Informationsasymmetrien gedacht. Hier vertrauen solche Akteure, die nicht alle relevanten (was immer das dann sein soll) Daten für eine mögliche Entscheidung zusammentragen konnten. Statt zu wissen, ob etwas eintritt, muss man eben »einfach«, im Sinne von: stattdessen, vertrauen. Weil es als Kategorie des Wissens Stellvertreter von Informationen ist, wie im Übrigen auch bei Georg Simmel,[31] kommen vertrauensbasierte Entscheidungen in dieser ökonomischen Perspektive durch Vertrauen nur schneller oder einfacher zustande, die Entscheidungen wären aber prinzipiell auch ohne Vertrauen möglich.[32] Vertrauen als ein Substitut für Wissen im Vorfeld von Entscheidungen zu verstehen ist unbefriedigend. Erstens, weil Zukunft selbst kein Gegenstand von Wissen sein kann. Wir können deswegen Vertrauen nicht nur als einen Notfallplan begreifen, auf den wir zurückgreifen, wenn wir nicht genug Informationen über die Zukunft haben. Ob wir unsere Erwartung des Eintretens einer konkreten Version möglicher Zukunft – also, um ein simples Beispiel zu nehmen: dass es morgen regnet – auf Basis gut gesicherter Daten bilden oder unsere Erwartung vor anderen mit einem Verweis auf diese Datenlage rechtfertigen, ändert daran nichts. Vertrauen richtet sich immer auf die Zukunft, das Eintreten einer Handlung oder eines Ereignisses, Daten aber liegen ausschließlich in der Vergangenheit. Das heißt, auch wenn Vertrauen in der empirischen Realität wie eine Form von Wissen beschrieben würde, oder – was so gut wie immer der Fall sein dürfte – durch einen Rekurs auf Daten gerechtfertigt werden

30 Vgl. Hartmann, »Einleitung«, S. 24; außerdem: ders., Die Praxis des Vertrauens; Luhmann, Vertrauen; Reemtsma, Vertrauen und Gewalt, bes. S. 30; Endreß, Vertrauen.

31 Georg Simmels Definition von Vertrauen als einem Brückenschlag zwischen Nichtwissen und Wissen scheint mir gerade wieder in Mode zu kommen. Da Zukunft aber keine Differenzierung von Wissen und Nichtwissen ermöglicht, ist Simmels Vertrauensdefinition wohl eine der wenigen so gar nicht überzeugenden Stellen in seinem Werk.

32 Ingham, The Nature of Money, S. 74.

sollte, wäre es doch als *soziologisches Konzept* von diesem zu unterscheiden. Zweitens betrachtet diese Studie Kredite nicht – wie es etwa Ökonomen tun – als Ergebnisse von Entscheidungen. Das sind sie, zweifellos, es spielt nur hier eine nachrangige Rolle. Die Frage ist vielmehr, was für eine Form beziehungsstiftender *Aktivität* Vertrauen ist. Deswegen müssen wir uns von den ökonomistischen Varianten des Vertrauensbegriffs abwenden.

Eine einflussreiche soziologische Definition für Vertrauen hat Piotr Sztompka vorgelegt. Er schlägt vor, Vertrauen als eine Wette über die zukünftigen kontingenten Handlungen anderer zu verstehen.[33] Kann man sich eine Vertrauensbeziehung als eine Wette vorstellen? Zunächst einmal ist damit nur die Ausgangsfrage durch eine neue ersetzt. Statt zu fragen, was es heißt, jemandem zu vertrauen, steht nun zur Diskussion, was es bedeutet, auf ein zukünftiges Verhalten zu setzen. Einem Versprechen zu vertrauen ist aber genau besehen nicht dasselbe, wie eine Wette abzuschließen. Wenn man einen Geldbetrag auf den bestimmten Ausgang eines Fußballspiels wettet, dann kann man zwar auf den Gewinn hoffen, es wäre aber fahrlässig, ihn bereits vor Anpfiff auszugeben. Vertraut man seinem Nachbar hingegen den eigenen Wohnungsschlüssel an, damit er während des Urlaubs die Blumen gießt und nach dem Rechten sieht, dann richtet man als Vertrauender seine Handlungen nach der erwarteten Zukunft aus. Wir haben es also mit zwei ganz verschiedenen Verhaltensmustern zu tun. »Wer Vertrauen erweist, nimmt Zukunft vorweg«, schreibt Niklas Luhmann, »er handelt so, als ob er der Zukunft sicher wäre.«[34] Vertrauen ist handlungsrelevant, also mit Erving Goffman ein praktisches *Sichverlassen* auf Handlungen und Bekundungen anderer.[35] Die zeitliche Struktur von Wette und Vertrauen in ein Versprechen unterscheiden sich damit. Während man bei einer Wette auf das Eintreten einer bestimmten Version von Zukunft hofft, holt man sie sich mit dem Vertrauen sozusagen in die Gegenwart. »Im Akt des Vertrauens«, schreibt Niklas Luhmann, »wird die Komplexität der zukünftigen

33 Sztompka, Trust, S. 25.
34 Luhmann, Vertrauen, S. 9.
35 Vgl. Endreß, Vertrauen, S. 24.

Welt reduziert. Der vertrauensvoll Handelnde engagiert sich so, als ob es in der Zukunft nur bestimmte Möglichkeiten gäbe. Er legt seine gegenwärtige Zukunft auf eine künftige Gegenwart fest. Er macht damit den anderen Menschen das Angebot einer bestimmten Zukunft, einer gemeinsamen Zukunft, die sich nicht ohne weiteres aus der gemeinsamen Vergangenheit ergibt, sondern ihr gegenüber etwas Neues enthält.«[36]

Luhmanns Hinweis, dass Vertrauen kein passiver Zustand, sondern ein praktisches *Engagement* ist, hilft bei der Einordnung von Kreditversprechen weiter. Die Entscheidung zum Vertrauen schafft die Unsicherheit, der man gleichzeitig begegnet; das Risiko eines Kredits entsteht erst durch den Kredit. Vertrauen ist damit kein kognitiver Zustand der Welterschließung, sondern ein Sichverhalten, ein Sinnaspekt von Praxis,[37] der sich nicht als etwas dem Versprechen Zusätzliches zeigt, sondern lediglich eine andere Beschreibung der Beziehung selbst ist. Die handlungsrelevante Erwartung der Erfüllung eines Versprechens zeigt sich als praktisches Sichverlassen, nicht als kognitive Begründung dieser Entscheidung. Das Vertrauen in ein Zahlungsversprechen *ist* also der *Eintrag* des Kredits in die Bilanz, macht diese doch eine riskante Versicherung – das Versprechen der Rückzahlung – manifest, indem es in den Büchern der Bilanz niedergeschrieben wurde. Das Kreditvertrauen vergegenwärtigt Zukunft schlicht und genau durch diesen Eintrag, weil es so nämlich als Wert heute schon die Bilanz auszugleichen hilft.

Nun könnte man in dieser Spur argumentieren, ein guter und angemessener Zugriff auf die Kreditpraxis wäre eine Erhebung des Zustandekommens einzelner Engagements, also der sozialen Konstruktion *konkreter* Kreditwürdigkeit. Man könnte sich also mit der Investitionspolitik einer einzelnen Bank oder mit einem Kredittypus, etwa Interbankenkrediten oder Hypotheken beschäftigen. Eine praxis-

---

36 Luhmann, Vertrauen, S. 24.

37 Der Unterschied zwischen einer Wette und Vertrauen liegt also nicht im Geisteszustand, sondern im Verhalten: Wartet der betreffende Akteur auf das Eintreten des Ereignisses, etwa das Ende eines Fußballspiels, auf dessen Ergebnis er Geld gesetzt hat, oder handelt er jetzt, als ob Künftiges sicher wäre?

soziologische Beobachtung verschiedener Versprechenspraktiken in der Finanzwelt wäre sicherlich fruchtbar. Allerdings würde eine solche Soziologie einzelner Rückzahlungsversprechen ein grundsätzliches Verständnis der Kreditpraxis als Kontext voraussetzen. »Einzelne Akte des Versprechens«, auf diesen Gedanken David Humes wies Martin Hartmann kürzlich noch einmal hin, gewinnen »ihren Sinn, weil sie auf einer allgemein akzeptierten Praxis beruhen«.[38] »Gäbe es, mit anderen Worten, keine allgemeine Praxis des Versprechens, dann wäre es sinnlos [...], ein Versprechen abzugeben oder es zu halten«.[39] Ein Versprechen zu geben und damit die Möglichkeit von Vertrauen vorauszusetzen verweist ebenso wie die unselbstständige Kehrseite des Versprechens, das ihm entgegengebrachte Vertrauen, qua Akt selbst auf eine intakte Versprechens- oder Vertrauenspraxis.[40] Hartmann argumentiert, dass singuläre Vertrauensbeziehungen nur vor dem Hintergrund eines »Praxisvertrauens«[41] möglich werden, der Erwartung des Fortbestands der Art und Weise, wie Vertrauen in einer sozialen Situation *normalerweise* hergestellt wird und was es ermöglicht. Es geht Hartman also um Vertrauen in die Normalität des Vertrauens selbst.[42] Das Praxisvertrauen ist als »Voraussetzung für individuelle Akte des Vertrauens« zu verstehen.[43] Warum, so könnte man das dazugehörige Fragenset vielleicht formulieren, sind bestimmte (fremde) Leute unter

38 Hartmann, Die Praxis des Vertrauens, S. 312.

39 Ebd.

40 Ich verwende beide Begriffe hier und im Folgenden austauschbar, da sie jeweils Routinen möglicher und manifester Versprechen, also gleichbedeutend Vertrauen oder Nicht-Vertrauensakte umfassen.

41 Hartmann, Die Praxis des Vertrauens.

42 Martin Endreß macht in einem monografischen Überblick über den soziologischen Begriff des Vertrauens (Endreß, Vertrauen) auf die Notwendigkeit einer Unterscheidung aufmerksam. Seine These ist, dass der Begriff nur dann sinnvoll zu erfassen ist, wenn zwischen »den Formen expliziten, thematisierten, reflexiven Vertrauens einerseits und impliziten, fungierenden Vertrauens andererseits unterschieden [wird, A. S.]« (Endreß, Vertrauen, S. 68). Wenn wir zwischen einem Vertrauen im Sinne eines personalen Engagements und Vertrauen in einem »fungierenden« Modus unterscheiden, dann scheinen wir beim Versprechen zunächst primär an Ersterem interessiert, betonen jetzt aber den zweiten Modus.

43 Hartmann, Die Praxis des Vertrauens, S. 305.

bestimmten Umständen überhaupt vertrauenswürdig, was heißt es, das über sie zu sagen, und wissen sie auch, was damit gemeint ist?

Die Idee eines für einzelne Vertrauensakte notwendigen Praxisvertrauens (Vertrauen in die Praxis des Vertrauens) soll im Folgenden aufgegriffen werden. Allerdings muss Hartmanns Vorschlag dem praxissoziologischen Gerüst angepasst werden. Schließlich hat Hartmann bei Praxisvertrauen »übereinstimmend[e] Urteile«[44] vor Augen, durch die Akteure sich wechselseitig unterstellen, »Vertrauen und Vertrauenswürdigkeit für intrinsisch wertvoll zu halten«.[45] Hartmann sieht seine Überlegungen zum Vertrauen durch den Verweis auf Urteile explizit in Opposition zur praxistheoretischen »Entpsychologisierung des Vertrauens«.[46] Hartmann wird hier also durch eine Integration in solch einen praxistheoretischen Rahmen sozusagen gegen sich selbst gelesen.

Es geht bei der Vorstellung, die Erwartung in die Kontinuität einer Praxis selbst (Praxisvertrauen) sei etwas, was sozial organisiert werden muss, nicht um Vertrauen im Sinne einer friktionsreduzierenden Macht, die in Markttransaktionen entweder Entscheidungen trotz fehlender (oder asymmetrischer) Informationen ermöglicht oder Entscheidungen durch die Abblendung von Informationsmangel gestattet. Unter einer solchen Perspektive wären »Kreditbeziehungen [...] als Kooperationsleistungen unter Unsicherheitsbedingungen« zu verstehen, die »durch Vertrauen vereinfacht« würden.[47] Gerade nach den Bemühungen des vorangegangenen Kapitels leuchtet es aber ein, dass Vertrauen hier nicht als ein »Beruhigungsmittel in Tauschbeziehungen«[48] gedacht werden kann. Versprechen sind, wie Annette Baier argumentiert, in gewisser Weise sozial anspruchsvoller als zeitpunktmäßige Tauschtransaktionen. Sie benötigen ein elaboriertes und intaktes Vertrauensklima, verlangen sie doch ein Sichverlassen auf Fremde

44 Hartmann, Die Praxis des Vertrauens, S. 309.
45 Ebd., S. 305.
46 Ebd., S. 309.
47 Tanner, »›Die Währung der Finanzmärkte ist Vertrauen‹«, S. 86.
48 Beckert, »Vertrauen und die performative Konstruktion von Märkten«, S. 27.

über eine gewisse Zeit.[49] Gerade weil die Fremdheit der anderen prinzipiell nicht durch weitere Informationen negiert werden kann, ist das Versprechen und sein Komplementär, das Vertrauen, ein »sophisticated social device«.[50] Schließlich würde die Entscheidung, nun aber genug Informationen gesammelt zu haben, wiederum nichts anderes als eine Vertrauensentscheidung sein. Mit einer »Wittgenstein'schen« Lesart möchte ich mich also Hartmann dahingehend anschließen, dass eine Vertrauenspraxis nicht mit der Konstatierung von Routinen einzelner Vertrauensakte identisch ist, sondern auf ein »Praxisvertrauen« als das »Vertrauen in das Vorliegen dieser Praxis« verweist: »Wer davon ausgeht, an einer Vertrauenspraxis teilzunehmen, setzt die geteilte Existenz dieser Praxis voraus, ohne sie jedoch garantieren zu können.«[51] Praxisvertrauen wird so als Möglichkeitsbedingung zahlloser einzelner, aber durch die Schrift der Bilanz verbundener Versprechenspraktiken konzeptualisiert. Auch Jan Philipp Reemtsma plädiert für die Relevanz eines Praxisvertrauens[52], das zusammen mit einer allgemein weltordnenden Zuversicht »den Rahmen [bildet], in dem individuelles Vertrauen erst funktionieren kann, weil jenes die Maßstäbe angibt, nach denen dieses gewertet und gewichtet werden kann«.[53] Ein solches Praxisvertrauen ist natürlich nicht an einem objektiven Messwert abzulesen. Es bedarf einer theoretischen Heuristik, die den Forscher als interpretierenden Beobachter dieser Praxis in die Lage versetzt, zu beobachten. Bevor ich allerdings in diese Richtung gehende Vorschläge sondiere, gilt es, die Perspektive am Gegenstand zu rechtfertigen. Bis jetzt steht ja lediglich das philosophisch-konzeptuelle Argument des vorliegenden Abschnitts im Raum, Vertrauen selbst werfe die Frage nach einem Praxisvertrauen auf. Die Gestalt der Kreditpraxis fordert diese Perspektive allerdings mit ganz eigenem Nachdruck ein.

49 Baier, »Trust and Antitrust«, S. 246.

50 Ebd., S. 246.

51 Hartmann, Die Praxis des Vertrauens, S. 311.

52 In Reemtsma, Vertrauen und Gewalt, heißt das »soziales Vertrauen«.

53 Ebd., S. 47.

Ein Kontext mit Prozesscharakter

Wir sind bei der grundsätzlichen praxistheoretischen Frage angelangt, wie Aktivitäten raumzeitlich kontinuiert und stabilisiert und damit überhaupt erst ermöglicht, das heißt, wie situative Vollzüge »mit anderen Ereignissen und Kontexten verknüpft und über Zeit und Raum ausgedehnt«[54] werden. Praxistheorien fragen, ihrem Selbstverständnis nach, nach den Bedingungen der Fortsetzbarkeit einer Praxis.[55] Diese Bedingungen werden bei integrativen Praxen in den Regeln verortet, die Ablaufkorridore eingrenzen; in den teleologischen Strukturen, die gegenwärtige Aktivitäten auf konkrete Zukunft ausrichten, und schließlich, aber keinesfalls letztrangig, im Sinnverständnis der Teilnehmer, wie und warum es weitergeht. Die Diagnose der vergangenen Überlegungen lässt sich nun mit Blick auf den letzten Aspekt zuspitzen, indem sie die Aufmerksamkeit auf die Frage nach der Organisation der Erwartbarkeit von Persistenz, dem Praxisvertrauen lenkt.

Der kreative Akt des Kredits ist ein vertrauensvolles Engagement mit doppelten Rollen: Während der neue Kunde einer Bank mit seinem Rückzahlungsversprechen zu einem Schuldner und die Bank zu seinem Gläubiger wird, entsteht durch die Bezahlung des Schuldners durch ein Zahlungsversprechen – nämlich das aufgrund des Kredits neu geschaffene Giralgeld – ein umgekehrtes Verhältnis auf der Passiva-Bilanzseite. Hier wird der Kunde als Begünstigter des Buchgeldes Gläubiger der Bank. Geldschöpfung hängt also nicht mehr an einem behördlich bereitgestellten Bestand an Ressourcen, sondern an der Möglichkeit und Bereitschaft von Banken und ihren potenziellen Kunden, sich wechselseitig Kreditwürdigkeit zu attestieren. Dieser Sachverhalt ist für eine praxissoziologische Beobachtung der Kredit-

54 Schmidt, Soziologie der Praktiken, S. 251.

55 »Die Praxistheorien als Version der Kulturtheorien vollziehen [deren, A. S.] konzeptuellen Schritt mit und setzen ihn als bereits getan voraus. Dieser Schritt der Kulturtheorien besteht darin, die Basis des Problems sozialer Ordnung nicht mehr in einem Handlungskoordinationsproblem zu sehen, das über normative Regeln lösbar erscheint, sondern darin, was die Akteure überhaupt dazu bringt, die Welt als geordnet anzunehmen und somit handlungsfähig zu werden«, Reckwitz, »Grundelemente«, S. 287f.

praxis entscheidend:[56] Im Gegensatz zu einem Markt, bei dem es sich um eine serielle Verkettung von Distributionsentscheidungen über Eigentumsbestände handelt, sollte im reinen Kreditgeldsystem eine besondere *Prozessualität* der Praxis berücksichtigt werden. Dieses Argument findet sich in verschiedenen Varianten etwa beim Ökonomen Hyman Minsky, ebenso wie beim Kulturwissenschaftler Joseph Vogl oder bei dem Soziologen Geoffrey Ingham. Ich will es im Hinblick auf seine besondere praxistheoretische Relevanz hin zu explizieren versuchen.

Wieso haben wir es bei der Praxis kreditärer Bilanzoperationen in diesem Sinne mit einer Versprechenspraxis zu tun? Immerhin, so könnte etwa ein skeptischer Einwand lauten, handele es sich bei Krediten doch um Verträge, also insgesamt um eine Praxis, die durch das Rechtswesen integriert sei. Hier sei also kein Versprechen, sondern ein Vertrag und damit zumindest nicht *bloß* Vertrauen in den Kreditpartner oder die Kreditpraxis im Spiel, da Verträge einklagbar seien. Mit dem Recht meinen wir gewöhnlich jene Praxis moderner Gesellschaften, die für den Erhalt eines Sets normativer Erwartungen zu sorgen hat. Normative Erwartungen sind, mit Niklas Luhmann gesprochen, jene Erwartungen, die wir, im Gegensatz zu kognitiven Erwartungen, bei einer Enttäuschung nicht korrigieren.[57] Das Rechtswesen ist nun jene Institution, jenes System oder jene Praxis, die sich *um die Normativität* eines offenen Sets von Erwartungen sorgt.[58] Das Rechtswesen prüft Erwartungsenttäuschung und sanktioniert die Abweichung, mit dem Ziel, den normativen Charakter der Erwartungen zu erhalten. Übersetzt man die These von der Integration monetärer Versprechen durch das Recht in die ausgeflaggte Vertrauensproblematik, würde sie in etwa so lauten: Akzeptiert ein Gläubiger ein Zahlungsversprechen,

56 »[T]he credibility of money is now based exclusively on the credibility of promises to pay. The institutional fact of money is now no more than this credibility, as it is established by the rules and conventions that frame and legitimize the acts of borrowing and lending by all the agents in the monetary system«, Ingham, The Nature of Money, S. 136.

57 Luhmann, Kontingenz und Recht; ders., Das Recht der Gesellschaft.

58 Luhmann, Das Recht der Gesellschaft, bes. S. 138f.

so tut er dies in Form eines Vertrages. Er hat dabei eine normative Erwartung, dass der Vertrag erfüllt wird. Normative Erwartungen werden vom Rechtswesen überwacht und notfalls vom staatlichen Sanktionsapparat durchgesetzt. Eine Geldsoziologie, die auf die kreditäre Konstitution des Monetären abstellt, müsste deswegen doch eigentlich rechtssoziologische Theoreme und Argumente bemühen und nicht auf so etwas wie Praxisvertrauen rekurrieren. Das ist vor allem deswegen eine so einleuchtende Überlegung, weil natürlich auch »das Vertrauensproblem seinen Sitz« in »dem Gebiet der Stabilisierung von Erwartungen« hat.[59] Die wohlbegründete Vermutung, es handle sich bei der Praxis des Kreditgeldes um Routinen, die aus der Logik des Rechtssystems verstanden werden müssten, übersieht allerdings die spezifische Reproduktionscharakteristik dieser Praxis, die nicht im Kontraktuellen aufgeht. Diese Eigenschaft möchte ich Prozessualität nennen. Damit ist auf die Eigenheit der Kreditpraxis abgestellt, dass es hier gerade nicht vornehmlich um die einklagbaren Akte geht, sondern um die kontingenten.[60] Die Bedrohung der Kreditroutinen ist in der Regel nicht die rechtsstaatlich sanktionierbare Weigerung, Schulden zu begleichen, sondern ein Unvermögen. Die Gefahr der Kreditpraxis besteht weniger in der Delinquenz als vielmehr in der Insolvenz.[61] Aufgrund dieses »Ungenügen[s] rechtlicher Sicherungen«, erklärt Niklas Luhmann, ist der Begriff des Zahlungsversprechens dem »juristischen Begriff von Forderungen« theoretisch überlegen.[62]

Der Begriff Kreditgeld bezeichnet aus soziologischer Perspektive also eine Versprechens- und keine Forderungspraxis, weil die Erwar-

59 Luhmann, Vertrauen, S. 103.

60 Der weiter unten erfolgende Blick auf die Topologie der Kreditpraxis offenbart noch eine spezifischere Evidenz. Ungefähr die Hälfte der Zahlungsversprechen involvieren auf die eine oder andere Weise die sogenannten »Schattenbanken«, Zahlungsversprechen, deren Urheber in der Regel in regulationsarmen Steueroasen stationiert sind.

61 »Das Recht kann gewährleisten, daß man im Recht ist und im Recht bleibt, auch wenn der Schuldner die Forderung nicht erfüllt. Es kann helfen, Außenstände einzutreiben. Es kann nicht sicherstellen, daß das Geld tatsächlich eingeht. Es versagt angesichts von Insolvenzen«, Luhmann, Soziologie des Risikos, S. 195f.

62 Luhmann, Soziologie des Risikos, S. 195.

tung ihrer Fortsetzbarkeit nicht systematisch auf eine Rechtsinstanz bezogen sein kann. Vielmehr impliziert ein Kredit die Unterstellung weiterer, künftiger Kreditvergabe, stellen doch erst weitere Kredite die Tilgungsmittel bereit, mit denen die in der Vergangenheit registrierten Zahlungsversprechen bedient und damit terminiert werden können. Kreditgeld verlangt sozusagen nach Engagements in Antizipation weiterer, kontingenter Engagements. Man kann im Moment der Kreditvergabe oder der Kreditnachfrage überhaupt nur mit einer Erfüllung des Versprechens rechnen, wenn morgen neue Mittel zur Rückzahlung oder zum Ausgleich – also: neues Guthaben – geschaffen werden. Einen solchen Kontext kann man als prozessual bezeichnen. Die Produktionsweise von monetären Mitteln durch und als Versprechen schreibt die Bedrohung eines ständig möglichen Verschwindens jener Mittel in die soziale Matrix der Praxis ein. Die Identität von Guthaben und Schulden, schreibt deswegen Geoffrey Ingham, »inevitably entails the threat of default and the subsequent ›disappearence‹ of money«.[63] Die »Zeitstruktur des Kreditgeldes« ist deswegen, erklärt Joseph Vogl, von Zeitstrukturen anderer monetärer Ordnungen zu unterscheiden, weil die Praxis »in Richtung auf eine offene Zukunft dynamisiert« ist.[64] Charakteristisch für das Geld ist demnach, dass »der Zusammenbruch des Systems nur durch seine endlose Fortsetzung vermeidbar, d.h. aufschiebbar ist«.[65] Eine solche Logik erinnert an Georg Friedrich Hegels Rede von einer »schlechten Unendlichkeit«, bei der die unbegrenzte Dauer nicht einfach qua Zeitlosigkeit gegeben, sondern operativ antizipiert und dabei gleichzeitig durch denselben operativen Vollzug fortgesetzt werden muss. Bei der auf einem Zeitstrahl verortbaren schlechten Unendlichkeit entspringt der nächste Moment durch das *Aufheben der* und den *Anschluss an die* Gegenwart.[66] Die aus immer gleichen Vollzügen im Jetzt emergierende

63 Ingham, Capitalism, S. 66.

64 Vogl, Das Gespenst des Kapitals, S. 78.

65 Ebd., S. 78.

66 »Diese *Unendlichkeit* ist die *schlechte* oder *negative* Unendlichkeit, indem sie nichts ist als die Negation des Endlichen, welches aber ebenso wieder entsteht, somit ebenso sehr nicht aufgehoben ist, – oder diese Unendlichkeit drückt nur das *Sollen*

Unendlichkeit muss sich reproduzieren. Wieder an Vogl zurückgespielt könnte man sagen, die »Binnenlogik« einer solchen Praxis setzt »Zukunft, d.h. Zeit als eine unendliche und unerschöpfliche Ressource [voraus]«.[67] Ähnlich kann man Geoffrey Ingham verstehen, der darauf insistiert, dass die »actual operation« des alltäglichen Aufschubs – der Negation des Endlichen – das Geldsystem konstituiert.[68] Immerhin, so Ingham, funktioniere das Kreditgeld wie ein rhythmisches Ein- und Ausatmen, »efflux and reflux«:[69] Wenn Guthaben durch eine Bilanzverlängerung als zwei Zahlungsversprechen entsteht, so verschwindet es auch wieder, wenn der Kredit beglichen ist. Routinemäßig verschwindet das kreditär geschaffene Geld durch die Tilgung.[70] Dass sich wieder jemand dazu bereit erklärt, Schuldner zu werden, und so neues Guthaben schafft, mit dem – nachdem es in den Wirtschaftskreislauf eingetreten ist – alte Schulden beglichen werden können, ist zwar üblich, aber doch als Gegenstand kontingenter und riskanter. Wer heute eine Kreditbeziehung eingeht, erwartet nicht nur, dass das konkrete Versprechen erfüllt wird, sondern auch, dass eine unbestimmte »critical mass«[71] an bestehenden Schulden fristgerecht beglichen *und* morgen wieder *neue* Schulden nachgefragt und neue Kredite vergeben werden. Anders also als bei der Logik des Kontraktes geht es somit nicht mehr vordergründig um bereits bestehende normative Erwartungen in die Rückzahlung von Krediten, die durch das Rechtswesen überwacht und durch die Politik durchgesetzt werden, sondern um Erwartungen der kontingenten Knüpfung neuer, bei gleichzeitiger Aufrechterhaltung bestehender Zahlungsversprechen.

des Aufhebens des Endlichen aus«, Hegel, Enzyklopädie der philosophischen Wissenschaft, S. 199.

67 Vogl, Das Gespenst des Kapitals, S. 168. Dieses Zitat ist insofern aus dem Zusammenhang genommen, als dass es sich auf die in der Finanzwelt übliche Praktik der Absicherung von Kreditrisiken durch weitere Risiken bezieht. Es betrifft aber eigentlich schon basale Strukturelemente der Architektur von kreditären Zahlungsmitteln.

68 Ingham, The Nature of Money, S. 77.

69 Ebd.

70 Vgl. Eckard, Was ist Geld?, S. 68.

71 Ingham, The Nature of Money, S. 84.

Wir haben es in diesem Sinne mit einer prozessualen Praxis zu tun, deren »Binnenlogik« auf die Existenz von so etwas wie einem Praxis- oder Prozessvertrauen verweist. Stellt man also nun die Frage in den Mittelpunkt, wie in der Kreditpraxis die Erwartung der Kontinuität selbst ermöglicht oder organisiert wird, so ist dieser Schritt nicht nur durch eine Theorie des Vertrauens (wie mit Verweis auf Hartmann gezeigt wurde), sondern auch durch die bisherigen Einsichten in die Struktur der Kreditpraxis selbst legitimiert.

Erwartung der Kontinuität des Normalfalls

Ein Begriff von Vertrauen jenseits personalen »Nah-Vertrauens«[72] ist keinesfalls neu und natürlich auch keine Erfindung der Praxissoziologie. Wir sprechen hier über genau jene Charakteristik sozialer Aktivitäten, die George Herbert Mead mit dem Begriff des *generalisierten Anderen* im Blick hatte.[73] Dieses Konzept erfüllt eine entscheidende Funktion in Meads Theorie der Identität, die hier nicht detailliert erläutert zu werden braucht. Als pragmatisch argumentierender Sozialpsychologe denkt Mead die Entstehung von Identität *(self)* als mehrstufigen Konstruktionsprozess in der Sozialisation kindlicher Reifung. Er erläutert die entscheidenden Entwicklungssprünge an den zwei bekannten Modi kindlichen Spielens, *play* und *game*. Das Spielen des *play* meint Formen des selbstgenügsamen Rollenspiels, in dem das Kind bedeutende gesellschaftliche Repräsentanten seines Erfahrungshorizonts nachahmt: Es spielt Vater, Mutter, Verkäufer oder dergleichen. Es sucht sich *signifikante Andere* aus seinem sozialen Nahbereich, die es spielend spiegelt und sich so selbst mit den gespielten Anderen konfrontiert. Es ist bei dieser Tätigkeit nicht darauf angewiesen, seine eigene gespielte Rolle im Blick Anderer zu reflektieren. Dahingegen meint *game* eine Form des Spielens, in denen Mitspieler als

72 Reemtsma, Vertrauen und Gewalt, S. 31.

73 Mead, Philosophie der Sozialität, S. 92ff. und 220ff.; vgl. Münch, Soziologische Theorie, S. 276ff.; Abels, Interaktion, Identität, Präsentation, S. 27ff.

eigene Rollenträger wahrgenommen werden müssen, deren Verhalten antizipiert und aktiv beeinflusst werden und in denen die eigene Rolle und das eigene Verhalten im Spiegel der Anderen reflektiert werden muss. Wettkämpfe wie Fußball verlangen antizipierte Koordination. Dafür muss der Spieler die Rollen aller anderen potenziell übernehmen, um sie so in die eigene Deutung der Situation einbeziehen zu können. Ein Kind kann zwar Mutter oder Vater mit seiner Puppe oder mit einem Kameraden spielen, aber es kann nicht alleine oder mit einem Zweiten Fußballverteidiger sein, ohne das ganze Ensemble gegenwärtiger und zukünftiger Aktivitäten der Praxis des Fußballs als Bezugsrahmen präsent zu haben. »Die auf diesen Spieler gerichteten organisierten Reaktionen der anderen Spieler hat dieser in sein eigenes Spielverhalten auf den verschiedenen Positionen aufgenommen, und diese organisierte Reaktion, die ich den ›generalisierten Anderen‹ genannt habe, begleitet und kontrolliert sein Verhalten.«[74] Praktiken sind also durch eine normative Organisation strukturiert, die man auch als Erwartungs-Erwartungen beschreiben könnte. Somit wird auch hier die Persistenz einer sozialen Praxis nicht als (vordergründig) durch bilaterale Beziehungen, sondern durch einen Bezug auf einen abwesenden Dritten begründet (insofern die konkreten Anderen Stellvertreter des generalisierten Anderen sind). Das beschreibt einen Modus von Praxisvertrauen, also Vertrauen in den Fortbestand einer konkreten Routine. Schließlich geht es beim Bezug auf diesen Dritten nicht (nur) darum, dass sich Verteidiger in einem Fußballspiel wie Verteidiger verhalten, sondern dass Personen in den kommenden Augenblicken eines Spiels, aber auch in nicht situativ gegebenen künftigen Spielen, wieder solche Rollen einnehmen und dann vergleichbare Erwartungen an den Spieler richten werden. Hier sprechen wir also von Vertrauen in den Fortbestand eines ganzen Handlungs- und Bedeutungskomplexes, der auf der potenziellen Übernahme anderer Rollen und damit der Antizipation des Handelns Anderer beruht. Es geht hier also nicht um einen bloß generalisierten Modus des Vertrauens in einen konkreten Anderen, wie es im *Generalized-Trust*-Paradigma

74 Mead, Philosophie der Sozialität, S. 92.

um Claus Offe diskutiert wurde.[75] Wer in einer Mannschaft Fußball spielen will, muss eine Vorstellung von dieser Mannschaft als einer Art Akteur haben, ebenso die einzelnen organisatorischen Gruppen (Verteidigung A, Sturm B. ...) und das Verhältnis zwischen ihnen und ihre Abhängigkeit konzeptualisieren. Er muss Vorstellungen von Koordinationsprinzipien, -anforderungen und von der Idee des Wettkampfs haben – und dabei all seine Erwartungen für legitim und geltend halten, also annehmen, dass sie von den anderen zumindest im Grundsatz geteilt werden. Gleichzeitig muss das reale Verhalten der Spieler, Schiedsrichter und Zuschauer sich während des Spiels in Bahnen bewegen, die den legitimierenden Vorstellungen und Rollen entsprechen. Das bedeutet, »... dass wir nicht etwa Handlungsroutinen oder Ritualen ›vertrauen‹, sondern dass wir mit Routinen und Ritualen ›vertraut‹ sind und in Interaktionen darauf ›vertrauen‹, dass *dies für andere ebenso gilt*«.[76] Das Sichverlassen auf den generalisierten Anderen ist somit nicht zu verwechseln mit dem Glauben an eine Prognose oder der Zuversicht in die Existenz eines Morgen. Das *Worauf* des Vertrauens sind nicht mehr bestimmte Handlungen eines konkreten Anderen, eines einzelnen Individuums, sondern die Fortsetzung einer routinierten, gemeinsamen Praxis.

Der hier eingeschlagene Pfad ist der Soziologie also keineswegs fremd. Ein Blick in weitere Beispiele kann helfen, die hier gesuchte Problemlage zu schärfen. Nach Mead erklärt auch der mit seiner allgemeinen Definition für Vertrauen bereits zitierte Piotr Sztompka, dass explizite Akte des Vertrauens auf einer Vertrauenskultur (»trust culture«[77]) beruhen. Sie geht als »Grundlage, auf der Akteure ihre sog. Wetten tätigen«[78] einzelnen Vertrauensakten logisch wie funktional voraus. Sztompka versteht unter der Vertrauenskultur ein vielschichtiges Gebilde von Normen und Werten, das sich durch die wiederholte Bestätigung durch erfolgreiche singuläre Wetten zunehmend

75 Offe, »Wie können wir unseren Mitbürgern vertrauen?«; Rothstein/Stolle, »Capital: An Institutional Theory of Generalized Trust«; Stolle, »Trusting Strangers«.
76 Endreß, Vertrauen, S. 167, Hervorhebungen A. S.
77 Sztompka, Trust, S. 99f.
78 Endreß, Vertrauen, S. 46.

stabilisiert. Wer erfolgreich anderen vertraut hat und selbst zuverlässiger Adressat von Vertrauen wurde, für den werden künftige Akte von Vertrauen jedes Mal ein wenig leichter. Ganz ähnlich gelagert ist Annette Baiers Begriff des Vertrauensklimas.[79] Gemeint sind die vielfältigen alltäglichen und zumeist unreflektierten Erwartungen an das Verhalten anderer. Ein Klima, das sich dem Einzelnen gewöhnlich nur dann aufdrängt, wenn routinierte Umgangsweisen in Gefahr geraten.[80] Ein Vertrauensklima entsteht für Baier nun etwa durch die Existenz einer Profession oder Rolle, die einnehmende Personen mit einem Vertrauensvorschuss ausstattet. Sie meint damit die Erwartung, in einer Welt zu leben, in der Versprechen und Vertrauen bedeutungsvolle Praktiken sind, ihr Bruch also tendenziell sanktioniert wird.[81] Beide Konzepte bezeichnen damit so etwas wie die normativen Grundlagen allgemeinen Sichverlassens auf andere. Dem Vertrauensklima hält Martin Hartmann ferner entgegen, es würde die sozialen Bedingungen singulärer Vertrauensakte zu einem vom tatsächlichen Handeln unabhängigen Rahmen degradieren.[82] Das Konzept des Praxisvertrauens kann aber keine Kategorie unbeteiligter Erfahrung bezeichnen. Weder Vertrauenskultur noch -klima erfassen damit, was ein Begriff von Praxisvertrauen erfassen soll. Gleiches gilt für die Kategorie der Vertrautheit in der Theorie Niklas Luhmanns.[83] Die »allgemeine, anonym konstituierte Vertrautheit der Lebenswelt« ist für ihn eine »Zone ohne Vertrauens- oder Misstrauensprobleme«, in der sich »der Mensch […] alltäglich auf[hält]. Sie ist Voraussetzung allen Vertrauens und allen Misstrauens«.[84] Wie bei Baiers Klima und Sztompkas Kultur geht es hier um die allgemeinen sozialen und epistemischen Grundlagen *allen* Vertrauens. Der Begriff des Praxisvertrauens bezieht sich hingegen auf den Ermöglichungskontext *spezifischer* Vertrauensakte, nämlich Kredite. Anders als alltägliche Selbstverständlichkeiten

79 Baier, »Trust and Antitrust«.
80 Ebd., S. 234.
81 Ebd., S. 245f.
82 Hartmann, Die Praxis des Vertrauens, S. 296ff.
83 Vgl. Luhmann, Vertrauen, bes. S. 22–24ff.
84 Ebd., S. 25f.

kann das Vertrauen in die Kontinuität einer solchen prozessualen Praxis durchaus infrage gestellt werden, ohne dass das Weltverhältnis insgesamt kollabiert. So aber hätte man sich einen Kollaps von Vertrautheit, Vertrauensklima oder Vertrauenskultur vorzustellen. Für eine adäquate Konzeptualisierung von Praxisvertrauen müsste man hingegen von der Möglichkeit von Misstrauen ausgehen können,[85] etwa »›Tests‹ der Normalität der Situation«.[86] Die Suche nach einem Modus von Praxisvertrauen ist also nicht die Suche nach den basalen Strukturen von Weltvertrautheit, Vertrauensklima oder Vertrauenskultur – wonach aber dann?

Prominent am Beispiel des Geldes (als Tauschmittel) erklärt Luhmann in seinem Buch *Vertrauen* Prinzipien von Systemvertrauen und offeriert damit einen zweiten Vorschlag, das Vertrauen in die Kontinuität einer Praxis zu konzeptualisieren. Systemvertrauen ist ein für komplexe Gesellschaften notwendiges Vertrauen in allgemeine soziale Routinen und nicht in einen konkreten Mitmenschen (Nah-Vertrauen) oder die Persistenz der Weltverfassung (Vertrautheit). In der modernen Welt gehören Interaktionen mit Fremden zur Tagesordnung. Fremde, über die in der Regel nur sehr wenige Informationen vorliegen und deren Eigenschaften, etwa Einstellungen oder Überzeugungen, möglicherweise sogar personale Nahbeziehungen (und damit auch Vertrauen in personale Entwürfe dieser Personen) erschweren oder verunmöglichen. Auswege bieten hier, so Luhmann, bestimmte, an Symbole gebundene, überschaubare Sets von Handlungskonventionen oder: generalisierte Kommunikationsmedien wie Geld (die Konventionen von Kauf- und Verkaufsroutinen). Ein solches Medium bietet nämlich genau dies: relativ eindeutige Handlungsroutinen, deren Sinn für den Einzelnen unabhängig von anderweitigen Informationen über das Gegenüber verfügbar ist. In komplexen Gesellschaften muss es möglich sein, trotz unklarer Identitäten (also gerade ohne Vertrauen in die konkrete Person) zu kommunizieren, also auf das Verhalten anderer zu reagieren.[87] Generalisierte Kommunikationsme-

85 Vgl. Reemtsma, Vertrauen und Gewalt, S. 37.

86 Luhmann, Vertrauen, S. 59.

87 Ebd., S. 62.

dien wie – in Luhmanns Theorie – Geld erleichtern dieses Kommunizieren mit Fremden, weil sie sozusagen ein Teil der Vertrauensanforderungen auf sich statt auf das konkrete Gegenüber verlagern. Schon dadurch, dass man mir Geld im Tausch anbietet oder jemand meines akzeptiert, erweist der jeweils andere sich in Bezug auf diese eine Kommunikationsform als »nachweisbar kompetent«.[88] Kommunikation mittels eines solchen Mediums ist (relativ) eindeutig:

> »Durch Generalisierung solcher Medien werden Erwartungsstrukturen und Motivationsmuster gebildet, die es ermöglichen, daß die Selektion des einen für den nächsten relevant wird in dem Sinne, daß er sie nicht ignoriert und sie auch nicht als offene Frage behandelt, sondern sein eigenes selektives Verhalten mit einer Folgethematik anschließt.«[89]

Einem Warenangebot kann mit einer Zahlung oder einer Nichtzahlung begegnet werden. Wird gezahlt, so antizipiert der Warenverkäufer die nun für ihn möglichen Zahlungsentscheidungen. Die Antizipation der Fortsetzung bzw. Fortsetzbarkeit in die Zukunft projizierter Ketten von Kommunikationsakten setzt,[90] so Luhmann, eine eigene Form von Vertrauen voraus. Ein »Vertrauen nicht in bekannte Personen, sondern in dieses Funktionieren«.[91] Ein solches Vertrauen baue sich »gleichsam von selbst« auf,[92] etwa indem man die Kaufkraft des Tauschmittels wiederholt realisiert oder andere beim Realisieren beobachtet.[93]

Nun wurde in den vorherigen Kapitel argumentiert, dass die Kreditpraxis nicht als serielle Verknüpfung von »Geldbehalten« und

---

88 Ebd., S. 62.

89 Ebd.

90 »Mit dem Begriff der generalisierten Kommunikationsmedien wollen wir [...] Zusatzeinrichtungen zur Umgangssprache bezeichnen, deren Funktion es ist, die intersubjektive Übertragbarkeit von Selektionsleistungen über mehr oder weniger lange Ketten hinweg zu sichern«, Luhmann, Vertrauen, S. 61.

91 Ebd., S. 64.

92 Ebd.

93 Systemvertrauen in das Tauschmedium droht deswegen auch, zumindest theoretisch, durch die Expansion der Geldvolumen gefährdet zu werden. Vgl. Luhmann, Vertrauen, S. 65.

»Geldverwenden«[94] analysiert werden kann, das Vertrauen in die Kreditpraxis also etwas anderes sein muss als Systemvertrauen in den Code Zahlen/Nichtzahlen. Lässt sich das Systemvertrauen aber nicht vielleicht als Praxisvertrauen adaptieren, auch wenn man die Kreditpraxis als Prozess der Registrierung und Tilgung von Versprechen versteht? Die Adaption erweist sich deswegen als schwierig, weil hier erstens kein Medium – Geld – zu identifizieren ist, auf das Systemvertrauen gerichtet sein könnte, schließlich wird es im Kreditakt erst erschaffen bzw. reproduziert. Ferner entwirft Luhmann das Konzept des Systemvertrauens, anders als das der Vertrautheit, in Opposition zu unmittelbaren Vertrauensengagements. Systemvertrauen entlastet vom Vertrauen in konkrete Personen, sodass sich direktes Vertrauen in funktional differenzierten modernen Gesellschaften mit vertrauenswürdigen generalisierten Kommunikationsmedien nach Luhmann »nur dort bildet, wo es gebraucht wird«.[95]

Abgegrenzt gegen Konzepte des »Nah-Vertrauens« (wie das in die Kreditwürdigkeit des Schuldners für sich betrachtet), das sich als relationale Eigenschaft zwischen zwei Akteuren aufspannt, formuliert Jan Philipp Reemtsma in seinem Buch *Vertrauen und Gewalt* den Begriff des sozialen Vertrauens als ungerichtetes Vertrauen in den Fortbestand einer sozialen (Welt-)Ordnung. Dieses praxisgestützte Vertrauen in die Persistenz sozialer Erwartbarkeiten ist angesiedelt in einem Kontinuum zwischen diffuser, nur potenziell durch Misstrauen thematisierbarer Zuversicht[96] in den Fortbestand der kosmischen Ordnung und dem personellen, an Entscheidungen von Individuen geknüpften Vertrauen. Soziales Vertrauen setzt sich »aus den gemeinsamen vertrauensstabilisierenden Praxen zusammen – das heißt aus sozialem Handeln, das als Kommunikation(en) über den sozialen Normalfall verstanden werden kann [...]. Diese Praxen können sowohl rituellen Charakter und eine diesbezügliche klare Botschaft

94 Ebd.

95 Luhmann, Vertrauen, S. 59.

96 »›Zuversicht‹ sind jene Erwartungen, deren mögliches Enttäuscht-werden nicht – oder kaum je, und wenn doch, so nicht praxisrelevant – thematisiert wird«, Reemtsma, Vertrauen und Gewalt, S. 38.

haben, sie können auch im Funktionieren sozialer Institutionen bestehen, deren So-und-nicht-anders-Funktionieren einen eminent kommunikativen Charakter aufweisen, und auch in puren Alltagsinteraktionen, die nur dadurch, dass sie so und nicht anders verläuft [...], verdeutlicht, dass alle an der Bewahrung des Normalfalls arbeiten.«[97] Das Gewaltverbot moderner Gesellschaften, um das Thema von Reemtsmas Monografie zu nehmen, ist in dieser Konzeptualisierung dann nicht mehr, wie etwa beim Begriff des Systemvertrauens, als ein Vertrauen in die Macht des Staates zu denken, sein Gewaltmonopol durchzusetzen, »obwohl man weiß, daß seine Zwangsgewalt dafür nicht ausreicht«.[98] Vielmehr ist es ein Vertrauen in die Gewaltlosigkeit des Alltags; ein »Konglomerat von Annahmen über die Welt als Normalfall«, die sich Teilnehmer einer Praxis »permanent praktisch vor Augen [führen]«.[99] Reemtsma schlägt also vor, sich ein soziales Vertrauen in den Fortbestand einer konkreten Praxis als eine Konfiguration von bestimmten Interaktionen, sorgenden Institutionen und deutenden Imaginationen zu vergegenwärtigen – wobei Gewichtung und Rolle dieser Elemente jeweils eine Frage des empirischen Spezialfalls sind, der untersucht wird.

Soziales Vertrauen ist ein praxistheoretisch adaptierbares Konzept, weil es sich an Verhaltensweisen beobachten lässt. Vertrauen ist ein Modus von Praxis und kein subkutaner Motor oder zu rekonstruierender, aber ansonsten unsichtbarer Klebstoff von Routinen. Soziales Vertrauen oder Praxisvertrauen ist kein von den Vertrauensakten distinktes Sinnelement. Praxen sind stabile soziale Aktivitätszusammenhänge, weil sie, so wurde Andreas Reckwitz zitiert, *in den sozialen Normalfall eingebettet* sind. Um Praxisvertrauen als jene Erwartungsstrukturen zu untersuchen, die Vertrauen ermöglichen, gilt es also, mit Luhmann und Reemtsma den sozialen Normalfall – also das, was getan wird – weiter zu erfassen. Dabei verweisen vor allem Reemtsma und Luhmann auf die positive Rolle von Misstrauen bei der Ermög-

97 Ebd., S. 182f.

98 Luhmann, Vertrauen, S. 90.

99 Reemtsma, Vertrauen und Gewalt, S. 55.

lichung vertrauensvoller Beziehungen. Aus diesem Gedanken soll nun ein heuristisches Angebot entwickelt werden.

Arrangements von Vertrauen und Misstrauen

Die mit dem Begriff des Praxisvertrauens aufgerufene Problematik der Abhängigkeit vertrauensvoller Kooperationen von einer stabilen geteilten Erwartung der Kontinuität der gemeinsamen Praxis muss nun abschließend praxissoziologisch reformuliert werden. Blickt man mit dieser Frage weiter in die soziologischen Archive, so stößt man auf die Differenzierung von Vertrauen und Misstrauen. Den philosophischen Begriff des »Praxisvertrauens« selbst *praxissoziologisch* zu verstehen, sollte, das ist der nun zu erläuternde Vorschlag, die Erhebung faktischer Konfigurationen von Kreditvertrauen und Misstrauensmanifestationen bedeuten. Dazu muss man zunächst eine Intuition überwinden: Nah am Alltagsverständnis wurde Misstrauen in der Soziologie, wohl inspiriert von der psychologischen Forschung, häufig als Gegenteil von Vertrauen konzeptualisiert.[100] Wer vertraut, für den ist die Komplexität künftiger Möglichkeiten reduziert, weil man sich auf eine bestimmte Auswahl aus diesen Möglichkeiten verlässt, also so handelt, als ob ihr Eintreten sicher sei. Wenn Misstrauen das Gegenteil von Vertrauen wäre, so müsste man Misstrauen für das Ausbleiben von Vertrauen und damit das Ausbleiben einer Komplexitätsreduktion halten. Misstrauen wäre dann ein Handeln, als ob das Handeln anderer nicht sicher wäre.

Niklas Luhmann hat überzeugend dargelegt, warum das nicht stimmen kann.[101] Auch Misstrauen, argumentiert Luhmann, ist ein Modus von Verhalten, der Unsicherheit (Komplexität) reduziert. Misstrauen ist damit nicht mit fehlendem Vertrauen identisch, sondern ein eigenständiger, unter Umständen sogar zu Vertrauen komplementärer

100 Zu dieser Standarddefinition vgl. Lewicki/McAllister/Bies, »Trust and Distrust«; McKnight/Chervany, »Trust and Distrust Definitions«.

101 Luhmann, Vertrauen.

Handlungsmodus. Am Beispiel eines Babysitters lassen sich die unterschiedlichen Positionen verdeutlichen. Ein Elternpaar möchte am Wochenende ausgehen, ein unbekanntes Nachbarskind bietet seine Dienste als Nachwuchsbetreuer an. Die Eltern haben nun die Möglichkeit, dem Anbieter zu vertrauen, das heißt, die Wohnung zu verlassen und ihr Kind in der Obhut des Fremden zu belassen. Sie würden damit so handeln, als ob die mögliche Zukunftsversion, in welcher der Babysitter weder dem Kind Leid zufügt noch Besitztümer der Eltern beschädigt oder entwendet, bereits Fakt wäre.

Natürlich könnten die Eltern es auch lassen, ihr Baby in die Obhut des Nachbarkindes zu geben und auf den gemeinsamen Ausgehabend verzichten. Sie würden damit dem potenziellen Babysitter nicht vertrauen und die Unsicherheit, die ein zeitweise nicht selbst betreutes Baby bedeutet, vermeiden.

Mit diesen zwei Möglichkeiten sind die Optionen der Eltern aber noch nicht ausgeschöpft. Sie könnten die Entscheidung für oder gegen Babysitter und Ausgehabend auch hinauszögern und Erkundungen über die Zuverlässigkeit des Nachbarkindes einholen oder eine Überwachungskamera installieren und damit den Babysitter bei der Arbeit beobachten.

Die Maßnahmen der dritten Möglichkeit sind mit Misstrauen gemeint. Misstrauen ist ein Verhaltensmodus, der vom Ausbleiben einer positiven Vertrauensentscheidung zu unterscheiden ist. Vielmehr zeigt schon das Beispiel, dass Vertrauen und Misstrauen sogar gleichzeitig auftreten können – beispielsweise als Kombination aus dem Einsatz einer Überwachungskamera und dem Ausgehen der Eltern.[102]

Tatsächlich ist das gemeinsame Auftreten beider Weisen, mit Unsicherheit umzugehen, nicht ungewöhnlich. Die Soziologie des Vertrauens geht sogar zumeist davon aus, dass das Vertrauen in modernen Gesellschaften – d.h. in komplexen und nur schwer überschaubaren Interaktionskomplexen, in denen viele Fremde voneinander abhängig sind und sich aufeinander verlassen müssen – in der

102 Die Überwachungskamera ersetzt Vertrauen nicht, schließlich verhindert sie nicht, dass Eigentum oder Nachwuchs zu Schaden kommen.

Regel durch Misstrauen überhaupt erst möglich wird. Wenn nicht nur eine überschaubare Anzahl bekannter und vielleicht sogar affektuell verbundener Kooperationspartner interagieren, wie in Freundschaften oder der Familie, wird in der Regel ein Sichverlassen auf die Bekundungen anderer mit Aktionen im Modus des Misstrauens kombiniert. Vielschichtige Kooperationsspiele mit einer hohen Anzahl an Teilnehmern ohne gemeinsame persönliche Vorgeschichte und Bindung, die also in hohem Maße auf Vertrauen angewiesen sind, benötigen »zugleich auch mehr Misstrauen [...] und [müssen] daher Misstrauen, zum Beispiel in Form von Kontrollen, institutionalisieren«.[103]

Was aber ist unter Misstrauen dann konkret zu verstehen? Verhalten im Modus des Vertrauens wurde als Sichverlassen auf die (expliziten oder impliziten) Bekundungen anderer definiert. Ein solches Verhalten zeugt von einer positiven Erwartung bezüglich des Verhaltens des Gegenübers,[104] die eigene Verletzlichkeit nicht auszunutzen (die etwa durch das Überlassen eines Kindes in der Obhut eines Babysitters entsteht).[105]

Verhalten im Modus des Misstrauens zeigt sich als Mobilisierung von Ressourcen zur Verhinderung des als negativ erwarteten Verhaltens anderer oder zur Abwendung oder Abmilderung der Folgen besagten Verhaltens. Misstrauen meint also *auch* Verhaltensweisen, die *trotz* eines Sichverlassens auf andere die Gefahr einer Enttäuschung dieses Sichverlassens vermindern oder einen möglichen Schaden abmildern. Misstrauen manifestiert sich in der Akkumulation von Einfluss- und Kompensationsressourcen.[106]

---

103 Luhmann, Vertrauen, S. 118; vgl. Lewicki/McAllister/Bies, »Trust and Distrust«, S. 446.

104 Ebd., S. 439. Positiv meint dabei schlicht die Kongruenz oder Nichtkongruenz mit den eigenen Bedürfnissen, Absichten, Zielen. Ich brauche niemandem zu vertrauen, dass er mich töten wird.

105 »Trust is the mechanism by which the risks associated with social complexity are transcended«, ebd., S. 446.

106 Auch Misstrauen ist, ebenso wie Vertrauen, aus praxissoziologischer Perspektive kein Geisteszustand sondern ein beobachtbarer, weil öffentlicher Verhaltensmodus.

Eine klassische und in der Welt des Kredits übliche Variante von Misstrauen wäre etwa das Pfand. Ein Pfand befähigt den Vertrauenden, den Schaden eines gebrochenen Versprechens – etwa eine nicht getilgte Schuld – zu kompensieren. Eine alltägliche Variante von Misstrauen sind Verträge: Auch ein Vertrag stellt eine Ressource der Kompensation für den Fall dar, dass der Vertragspartner nicht einhält, was er zugesagt hat. Der enttäuschte Vertragspartner ist dann nämlich dazu berechtigt, die Machtmittel des Staates für sich zu reklamieren und so den durch den Bruch des Versprechens erlittenen Schaden abzumildern (Kompensationsressource). Gleichzeitig motivieren Verträge gerade durch die mit ihnen verbundene Möglichkeit der Intervention des Staatsapparats dazu, die zugesicherten Handlungen auch auszuführen (Einflussressource). Misstrauensmanifestationen können also auch von Dritten bereitgestellte Ressourcen der Schadensvermeidung oder -kompensation sein. Zu denken ist dabei auch an jede Form der Überwachung und Kontrolle, an Geiseln, Bürgschaften oder Versicherungen.

Mit der Unterscheidung von Vertrauen und Misstrauen als verschiedene, aber zumeist arrangierte Verhaltensmodi wird es möglich, verschiedene Praxen oder dieselbe Praxis zu unterschiedlichen Zeitpunkten, im Hinblick auf den Einsatz von Misstrauen in Relation zur Vertrauensbereitschaft zu untersuchen. Damit folge ich weitestgehend dem empirischen Vorschlag der Organisationsforscher Roy Lewicki, Daniel McAllister und Robert Bies.[107] Die Vertrauensbereitschaft in einer Praxis nimmt zu, wenn die Teilnehmer den Grad wechselseitiger Abhängigkeit erhöhen, häufiger oder schlicht mehr Beziehungen eingehen. Eine Abnahme von Vertrauensbereitschaft wäre dementsprechend als Abbau oder als Vermeiden von Abhängigkeiten zu beobachten. Eine vertrauensarme Situation ist deswegen nicht durch Feindseligkeit oder Kampf, sondern schlicht durch ein niedriges Level von Interaktion und Kooperation gekennzeichnet. (Im Babysitter-Beispiel entspräche das den Eltern, die zu Hause bleiben.) Irgendwo zwischen den Polen der enthusiastischen Steigerung von Volumen,

107 Lewicki/McAllister/Bies, »Trust and Distrust«.

Komplexität und Dichte der Abhängigkeiten und der passiven Vermeidung von Vulnerabilitäten sollte sich jede kooperative Praxis zum Zeitpunkt einer Beobachtung einordnen lassen.

Ebenso lässt sich das Misstrauen verschiedener Praxen oder einer Praxis zu unterschiedlichen Zeitpunkten vergleichen. Ein Beobachter müsste für einen solchen Vergleich darauf achten, ob die Kooperationen durch die Akkumulation von Ressourcen begleitet werden, die ein Scheitern der Kooperation unwahrscheinlicher oder ungefährlicher werden lassen. Das Bereithalten solcher Ressourcen kann in manchen Praxen oder Situationen üblich und intensiv sein, in anderen wiederum schwächer ausgeprägt sein oder unter Umständen sogar ganz wegfallen.

Man kann sich ganz unterschiedliche Arrangements von Vertrauensbereitschaft und Misstrauenseinsatz vorstellen. Sie reichen von Situationen, in denen neue Beziehungsformen und Interdependenzen vorbehaltlos, ohne Sicherheitsnetz oder Überwachung – sozusagen euphorisch – begrüßt werden, bis zu Konflikten, in denen praktisch keine Kooperation, aber ständige Überwachung stattfindet. Das erste Arrangement von hoher Vertrauensbereitschaft bei geringem Misstrauen lässt einen vielleicht an einen (zugegeben idealisierten) Freundeskreis oder eine (ebenso idealisierte) Familie denken, deren Mitglieder de facto ständig wechselseitige Vulnerabilität zulassen. Das zweite Arrangement entspricht vielleicht den Beziehungen von Nord- und Südkorea: wenig Kooperation, viel Überwachung.[108]

Wichtig ist, dass man die erste Kombination von hoher Vertrauensbereitschaft bei geringem Misstrauen mit Luhmann und Lewicki u.a. eher in eben solchen überschaubaren und dichten Kooperationen wie Familien, Freundesnetzwerken oder Gemeinschaften erwarten würde. Hohe Vertrauensbereitschaft in komplexen und übersichtlichen Praxen wie dem Straßenverkehr oder der Wirtschaft macht im Unter-

108 Das Äquivalent zum Beispiel mit dem Babysitter wäre etwa eine Situation, in der die Eltern zu Hause bei ihrem Nachwuchs bleiben und das Nachbarskind, das sich als Aufpasser empfohlen hatte, trotzdem überprüfen oder überwachen, weil sie böse Absichten vermuten.

schied zu den dichten Kooperationen eher einen ebenfalls intensiven Einsatz von Misstrauen wahrscheinlich.[109]

Andernfalls müsste eine alternative Erklärung für die Kontinuierbarkeit dieser Praxis gefunden werden. Damit schließt sich der Bogen zu dem im Abschnitt zuvor entwickelten Gedanken: Die mit dem Begriff des »Praxisvertrauens« aufgerufene Problematik lässt sich nun in einer soziologisch handhabbaren und empirisch anwendbaren Weise reformulieren. Kredite, so ging das Argument, sind nicht nur als je einzelne Versprechen zu verstehen, die auf konkretes Vertrauen des Versprechensnehmers angewiesen sind. Sie sind vielmehr Teil eines Interdependenzfeldes zahlloser, sich nur wechselseitig ermöglichender Beziehungen. Eine solche Praxis der Knüpfung, Aufrechterhaltung und Terminierung interdependenter Versprechen ist in besonderem Maße angewiesen auf die Ermöglichung stabiler Erwartungen der Kontinuität des sozialen Normalfalls. Wie wird die Erwartung, dass alles gut (weiter) geht, möglich?[110] Diese Frage bliebe in komplexen und unübersichtlichen Praxen mit hoher Vertrauensbereitschaft ohne einen gleichsam intensivierten Einsatz von Misstrauen unbeantwortet. Die Hypothese des nächsten Kapitels ist deswegen jene, die Luhmann vorgibt: Je vertrauensintensiver eine Praxis, desto mehr Misstrauen sollte zu beobachten sein. Erst dieses Misstrauen sollte die Erwartung der Kontinuität des Normalfalls ermöglichen. Das finale Kapitel fragt deswegen: Wie aber haben sich Vertrauensbereitschaft und Misstrauenseinsatz in der paraökonomischen Kreditpraxis nach 1971 tatsächlich entwickelt?

109 Lewicki/McAllister/Bies, »Trust and Distrust«, S. 445f.

110 Eine Erwartung, die sich im faktischen Zustandekommen der Beziehungen offenbart.

6 Das Goldene Zeitalter des Kredits

Die Kreditpraxis ist ein Prozess der Registrierung und Tilgung von Zahlungsversprechen in Bankbilanzen. Versprechen sind vertrauende Engagements für einen konkreten Entwurf von Zukunft, in dem die Tilgung des registrierten Versprechens vorausgesetzt wird. Wer vertraut, akzeptiert eine zuvor nicht existente Vulnerabilität gegenüber einem anderen. Solche riskanten Beziehungen existieren nicht als voraussetzungslose Atome, sondern kommen innerhalb eines sozialen Normalfalls zustande. Wie, also in welchem Umfang und welcher Form, Zahlungsversprechen registriert werden, kann als Kommunikation *über* diesen Normalfall indikativ für einen Modus von Praxisvertrauen gelesen werden. Das Konzept des Praxisvertrauens zielt auf die Arrangements, die die Kontinuität einer Praxis erwartbar werden lassen, was für die Kreditpraxis bedeutet, die Möglichkeit von Vertrauen in Fremde selbst zu ermöglichen. Es steht die Hypothese im Raum, dass das in großformatigen und komplexen Praxen durch Manifestationen von Misstrauen geschieht. Während Vertrauen als Sichverlassen auf die Verhaltensweisen anderer als Modus von Verhalten beobachtbar ist, gilt dasselbe für Misstrauen: Zu misstrauen bedeutet nicht, Interaktionen auszusetzen, sondern sich auf die Möglichkeit eines Scheiterns vorzubereiten. Gemeint sind konkrete, praktische Maßnahmen, die trotz des vertrauenden Engagements besorgt werden oder bereitstehen und mit denen die Erwartungserfüllung positiv beeinflusst oder eine Erwartungsenttäuschung (zumindest teilweise) kompensiert werden können. Den Kredit im Kontext von Vertrauen zu betrachten meint hier also auf die Dynamik von Vertrauens- und Misstrauensmanifestationen hinzuweisen. Dieser Kontext ist anders als die Problematik der Knappheit nicht auf das Verhältnis von Banken und Zentralbanken fokussiert, sondern betrifft die Finanzwirtschaft generell. Das heißt, Zahlungsversprechen kommen hier nicht länger vornehmlich in der Form von Bankguthaben vor, sondern werden weiter gefasst. Schließlich betrachtet die kreditlogische Geldtheorie die alltäglichen Guthabenformen nicht länger als etwas von anderen Zahlungsversprechen grundsätzlich Verschiedenes. Außerdem werden Bankguthaben durch Kreditvergabe in Bilanzen registriert, die ihre Balance durch zahlreiche Versprechenstypen herstellen. Es macht deswegen weder Sinn, eine strikte Grenze zwischen Geld und anderen Finanzbeziehungen zu ziehen, noch Letztere aus den konkreten Überlegungen eines Vertrauenskontextes auszuschließen.

Im Speziellen beschäftigt sich dieses Kapitel mit den Transformationen der Kreditpraxis, die mit der Neuen Finanzarchitektur oder dem Goldenen Zeitalter der Finanzen betitelt werden. Sie haben sich etwa seit den 1970er Jahren herausgebildet hat und schienen mit der Finanzkrise von 2008 grundsätzlich infrage gestellt. Auf diesen Zeitraum konzentrieren sich die folgenden Darstellungen, wobei im Anschluss die Frage aufgeworfen werden muss, inwieweit das Jahr 2008 tatsächlich eine Zäsur darstellt. In Wahrheit nämlich haben die basalen Strukturelemente der Neuen Finanzarchitektur die Krise unbeschadet überstanden. Das Goldene Zeitalter der Finanzen, so die These, kann als Rekonfiguration von Vertrauensbereitschaft und Misstrauenseinsatz beschrieben werden.

Vertrauensexpansion

Die globale Finanzwirtschaft ist in den vergangenen Jahrzehnten in mehrfacher Hinsicht expandiert. Nicht nur auf der Atlantikinsel Island wuchsen sowohl die Volumen eingegangener Zahlungsversprechen als auch ihre Bedeutung für die Realwirtschaft[1] und die Privathaushalte. Diese doppelte Expansion (Wachstum und Ausdehnung) ist ein Kernbestandteil jener Diagnose, die unter *Finanzialisierung* der

1 Mit Realwirtschaft sind sogenannte Nichtfinanzunternehmen gemeint.

Ökonomie diskutiert wird.[2] Das globale Volumen an Finanzbeziehungen ist nach Berechnungen von McKinsey von 12 Billionen Dollar im Jahr 1980 über 56 Billionen Dollar im Jahr 1990 auf 206 Billionen im erstens Krisenjahr 2007 gestiegen. Im letzten Jahrzehnt des zwanzigsten Jahrhunderts wuchsen die Zahlungsbeziehungen damit um 7,8 Prozent pro Jahr, vom Jahrtausendwechsel bis 2007 dann um 8,1 Prozent jährlich.[3] Das Wachstum traf natürlich nicht alle Anlageklassen in identischem Ausmaß. So sind Kredite *(loans)* zwischen 1990 und 2012 von 25 auf 75 Billionen angewachsen. Unternehmensschuldscheine *(bonds)* von Nichtfinanzfirmen sind von 3 auf 11 Billionen Dollar und die Schulden von Finanzfirmen sogar von 8 auf 42 Billionen Dollar angestiegen. Staatsschulden vergrößerten ihr Volumen von 9 auf 47 Billionen, und die Börsenwerte von Unternehmensanteilen wuchsen von 11 auf 50 Billionen Dollar.[4] Dabei hat der Finanzsektor nicht nur in absoluten Zahlen an Umfang gewonnen, sondern auch im Verhältnis zu den ökonomischen Transaktionen insgesamt, das heißt, die Finanzvolumen haben auch im Verhältnis zur Wirtschaftsleistung deutlich zugelegt *(financial deepening).* In den entwickelten Volkswirtschaften haben allein Bankanlagen heute einen Wert von durchschnittlich über 200 Prozent des Bruttoinlandprodukts, am Ende des 19. Jahrhunderts hatten sie einen Umfang von ungefähr 16 Prozent und im Jahr 1970 von 70 Prozent.[5] Finanzanlagen insge-

---

2 Einen Überblick über diese Debatte liefert Davies/Kim, »Financialization of the Economy«.

3 Nach einer kurzen Delle 2008, als der globale Schuldenstand auf 189 Billionen Dollar sank, übertraf das Jahr 2010 den bisherigen Höhepunkt mit einem Stand von 219 Billionen Dollar. Zwar hat sich das Wachstum der Versprechensvolumen gegenüber der Quote von durchschnittlich 7,8 Prozent Plus pro Jahr im letzten Jahrzehnt des 20. Jahrhunderts und 8,1 Prozent zwischen 2000 und 2007 auf nur noch 1,9 Prozent zwischen 2007 und 2012 reduziert, dennoch dehnt sich das Bilanzgefüge weiter aus, und McKinsey konnte für das letztgenannte Jahr 225 Billionen Dollar an Anlagen/Schulden verzeichnen, vgl. Lund u.a., »Financial Globalization«, S. 2.

4 Ebd.

5 Haldane, »On Being the Right Size«, S. 3. Vgl. für eine Diskussion verschiedener Messverfahren für *financial deepening* sowie eine Differenzierung innerhalb von

samt hatten 2007 ein Volumen, das weltweit geschätzten 355 Prozent des Weltbruttoinlandprodukts entsprach.[6]

Zwar geht ein nicht unerheblicher Teil dieses Wachstums auf eine Vermehrung von Zahlungsversprechen zwischen Finanzfirmen zurück, doch haben Zahlungsversprechen ihre Relevanz doch gerade auch darüber hinaus ausgebaut. Hatten die Schulden von Nichtfinanzakteuren (politischen Körperschaften, realwirtschaftlichen Unternehmen und Privathaushalten) in den OECD-Volkswirtschaften 1980 noch eine durchschnittliche Größenordnung von 167 Prozent der Wirtschaftsleistung, waren es 2009 314 Prozent. Dieser Anstieg von 147 Prozentpunkten verteilt sich auf realwirtschaftliche Unternehmen (42 Punkte), Staaten (49 Punkte) und Privathaushalte (56 Punkte).[7] Schuldfinanzierungen realwirtschaftlicher Unternehmen haben in der zweiten Hälfte des 20. Jahrhunderts kontinuierlich zugenommen.[8] Im Verhältnis zum Bruttoinlandsprodukt der Eurozone stiegen die Schulden dort ansässiger Nichtfinanzunternehmen von 57 Prozent im Jahre 1999 auf einen Spitzenwert von 81 Prozent im Jahre 2009.[9] Die US-amerikanischen Firmen liegen darunter und kamen auf 74 Prozent (2011).[10] Gerade also die gestiegenen Schulden von Privathaushalten (Immobilien-, Konsum- oder Bildungskredite) sind als Faktor der Finanzexpansion nicht zu unterschätzen.[11] Ein Umstand, der besonders in der deutschsprachigen Debatte lange unbemerkt blieb, weil Deutschland zusammen mit Japan die Ausnahmen dieser Entwicklung darstellen. Hier ging die Verschuldung von Privathaushalten, entgegen dem globalen Trend, im ersten Jahrzehnt des 21. Jahr-

OECD-Volkswirtschaften: Philippon/Reshef, »An International Look at the Growth of Modern Finance«.

6 Lund u.a., »Financial Globalization«, S. 2.

7 Cecchetti/Mohanty/Zampolli, »The Real Effects of Debt«.

8 Ahearne/Wolff, »The Debt Challenge in Europe«, S. 5; EZB, »Monthly Bulletin«, S. 92. Dieser Anstieg ist primär getrieben durch die untere Hälfte der Einkommensverteilung, Barba/Pivetti, »Rising Household Debt«, S. 113.

9 EZB, »Monthly Bulletin«, S. 88.

10 Ebd., S. 92.

11 Mertens, Erst sparen, dann kaufen?; Young, »Vom staatlichen zum privatisierten Keynesianismus«.

hundert sogar zurück. Hingegen sind die Schulden privater Haushalte in Island in den 2000ern auf 260 Prozent des verfügbaren Jahreseinkommens gestiegen. Zwischen 1997 und 2007 stieg die Verschuldung privater Haushalte in den USA um 42 Prozentpunkte, in Irland um 85, in Dänemark um 69, in Portugal um 65, in Spanien um 52, genauso im Vereinigten Königreich, in Norwegen um 50 Punkte und in Österreich, Belgien und Frankreich um 13,14 bzw. 15 Punkte.[12]. Damit stiegen private Schulden im Verhältnis zum Einkommen fast überall an.[13]

In der Realwirtschaft haben aber nicht nur die Schulden als Finanzierungsmittel zugenommen, sondern auch der Besitz an Finanzvermögen. Realwirtschaftliche Unternehmen investierten immer stärker in Finanzanalagen statt in Realkapital (Arbeitskräfte, Rohstoffe etc.). Der Textilfabrikant Nike steigerte beispielsweise sein Einkommen in nur drei Jahren zwischen 2002 und 2005 um 1,2 Milliarden Dollar, obwohl seine Realinvestitionen (und damit auch Materialen der Sportartikelherstellung) um 12 Prozent zurückgingen. Statt Mehreinnahmen durch den Verkauf seiner klassischen Produkte stiegen die Einnahmen durch Zinsen und Dividenden um 470 Prozent.[14] In den USA wurden insgesamt im Jahr 2000 etwa die Hälfte aller Investitionen von Nichtfinanzfirmen im Finanzsektor getätigt, vor 1980 waren es weniger als ein Drittel.[15] Eindrucksvoll lässt sich diese Entwicklung auch in der amerikanischen Automobilindustrie nachzeichnen. Unternehmen wie General Motors oder Ford besitzen eigene Banken, um ihren Kunden Autokäufe auf Kredit finanzieren zu können. In den 1980ern erweiterten diese firmeninternen Banken ihre Geschäftsfelder, stiegen in vielfältige und umfangreiche Finanzspekulationen ein und wurden damit für die Umsätze und Profite der Autobauer immer wichtiger. Im Jahr 2004 bildeten die Bankprofite 66 Prozent der

12 Glick/Lansing, »Global Household Leverages«, S. 3. Vgl. außerdem IWF, »World Economic Outlook«; Debelle, »Verschuldung der privaten Haushalte«; Mertens, Erst sparen, dann kaufen?.

13 Barba/Pivetti, »Rising Household Debt«, S. 113.

14 Soener, »Why Do Firms Financialize?«, S. 549f.

15 Thomaskovic-Devey/Lin, »Income Dynamics, Economic Rents, and the Financialization of the U.S. Economy«.

Gesamtgewinne von General Motors, nur noch 34 Prozent gingen auf den Autoverkauf zurück. Zuvor hatte Ford sogar einen Verlust in seinem Kerngeschäft des Automobilverkaufs vermeldet, allerdings einen Nettogewinn von über einer Milliarde Dollar, der größtenteils aus dem Finanzgeschäft des Unternehmens stammte.[16] Der Anteil von Einnahmen durch Finanzvermögen am Gewinn realwirtschaftlicher Unternehmen hat sich in den USA insgesamt von 1980 bis 2007 verdoppelt,[17] das Kerngeschäft – der Verkauf von Dienstleistungen und Gütern – verlor an Bedeutung. Diese Verschiebung ist nicht auf die Wirtschaft der Vereinigten Staaten beschränkt. Alvarez berichtet aus Frankreich, dass der Anteil der Finanzeinnahmen am Bruttobetriebsüberschuss realwirtschaftlicher Unternehmen in den Nachkriegsjahrzehnten bei 5 bis 8 Prozent lag, seit Mitte der 1970er Jahre anstieg und 2008 einen Höchststand von 73,1 Prozent erreichte.[18] Zusammen mit der fortschreitenden Globalisierung der Finanzbeziehungen[19] lässt sich somit festhalten, dass die allgemeine Bereitschaft zu finanziellen Engagements im fraglichen Zeitraum zugenommen hat.

Für diese Diagnose lassen sich weitere Indizien finden. Nicht nur ein quantitatives Wachstum an Beziehungen und Teilnehmern bedeutet eine steigende Vertrauensbereitschaft, sondern auch die Bereitschaft, neue Formen der Beziehungen bzw. Interdependenz auszuprobieren. Auch das trifft auf den hier betrachteten Zeitraum zu: Wenn sie auch keine Erfindung des Finanzwesens der zweiten Hälfte des zwanzigsten Jahrhunderts sind, so gründet die Operationsweise der Neuen Finanzarchitektur doch in ganz neuer Qualität auf den Einsatz *derivativer* Zahlungsversprechen.[20] Derivate haben an Volumen ebenso zugenommen wie ihren Anteil am Kreditgewebe ausgebaut.

---

16 Lin/Tomaskovic-Devey, »Financialization and U.S. Income Inequality, 1970–2008«, S. 1293.

17 Ebd., S. 1286f.

18 Alvarez, »Financialization, Non-Financial Corporations and Income Inequality«.

19 Lund u.a., »Financial Globalization«, S. 5.

20 Eine exzellente Rekonstruktion von Entstehung und Wirkung derivativer Zahlungsbeziehungen bieten LiPuma/Lee, Financial Derivatives; FCIC, »Overview on Derivatives«, und Arnoldi, »Derivatives«.

Sie gelten als das Mittel der Expansion des Finanzsystems und Ursache seiner Instabilität.[21] Die auch außerhalb ökonomischer Fachkreise bekanntesten Derivate dürften Optionen oder *Futures* sein. Bei einer Option sichert ein Partner einem anderen die Möglichkeit zu, ein bestimmtes Produkt zu einem künftigen Zeitpunkt verkaufen oder kaufen zu können – und zwar zu einem schon heute festgelegten Preis. Optionen helfen beispielsweise Landwirten oder allgemein Produzenten, sich von schwankenden Marktpreisen für ihr Produkt oder für benötigte Ressourcen unabhängiger zu machen. Ein Farmer kann so etwa schon im Frühjahr seine Herbsternte zu einem Festpreis verkaufen, bevor das Getreide überhaupt gewachsen ist. Ist der Marktpreis dann im Herbst niedriger als der durch die Option zugesicherte Preis, so hat sich dieses Geschäft für ihn gelohnt. Ist der Marktpreis höher, so kann der Farmer auf die Wahrnehmung der Option verzichten und zum Marktpreis verkaufen. In jedem Fall aber kann er schon im Frühjahr beruhigt in die Zukunft blicken. Ein Future ist hingegen ein Vertrag, der eine Transaktion zu einem Termin tatsächlich fordert, und nicht bloß eine Möglichkeit bietet. Optionen und Futures gehören zu einer Gruppe von Derivaten, die auf Marktplätzen gehandelt werden. Diese »exchange-traded derivatives«[22] sind in der Regel relativ standardisiert und dadurch, dass sie durch ihr Zustandekommen an zentralen Plätzen[23] Regelsätzen unterliegen, in gewisser Weise sicht- und damit potenziell mess- und regulierbar. Das Handelsvolumen von Optionen und Futures betrug im Jahr 2008 2,4 Billiarden Dollar.[24] Solche Termingeschäfte gibt es noch einmal als unregulierte Variante, die zwischen Partnern abseits zentraler Marktplätze abgeschlossen werden – die sozusagen »über den Ladentisch« (*over the counter,* OTC) gehen. Weltweit sind die Volumen dieser OTC-Derivate in den zehn Jahren zwischen 1999 und 2009 von 2,63 Billionen auf 21,6 Billionen Dollar

21 Arnoldi, »Derivatives«, S. 23.

22 FCIC, »Overview on Derivatives«, S. 7.

23 »Exchanges are centralized places or electronic platforms that bring together all types of market participants under a common set of rules«, ebd., S. 7.

24 Ebd., S. 3.

angewachsen. Heute stehen sie, nach den öffentlichen Statistiken der Bank für Internationalen Zahlungsausgleich, nach einem erneuten Höhepunkt von 27,3 Billionen, bei gut 20 Billionen Dollar im Sommer 2013.[25] Allein die Investmentbank Lehman Brothers hatte bei ihrem Bankrott 2008 über 900000 laufende OTC-Derivatverträge.[26]

Den größten Anteil am außerbilanziellen Derivathandel haben Swaps. Mit ihnen werden Zahlungsflüsse getauscht (»geswapt«). So kann man beispielsweise den unsicheren Zahlungsfluss eines Hypothekenkredits gegen eine feste Summe »tauschen«. Die größte Untergruppe sind Zinsswaps: Erfunden im Jahr 1981 hatten sie 2009 insgesamt einen Marktwert von 12,6 Billionen Dollar.[27] Bei einem Zinsswap zahlt ein Partner einem anderen beispielsweise einen festen Zinssatz und erhält dafür einen variablen, etwa den LIBOR-Satz mit Aufschlag. Mit einem Swap lassen sich also Risiken handeln, etwa das Risiko, dass ein Kredit nicht zurückgezahlt wird, gegen das Risiko eines LIBOR-Preisverfalls. Im Zuge der Finanzkrise kam den Anfang der 1990er Jahre erfundenen, im Deutschen »Kreditausfallversicherungen« genannten *Credit Default Swaps* besondere Beachtung zu.[28] Bei einem CDS wird das Ausfallrisiko eines Kredits an jemanden übertragen, ohne dass der Kredit selbst abgegeben wird. Also bleiben Gläubiger und Schuldner formal dieselben, aber jemand anderes müsste dem Gläubiger den versprochen Betrag erstatten, sollte der Schuldner seinen Verpflichtungen nicht nachkommen können. Dafür erhält der neu hinzugetretene Bürge eine Vergeltung. Auf dem Höhepunkt ihres Einsatzes im Jahr 2007 wurden durch dieses Derivat Kreditsummen in

25 Vgl. ebd., S. 3. Gemessen wird hier der *gross market value,* nicht der möglichweise zu zahlende Betrag. (Also etwa, was eigentlich durch die Kreditausfallversicherungen zu zahlen wäre, wenn denn der Schadensfall eintreten würde.) Der *gross market value* erfasst den Marktpreis des Kontraktes: »The gross market value of replacement cost of devitatives is based on the mark-to-market value of outstanding OTC derivatives contracts«, ebd., S. 12.

26 FCIC, Report, S. 354.

27 FCIC, »Overview on Derivatives«, S. 14. Auch andere, hier nicht extra aufgeführte Swap-Varianten sind relativ jung, vgl. ebd., S. 16.

28 Arnoldi, Alles Geld verdampft.

einer Höhe von 58,2 Billionen Dollar »versichert«; drei Jahre zuvor waren es erst 6,4 Billionen Dollar.[29]

Die Karriere der Derivate ist zum einen als Sammlung neuer Beziehungstypen Zeichen einer Aufwärtsbewegung in der Vertrauen/Misstrauen-Matrix. Ein weiteres Zeichen dafür ist ihre Wirkung. Derivate erzeugen zusätzliche Interdependenzen und damit Vulnerabilitäten. Mit Derivaten lassen sich Risiken aufspalten und an verschiedene Risikoträger verteilen. Ein Flugkonzern kann durch den Kauf von Optionen auf Kerosin zu einem bestimmten Preis seine eigene Kreditwürdigkeit von dem Risiko über diesen Preis hinaussteigender Kerosinpreise entkoppeln, das Risiko wird nun vom Anbieter der Option getragen. Kaufen oder verkaufen Investoren Optionen, ohne selbst im Geschäft mit den zugrunde liegenden Produkten zu sein, spricht man gewöhnlich von einen spekulativen Geschäft. Hier entsteht zusätzliches Risiko, weil diese Optionen das Geschick zuvor vom Kerosinpreis unabhängiger Akteure an diesen Kursindex binden. Auch Kreditausfallversicherungen können nicht nur von demjenigen abgeschlossen werden, der den Kredit eingegangen ist. Damit können sie Risiken an andere »Orte« des Kreditgewebes »kopieren«, weil sie die Muster von Zahlungsflüssen duplizieren.[30] Durch solche derivativen Kreditstrukturen wurde etwa das Risiko amerikanischer Immobilienkredite praktisch verdoppelt, weil noch einmal so große Summen in Derivaten gebunden wurden, wie ursprünglich für Immobilien geschaffen worden waren.[31] »Derivatives are forms of innovation and improvisation designed to generate new possibilities of interconnectivity and translation across politically maintained economic fron-

29 FCIC, »Overview on Derivatives«, S. 17. Seit der Krise ist der Betrag auf 24,3 Billionen im Sommer 2013 gefallen.

30 Pozsar, »The Rise and Fall of the Shadow Banking System«, S. 15.

31 »According to Federal Reserve estimates, the systemwide exposure to subprime mortages through ABS CDOs referencing BBB-rated subprime MBS was 60% more than BBB-rated subprime MBS issuance in 2005, suggesting that synthetic CDOs issued that year added that much more subprime exposure to the financial system over and above what was already present in the form of cash securities. The comparable figure is 93% for 2006«, ebd., S. 15.

tiers.«[32] Sie sind damit auch in diesem Aspekt ein Ausdruck gestiegener Vertrauensbereitschaft.

Die Funktionen derivativer Zahlungsversprechen lassen sich wie Bausteine kombinieren. Die Grundtypen können deswegen als Elemente aufwändigerer Versprechensarrangements verwendet werden, um komplexe hybride Vertragsformen des Kredits zu konstruieren.[33] So entstehen sogenannte strukturierte Kreditpapiere, die als gängige Vertragsformen der Neuen Finanzarchitektur noch einmal gesondert zu betrachten sind, bilden sie doch die Trägerstruktur des neuen Geschäftsmodells der Kreditpraxis und bedeuten einen Verdichtungseffekt. Das globale Gewebe monetärer Versprechen ist nicht nur in Umfang und Variantenreichtum expandiert, sondern hat sich auch neu arrangiert. Das Stichwort lautet *securitization* oder Verbriefung – ein Vorgang, der aus einem einfachen Kredit ein Wertpapier macht. Das ist deswegen so wichtig, weil ein solches Wertpapier dann auf einem Markt angeboten und verkauft werden kann. Somit können die Rechte an Zinszahlungen und Tilgungen eines Kredits auf einen Interessenten übergehen, der nicht in die Entstehung des Kredits selbst involviert war. Dieser »Heilige Gral«[34] der Finanzinnovation beschäftigt die Beobachter und Entscheider der Kreditgeldpraxis seit seiner Relevantwerdung in den 1990er Jahren. Waren solche Verbriefungen noch bis Anfang der 1990er kaum existent, überstiegen ihre nominellen Werte im Jahr 2007 2,4 Billionen Dollar.[35] Im Bankensektor der USA wurden 2009 gut ein Viertel der Kredite verbrieft, in Europa nur 6 Prozent.[36] Dennoch wäre es aus zwei Gründen falsch, diese

32 LiPuma/Lee, Financial Derivatives, S. 46.

33 »Complex derivatives are created by combining these more simple derivatives with each other or by combining them with traditional securities and loans to create *hybrid* instruments or structured securities«, FCIC, »Overview on Derivatives«, S. 14.

34 Palan/Nesvetailova, »Elsewhere, Ideally Nowhere«, S. 31.

35 Sinn, Kasino-Kapitalismus, S. 174.

36 Ebd., S. 163. Hinzuweisen ist hier auf eine »Grauzone« aufgrund unsicherer Datenlage. In 2012 veröffentlichte die Europäische Kommission ihr »Grünbuch Schattenbankwesen«, um hier eine Verbesserungen vorzubereiten. Klar scheint,

Techniken als eine amerikanische Besonderheit abzutun. Erstens deswegen, weil auf US-Dollar lautende Zahlungsversprechen eine nicht zu unterschätzende Rolle im mittlerweile globalen Gewebe verbundener Bankbilanzen spielen. Zweitens, weil die verbrieften Kredite zwar mehrheitlich in den USA konstruiert, aber auch in Europa gekauft wurden.[37] Ferne ist der Anteil der in Euro ausgewiesenen CLOs (der größten Untergruppe verbriefter Kredite) von 2002 bis 2007 von 20 Prozent auf 36 Prozent gestiegen.[38] Wie auch bei anderen innovativen Vertragsformen in dieser Zeitperiode war Europa nicht Avantgarde, holte aber schnell auf.

Um Kredite zu verbriefen, braucht es zunächst einen Gläubiger, der diese Kredite vergibt.[39] Das ist entweder eine Bank oder eine von einer Bank gesponserte Zweckfirma. Dieses Kreditkaufhaus *(warehouses of credit)* bietet nun seinerseits Schuldpapiere an, die von Investoren gekauft werden können und die durch die eingehenden Zahlungen der ursprünglichen Kredite bedient werden sollen. Diese Schuldpapiere werden gewöhnlich »tranchiert«, stellen also gestaffelte Anrechte auf eingehende Zahlungen dar. Das bedeutet, dass die oberste Tranche an Schuldpapieren zuerst und die nachfolgenden nachrangig bezahlt werden, sofern von dem im Lager verwahrten Krediten genug Zahlungsmittel zufließen. Aufgrund dieses Subordinationsprinzips (»Wasserfallprinzip«[40]) haben die oberen Tranchen an Schuldscheinen ein geringeres Risiko, weil mehr Zahlungen der Zweckfirmenschuldner ausfallen müssten, bevor die Zweckfirma die

dass die außerbilanziellen Tätigkeiten in Europa ein geringeres relatives Volumen hatten als in den USA: Hier kamen sie nur auf etwa die Hälfte der Größe des regulierten Bankensektors (Bakk-Simon u.a., »Shadow Banking in the Euro Area«, S. 5). Mit 462 Milliarden Euro gegenüber 1,7 Billionen Dollar blieb Europa dahinter zurück (ebd., S. 13).

37 Allein deutsche Banken besaßen in den Krisenjahren gut 400 Milliarden Euro an Papieren von *Collateralized Debt Obligations*, Sinn, Kasino-Kapitalismus, S. 173.

38 Benmelech/Dlugosz, »The Alchemy of CDO Credit Ratings«, S. 623.

39 Darstellungen dieses Vorgangs finden sich beispielsweise in: FCIC, Report, S. 127f.; Sinn, Kasino-Kapitalismus, S. 162–175, und detailreich und soziologisch aufgeklärt in Kalthoff/Maesse, »Die Hervorbringung des Kalküls«.

40 Vgl. Noeth/Sengupta, »Is Shadow Banking Really Banking?«.

oberen Tranchen nicht mehr bezahlen könnte. Stehen einem solchen Papier etwa Zahlungen in Höhe von 10 Prozent der in der Zweckfirma eingehenden Zahlungen aus den Hauskrediten zu, so müssten schon mehr als 90 Prozent der Schuldner in Zahlungsrückstand geraten, bevor die Investoren in die oberste Tranche nicht mehr bedient würden. Die unterste Tranche allerdings wäre schon vom ersten Ausfall eines Schuldners der Zweckfirma betroffen. Je nach Art der im Kreditkaufhaus eingelagerten Schulden werden solche Konstruktionen »wertpapierbesicherter Forderungen« in der Regel als *mortage backed securities* (MBS), *asset backed securities* (ABS) oder *collateralized loan obligations* (CLO) bezeichnet. Aufgrund ihrer ähnlichen Funktionsweise ist es in diesem Kontext nicht nötig, genauer zu differenzieren.

Das Grundprinzip des »pooling and tranching«[41] kann mehrfach wiederholt werden, um aus solchen Schuldverschreibungen der Kreditkaufhäuser wiederum Wertpapiertranchen in einer neuen Zweckfirma zu erzeugen, sogenannte *collateralized debt obligations* (CDO). Durch das Tranchieren des Schuldpools in hierarchische Ansprüche an Zahlungen, die aus den Versprechen resultierten, entstanden am oberen Ende als sicher wahrgenommene Wertpapiere, die zwar viele Interessenten fanden – so sind etwa einige institutionelle Anleger gezwungen, in hoch bewertete Papiere zu investieren –, dafür blieben am unteren Ende aber hochriskante Reste übrig. Diese unteren Tranchen forderungsbesicherter Wertpapiere konnten nun wieder gesammelt, also von einer Zweckfirma aufgekauft werden, die dafür hierarchisch gestaffelte Passiva, also Zahlungsversprechen, anbot. Kauft nun eine weitere Firma wiederum die zuerst von Ausfällen betroffenen untergeordneten Papiere einer hinreichenden Menge CDOs, lassen sich die Risiken nun erneut *poolen,* durch tranchierte Wertpapiere finanzieren und wird so ein weiteres CDO, manchmal CDO^2 genannt, erschaffen.

Sogenannte synthetische Varianten der CDOs nehmen nicht die tatsächlichen Schuldpapiere in ihre Bilanz, sondern »kopieren« lediglich die Muster der Zahlungsflüsse bestimmter Schuldpools mittels

---

41 FCIC, Report, S. 43.

Swaps.[42] Die von einer synthetischen CDO angebotenen Anlagen (Passiva) »verhalten« sich also so wie die von ihrem CDS-Portfolio (Aktiva) imitierten an anderen Orten und durch andere Zweckgesellschaften verbrieften Hypothekenkreditpakete. Damit werden deren Risiken noch einmal in Form der Zahlungsversprechen der synthetischen CDO erzeugt, also vervielfältigt. Allein die Risiken des Segments amerikanischer Hauskredite mit Subprime-Status, also der höchsten Risikokategorie, wurden auf diese Art im Jahr 2007 fast verdoppelt.[43] Synthetische CDOs sind somit ein weiteres Beispiel für den oben bereits erwähnten Anstieg von Vertrauensbeziehungen durch Derivate.

Damit aber sind sie als Indikator zunehmender Vertrauensbereitschaft erst teilweise ausgewertet. Die Verbriefung klassischer Kredite hat zwei ökonomische Vorteile. Zum einen stellt das Verfahren eine Alternative zum Kreditrisiko bereit, dem Risiko also, dass der Kredit durch einen Schuldner nicht zurückgezahlt werden kann. Mit der Möglichkeit, Kredite durch Verbriefung als Wertpapiere zu »verkaufen«, erhält das Zahlungsversprechen eine Exit-Option für den Gläubiger. Man spricht hier von der Umstellung von einem *originate-to-hold-* auf ein *originate-to-distribute*-Geschäftsmodell.[44] Wo früher Kredite von einer Bank vergeben wurden, um sie dann bis zur Rückzahlung in der Bilanz zu behalten, man also durch die erfolgreiche Rückzahlung Geld verdiente, wird nun mit dem direkten Verkauf des Kredits Gewinn erzielt. Das Volumen verbriefter Kredite stieg von zwei Billionen im Jahr 1990 auf dreizehn Billionen im Jahr 2012.[45] Der

42 Pozsar, »The Rise and Fall of the Shadow Banking System«, S. 15.

43 »According to Federal Reserve estimates, the systemwide exposure to subprime mortgages through ABS CDOs referencing BBB-rated subprime MBS was 60% more than BBB-rated subprime MBS issuance in 2005, suggesting that synthetic CDOs issued that year added that much more subprime exposure to the financial system over and above what was already present in the form of cash securities. The comparable figure is 93% for 2006«, ebd.

44 FCIC, Report, S. 89f.; Bord/Santos, »The Rise of the Originate-to-Distribute Model«.

45 Lund u.a., »Financial Globalization«, S. 2; vgl. dazu außerdem (mit einem anderen Maß): Bord/Santos, »The Rise of the Originate-to-Distribute Model«, S. 21. Im

zweite ökonomische Vorteil der Verbriefung besteht in der Generierung von Vertrauenswürdigkeit. Die Schuldscheine, die als Produkt die »CDO-Maschinerie« verließen, wurden nämlich als weniger riskant verbucht als ihr Ausgangsmaterial. Zwischen 2000 und 2007 bewertete allein die amerikanische Ratingagentur Moody's 72461 Tranchen von Hypothekenverbriefungen im Gesamtwert von 4,7 Billionen US-Dollar und 5650 Tranchen von CDOs im Wert von 736 Milliarden US-Dollar. 84 Prozent des Geldwertes der CDO-Tranchen und 90 Prozent des Wertes der Hypothekentranchen bekamen die Bestnote.[46] Eine Note, die etwa auch deutschen Staatsanleihen verliehen wird und für ein praktisch inexistentes Ausfallrisiko steht. Das verweist auf einen bedeutsamen Aspekt der Verbriefungsmaschinerie, nämlich ihren Einsatz zur Anreicherung verfügbarer Vertrauens- oder in diesem Kontext: Kreditwürdigkeit. Durch die »Verbriefungskaskade«[47] war es nämlich möglich, aus einem Pool mittelmäßig bewerteter Schulden Zahlungsversprechen zu kreieren, die im Durchschnitt besser bewertet waren als das Ausgangsportfolio. Etwa 70,7 Prozent der CLO-Schulden waren mit der Bestnote AAA bewertet, wobei die Ausgangsportfolios zu 85 Prozent eine durchschnittliche B-Bewertung und insgesamt eine durchschnittliche Bewertung von B+ aufwiesen.[48] Nehmen wir als Beispiel einer solchen Verbriefungsstruktur eine Zweckfirma namens Octagon Investment Partners V Ltd.[49] Dessen Passiva bestand aus fünf Tranchen, wobei die oberste mit der besten Ratingnote versehen war und eine Summe von 263 Millionen Dollar ausmachte. Die zweite Tranche mit einer A-Bewertung hat 21 Millionen, die dritte (BBB) 15, die vierte mit einer BB Bewertung 4,5 Millionen und die unterste, nicht bewertete Tranche hatte einen Wert von 23 Millionen Dollar. Die Anlagenseite der Bilanz der Zweckgesellschaft wies Kre-

---

Jahr 1997 bewertete Moody's 113 strukturierte Kredite, keine zehn Jahre später schon 3257, siehe: Rona-Tas/Hiss, »The Role of Ratings in the Subprime Mortage Crisis«, S. 123.

46 FCIC, »Credit Ratings and the Financial Crisis«, S. 22. Genaugenommen geht es hier um RMBS und ABS CDOs.

47 Sinn, Kasino-Kapitalismus, S. 167.

48 Benmelech/Dlugosz, »The Alchemy of CDO Credit Ratings«, S. 618 und 628.

49 Ebd., S. 619ff.

dite aus, deren gewichtetes Durchschnittsrating BB- betrug. Damit sind 92 Prozent der von dieser Firma vergebenen Zahlungsversprechen höher bewertet als der Durchschnitt der Anlagen, auf denen die Zahlungszuflüsse beruhten. In diesem Beispiel sogar 79 Prozent mit der höchsten möglichen Note.

Die Anreizstrukturen für eine solche Produktion von AAA-Schulden sind leicht durchschaubar. Auf die ratingbasierten Berechnungsverfahren für Eigenkapital wurde bereits hingewiesen. Viele institutionelle Anleger wie Pensionsfonds dürfen außerdem nur in sichere, d.h. hoch bewertete Wertpapiere investieren. Man darf nicht unterschätzen, dass allein die Pensionsfonds in den USA eine Kapitalquelle von etwa 10 Billionen Dollar darstellten.[50] Gleichzeitig waren hoch bewertete Versprechen relativ knapp. Unter den realwirtschaftlichen Unternehmen hatten im Jahr 2007 gerade einmal fünf eine AAA-Kreditwürdigkeit.[51] Da die Tranchen verbriefter Kredite zusätzlich für gewöhnlich einen höheren Ertrag abwarfen als etwa AAA-Staatsanleihen, waren sie dreifach für Investoren interessant: eben als lukratives und sicheres Investment, als Modus des Umgangs mit Kapitalbedarf und als fruchtbares Pfand.

Woher genau kommt die Erwartung einer höheren Kreditwürdigkeit?[52] Das erste, verallgemeinerbare Prinzip ist die Diversifizierung. So durfte die Beispiel-CLO nur maximal 2 Prozent Zahlungsversprechen eines einzelnen Schuldners im Portfolio haben, also maximal 6 Millionen Dollar. Ebenso limitierten viele solcher Verbriefungsverträge die Schulden aus einem einzelnen Industriezweig auf etwa 8 bis 12 Prozent.[53] Zweitens waren die Versprechen des CLOs *overcollatera-*

---

50 Ebd., S. 631.

51 Ebd.

52 Für eine genaue Rekonstruktion der Gründe des Bewertungssprungs siehe ebd. und Mandel/Morgan/Wei, »The Role of Bank Credit Enhancements in Securitization«.

53 Benmelech/Dlugosz, »The Alchemy of CDO Credit Ratings«, S. 619. Die Konstruktion von CDOs verschiedenen Typs begleitete die Annahme, durch Diversifikation des Schuldportfolios ließe sich Risiko vermindern. So achtete man etwa bei auf Unternehmensschuldscheinen basierenden Vehikeln darauf, verschiedene Industriezweige und auch pro- und kontrazyklische Branchen zu mischen. Bei

lized, was hier nicht mehr bedeutet, als dass der Wert der ausgegebenen Papiere nicht den Wert des Portfolios an Aktiva erreichte. Die Differenz wurde als unbewertetes Eigenkapital von speziellen Investoren bereitgestellt. Drittens folgt die bedeutendste *Enhancement*-Technik, die bereits erwähnte Subordination. Reicht all das nicht, können, wurden und werden die Kredittranchen versichert. Für solche Bürgschaften gibt es, auch wenn sie letztendlich jeder mittels eines CDS anbieten kann, spezialisierte Firmen, die je nach ihrem genauen Geschäftsmodell *monoliners* oder einfach *financial guarantors* genannt werden.[54]

Die Investition in die Tranchen einer CDO ist nicht nur als ein Vertrauen in die Performanz eines Pools an Versprechen Dritter zu deuten, sondern immer auch ein Vertrauen in die Firma selbst. Das hat zwei Gründe. Die Mehrheit der CDOs wurde aktiv geleitet, das heißt, es wurden – zumindest in den ersten fünf bis sieben Jahren einer auf zwölf Jahre angelegten Verbriefung – Reinvestitionen getätigt und so das Portfolio, obzwar meist in festgelegten Grenzen, verändert.[55] Das war unter anderem deswegen nötig, weil natürlich Portfolioschulden fällig werden konnten, bevor die Schuldverschreibungen des Vehikels selbst fällig wurden. Somit lagen hier tatsächlich, wenn auch kontraktuell spezifizierte, Handlungsspielräume des Managements (häufig wiederum die Bank, die die Zweckgesellschaft gegründet hat) vor. Zweitens wird der Sachverhalt besonders dadurch deutlich, dass die Tranchen eines solchen Investitionsvehikels in der Regel verkauft wurden, *bevor* das Aktiva-Portfolio tatsächlich akquiriert wurde.[56]

Dieses *originate-to-distribute*-Geschäftsmodell ist Kern dessen, was gemeinhin als Schattenbanken bezeichnet wird. Damit sind weniger bestimmte Akteurstypen, sondern eher Wertschöpfungsketten ge-

---

Hauskrediten wurde vor allem räumlich diversifiziert, da die USA seit der Weltwirtschaftskrise keinen Preiseinbruch bei Häusern oder massive Ausfälle von Hypotheken in mehreren Staaten gleichzeitig erlebt hatten, vgl. Pozsar, »The Rise and Fall of the Shadow Banking System«, S. 14.

54 FCIC, »Shadow Banking and the Financial Crisis«, S. 30.

55 Benmelech/Dlugosz, »The Alchemy of CDO Credit Ratings«, S. 625f.

56 FCIC, Report, S. 117; Adelson, »CDOs in Plain English«, S. 3.

meint, die komplexe Verbriefungsbeziehungen erzeugen und profitabel werden lassen.[57] Mit »Schattenbanken« werden all jene nicht unmittelbar in die Bilanzen regulärer Geschäftsbanken eingetragenen Zahlungsbeziehungen verstanden, die damit auch außerhalb von Regulationsinstitutionen wie Eigenkapitalrichtlinien und Mindestreserve stehen.[58] Es ist deswegen wenig erstaunlich, dass sich die Finanzvolumen hier nur abschätzen lassen – immerhin sind sie durch ihre Existenz abseits von Regulation und damit auch verlässlicher statistischer Erfassung definiert. Während die hier eingegangenen Zahlungsversprechen im Währungsraum der USA die Beziehungsvolumen des regulären Bankensystems erreichten oder übertrafen,[59] waren diese Volumen in Europa geringer, aber nichtsdestoweniger vorhanden.[60] Das Financial Stability Board (FSB) schätzt, dass das Schattenbankensystem im Jahr 2011 ungefähr ein Drittel der globalen Volumen an Finanzbeziehungen ausgemacht hat.[61]

---

57 Bord/Santos, »The Rise of the Originate-to-Distribute Model«, S. 22. Der Titel »Schattenbanken« geht wohl auf eine Rede von Paul McCulley von 2007 zurück, vgl. Palan/Nesvetailova, »Elsewhere, Ideally Nowhere«, S. 27.

58 Pozsar u.a., »The Rise and Fall of the Shadow Banking«; FCIC, Report; Noeth/Sengupta, »Is Shadow Banking Really Banking?«; Palan/Nesvetailova, »Elsewhere, Ideally Nowhere«.

59 FCIC, Report, S. 32.

60 Die Details dieser außerbilanziellen Zahlungsströme sind komplex und unübersichtlich. Ihr Volumen allerdings ist bei jedem Messversuch beachtlich. Schon früh wurden die Kreditausfallversicherungen – die *Credit Default Swaps* (CDS), bei denen es sich juristisch nicht um Versicherungen handelt, wodurch sie der strengen Regulierung entgehen konnten – als entscheidende Unsicherheitsquellen im globalen Geldschöpfungsnetz benannt (Arnoldi, Alles Geld verdampft). Die Summe der Werte, die durch CDS »abgesichert« wurden, stieg allein zwischen 2004 und 2007 weltweit von 6,4 Billionen Dollar auf gut 58 Billionen Dollar (FCIC, Report, S. 50). Für die USA übertrafen die Zahlungsversprechen in diesem Zwielicht ein Jahr vor dem Lehman-Schock insgesamt die traditionellen, bilanzierten Beziehungen. Die Messung der Größe des Schattenbankensystems für Europa gestaltet sich aufgrund uneinheitlicher Datenlage schwierig. Klar ist allerdings, dass die damit verbundenen Optionen vorhanden sind und auch in ansteigendem Maße genutzt wurden. Für die Erhöhung europäischer *leverage ratios* trägt insgesamt tatsächlich vor allem die Zunahme an Schattenaktivitäten bei, vgl. Bakk-Simon u.a., »Shadow Banking in the Euro Area«, S. 13.

61 Palan/Nesvetailova, »Elsewhere, Ideally Nowhere«, S. 30.

Hinter den zahlreichen Hinweisen auf die Bedeutung des Schattenbankensystems steht die mit dem veränderten Verhältnis zu vergebenen Krediten von »Halten« zu »Verkaufen« bereits umrissene These einer veränderten Gestalt des Kreditgeflechts, vom klassischen zum »securitized banking«[62]. Die vormals überschaubaren Kreditbeziehungen sind im Verbriefungssystem komplexe Netzwerke. Man könnte hier von einer »Verdichtung« von Beziehungen sprechen. Wo früher, idealtypisch, Geschäftsbanken auf ihrer Passivseite Kundeneinlagen und auf der Aktivseite Kredite eintrugen, sind nun mehr und andere Akteure involviert. Fonds beispielsweise, die Anteile an Haushalte oder Unternehmen verkaufen und diese Mittel in verschiedene verbriefte Schuldformen investieren. Anders als die regulatorisch stärker betreuten Geldmarktfonds sind Hedgefonds nur schwer abzubilden.[63] Das hat nicht zuletzt damit zu tun, dass sie in Rechtsräumen mit geringer Auskunftstradition beheimatet sein können. Im Jahr 2007 hatten Hedgefonds Schätzungen zufolge Anlagen von über 2 Billionen US-Dollar in ihren Bilanzen.[64] Ferner kommen hier Investmentbanken ins Spiel. Das sind Finanzfirmen, die traditionell andere Unternehmen bei der vertraglichen Konstruktion und dem Vertrieb von Schulden *(bonds, commercial papers)* unterstützen und Vermögensverwaltung (i. S. von *prime brokerage*), *market-making,* Derivatfabrikation und -handel und Ähnliches betreiben. Sie finanzieren sich nicht über politisch versicherte Kundeneinlagen, sondern nutzen ihr Portfolio an marktfähigen Anlagen für sogenannte Rückkaufvereinbarungen (*repurchase agreements,* im Deutschen auch Repo-Geschäfte genannt). Das ist eine Vertragsform des Kredits, bei der eine Anlage, beispielsweise ein Staatsschuldpapier, verkauft wird und gleichzeitig sein Rückkauf zu einem festgelegten Zeitpunkt, häufig am nächsten Tag, vereinbart wird. Repos sind also, wenn auch formal-juristisch zwei Kaufakte, so doch effektiv ein mit Pfand besicherter Kredit, der vor-

62 Gorton/Metrick, »Securitized Banking and the Run on Repo«.

63 Selbst ihre genaue *Anzahl* ist Gegenstand von Spekulationen, die Schätzungen reichen von etwa 9500 bis 11000 für 2007, FCIC, »Shadow Banking and the Financial Crisis«, S. 26.

64 Ebd.

rübergehend liquide Mittel zur Verfügung stellt.[65] Neben Repos finanzieren sich Investmentbanken auch über eigens herausgegebene Schuldpapiere, sogenannte *commercial papers,* mit einer Laufzeit von einem bis zu wenigen Tagen, oder langfristige Schulden bei institutionellen Anlegern. Die Vertragsformen der *commercial papers* und der Repos fasst man gewöhnlich als Praktik des *wholesale funding* zusammen. Außerdem spielen sonstige Finanzfirmen eine Rolle, die Kredite an Unternehmen und Privathaushalte vergeben und diese ebenfalls durch *wholesale*-Versprechen finanzieren *(loan originator).* Ein weiterer Akteurstyp sind die bereits formal betrachteten Investitionsvehikel der Verbriefung. Dabei spielen *conduits* eine besondere Rolle, von Banken mit Finanzierung ausgestattete Firmen, die als *warehouses* dienten. Diese außerbilanziellen Kreditkaufhäuser waren die tatsächlichen Gläubiger der Kredite vor der Verbriefung. Schließlich treten hier Firmen auf, die Versicherungen für Kredite – also letztendlich so etwas wie Bürgschaften mittels CDS anbieten.

In welchen Vertragsformen und Vertragsverbünden werden nun im Schattenbankensystem oder in der Praxis des Verbriefungsbankings Versprechen miteinander verwoben? Statt der einen Bank, die Rückzahlungsversprechen gegen Zahlungsversprechen mit demselben Partner akzeptiert, beginnt die Kreditvergabe in der Realität des »Schattenkreditsystems« entweder mit Finanzfirmen oder mit speziell zur Kreditvergabe aufgestellten und von Banken gesponserten Zweckfirmen. Beide vergeben längerfristige Kredite an Hauskäufer, Konsumenten, Studierende, Unternehmen oder politische Entitäten. Sie finanzieren sich in der Hauptsache durch *commercial papers* und Rückkaufvereinbarungen von Anlagen. Die Ressourcenschulden werden dann von diesen Krediturhebern *(loan originator; »feeder«)* der Verbriefungs- und Wiederverbriefungsmaschinerie zugeführt (MBS, CLO, ABS, CDO, CDO^2). Neben den hier produzierten tranchierten Wertpapieren *(securities)* entstehen durch die Ressourcenschulden in anderen Zweckgesellschaften außerdem forderungsbesicherte *commercial*

65 *Repurchase-Agreements* sind zwar nicht juristisch, doch aber de facto Kredite, vgl. FCIC, Report, S. 31. Für die Bedeutung für Europa siehe: Bakk-Simon u.a., »Shadow Banking in the Euro Area«, S. 5.

papers (*asset backed commercial papers*, ABCP). Der Unterschied zwischen einem so verstandenen Wertpapier und *commercial papers* ist, unter dem hier relevanten soziologischen Gesichtspunkt, die Frist. *Commercial papers* sind vergleichsweise kurzfristige Zahlungsversprechen, die, gründet man die Finanzierung seiner Firma auf dieser Anlageform, ständig erneuert werden müssen. Wertpapiere sind in der Regel längerfristige Verbindlichkeiten. Die verbrieften Kredite werden dann von Firmen aller Art aufgekauft, von rückkaufvereinbarungsfinanzierten Hedgefonds und Investmentbanken, einlagefinanzierten Geschäftsbanken und Geldmarktfonds und Vermögensverwaltern sowie Versicherungen. Außerdem werden die Wertpapiere natürlich von Banken mittels Zweckgesellschaften erworben, um ihr Auftauchen in den Bilanzen der Banken zu vermeiden. Solche Zweckgesellschaften wiederum finanzieren sich durch kurzfristige, mit eben jenen Wertpapieren abgesicherte *commercial papers* oder Rückkaufvereinbarungen, entweder bei Firmen ähnlicher Bauart oder eben Versicherungen, Vermögensverwaltern oder Geldmarktfonds. Kreditvergabe ist hier nicht mehr eine kooperative Verbindung zweier Interessenten, die wechselseitig Gläubiger und Schuldner werden. Statt Banken, die Schuldnern vor Ort Kredite gewähren, werden ehemals einzelne Versprechen nun in Konnexe vieler Versprechensnehmer und -geber fragmentiert, die sich durch mehrere Rechtsräume mit eigenen Verboten, Richtlinien und Offenlegungsvorschriften ziehen. Stand vorher ein einzelnes Versprechen zwischen dem *ultimate borrower* und dem *ultimate lender*, spannt sich nun ein Netz unterschiedlich befristeter, unterschiedlich besicherter und unterschiedlich kodifizierter Versprechen zwischen ganz verschieden konstituierten Gläubigern und Schuldnern auf. Geldschöpfung wird in der New Financial Architecture »in einer langen, oft sehr intransparenten Kette von Nichtbanken vollzogen«.[66] Die »enorme Zunahme der Komplexität«[67] durch die Frag-

66 Zimmermann, »Die Finanzkrise«, S. 106; vgl. auch Martin, Geld, S. 318f. Felix Martin spricht hier von einer »Verdrängung traditioneller Banken durch ein locker gefügtes Netzwerk von Spezialfirmen, die durch komplexe Lieferketten miteinander verbunden sind« (ebd., S. 320).

67 Martin, Geld, S. 316.

mentierung zuvor dualer Bindungsrituale in nun unübersichtlichere, mehrere juristische Kontexte involvierende Vertragskaskaden bedeutet eine Verdichtung von Vertrauen. Die Bereitschaft, Versprechensengagements zu fragmentieren, also zuvor unmittelbare Zahlungsbeziehungen durch mittelbare, aus mehreren Teilstücken bestehende Konnexe zu ersetzen,[68] ist besonders vor dem Hintergrund des Kreditenhancements interessant. Obwohl im *securitized banking* mehr Versprechen zur Finanzierung einer Investition wie eines Hauskaufs nötig waren, haben diese gestiegenen Interdependenzen sogar die Wahrnehmung der Risiken dieser Beziehungen noch vermindert. Gestiegene Abhängigkeiten haben, anders gesagt, nicht zu weniger Versprechen geführt. Damit ist aus praxissoziologischer Sicht eindeutig zu konstatieren, dass die Bereitschaft, Zahlungsversprechen zu vertrauen, in den vergangenen Dekaden erheblich gestiegen ist. Die Zunahme an Vertrauensbereitschaft zeigt sich sowohl in der quantitativen Erhöhung von Interdependenz durch das Eingehen immer mehr Kreditverbindungen als auch durch die Verdichtung von Zahlungsströmen, ermöglicht durch eine vertrauensvolle Innovationsbereitschaft.[69]

68 Man kann an dieser Stelle auch auf die Expansion des *syndicated loan market* verweisen. *Syndicated loans* sind Kredite eines Gläubigerpools an einen Schuldner. Diese stiegen von 339 Milliarden Dollar 1988 auf 2,2 Billionen im Jahr 2007, Bord/Santos, »The Rise of the Originate-to-Distribute Model«, S. 21.

69 Zur Klarstellung: Eine Zunahme an Vertrauen zu konstatieren bedeutet nicht, eine Erklärung der Expansion von Zahlungsbeziehungen zu liefern, sondern lediglich eine Interpretation. Schon alleine deshalb, weil Vertrauen als Modus von Verhalten mit dem Eingehen einer Zahlungsbeziehung identisch ist. Die Finanzexpansion *ist* die Vertrauenszunahme. Der nächste Abschnitt wird überprüfen, ob, wie es die Soziologie des Vertrauens nahelegt, diese Expansion ausgebaute Misstrauensmanifestationen begleiten. Damit nähert man sich einem »Warum«, das aber kein explizites Erkenntnisinteresse der Praxissoziologie ist.

Misstrauenserosion

Das Vertrauen der Gläubiger und Schuldner hat zugenommen. Doch wie steht es um den Einsatz von Misstrauensmanifestationen? Misstrauen, daran sei an dieser Stelle noch einmal erinnert, ist die praktische Erwartung, das künftige Verhalten anderer werde den eigenen Interessen schaden oder im Wege stehen. Misstrauen manifestiert sich in zögerlicher Skepsis, erhöhter Aufmerksamkeit, Akkumulation von Zwangsmitteln oder der Vorbereitung auf den Kooperationsbruch. Wer misstraut, organisiert seine Abhängigkeiten sorgsam und versucht, Handlungschancen zu maximieren, mit denen sich die erwarteten schadhaften Handlungen anderer verhindern oder deren Folgen abmildern lassen. Die Allokation solcher Interventionsressourcen kann in Regeln oder Teleologien routiniert auf Dauer geschaltet werden, was dem praxistheoretischen Verständnis einer Misstrauens*institution* entsprechen würde. Für die Kreditpraxis stechen historisch fünf solcher Misstrauensinstitutionen hervor, die alle in diesem Abschnitt geprüft werden sollen: erstens Überwachung und Kontrolle durch Behörden, zweitens das politische Sicherheitsnetz, drittens externe Ratingagenturen, viertens der Einsatz von Pfand und fünftens die Bilanz als rhetorische Technik. Eine allgemeine Erosion lässt sich unschwer erkennen.

Politische Kontrolle

Die erste Misstrauensinstitution fasst politische Überwachungsinstrumente und Beschränkungen von Schuldtypen zusammen. Der Aufschwung des isländischen Finanzsystems von einer Zulieferersparte der Fischereiwirtschaft zu einem globalen Vorbild für monetäre Versprechen wird, wie berichtet, in der Hauptsache als ein politisches Liberalisierungsexperiment betrachtet. In den 1990ern aus dem festen Griff administrativer Institutionen befreit, konnte die zuvor träge Bankenbranche gedeihen – und spektakulär scheitern. Mit dem Rückzug des Staates steht Island allerdings keinesfalls allein da, vielmehr holte die Insel einen Reformprozess der Bankenregulation in den entwickelten Industrienationen nach. »Die zweite Hälfte des 20. Jahrhunderts hat mit der Globalisierung eine Erosion aller historisch gewachsenen Mittel der Geldkontrolle gebracht«, schreibt etwa der Ökonom Udo Reifner.[70] Die Mehrheit der OECD-Finanzsysteme wurde beginnend in den 1960er und 1970er Jahren reformiert.[71] Da diese Reformen unter Stichworten wie »Deregulierung« oder »Neoliberalismus« breit dokumentiert sind, will ich hier nur die Leitlinien nennen:[72] Der Rückbau von politischen Misstrauensinstitutionen betrifft alle drei Kategorien von Finanzregulationen. Diese wären erstens allgemeine ökonomische Regulationen, also etwa unternehmensrechtliche Fragen (z.B. die Branchengründung im Ausland betreffend), Beschränkungen für Eigentumsverhältnisse oder Kapitalbewegungen sowie Preis- und Zugangskontrollen zu Märkten. Ab den 1970er Jahren lockerten die OECD-Staaten beispielsweise Zinsbeschränkungen, was bedeutete, dass Banken ihre Risikoannahmen nun adäquat auspreisen und damit an mehr Kunden Kredite vergeben konnten als zuvor.[73] In den USA führten die dem freien Spiel von Angebot und Nachfrage überlassenen Zinshöhen zu einer Krise der regionalen Sparkassen (»Volcker-Schock«). Die täglich fälligen, niedrig verzinsten Einlagen dieser *Savings and Loans Associations* drohten zu lukrativeren Alternativanbietern (Fonds) abzufließen und somit die langfristigen Aktiva der Sparkassen zu gefährden. Um das zu verhindern, wurden diesen Banken riskantere Geschäfte erlaubt, was sie wiederum zur Kooperation mit den in diesen Geschäften erfahrenen Investmentbanken motivierte. Ähnliche Anreizstrukturen entstanden im gesamten OECD-Raum. Neben der Liberalisierung von Zinsen wurden außerdem Herstellungs- und Handelsbedingungen für Wertpapiere erleichtert. Viele Vertragsformen des Kredits unterlagen zuvor dem Beglaubigungsvorbehalt staatlicher Behörden. Das heißt, viele Vertragsformen des Kredits wurden politisch untersagt oder mussten vor ihrer Entstehung geprüft und genehmigt werden. In Deutschland mussten private Schuldverschreibungen sogar noch bis 1991 den Behörden vorgelegt

70 Reifner, Die Geldgesellschaft, S. 309.

71 Nach: Edey/Hviding, »An Assessment of Financial Reform in OECD Countries«.

72 Gut und umfangreich: Lütz, Der Staat und die Globalisierung von Finanzmärkten.

73 Edey/Hviding, »An Assessment of Financial Reform in OECD Countries«, S. 5.

und zugelassen werden. Immer mehr Vertragsformen wurden so nicht nur legalisiert, sondern auch in einen Geschäftsbereich abseits bankenaufsichtlicher Kontrolle geschoben.[74] Diese Politiken erweiterten die Entscheidungsspielräume für Gläubiger und Schuldner. Vor allem können Zahlungsversprechen nun verstärkt nationalstaatliche Grenzen transzendieren.[75] Durch die Liberalisierung des Fremdwährungshandels etwa konnten Dollarschulden in europäischen Währungsräumen entstehen;[76] viele US-Banken gründeten daraufhin Zweigstellen in London, um sich den strikteren Finanzregulationen der Vereinigten Staaten zu entziehen.[77] Durch solche Exit-Optionen für Banken bzw. Kapitalanlagen standen Regierungen fortan unter Rechtskonkurrenz,[78] was die Anreize für Deregulierungen verstärkte.[79] Kaum entstanden Möglichkeiten der Gründung von Tochterfirmen im Ausland, schreibt Susanne Lütz, begannen »die Banken [...], Kreditpyramiden bei ihren Auslandstöchtern aufzubauen, um das wahre Ausmaß ihrer Geschäftsrisiken gegenüber heimischen Aufsichtsinstanzen zu verschleiern«.[80] Die Registrierung von Zahlungsversprechen in Bilanzen, die in ein politisches Misstrauensregime eingebettet waren, wurde von einer Notwendigkeit zu einer Option für potenzielle Gläubiger und Schuldner. Die Freiwilligkeit der Aussetzung politischen Misstrauens gründete aber nicht nur auf dem Wettabrüsten der primären Wirtschaftszonen, sondern vor allem durch den Aufstieg der Steueroasen.[81] Steueroasen oder *offshore jurisdictions* sind Rechts-

74 Reifner, Die Geldgesellschaft, S. 313f.

75 Lütz, Der Staat und die Globalisierung von Finanzmärkten, S. 137ff.

76 Ebd., S. 138f.

77 Palan/Nesvetailova, »Elsewhere, Ideally Nowhere«, S. 30.

78 Durch die erweiterten Möglichkeiten transnationaler Schuld- und Eigentumsbeziehungen wurde es auf vielfältige Weise lukrativ, mit Firmensitzen oder Zweigstellen in andere Rechtsräume abzuwandern. Das verstärkte einerseits den Deregulierungsdruck. Deutschland versuchte sich allein zwischen 1990 und 2002 mit vier »Finanzmarktförderungsgesetzen« (Reifner, Die Geldgesellschaft, S. 320f.), die nicht zuletzt die Mindeststandards der Finanzierungsformen von Immobilienfonds immer weiter senkten.

79 Reifner, Die Geldgesellschaft, S. 320.

80 Lütz, Der Staat und die Globalisierung von Finanzmärkten, S. 184.

81 Zucman, Steueroasen; Palan/Murphy/Chavagneux, Tax Havens.

räume, die fast vollständig auf Kontrollauflagen für Finanzfirmen verzichten.[82] Ungefähr die Hälfte der Zahlungsversprechen in der gesamten Kreditpraxis involviert auf die eine oder andere Weise Bilanzen in den *Offshore Financial Centres* (OFC).[83] »Being and operating ›elsewhere‹«, erklären die Finanzökonomen Ronan Palan und Anastasia Nesvetailova, ist eine Kernstrategie der Finanzwirtschaft geworden. Kredite werden in dem Sinne »anderswo«, aus der Perspektive von Regulationsbehörden also gar »nirgendwo« erzeugt, außerhalb der Reichweite verbliebener staatlicher Misstrauensstrukturen.

Das zweite Feld, in dem politische Misstrauensinstitutionen an Wirkungskraft verloren, war das sogenannte *Health-Safety-Environments* (HSE). Unter HSE werden staatliche Maßnahmen erfasst, die auf die Sicherstellung von Stabilität zielten.[84] Dazu zählt unter anderem das Monitoring von Finanzakteuren im Hinblick auf Art, Umfang und Finanzierung der Kredite und Derivate – kurz: die Risiken –, mit dem Ziel, sich abzeichnende Probleme rechtzeitig zu registrieren. Nach der Finanzkrise von 2008 wurde an die isländische Regierung der Vorwurf gerichtet, sie wären ihrer Aufsichtspflicht gegenüber dem wachsenden Finanzsektor, der immer neue und umfangreichere Geschäfte abschloss, nicht nachgekommen. Es habe, so die Klage, sowohl an einer effektiven Überwachungsarchitektur als auch an politischem Willen zum Monitoring der Kreditpraxis gefehlt.[85] Als in den 1990ern die Liberalisierung des isländischen Bankensektors begann,

---

82 Die Differenzen zwischen *tax havens* und *offshore financial centres* sollen hier keine Rolle spielen, vgl. dazu Palan/Nesvetailova, »Elsewhere, Ideally Nowhere«, S. 30.

83 Palan/Nesvetailova, »Elsewhere, Ideally Nowhere«, S. 26. Die Datenlage ist allerdings, wenig überraschend, unzureichend, vgl. IWF, »Offshore Financial Centers«.

84 »This category of regulation broadly encompasses restrictions on the types of products that a firm can offer and the types of production processes in which it can engage«, White, »The Role of Financial Regulation«.

85 »In effect, the country decided to stake its economic future on international banking, without having the necessary safeguards in place«, Danielsson/Zoega, »The Collapse of a Country«, S. 2; vgl. Hreinsson/Gunnarsson/Benediktsdóttir, »Causes of the Collapse of the Icelandic Banks«, S. 1.

waren im Handelsministerium gerade einmal zwei Beamte mit der Überwachung des Finanzsektors betraut – und diese beiden hatten außerdem noch andere Verpflichtungen. Das ist nicht verwunderlich, wenn man bedenkt, dass das Ministerium insgesamt noch zu Beginn des Jahres 2007 über gerade einmal sechs Mitarbeiter verfügte. Bis zur Krise waren daraus immerhin zwanzig geworden, wobei aber nur ein einziger Ökonom darunter war. Dem Handelsministerium unterstand die *Financial Service Authority* (FME), deren Belegschaft im Jahr 2008 auf 47 und später auf 68 erhöht wurde. Unterstützt wurden diese Beobachter durch die zwanzig Angestellten (inklusive drei Ökonomen) des für Wirtschaftspolitik verantwortlichen Büros des Premierministers und die 115 Mitarbeiter der isländischen Zentralbank CBI.[86] »These numbers include all personnel, from security to catering to office workers to the economists and lawyers.«[87] Eine so aufgestellte Überwachungsmannschaft konnte, so die Kritik, angesichts des Wachstums der Finanzanlagen kaum etwas ausrichten. Island ist hier lediglich ein besonders eindrucksvolles Beispiel. Auch wenn es natürlich Unterschiede in den absoluten Zahlen gibt, so erfolgten doch auch etwa für das deutsche Bankensystem ähnliche Beobachtungen. Die 2002 gegründete und mit knapp 3 Prozent der Personalstärke der Bundesbank ausgestattete Bundesanstalt für Finanzdienstleistungsaufsicht (BaFin) war von Anfang an, wie ihr Präsident erklärte, »mit dem Sortieren der von den Banken gemeldeten unzähligen Daten bereits überlastet«.[88] Auf die Frage der US-amerikanischen Untersuchungskommission zu den Ursachen der Finanzkrise, welche Rolle Regulatoren im Alltag der Investitionsentscheidungen amerikanischer Kreditinstitute gespielt hätten, antwortete der Chief Risk Officer der Citigroup, David Bushnell, schlicht: »None.«[89]

86 Benediktsdóttir/Danielsson/Zoega, »Lessons From a Collapse«, S. 206.

87 Ebd.

88 Reifner, Die Geldgesellschaft, S. 322.

89 FCIC, »Interview of David Bushnell«, S. 148. Es ist hier natürlich nicht immer einfach, zwischen Unfähigkeit und Unwilligkeit zu unterscheiden, vgl. dazu Lanchester, Warum jeder jedem etwas schuldet, S. 228ff.

Natürlich wäre auch eine effizientere Monitoringinfrastruktur mit der Existenz von Steueroasen konfrontiert. Die Risiken von Finanzierungsketten, die sich durch verschiedene Rechtsräume erstrecken, die unterschiedliche Offenlegungspflichten und Konstruktionsauflagen für Finanzprodukte haben, sind für einzelne Behörden nicht erfassbar. So setzte etwa die Investmentbank Bear Stearns zwei Hedgefonds auf den Cayman Inseln ein, die, als dort ansässige Firmen, von *dummy directors* geführt wurden. Tatsächlich kümmern sich aber vier verschiedene Firmen in drei unterschiedlichen US-Bundesstaaten und Irland um Investitionen, Finanzierung und Buchhaltung dieser Vehikel.[90] Außerdem werden die Chancen für Überwachung und Kontrolle durch die schieren Mengen an Versprechen (und damit Daten) konterkariert. Keine Behörde könnte mit genug Personal ausgestattet werden, um allein die 900000 außerbilanziellen Derivatverträge von Lehman Brothers in regulatorischer Absicht auszuwerten.[91]

Neben den durch Quantität der Kredite und ihre Fragmentierung in Offshore-Rechtsräumen verminderten Überwachungsmöglichkeiten für Risiko wurde auch die Personalausstattung selbst – und damit letztendlich die Motivation – kritisiert.[92] Die Deregulierungen des isländischen Finanzsektors war von einer kleinen Gruppe von Profiteuren vorangetrieben worden, die sich das Eigentum an den zuvor in öffentlicher Hand befindlichen oder unter öffentlicher Kontrolle stehenden Geldhäusern sicherte. Die großen Drei gingen an unerfahrene Investoren mit Parteibindung; eine »Privatisierung unter Freunden«[93]. Der Wechsel von Personal von der Finanzwirtschaft in die Regulationsbehörden – und umgekehrt – wird als »Drehtürphäno-

90 Palan/Nesvetailova, »Elsewhere, Ideally Nowhere«.

91 Vor allem in einer Regulationsarchitektur, die auf »Heimatlandkontrolle« setzt. Vgl. Lütz, Der Staat und die Globalisierung von Finanzmärkten, S. 187f.

92 Lawrence White zählt beispielsweise bei einem Vortrag beim IWF die Personalfrage als eigenständig zu beachtenden Aspekt funktionierender Überwachungs- und Kontrollstrukturen innerhalb des HSE auf: White, »The Role of Financial Regulation«.

93 Gylfason u.a., Nordics in Global Crisis, S. 146, Übersetzung A.S.; vgl. Benediktsdóttir/Danielsson/Zoega, »Lessons From a Collapse«, S. 186.

men«[94] auch über Island hinaus problematisiert. Auch für Europa und die USA wurde auf die engen personellen Überschneidungen und damit auf die Nutzung derselben Personalpools durch Wirtschaft und politische Administration hingewiesen. Symbol dieser Verschränkung ist die amerikanische Investmentbank Goldman Sachs.[95] Zahlreiche führende Politiker, wie etwa der zum Krisenzeitpunkt amtierende CEO von Citigroup, Robert Rubin (US-Finanzminister 1995–1999), hat eine Goldman-Vergangenheit.[96] Ottmar Issing, einer der Konstrukteure des Euros und Chefökonom der Europäischen Zentralbank, übernahm nach seiner politischen Amtszeit einen Posten bei Goldman. Die Liste ließe sich weiterführen. Nun ist an solchen Überschneidungen nichts per se Problematisches, suchen doch sowohl politische Entscheidungsträger als auch Firmen Personal, das sich in der Materie ihres Arbeitsfeldes auskennt und, im Idealfall, bereits praktische Erfahrungen hat. Dennoch ist es interessant, dass nicht nur in Island sozusagen dieselbe Belegschaft mit der Deregulierung, der Expansion der Kreditvolumen und der politischen Rettung scheiternder Versprechen beschäftigt war und ist. Henry Paulson, Finanzminister in der George W. Bush-Administration, war für die ersten finanziellen Stützungsinterventionen der US-Regierung nach dem Lehman-Schock mitverantwortlich. Unterstützt wurde er unter anderen von Joshua Bolton und Mark Patterson, die noch wenige Jahre zuvor als Goldman-Sachs-Lobbyisten tätig waren. Etwa 300 Milliarden Dollar

---

94 Prozesse routinierter Personalwechsel zwischen Firmen einer Branche und den sie überwachenden und betreuenden Behörden werden in der englischen Debatte als *revolving door* bezeichnet.

95 Von besonderem Interesse für die US-Behörden war ein von der Securities and Exchange Commission dokumentiertes und veröffentlichtes Anreizprogramm von Goldman Sachs, das »Quereinsteigern« in die Politik Kompensationen für die dort viel geringeren Löhne versprach. Sie sollten also für die Ausfälle, die sie durch die deutlich geringeren Einnahmen in ihrer öffentlichen Funktion erlitten, bei der Rückkehr in die Privatwirtschaft entschädigt werden – ein sogenannter »goldener Fallschirm«. Diese Fallschirmbestimmungen hat die SEC online dokumentiert: http://www.sec.gov/Archives/edgar/data886982/000095012310116277/y88643exv10w4.htm [01. 06. 2013].

96 FCIC, »Interview of Robert Rubin«, S. 12.

dieses *bail outs* kamen der Citigroup zugute, deren CEO, wie erwähnt Robert Rubin, zuvor 26 Jahre bei Goldman Sachs arbeitete, ebenso wie Paulson. Mit Regierungsunterstützung kaufte in diesen Tagen die Bank of America das bankrotte Investmentunternehmen Merrill Lynch, dessen Vorsitzender John Thain ebenso bei Goldman Sachs ausgebildet wurde. Nach der Rettung des Versicherungsunternehmens AIG setzte Paulson seinen ehemaligen Goldman-Kollegen Edward Liddy an die Spitze des Konzerns.[97]

Dass es sich bei diesen Drehtürverbindungen auf hohem politischem Entscheidungsniveau nicht um belanglose Einzelfälle handelt, wird deutlich. Ebenso wenig ist es ein Phänomen, das sich auf amerikanische Banken und Posten im Finanzministerium beschränkt. »The heads of Canadian and Italian national banks are Goldman alums, as is the head of the World Bank, the head of the New York Stock Exchange, the last two heads of the Federal Reserve Bank of New York – which, incidentally, is now in charge of overseeing Goldman – not to mention.«[98] Die fließenden personellen Seitenwechsel von Politik und Kreditwirtschaft sind also ein generelles Phänomen.[99]

---

97 Zu alldem: Taibbi, »The Great American Bubble Machine«. Man kann vermuten, dass dieses Personal auch persönlich noch in Form von Anteilen mit ihrem alten Arbeitgeber engagiert war. Edward Liddy etwa besaß zu diesem Zeitpunkt Goldman-Sachs-Aktien im Wert von 3 Millionen Dollar, Pittman/Son, »Liddy Should Sell Goldman Sachs Stake«.

98 Taibbi, »The Great American Bubble Machine«.

99 Für den europäischen Raum fasst Wolfgang Streeck den Einfluss speziell von Goldman Sachs mit einem etwas zynischen Einschlag zusammen (im Jahr 2011): »Mario Monti, neuer Premierminister Italiens, zerschlug als europäischer Wettbewerbskommissar das deutsche öffentliche Bankensystem (woraufhin es sich mit dem Ankauf amerikanischer Schrottpapiere vergeblich zu sanieren versuchte); nach dem Ende seiner Brüsseler Amtszeit verdiente er sein Geld als Berater unter anderem von Goldman Sachs, dem größten aller Schrottpapierproduzenten. Loukas Papadimos, jetzt Regierungschef in Griechenland, war Präsident der griechischen Zentralbank, als das Land sich mit gefälschten Statistiken den Zugang zur Währungsunion und damit unbegrenzten Kredit zu deutschen Zinssätzen sicherte. Hilfe bei der kreativen Bearbeitung der nationalen Kontenbücher kam damals übrigens von der europäischen Niederlassung von Goldman Sachs, deren Chef Mario Draghi war, der seit kurzem bekanntlich als Präsident der Europäischen Zentralbank fungiert«, Streeck, »Völker und Märkte«, S. 15.

Auch wenn unklar bleibt, wie genau diese Verbindungen zu bewerten sind, ist doch erst einmal ganz generell für die monetäre Reproduktionspraxis von einer engen und dynamischen Verbindung von politischem und unternehmerischem Personal zu sprechen.[100] Solche zu beiden Seiten offene Drehtürverbindungen halten, praxistheoretisch gesprochen, möglicherweise die teleologischen Strukturen der Teilnehmer der Finanzpraxis auch bei ihrem Wechsel in die Regulationsinstanzen aktiv; man handelt nicht nur, um Entwicklungen im Finanzsektor zu befördern oder zu dämpfen, um imaginierte makroökonomische oder makrosoziale Projekt-Ziel-Verknüpfungen zu verwirklichen, sondern auch mit dem Ziel, zum Ende einer Amts- oder Legislaturperiode wieder zurück in die Privatwirtschaft zu wechseln. Somit überlagern sich durch Drehtürbeziehungen die Profitteleologien mit den Regulationsteleologien.

Neben der Überwachung gab es noch eine zweite internationale Strategie der Sicherstellung eines stabilen und möglichst risikoarmen Finanzsystems: die Eigenkapitalpuffer des Basel-Regimes. Die Festlegung eines einzuhaltenden Verhältnisses zwischen eingegangenen Zahlungsbeziehungen und dem Eigentümeranteil an der Firma sollte das Risiko der Eigentümer mit dem Risiko der Schuldner verknüpfen, da Spekulationsverluste zuerst die Kapitalgeber treffen würden. Tatsächlich aber wurde die Höhe des zu akkumulierenden Eigenkapitals, wie im letzten Kapitel bereits dargelegt wurde, privatwirtschaftlicher Kalkulation überlassen. Einmal, weil das notwendige Kapital sich nach dem einzuschätzenden Risiko einer Finanzbeziehung richtete und dieses Risiko der Einschätzung der Bank (bzw. des Ratings) unterliegt, und außerdem, weil man sich, wieder dank der Schattenbanken, so vieler Kapitalanforderungen entledigen kann, wie es einem

100 Ganz handfest geht es hier immer auch um profitable Informationsvorsprünge, die Netzwerke ermöglichen und generieren. So berichtet etwa unter Berufung auf Bloomberg-Informationen Chrystia Freeland von einem Abendessen von US-Finanzminister Paulson im Sommer 2008, auf dem er sieben Wochen vor der Umsetzung eine Gruppe von Investoren – »mindestens fünf davon Ehemalige von Goldman Sachs« – von seinen Plänen in Kenntnis setzte, die Hypothekenfinanzierer Freddie Mac und Fannie Mae zu verstaatlichen. Solche Informationen sind extrem lukrativ; Freeland, Die Superreichen, S. 305.

die Kunden zutrauen.[101] Diese Privatisierung von Entscheidungskompetenz zeigt sich auch in der dritten Dimension der Erosion politischer Kontrolle, der Privatisierung von Standardsetzungsmacht.

Auch Bemessungskompetenzen und Spielräume von Bewertungs- und Registrierungsvorgängen, also: welches Produkt zu welcher Zeit wie (also mit welchem Wert) in die Bilanz eingetragen werden darf, wurden verstärkt von politischen Bedingungen zu internen Entscheidungen der privaten Kreditpraxis. Bilanzierungsrichtlinien sind in einem reinen Kreditgeldsystem keine Frage bloß sekundärer Darstellungskoordination. Bilanzen sind, wenn man so will, Produktionsmittel, und die Berichtigung eines Wertes in der linken Anlagenspalte zieht eo ipso Wertveränderungen nach sich. Da wir von einer Praxis sprechen, in der per Bilanzeintrag Geld erzeugt wird, sind die Standards dieser Vorgänge ein machtvolles Kontrollinstrument.[102] In den Kontext politischer Deregulation gehört deswegen unbedingt die Tatsache, dass auch die Setzungsmacht für Buchhaltungsstandards privatisiert wurde.[103] Im Jahr 2002 hat die EU die Richtlinien des International Accounting Standards Board (IASB), eines in London ansässiges privaten Instituts, für verbindlich erklärt.[104] Das IASB wird durch die in Delaware, USA, ansässige IFRS-Stiftung (bis 2010: IASC) berufen, kontrolliert und finanziert. Die Finanzierung dieser Stiftung stammt größtenteils aus privaten Spenden. Das Entschei-

101 Und sie trauten ihnen viel zu: Allein die deutschen Landesbanken lagerten 113 Milliarden Euro (2007) in ihren eigenen Zweckgesellschaften und damit aus ihren Bilanzen aus, Reifner, Die Geldgesellschaft, S. 338.

102 Die Bedeutung von Buchhaltungspraktiken geht natürlich über Geldschöpfung weit hinaus: »[A]ccounting rules are not merely intended to reduce transaction costs among economic agents. In our modern capitalist world, accounting is the heart of distributive mechanisms involving employes, shareholders, lenders and a number of public actors«, Chiapello/Medjad, »An Unprecedented Privatisation of Mandatory Standard-Setting«, S. 449.

103 Dazu: Chiapello/Medjad, »An Unprecedented Privatisation of Mandatory Standard-Setting«; Bengtsson, »Repoliticalization of Accounting Standard Setting«; Reifner, Die Geldgesellschaft, S. 340.

104 Chiapello/Medjad, »An Unprecedented Privatisation of Mandatory Standard-Setting«, S. 449.

dungsgremium des IFRS ist dabei in seiner Besetzung abhängig vom Votum der größten Stakeholder. Um es ganz knapp mit Udo Reifner zu sagen: »14 ehemalige Chefs von Großbanken [...] entscheiden, wie bilanziert wird«,[105] und werden dabei von Buchhaltungsfirmen und deren Kunden besetzt und finanziert.

Auch wenn die Regulierungsdichte des Finanzsektors hoch bleibt, so hat man sich immer mehr auf die Meinungen und Selbstregulationskräfte der privatwirtschaftlichen Schuldenpraxis verlassen. Insgesamt ist das Gefüge politischer Misstrauensinstitution von Überwachung und Kontrolle in allen drei Dimensionen substanziell erodiert.

Sicherheitsnetz

Neben der politischen Kontrolle und Überwachung der Produktion von Kredit gibt es eine zweite politisch-administrative Misstrauensinstitution, das sogenannte Sicherheitsnetz. Es sollte ein strukturelles Risiko des klassischen Einlagenbankensystems reduzieren, könnte deswegen auch im engeren Sinne zum zuvor genannten Komplex gezählt werden. Traditionell stellte man sich das Geschäft von Banken als Fristentransformation vor: Man wiegt kurzfristige Passiva, etwa jederzeit kündbare Girokontoeinlagen, gegen langfristige Investitionen, etwa Unternehmenskredite, auf. Da diese Verknüpfung von Zeithorizonten ökonomisch sinnvoll und gesellschaftlich erwünscht war, haben politische Akteure Anteile des daraus resultierenden Risikos – nämlich das eines plötzlichen Abzugs kurzfristiger Einlagen *(bank run)* – abgefangen.[106] Es geht hier einmal um das bereits erwähnte Selbstverständnis moderner Zentralbanken als *Lender of Last Resort* und um die staatliche Garantie von Einlagen bis zu einer gewissen Höhe, die Einlagenversicherung. Diese Institutionen werden gemeinhin als Sicherheitsnetz *(safety net)* bezeichnet und sollen beide verhindern, dass eigentlich solvente Banken durch die Liquiditätskrise eines *runs* bankrottgehen. Die Kreditwürdigkeit einer Geschäftsbank wurde so zumindest tendenziell vom leicht zu irritierenden Vertrauen ihrer

---

105 Reifner, Die Geldgesellschaft, S. 340.
106 FCIC, Report, S. 29.

Einleger entkoppelt. Die Politik nimmt so als doppelter Bürge an jedem Zahlungsversprechen zwischen einer Bank und ihren Kontoinhaber-Schuldnern teil – sie stellt Ressourcen bereit, die vor möglichen negativen Handlungen des Anderen schützen, solche Ressourcen sind damit manifestes Misstrauen.

Aus diesem Sicherheitsnetz haben sich viele Banken in den letzten Dekaden zurückgezogen. Auch hier lässt sich wieder mit einem Blick auf Island, genauer auf Finanzierungsgewohnheiten isländischer Banken, beginnen. Für Landsbanki wurden Kundeneinlagen ihrer Zweigstellen im Ausland immer wichtiger. Landsbanki hatte unter dem Titel *Icesave* beispielsweise in England hoch verzinste Girokonten angeboten, die breiten Zuspruch fanden. Damit verließ sich die Bank bei ihrer Finanzierung auf ungeschützte Einlagen und wurde anfällig für *runs.*[107] Zwar wurden die *Icesave*-Konten formal mit einer (vermittelten) Garantie der isländischen Regierung angeboten, doch belief sich deren Wert 2008 auf 70 Prozent des isländischen BIPs.[108] Eine unmögliche Aufgabe für die isländische Regierung. Da die Summen außerdem nicht in isländischer Krone ISK, sondern in der jeweiligen Landeswährung dotiert waren, konnte man hier auch nicht auf die *Lender-of-Last-Resort*-Rolle der isländischen Zentralbank CIB hoffen. Diese hätte Devisen in entsprechender Größenordnung selbst kaufen müssen, was wiederum den in so einem Notfall aller Voraussicht nach bereits fallenden Kurs der eigenen Währung weiter gedrückt hätte. Mit dem Hinweis auf ungeschützte Auslandskonten, die jederzeit anfällig für einen Run waren, ist aber nur exemplarisch auf die allgemeine Tendenz aufmerksam gemacht, sich stärker auf Finanzierungsbeziehungen außerhalb des Sicherheitsnetzes zu verlassen. Viel stärker noch als von ausländischen Privatkonten waren die isländischen Banken von kurzfristigen Finanzierungen auf dem *wholesale*-Markt abhängig,[109] d.h. von Krediten abseits geschützter Einlagen.

107 Hreinsson/Gunnarsson/Benediktsdóttir, »Causes of the Collapse of the Icelandic Banks«, S. 57.

108 Jónsson, Why Iceland?, S. 132.

109 »Banks increasingly use short-term wholesale funds to supplement retail deposits. Through wholesale money markets, they attract cash surpluses from nonfinancial

Diese neuen Finanzierungsmodi, *commercial papers* oder Repo-Vereinbarungen, etablierten sich etwa in den 1970er Jahren und haben ihre Bedeutung seitdem kontinuierlich gesteigert – das gilt für die USA genauso wie für Europa.[110] Im Jahr 2007 finanzierten sich Islands große Drei zu drei Vierteln mit *wholesale*-Kreditformen.[111]

Repos, ausgeschrieben: *repurchase agreements* (Rückkaufvereinbarungen), sind eine besondere Art von Zahlungsversprechen. Faktisch kauft hier ein Partner zunächst eine Anlage, wobei der Verkäufer aber zusichert, sie nach einer Frist zu einem festgelegten (und leicht erhöhten Preis) wieder zurückzukaufen. Was auf den ersten Blick wie zwei getrennte Tauschakte erscheint, ist in seinem Effekt als durch ein Pfand abgesicherter Kredit zu begreifen. Im Falle von *commercial papers,* der zweiten Vertragsform der *wholesale*-Finanzierung, wird kein zusätzliches Wertpapier übertragen. Es sind letztlich reine Rückzahlungsversprechen im juristischen Gewand eines Wertpapiers. Im amerikanischen Bankensektor waren sie 2007 der größte Posten im Segment kurzfristiger Schulden, mit knapp 2 Billionen Dollar. 92 Prozent der *commercial papers* waren Schulden von Finanzfirmen.[112]

Baut eine Bank ihr Finanzierungsmodell auf solchen kurzfristigen und damit täglich zu erneuernden Engagements auf, und nicht mehr auf trägen, staatlich versicherten Einlagen, so wird sie (wieder) anfällig für *runs.*[113] Ein solcher Run im *wholesale*-Geschäft war ein zentrales Moment der Finanzkrise von 2008.[114] Dem Vorgang nach handelt es sich dabei natürlich nicht um das Abziehen von Einlagen, sondern

---

corporations, households (via money market mutual funds), other financial institutions, foreign entities, etc.«, Huang/Ratnovsky, »The Dark Side of Bank Wholesale Funding«, S. 5; vgl. Le Leslé, »Bank Debt in Europe«, bes. S. 4 für Spezifizierungen.

110 Bakk-Simon u.a., »Shadow Banking in the Euro Area«, S. 5f.

111 Flannery, »Icland's Failed Banks«, S. 92.

112 Kacperczyk/Schnabl, »When Safe Proved Risky«, S. 29.

113 Man spricht hier vom »roll-over liquidity risk«, Kacperczyk/Schnabl, »When Safe Proved Risky«, S. 31.

114 Gorton/Metrick, »Securitized Banking and the Run on Repo«; Kacperczyk/Schnabl, »When Safe Proved Risky«; Huang/Ratnovski, »The Dark Side of Bank Wholesale Funding«.

um das Verweigern neuer, kurzfristiger Refinanzierungen. Der Effekt ist aber der gleiche: Wie bei Sichteinlagen von Kunden, die täglich ihre Mittel einfordern können (der klassische Run als Misstrauensbescheinigung), sind die Banken weltweit immer stärker von alltäglichen, positiven Vertrauensbezeugungen abhängig geworden. Es geht beim *wholesale*-Run damit um das Ausbleiben erneuter, positiver Vertrauensentscheidung.[115] Beispielsweise reduzierte sich die verfügbare Menge liquider Anlagen für den amerikanischen Investmentriesen Bear Stearns innerhalb von nur drei Tagen im März 2008 von 18 auf 2 Milliarden Dollar, als die kurzfristigen Anleger ihre Zuversicht verloren und Vereinbarungen nicht mehr, so wie eigentlich üblich, erneuerten.[116]

Die mit der politischen Versicherung ihrer Finanzierung verbundene Stabilisierung der Kreditwürdigkeit von Banken hat angesichts der Größenordnungen von Finanzierungen außerhalb des Sicherheitsnetzes dramatisch an Gewicht verloren.[117] Dieser Rückzug aus der Misstrauensinstitution des Sicherheitsnetzes betrifft, dieser Verdacht wird manchmal geäußert, nicht vornehmlich den amerikanischen Finanzsektor: Europäische Banken haben sich sogar noch wesentlich stärker auf *wholesale*-Finanzierungen verlassen als US-amerikanische Kreditinstitute. Vor der Krise waren 61 Prozent der europäischen Bankschulden aus diesem Geschäftsfeld, während sich

115 Für eine Übersicht und Analyse von *wholesale*-Finanzierungen siehe: Huang/Ratnovski, »The Dark Side of Bank Wholesale Funding«.

116 Huang/Ratnovski, »The Dark Side of Bank Wholesale Funding«, S. 27.

117 Die Emanzipation von expliziten politischen Sorgestrukturen kann dabei nicht nur als eine Besonderheit von Zahlungsversprechen zwischen Finanzfirmen betrachtet werden, wie es etwa für die Dominanz der Repo-Finanzierungen zuträfe. Auch andere Gläubiger verzichteten auf staatlichen Schutz zugunsten lukrativer Zinsen. Immer mehr amerikanische Kleinanleger wechselten seit den 1980er Jahren von klassischen, politisch verbürgten Konten zu Einlagen in Fonds *(money market mutual fonds).* Deren Anlagen wuchsen im Zuge dessen von 3 Milliarden Dollar im Jahr 1977 auf knapp zwei Billionen im Jahr 2000 (FCIC, Report, S. 30). Auch wenn sich diese Entwicklung in Europa nicht spiegelte, so beliefen sich doch aber zumindest etwa die deutschen Einlagen bei der isländischen Bank Kaupthing auf etwa 300 Millionen Euro und die Icesave-Guthaben in England und den Niederlanden hatten immerhin einen Wert von 6,7 Milliarden Euro.

asiatische und amerikanische Banken zu einem guten Drittel so versorgten. Ein Viertel der *wholesale*-Schulden europäischer Banken waren im Jahr 2006 kurzfristig, gegenüber 22 Prozent in den USA. Seitdem ist der Anteil kurzfristiger Vereinbarungen in Europa auf 19 Prozent (wobei man stärker differenzieren könnte, da es in Frankreich beispielsweise 2010 30 Prozent waren) und in den USA auf 16 Prozent gefallen. Interessant ist hier auch die gegenläufige Entwicklung in den Entwicklungsländern, deren Banken ihre kurzfristigen Finanzierungen von 8 auf 17 Prozent ausgeweitet haben.[118] Insgesamt belief sich die Größe des europäischen Repo-Marktes auf seinem Höhepunkt im Jahr 2007 auf 6,8 Billionen US-Dollar,[119] im Vergleich zu 4,5 Billionen US-Dollar Volumen 2008.[120] Bankenfinanzierung durch politisch nicht explizit verbürgte Schulden ist also bei Weitem kein marginaler, sondern vielmehr ein entscheidendes Konfigurationselement dieser Praxis. Die politischen Misstrauensstrukturen der Überwachung, Kontrolle und expliziter Bürgschaft haben an Bedeutung verloren.

Ratingagenturen

Seit Anfang des zwanzigsten Jahrhunderts, als John Moody seine Einschätzungen des Ausfallrisikos von Schuldverschreibungen der amerikanischen Eisenbahngesellschaft veröffentlichte, gibt es im amerikanischen Finanzwesen Firmen, die gegen eine Gebühr Kreditpapiere mit einer Note bewerten, die das Risiko eines solchen Engagements widerspiegeln soll.[121] Die Ratingagenturen sind privatwirtschaftliche Misstrauensinstitutionen, an die die Aufgabe der Überwachung von Kreditwürdigkeit und damit das Kerngeschäft der Finanzwirtschaft ausgelagert wurden. Obwohl es diesen Firmentypus schon eine Weile

118 Le Leslé, »Bank Debt in Europe«, S. 9.

119 ICMA, »European Repo Market Survey 26«, S. 6.

120 FCIC, »Shadow Banking and the Financial Crisis«, S. 4.

121 Natürlich gibt es hier feine Differenzen. Moody's beispielsweise berechnet nicht die Ausfallwahrscheinlichkeit, sondern den zu erwartenden Verlust. »However, investors and regulators tend to view the ratings of the major RAs as roughly equivalent«, FCIC, »Credit Ratings and the Financial Crisis«, S. 4.

gibt, ist ihre Bedeutung in der zweiten Hälfte des zwanzigsten Jahrhundert deutlich gestiegen. Ratings nehmen eine Schlüsselposition in der Logik der globalen Kreditgeldpraxis ein. Im Jahr 2001 allein wurden Versprechen im Wert von 30 Billionen Dollar bewertet,[122] kaum eine Schuld kam und kommt ohne eine Bewertung dieser Agenturen aus. Die Zahl der bedeutenden Bewertungsfirmen ist dabei relativ gering, teilen doch Standard & Poor's, Moody's und Fitch einen globalen Marktanteil von 85 Prozent[123] bzw. sogar 95 Prozent[124] unter sich auf.

Ihrem juristischen Status nach sind Ratingagenturen Firmen, die Meinungsbeiträge veröffentlichen.[125] Damit sind sie im amerikanischen Rechtswesen ähnlich geschützt wie Journalisten, können also nicht zur Verantwortung gezogen werden, sollten sich ihre Bewertungen als unzureichend herausstellen. Dieser »Freibrief« wurde im Zuge der Finanzkrise wiederholt kritisiert, zumeist mit dem Zweck, die Ratingagenturen angesichts des Ausfalls großer Mengen in den Agenturbewertungen als risikolos geltender Kredite zur Verantwortung zu ziehen.[126] Allerdings liegt es in der Natur einer Risikoeinschätzung, dass sie, wie jeder erzählerische Zugriff auf Zukunft,[127] selbst ein Risiko ist. Aussagen über künftige Gegenwarten zeichnen sich gerade dadurch aus, dass sie prospektiv, also *kontra*faktisch sind. Eine Wahrscheinlichkeitseinschätzung wird ferner noch nicht dadurch falsch, unachtsam oder unzutreffend, dass ein von ihr als eher unwahrscheinlich eingestufter Fall eintritt. Dadurch also, dass ein mit der Bestnote (Ausfallwahrscheinlichkeit: 0,0016 Prozent[128]) geadelter Schuldner insolvent wird, ist ja nicht auf die Unzulänglichkeit der Bewertung zu schließen.

---

122 Vgl. Prager, Ratingagenturen, S. 62.
123 IOSCO, »The Role of Credit Rating Agencies in Structured Finance Markets«, S. 13.
124 Prager, Ratingagenturen, S. 57; Sinn, Kasino-Kapitalismus, S. 179.
125 FCIC, Report, S. 120; Besedovsky, »Politischer Ritterschlag für Ratingagenturen«, S. 228f.
126 Vgl. für eine übersichtliche Rekapitulation der Kritik: Prager, Ratingagenturen.
127 Vgl. für eine umfangreiche Aufarbeitung dieser Thematik aus zeitsoziologischer Perspektive Adam/Groves, Future Matters.
128 FCIC, »Credit Ratings and the Financial Crisis«, S. 5.

Die Kritik an den Ratingagenturen läuft deswegen immer Gefahr, in hilflose Polemik abzudriften, und soll hier nicht weiter verfolgt werden.[129] Wichtiger scheint mir nämlich die Frage, inwieweit die Arbeitsweise der Ratingagenturen als Artikulation von Misstrauen interpretiert werden kann.

Ein Rating ist eine Kreditbewertung, eine Note, die eine Ausfallwahrscheinlichkeit widerspiegeln soll. Diese Noten reichen von praktisch sicherer Rückzahlung (Note: AAA, oder: *triple A*) über AA+, AA, AA–, A+ usw. bis hin zu D für *default*, also Ausfall des Kredits. Statt nun die Bescheinigung des geringsten Risikos (AAA) für Vertrauen und demgegenüber ein D als Misstrauen zu deuten, kommt hier die Ratingpraxis selbst als Misstrauensarchitektur in den Blick.[130] Die Tatsache, dass die Evaluation eines Schuldners durch eine externe Firma routinemäßig der Entscheidung über das Zustandekommen und den Preis von Krediten vorgeschaltet wurde, ist eine in den teleologischen Strukturen dieser Praxis manifeste Form der Kontrolle. Demzufolge wäre die Zunahme an Ratings als Zunahme von Misstrauen zu verstehen. Im Folgenden möchte ich hingegen für eine umgekehrte Interpretation plädieren: Die Kooperationen von Gläubigern und Schuldnern mit den Ratingagenturen fanden unter Bedingungen statt, die eine tendenzielle Überzeichnung von Kreditwürdigkeit beförderten. Das heißt, die Ratingagenturen haben nicht so sehr die Monitoring-Aufgaben der Politik übernommen, sondern arbeiteten, wie nun gezeigt werden soll, in der Kreditpraxis an der Reduzierung der Notwendigkeit von Interventionsressourcen.[131]

Bewertungen der großen Agenturen waren und sind für die Kreditpraxis deswegen so wichtig, weil sie administrativ aufgegriffen und vorausgesetzt wurden. So wurden und werden etwa institutionelle An-

129 Vgl. als Beispiel Rona-Tas/Hiss, »The Role of Ratings in the Subprime Mortage Crisis«.

130 Diese Notenskala entspricht der von Standard & Poors bzw. Fitch. Moody's beginnt mit Aaa als bester Note und geht dann über Aa1, Aa2 usw. bis hin zu C für ein gescheitertes Versprechen.

131 Aus praxistheoretischer Perspektive ist das Problem also weniger, dass diese Firmen ihre vermeintliche Verantwortung zugunsten von Profit ignoriert haben sollen, wie etwa Prager, Ratingagenturen, S. 13, argumentiert.

leger, beispielsweise amerikanische Pensionsfonds oder Versicherungen, häufig darauf verpflichtet, nur gut bewertete Investitionen zu tätigen,[132] solche mit sogenanntem *investment grade*, also zwischen AAA und BBB- auf den Skalen von Standard & Poor's und Fitch. International, darauf wurde bereits im vorhergehenden Kapitel hingewiesen, wurden Eigenkapitalanforderungen von der Risikobewertung eines Kredits und nicht (nur) der Höhe der versprochenen Summe abhängig gemacht – und dieses Risiko konnte und sollte von solchen Agenturen bestimmt werden. In der Europäischen Union wurden die Basel-II-Prinzipien 2006 mit der *Capital Requirements Directive* übernommen. Seitdem können die Banken auf externe Bewertungen zurückgreifen, um damit die Eigenkapitalanforderungen für eine Investmentklasse zu bestimmen. Damit werden nun keine externen (politischen) Standards mehr gesetzt, sondern die Risikobewertung und damit die Berechnung der Kapitaldeckung privatisiert.[133] Je besser eine Anlage nun bewertet ist, desto weniger Eigenkapital muss für sie hinterlegt werden.[134] Eine Bewertung hat einen Eigenwert, der über die damit transportierte Information über Ausfallhäufigkeiten als vergleichbar angesehener Schulden in der Vergangenheit hinausgeht.

Die regulative Aufwertung der Ratingagenturen trifft zeitlich mit einem veränderten Geschäftsmodell zusammen, das die strategische Hoffnung dieses Regimes unterläuft: Waren die Ratingagenturen lange Zeit Verlage, die sich über das Interesse an ihren Publikationen finanzierten, begannen sie in den 1970er Jahren, Gebühren für das Ausstellen einer Bewertung zu erheben. Da es auch die zunehmende Existenz von Fotokopiermaschinen schwierig machte, den Zugang auf eine zahlende Leserschaft zu beschränken, bot das *issuer-pays*-

132 Drei Viertel der Pensionsfonds in den USA und in Europa haben Ratingbasierende Richtlinien, Benmelech/Dlugosz, »The Alchemy of CDO Credit Ratings«, S. 631.

133 Besedovsky, »Politischer Ritterschlag für Ratingagenturen«, S. 232.

134 Um die Dimension zu verdeutlichen: Der Kapitalbedarf für eine mittelmäßig bewertete BBB+-Schuld ist um ein Fünffaches höher als der einer AAA-Anlage, Opp/Opp/Harris, »Rating Agencies in the Face of Regulation«, S. 47.

Geschäftsmodell den erhofften Ausweg.[135] Von nun an mussten die Schuldner die Agenturen bezahlen. Da der Herausgeber eines Schuldpapiers ein Interesse an einer guten Bewertung hat, entsteht auch für die Agentur ein Anreiz, tendenziell gut zu bewerten. Schließlich könnte der Kunde, hätte er denn die Befürchtung einer schlechten Bewertung, auch bei einer anderen Agentur anfragen. Eine Option, die als *ratings shopping* bekannt wurde.[136] Durch die Umstellung des Bezahlmodells erodieren also die Ratingagenturen tendenziell *als* Misstrauensinstitutionen. Bezahlt ein an einem bestimmten Geschäftsfeld interessierter Gläubiger eine Bewertungsfirma dafür, die Kreditwürdigkeit seiner potenziellen Schuldner zu bewerten (das alte Bezahlmodell), so kann er zumindest davon ausgehen, dass nicht schon im Bezahlmodell selbst ein Anreiz dafür steckt, *für* Vertrauen zu votieren. In einer *issuer-pays*-Praxis werden die Agenturen dafür bezahlt, die Vertrauenswürdigkeit ihrer Kunden zu beglaubigen.

Ratingagenturen haben neben der Gefahr des *ratings shopping* noch einen weiteren unternehmerischen Anreiz, die Kreditwürdigkeit ihrer Kunden optimistisch zu bewerten. Expandierende Kreditvolumen sind, wie erläutert, selbstverstärkend und bringen somit tendenziell neue, dann wieder zu bewertende Schulden hervor. Wird also ein bestimmtes Segment an Krediten gut bewertet, wird in dieses Segment investiert werden, was wiederum die Nachfrage nach Bewertungen erhöht. Diese theoretische Annahme lässt sich empirisch belegen.[137] Günter Strobl und Han Xia vergleichen dafür Ratings von

135 John Lanchester führt diesen Wandel auch auf eine Entscheidung der amerikanischen Securities and Exchange Commission (SEC) »Mitte der siebziger Jahre« zurück: »Die SEC entschied daher, dass von jetzt an die jeweiligen Unternehmen, die auch die Anleihen emittierten [die Schuldner, A. S.], die Ratingagentur für deren Einschätzungen bezahlen sollten«, Lanchester, Warum jeder jedem etwas schuldet, S. 250.

136 Vgl. Skreta/Veldkamp, »Ratings Shopping and Asset Complexity«; Pagano/Volpin, »Credit Rating Failures and Policy Options«; Strobl/Xia, »The Issuer-Pays Rating Model and Rating Inflation«; Stanton/Wallace, »CMBS Subordination, Ratings Inflation, and the Crisis«; Lanchester, Warum jeder jedem etwas schuldet, S. 250f.

137 Strobl/Xia, »The Issuer-Pays Rating Model and Rating Inflation«.

Standard & Poor's (S & P), die sich mit dem bei den großen Agenturen üblichen *issuer-pays*-Modell finanzieren, mit den Bewertungen der kleineren Firma Egan-Jones Rating Company (EJR), die sich weiterhin über die Abgaben von potenziellen Gläubigern finanziert. Ferner haben sich die Autoren nun Bewertungssituationen herausgesucht, bei denen man von einem deutlichen Anreiz für S & P ausgehen kann, hohe Noten zu verteilen.[138] Das sind erstens Firmen, die sich in hohem Maße mit kurzfristigen Schulden finanzieren. Solche Firmen werden wahrscheinlich auch in Zukunft viele neue Schulden brauchen und damit einen hohen Bedarf an weiteren Bewertungen haben. Damit stellen sie einen Kundenkreis dar, den eine *issuer-pays*-Firma wie S & P, so die Hypothese, gut bewertet, um ein Abwandern zu anderen Ratingagenturen zu verhindern. Zweitens untersuchen die Forscher die Bewertung von Schuldnern mit einer neuen Geschäftsleitung. Sie vermuten, auch diese Firmen werden positiver bewertet als in der Firma, die sich nicht durch den Schuldner bewerten lässt, da die neue Geschäftsleitung möglicherweise offen für einen Wechsel der Agentur ist. Drittens schauen die Autoren sich die Bewertungsunterschiede bei Firmen an, die zuvor vergleichsweise wenig Ratings von S & P erhielten und somit einen noch nicht hinreichend erschlossenen Absatzmarkt für die Agentur darstellen. Mit Ausnahme des Wechsels von Führungspersonal, bei dem die Ergebnisse nicht statistisch signifikant sind, können die Autoren eine hohe Wahrscheinlichkeit feststellen, dass in den genannten Fällen die Bewertung von S & P die von EJR übersteigt.[139] »[O]ur findings indicate that the conflict of interest associated with the issuer-pays model leads to a significant amount of rating inflation.«[140] Auch wenn hier nur zwei Firmen mit unterschiedlichen Bezahlmodellen verglichen wurden und weitere Forschungen nötig sind, so erhärtet sich der dringende Verdacht, die marktbeherrschenden Ratingagenturen fungierten eher als prozyklische Trendverstärker denn als antizyklische Skeptiker.[141] Sie agieren unter einer

138 Ebd., S. 2.
139 Ebd., S. 10–16.
140 Ebd., S. 3.
141 Vgl. Dennis, »The Rating Game«.

Aufgaben-Ziel-Struktur, welche die Manifestation positiver Erwartungen bezüglich der Kreditwürdigkeit von Schuldnern in Gestalt von Ratings begünstigt, das Anrufen von Ratingagenturen kann demzufolge nicht als Privatisierung von Kontrollmechanismen gelten.

Pfand

Nicht nur im Fall des Kredits ist eine Misstrauenstechnik besonders eng mit der Praktik des Versprechens assoziiert: das Pfand. Ein Pfand stellt einen Wert für beide Teilnehmer einer Versprechensbeziehung dar, den der Versprechensnehmer verwenden (etwa: monetisieren) kann, sollte sein Vertrauen enttäuscht werden. Für das Darlehen bei einem Pfandleiher (bei dem es sich ja nicht um einen Kredit handelt, sondern um die Übertragung bereits vorhandenen Guthabens, ein *Darlehen*) hinterlegt man eine vergleichbar wertvolle Uhr, Schmuck oder sonst irgendetwas. Zahlt der Eigentümer dieses Pfandes das verliehene Geld nicht zurück, kann der Pfandleiher als aktueller Besitzer des Pfandes versuchen, dieses zu verkaufen, und so seinen Verlust kompensieren. Zweifelsfrei eine Ressource also, die Schaden abwenden und damit die Erwartung der Möglichkeit negativen Verhaltens des Interaktionspartners impliziert.

Eine mit dem Pfand eng verwandte Misstrauenstechnik ist die Bürgschaft. So kommen bekanntermaßen viele Zahlungsversprechen junger Menschen in Form von Mietverträgen nur zustande, weil eine dritte Partei, die Eltern, verspricht, im Falle enttäuschten Vertrauens für das versprochene Ereignis (die Mietzahlung) einzustehen. Das Versprochene wird also zweimal versprochen. Es sei hier erwähnt, weil Pfand im Kreditgeldsystems in der Regel ein Hybrid aus dem skizzierten allgemeinen Verständnis von Pfand und einer Bürgschaft ist. Immerhin sind es Zahlungsversprechen Dritter, die einen Kredit absichern sollen.

Als Manifestation der Erwartung, das Sichverlassen könnte schiefgehen, der Vertraute könnte das Vertrauen ausnutzen oder schlicht scheitern, stellt das Pfand eine zentrale Misstrauenstechnik der Finanzpraxis dar. Was aber lässt sich über den »Zustand« des Pfandes sagen, über seine Entwicklung in der jüngeren Vergangenheit? Weiter oben wurde bereits auf den Bedeutungsgewinn von unbesicherten

Finanzierungsformen hingewiesen (unbesichert meint: ohne Pfand), etwa *commercial papers*, Staatsschulden oder Konsumkredite, auf der anderen Seite allerdings auch auf die stetig gestiegenen Volumen von Rückkaufvereinbarungen. Darüber hinaus laufen die Refinanzierungskredite bei den Zentralbanken über die Bereitstellung eines Pfandes; generell lässt sich trotz des Wachstums unbesicherter Kreditsegmente eine wachsende Nachfrage nach der Misstrauenstechnik des Pfandes konstatieren.[142] Allerdings drängen sich zwei Entwicklungen auf, die nach einer Einschränkung dieser Diagnose verlangen.

Erstens hat der Anteil solchen Pfandes abgenommen, das als besonders stressresistent gilt. Die IWF-Ökonomen Manmohan Singh und Peter Stella zeigen, dass das Verhältnis der Schulden von Finanzfirmen insgesamt zu den besonders liquiden Anlageformen Staatsschulden und Zentralbankgeld (von den Autoren »ultimate liquidity« genannt) drastisch zugenommen hat. Dieser »Liquiditätshebel« stieg von 4 im Jahr 1951 auf 673 im Jahr 2006.[143] Das heißt: Obgleich der Einsatz von Pfand zum sozialen Normalfall der Finanzwirtschaft gehört (wenn auch bei Weitem nicht in allen Kontrakten), so wurde doch immer mehr riskantes Pfand eingesetzt; solches, das in ökonomischen Abschwüngen, also genau dann, wenn es tendenziell gebraucht wird, selbst an Wert verliert.

Zweitens kann durch die »Verarbeitung« des risikoarmen Pfandes (wie Giralgeld oder Staatsschuldpapieren) in den Schattenbankenstrukturen den Pfandvolumen nicht mehr in vollem Umfang das

---

142 Auch hierbei handelt es sich nicht um ein Datum, das sich so einfach ablesen lässt (vgl. allgemein Coco, »On the Use of Collateral«). Aber allein die Bedeutung der Rückkaufvereinbarungen für die Finanzierung von Banken und Schattenbanken ist hier schon ein wichtiger Fakt. Die pfandbesicherte Refinanzierung von Kreditinstituten bei anderen Kreditinstituten hat gegenüber den unbesicherten in den 2000ern zugenommen (EZB, »Euro Money Market Study 2008«). Die private International Swaps and Derivatives Association (ISDA) führt regelmäßig freiwillige Befragungen über den Einsatz von Pfand in OTC-Zahlungsbeziehungen durch. Für das Jahr 2003 berichtet die ISDA, dass 30 Prozent der OTC-Derivate abgesichert seien, die Zahl steigt in den Folgejahren an (2006: 59 Prozent, 2011: 70 Prozent), siehe: ISDA, »Margin Survey 2006«; ISDA, »Margin Survey 2011«.

143 Singh/Stella, »Money and Collateral«, S. 9.

Potenzial zugesprochen werden, als Interventions- oder Ausgleichsressource für ausfallende Versprechen zu fungieren. Insofern, als es seinen Charakter als »Ressource« im Sinne der Misstrauensdefinition zunehmend verliert. Ein Pfand soll die Bilanz im Falle eines Kreditausfalls durch seinen eigenen Wert ausgeglichen halten. In dieser Hinsicht erscheinen die neuen Herstellungspraktiken von Pfand fast kurios: Ein einzelnes Pfand, also ein Versprechen, taucht nämlich in der Regel nicht nur bei der Besicherung eines einzelnen Kredits auf. Ein Schuldtitel des deutschen Staates beispielsweise muss nicht in der Bilanz des Gläubigers »bleiben«, dessen Vertrauen es ursprünglich absichern sollte, bis dieser es zurückgibt oder verwertet. Ein solcher Schuldtitel kann vom Gläubiger wiederum als Absicherung für *seine* Schulden benutzt werden. Dadurch entstehen die sogenannten »Pfandketten« *(collateral chains).*[144] Hiermit ist nicht der Vorgang gemeint, dass man sein wertvolles Haus in mehreren Krediten in geringerer Höhe, als das Haus wert ist, verpfänden kann. Vielmehr sichert besagte Schuldverschreibung erst einen Kredit zwischen Gläubiger A und Schuldner B ab, wird von Gläubiger A selbst für eine Verschuldung (mit *haircut* natürlich, also für eine geringere Summe) an Gläubiger C weitergegeben und von diesem, wiederum für einen erhaltenen Kredit, an Gläubiger D übertragen. Buchhalterisch ist das kein Problem, solange man den Schlüssel für den *haircut* kennt, also weiß, wie viel man für jeden Schritt vom ursprünglichen Wert des Pfandes abziehen muss. Ein Hedgefonds investiert in eine Tranche eines forderungsbesicherten Wertpapiers, dessen Aktivaportfolio aus Studienkrediten besteht. Für diese Investition braucht er liquide Zahlungsversprechen, oder: Guthaben. Das akquiriert der Fonds durch eine Rückkaufvereinbarung mit einem anderen Investor, bei dem ein Staatsschuldpapier in einer Pfandfunktion übertragen wird. Dieses Pfand wird an den Investor zusammen mit einem Weiterverwendungsrecht (*re-use, re-pledge* oder *re-hypothecization*) überlassen. Ein Vorgang, den man auch als Schürfen *(mining)* von »Quellpfand« *(source*

144 Vgl. für das Folgende: Singh/Stella, »Money and Collateral«.

collateral) bezeichnet hat.[145] Von hier aus wandert das ursprüngliche Versprechen dann als Sicherheit in Swaps oder weiteren Rückkaufvereinbarungen weiter. Im *Durchschnitt* sicherte bis 2007 ein einzelnes Pfand *drei* verschiedene Kredite ab.[146]

Die Funktion der derivativen Verbriefungsmaschinerie als »Pfandminen«[147] erhöht das Finanzierungspotenzial des Bilanzgewebes. »This re-use of pledged collateral creates credit in a way that is analogous to the traditional money-creation process.«[148] Ökonomen des IWF gehen davon aus, dass im Jahr 2007 Zahlungsversprechen im Wert von ungefähr 10 Billionen Dollar auf die Kettennutzung und Verbriefungsgewinnung von Pfand zurückzuführen waren.[149] Bemerkenswert ist, dass das Pfandpapier damit nur noch als buchhalterische Entität und nicht als Versprechen auftritt. Nehmen wir einmal an, das betreffende Pfand sei eine Staatsanleihe, das Versprechen, zu einem zukünftigen Zeitpunkt einen Betrag von 1000 Euro und jedes Jahr 10 Euro Zinsen zu zahlen. Dieses Papier wird nun per Rückkaufvereinbarung für zehn Tage an einen Investor übertragen. Der nimmt es und verkauft es für acht der zehn Tage zu einem geringeren Preis an einen Dritten, der es wiederum für drei Tage an einen vierten Akteur überträgt. Das Pfand verliert hier tendenziell seinen Charakter als Misstrauensressource: Es kann nicht mehr im Falle eines Scheiterns des Versprechens an dessen Statt verwertet werden, weil es schlicht nicht mehr da ist. Ferner bringt der Ausfall eines Kettenglieds die ganze Kette in Gefahr. Statt also Risiko zu senken, weil ein eigentlich riskanter Kredit durch eine sichere deutsche Staatsschuld als Pfand sozusagen verbürgt wird, erhöht sich das aus der Vernetzung selbst ergebende Risiko; »what one could call complexity risk«.[150] Unsicherheit, die aus der Komplexität des Gewebes von Zahlungsbeziehungen entsteht und die nicht mehr durch das selbst in dieses Gewebe verstrickte

145 Pozsar/Singh, »The Nonbank-Bank Nexus«.
146 Singh/Stella, »Money and Collateral«, S. 15.
147 »collateral mines«, Pozsar/Singh, »The Nonbank-Bank Nexus«, S. 5.
148 Singh/Stella, »The (Other) Deleveraging«.
149 Pozsar/Singh, »The Nonbank-Bank Nexus«, S. 5.
150 Pozsar, »The Rise and Fall of the Shadow Banking System«, S. 19.

Pfand reduziert werden kann, verweist auf eine letzte bedeutende Misstrauenstechnik, die Bilanz.

Die Bilanz

Die bisherigen Analysen zum Zustand der Misstrauensmanifestationen in der Kreditpraxis laufen zusammen im Zustand der rhetorischen Praktik der Bilanzierung. Die Bilanz ist nicht nur der Ort, an dem Versprechens- und Vertrauensengagements manifest werden, sie ist selbst auch eine Institution des Misstrauens, dient sie doch potenziellen Gläubigern zur Bewertung und Überwachung von Kreditwürdigkeit. Der Eintrag erwarteter (Aktiva) oder versprochener (Passiva) Werte in eine Bilanz ist ja mitnichten Registrierung eines objektiven und von diesem Eintrag unabhängigen Datums, sondern selbst ein sozialer Produktionsprozess, an dessen Ende der Eintrag als nummerisches Artefakt steht.[151] Zwar lassen sich ökonomische Werte durch die Beobachtung von Markthandeln oder die Anwendung von Modellen rechtfertigen, sie lassen sich aber nicht in einem epistemischen Sinne erkennen.[152]

Zu einer soziologischen Reflektion von Bilanzierungspraktiken gehört also im Kern die Frage nach den legitimen und legitimierbaren Verfahren der Wertbestimmung. Eine Möglichkeit, Werte in Bilanzen einzutragen, besteht darin, den Kaufpreis als fixen Wert niederzuschreiben *(historical cost accounting)*.[153] Steigt oder sinkt der Preis dieser Anlage nun auf den Handelsmärkten, bleibt er in der Bilanz ihrer Besitzer nichtsdestoweniger gleich. Das hat den Vorteil, dass Bilanzen nicht durch Marktfluktuationen ständig aus der Balance geraten. Der Nach-

151 »Accounting's use of numbers gives it an air of scientific rectitude and certitude, and yet fundamental uncertainties lurk at its heart. Indeed, accounting is as subjective and partial as the art of storytelling, the other meaning contained in the word ›account‹«, Gleeson-White, Double Entry, S. 218.

152 »[T]here is no objective way to measure such economic activities. Accounting standards are conventional, and remain arbitrary to a degree. They are neither right nor wrong, but only ›generally agreed upon‹«, Carruthers/Espeland, »Accounting For Rationality«, S. 48.

153 Bei einem Kredit wäre das Äquivalent, die versprochene Rückzahlungssumme einzutragen.

teil ist dementsprechend, dass sich Vermögen in Bilanzen finden können, die mit einem fiktiven, da unter gegebenen Umständen gar nicht zu realisierenden Kaufpreis eingetragen sind. Die zweite Möglichkeit ist die situative Neubewertung der eigenen Anlagen nach aktuellen Marktpreisen, *mark-to-market.* Sind Marktpreise nicht bestimmbar, weil man es mit nicht oder nicht ausreichend gehandelten, etwa sehr neuen, Produkten zu tun hat, kann man Preise gemäß mathematischer Modelle entwickeln. Eine Methode, die dementsprechend *mark-to-model* genannt wird. Das heißt, man wirbt mit dem Eintrag eines Preises in die Bilanz ebenso für eine Art und Weise der Zukunftsvorhersage. Diese dritte Bilanzierungsmöglichkeit wurde für die gegenwärtige Finanzpraxis in den 1970er Jahren höchst relevant, als mit den Derivaten innovative Produkte auf den Markt kamen, die keine Preise hatten, weil Erfahrungen mit ihnen als Handelsware fehlten. Die soziale Plastizität der Registrierungsverfahren von ökonomischen Werten in Bilanzen macht sie zu einem spannenden Gegenstand für wissenssoziologische und politökonomische Studien.[154] Im Kontext einer Konfiguration von Praxisvertrauen verweist die Plastizität allerdings vor allem auf den *rhetorischen Charakter* von Bilanzierungspraktiken, der sie als Misstrauenspraktiken identifizierbar werden lässt.

Buchhaltungsverfahren produzieren Geschichten. Bilanzen sind auf ein Zielpublikum ausgerichtete Kommunikationsmittel, mit denen potenzielle Geschäftspartner und Gläubiger von Solvenz und Prosperität einer Firma und damit von der Rationalität der Unternehmung *überzeugt* werden sollen; Bilanzen haben einen »rhetorischen Zweck«[155], sind schriftliche Überzeugungsarbeit. Der Buchhaltungshistoriker James Aho erklärt, dass der italienische Mönch und mutmaßliche Erfinder der doppelten Buchführung Pacioli seine Buchhaltungsschritte sogar an den Leitlinien von Ciceros Rhetoriktheorie ausgerichtet habe. Richtig angewandt ergebe die Methode zu Geschäftsschluss eine Übersicht, die wie ein »überzeugendes Argu-

154 Vgl. Vormbusch, Die Herrschaft der Zahlen.

155 Carruthers/Espeland, »Accounting For Rationality«, S. 35, Übersetzung A. S. Vgl. zur Bilanz als rhetorischer Praktik Aho, »Rhetoric and the Invention of Double Entry Bookkeeping«; ders., Confessions and Bookkeeping.

ment«[156] strukturiert sei. Eine veröffentlichte Bilanz erzählt eine Geschichte, die Investoren von der Solvenz und der Wirtschaftlichkeit des Unternehmens überzeugen soll.[157] Lediglich Publikum und rhetorische Strategie haben sich mit der Zeit und der Form der Unternehmungen verändert.[158] Das weitverzweigte Netzwerk der Medici benötigte beispielsweise genaue Buchhaltung ihrer verstreut agierenden Zweigstellen, um die Verwendung des Familienkapitals zu überwachen. Die großen Unternehmungen des Handelskapitalismus führten Buch, damit jeder Investor nachvollziehen konnte, ob sein Anteil an Gewinn oder Verlust gerecht war.[159] Mit der Durchsetzung auf Dauer angelegten Firmen statt projektförmiger *joint ventures,* wie etwa die Ostindienkompanie in ihren Anfängen, erhielt die Bilanz eine eigene Zeitstruktur. Gewinne und Verluste auf Summen eingelegten Kapitals mussten bei fortgesetzt wirtschaftenden Unternehmen nun zu Stichtagen berechnet und ausgewiesen werden, um einem diversifizierten und räumlich distanzierten Eigentümerfeld die Sicherheit und Rentabilität ihrer Einsätze zu kommunizieren. Als einsehbare Geschichten von der Solvenz und Prosperität – kurz: der Kreditwürdigkeit – eines Schuldners sind Bilanzen immer Überzeugungsarbeit.[160] Die Geschäftsbücher einer Bank, schreibt Jane Gleeson-White, »are supposed to be the tools by which corporate transparency is guaranteed for shareholders, the market and the public alike«.[161] Was aber vermitteln Bilanzen von Finanzfirmen in der Neuen Finanzarchitektur dem Publikum existierender und möglicher Gläubiger?

---

156 Carruthers/Espeland, »Accounting For Rationality«, S. 38, Übersetzung A. S.

157 Gleeson-White, Double Entry; Carruthers/Espeland, »Accounting For Rationality«, S. 34f.

158 Carruthers/Espeland, »Accounting For Rationality«, S. 39.

159 Carruthers und Espeland weisen etwa auf die Geschichte der Ostindienkompanie hin. Als diese von einer kurzen Unternehmung zu einem auf Dauer gestellten Unternehmen wurde, ermöglichte erst die doppelte Buchführung zwischen Kapital und Profiten so zu unterscheiden, dass ein Kapitalstock von den Investoren nicht mehr jederzeit eingefordert werden konnte und Dividenden nur noch aus den Profiten gezahlt wurden. Ebd., S. 45.

160 Ebd., S. 35.

161 Gleeson-White, Double Entry, S. 4.

In der Kreditpraxis verbinden Bankbilanzen Zahlungsversprechen anderer mit eigenen, das heißt sie legitimieren ihre Schulden mit den Schulden, die sie anderen gewährt haben. Mit der Garantie der Kreditwürdigkeit ihrer Schuldner preisen Banken ihre eigene Kreditwürdigkeit als Qualität ihrer Selektionsentscheidungen an. Bankbilanzen vermitteln den Gläubigern auf der rechten Seite, dass die Auswahl von Schuldnern auf der linken Seite, die die Bank getroffen hat, genug Zahlungszuflüsse generieren wird, um die Schulden bei den Gläubigern zu bedienen. Es wird also nicht dafür argumentiert, dass genug Tilgungsmittel vorhanden sind, sondern stetig zuströmen werden. Die Aufgabe eines Bankers war es letztlich schon immer, zu behaupten, er habe die *Synchronisation von Zahlungsströmen* im Griff.[162] Dafür kann nicht zuletzt die Bilanz sprechen. Allerdings lassen sich aus den Bilanzen in der hier analysierten historischen Situation der Kreditpraxis kaum noch valide Evidenzen für den Zustand des Geschäfts ablesen. Die Bilanz ist als »Schnappschuss«[163] kein besonders überzeugendes Argument für die Solidität einer Bank mehr; in dem Sinne, als sie kaum Informationsgehalt zur validen Einschätzungen der Kreditwürdigkeit einer Firma bereitstellt. Die Bilanzen von Kaupthing, Glitnir und Landsbanki, um ein Beispiel zu nennen, waren kurz vor ihrem dramatischen Sturz unauffällig. »Through midyear 2008, they reported healthy profits, high capital ratios, and remarkably modest loan losses.«[164] Im Oktober mussten sie aus Insolvenzgründen unter staatliche Verwaltung gestellt werden. Am 27. Februar 2008 veröffentlichte die Royal Bank of Scotland, zu diesem Zeitpunkt gemessen an den Anlagen nicht nur die größte Bank, sondern die größte *Firma* der Welt,[165] ihre Jahresabrechnung. Der Inhalt war ebenso unauffällig wie enorm. Keine zwei Monate später fehlten

162 Martin, Money, S. 103. Die deutsche Übersetzung ist hier schwach, spricht sie doch von einer Sychronisierung von Vermögenswerten und unterschlägt damit, dass es im Englischen Original um »payments« (also den Akt der Zahlung) geht, vgl. Martin, Geld, S. 138.

163 Lanchester, Warum jeder jedem etwas schuldet, S. 39.

164 Flannery, »Iceland's Failed Banks«, S. 91.

165 Lanchester, Warum jeder jedem etwas schuldet, S. 43.

durch den Ausfall von Krediten zunächst zwölf, dann ungefähr einhundert Milliarden Pfund, und die britische Regierung sah sich gezwungen, mit eigenen Mitteln zur Rettung zu eilen.[166] Ganz vergleichbar also mit der zuvor erwähnten Situation von Bear Stearns, die in einem Moment vergleichsweise solide aufgestellt ist und im nächsten Moment, durch ausbleibende Erneuerungsakte von *wholesale*-Finanzierungen, scheitert.

Das vierte Beispiel in dieser Riege ist Lehman Brothers. Im Frühjahr 2008 hatte man die Gewinnerwartungen übertroffen und noch im Herbst eine stärkere Kapitaldecke als ein Jahr zuvor;[167] dennoch folgte im Herbst 2008 die Insolvenz. Welche Funktion erfüllen solche Bilanzierungen aber noch, fragt John Lanchester, wenn ein katastrophaler Zusammenbruch der Zahlungsströme auch Tage zuvor nicht absehbar gewesen sein soll?[168] Im Grunde ist die Einsicht der mangelnden Potenz von Bilanzen als Überwachungstechnik für Unternehmungen von Finanzfirmen wenig überraschend. Wenn Zahlungsversprechen erstens zu großen Teilen »außerbilanziell« entstehen, so ist die Aussagekraft der Bankbilanzen natürlich geschwächt. Verlässt sich eine ganze Branche zweitens auf kurzfristige Refinanzierungsroutinen abseits staatlich aufgewerteter Zahlungsversprechen, dann steht und fällt die Aussagekraft einer Bilanz mit den von gegenwärtigen Zahlungsbeziehungen unabhängigen künftigen kontingenten Entscheidungen Dritter. Dennoch ist ein genauerer Blick auf die Bilanz aus zwei Gründen sinnvoll, sind doch erstens Zahlungsversprechen immer manifestiert in Bilanzen, auch wenn sie aus dem Blickwinkel eines Landes »außerbilanziell« erscheinen.[169] Das heißt, die Bilanz selbst sollte

---

166 Ebd. Wir sprechen hier von einer Firma, die etwa 4000 Risikomanager beschäftigte, Varoufakis, The Global Minotaur, S. 6.

167 FCIC, Report, S. 327 und S. 324.

168 Lanchester, »It's Finished«; vgl. Gleeson-White, Double Entry, S. 4.

169 Auch »außerbilanzielle« Gläubiger und Schuldner sind selbst wieder Bilanzen. Das regulationslogische Attribut bezieht sich auf die Zugänglichkeit für Misstrauensinstitutionen; außerbilanziell sind Zahlungsbeziehungen nur aus Sicht der zu regulierenden Banken. Aber auch ein Hedgefonds oder eine *collateralized debt obligation* ist eine Firma mit einer Bilanz, die sich in das Gewebe von Zahlungsversprechen einzuschreiben.

auch für sich als Misstrauensinstitution betrachtet und geprüft werden. Zweitens geht die Erosion der rhetorischen Kraft der Bilanz weiter, als der Hinweis auf die Bedeutung von Rückkaufvereinbarungen vermuten lässt. Hier sind vor allem vier Aspekte relevant:

Ein wichtiges Element der Neuen Finanzarchitektur ist erstens die Verbreitung und allgemeine Durchsetzung neuer mathematischer Verfahren,[170] »Verfahren, die wahrscheinlichkeitstheoretische Figuren ins Innere finanzökonomischer Geschäftspraktiken verpflanzen«.[171] Ein wichtiges Datum dieser Entwicklung ist das Jahr 1973. In diesem Jahr nämlich veröffentlichten die Ökonomen Fischer Black und Myron Scholes eine Formel, die zur Festlegung des Preises für Optionen eingesetzt werden sollte.[172] Sie gilt als eines der einflussreichsten Theoreme in der Geschichte der Ökonomik.[173] Einige Kommentatoren beschreiben die Finanzmärkte des ausgehenden zwanzigsten Jahrhunderts gar als »Black-Scholes-Welt«[174]. Der Siegeszug solcher probabilistischer Preisbildungsmodelle ist verknüpft mit technologischem Fortschritt. Bedeutung erlangt das Modell vor allem durch seine technische Implementierung in die Routinen des Finanzalltags. So gab es bereits, um nur die Anfänge zu nennen, in den 1970er Jahren Taschenrechner mit einer Taste für die Black-Scholes-Formel.[175] Die Computerisierung des transnationalen Kapitalverkehrs nach der Erfindung des Mikroprozessors 1971 machte den Abbau internationaler Kapitalverkehrskontrollen im Zuge liberalisierender Reformen erst produk-

---

170 Weatherall, The Physics of Finance; LiPuma/Lee, Financial Derivatives, bes. S. 141f.; Esposito, Die Zukunft der Futures; MacKenzie, An Engine, Not a Camera; Vogl, Das Gespenst des Kapitals; Lanchester, Warum jeder jedem etwas schuldet.

171 Vogl, Das Gespenst des Kapitals, S. 96.

172 FCIC, »Overview on Derivates«, S. 3.

173 Esposito, Die Zukunft der Futures, S. 204.

174 Vgl. ebd., S. 189–215; Vogl, Das Gespenst des Kapitals, S. 99–114. Damit ist nicht behauptet, dass diese Formel immer und überall Einsatz findet. Vielmehr ist sie, erklärt Donald MacKenzie, methodologisch exemplarisch für einen Stil der Preisbildung, der sich fortan auch auf andere, nicht-derivative Zahlungsversprechen ausgeweitet hat, MacKenzie, An Engine, Not a Camera, S. 20.

175 Vogl, Das Gespenst des Kapitals, S. 105.

tiv. Nun konnte man, dank hoher Rechenleistung und reibungsarmen Kommunikationsnetzwerken praktisch Transaktionen auf der ganzen Welt zeitnah operieren. »Durch die Informationsübermittlung via Satellit wurden die weltweite Teilnahme an der jeweiligen Echtzeit und damit eine extreme Beschleunigung des Geldverkehrs überhaupt erst möglich.«[176] Der Synchronisationsdruck durch die Möglichkeit gleichzeitigen Handelns begünstigte die Durchsetzung gleicher oder zumindest gleich operierender Technik und Berechnungsverfahren.[177]

Es ist wichtig zur Kenntnis zu nehmen, dass der Kontext bilanzieller Versprechen in entscheidender Weise »durch elektronische und digitale Technologien, also durch die konsequente Verschränkung von Informationsverarbeitung und Telekommunikation«[178] charakterisiert ist. Diese kooperative Verbindung von Mathematik und mathematischen Maschinen schlägt sich auch auf der Ebene der Firmenorganisation nieder. In die Risikomanagementabteilungen der Kreditinstitute sind die sogenannten »Quants« eingezogen.[179] Hochspezialisierte Mathematiker, denen nicht nur die Ausweitung großer statistischer Datenmengen obliegt, sondern auch die Konzeption neuer Finanzprodukte;[180] »Wall Street is essentially floating on a sea of mathematics and computerpower.«[181]

Das Black-Scholes-Modell transportiert dabei, wie etwa Joseph Vogl erläutert, eine Annahme über Zeit selbst. Das Modell unterstellt, dass unvorhergesehene Ereignisse in Zukunft mit derselben zufälligen Streuung auftreten wie vergleichbare Ereignisse in der Vergangenheit. Damit analysiert das Modell das Verhalten rationaler Investoren wie Teilchen in einer Flüssigkeit, deren exakter Ort nicht genau vorhergesagt werden kann, wohl aber die Streuung ihres Auftretens. Das Mo-

176 Honegger/Neckel/Magnin, »Berichte aus der Bankenwelt«, S. 16.

177 Kette, »A Cognitive Model of Rule-Finding in Banking Regulation«.

178 Vogl, Das Gespenst des Kapitals, S. 105.

179 Genaugenommen hat diese Berufsgruppe ihre mathematische Ausbildung wohl zumeist an Fakultäten der Physik erhalten, Honegger/Neckel/Magnin, »Berichte aus der Bankenwelt«, S. 29; vgl. zu den »Quants« auch Carruthers, »Knowledge and Liquidiy«, S. 166ff.

180 Honnegger/Neckel/Magnin (Hg.), Strukturierte Verantwortungslosigkeit.

181 So der Wirtschaftsjournalist Scott Patterson, zitiert nach: FCIC, Report, S. 44.

dell fußt auf der Erwartung, »dass Risiken sich auf vorhersehbare Weise entfalten und einem geordneten Lauf folgen, der sich aus ihren vergangenen Entwicklungen ableiten lässt«.[182] Damit ist etwas mehr vorausgesetzt, als die induktive Annahme der wahrscheinlichen Kontinuität der Vergangenheit. Eine Annahme, die unvermeidbar in jeder Prognose steckt.[183] Aber die Annahme eines hinsichtlich der Streuung von Unsicherheiten homogenen Zeitverlaufs transportiert die Annahme, Gläubiger und Schuldner könnten sich risikolos für eine präferierte Risikostruktur entscheiden.[184] Das aber ist freilich unmöglich, da es sich bei der Entscheidung für eine bestimmte Risikokalkulation eben auch um ein Engagement für die in diesem Kalkül ausgeflaggte Zukunftsversion handelt. Interessant ist nun, dass finanzsoziologische Forschungen zeigen konnten, dass die Daten zum Zeitpunkt der Durchsetzung dieser Modellierungspraktiken nicht den durch sie produzierten Erwartungen entsprachen, sondern sich erst nach und nach in die Modelle fügten;[185] eben dadurch, dass die Modelle allgemein Einsatz fanden. Das Marktverhalten entsprach also zum Zeitpunkt der Etablierung dieser Bepreisungsmethodik *nicht* den ihr zugrunde liegenden Annahmen. Erst mit seiner Durchsetzung beginnt sich nun die Wirklichkeit immer mehr dem prognostizierten Verhalten der Formeln anzupassen. Der verbreitete Einsatz des Modells erzeugte in

182 Esposito, Die Zukunft der Futures, S. 210.

183 Adam/Groves, Future Matters, S. 25ff.

184 Vgl. dazu auch Baecker, Womit handeln Banken?, S. iv. Baecker »wirbt dafür, die Beobachtung, strategische Reflexion und Überwachung der Geschäftspolitik einer Bank von der Unterscheidung zwischen Risiko und Sicherheit auf die Unterscheidung zwischen Risiko und Gefahr umzustellen. Solange man in Bankgeschäften unterstellt, man könne sich auf einer sicheren Seite bewegen, unterliegt man einer Selbst- und/oder Fremdtäuschung, die ironischerweise auch dann noch vorliegt, wenn man suggeriert, man könne sich mit Sicherheit für eine bestimmte Risikopräferenz entscheiden, um etwa hohe Risiken für hohe Gewinnaussichten und niedrige Risiken für geringe Gewinnaussichten einzugehen. Sobald man auf die Unterscheidung zwischen Risiko und Gefahr umgestellt hat, macht man sich und anderen deutlich, daß es Sicherheit zum einen nicht gibt und man zum anderen die Risiken selbst produziert, auf die man sich einläßt«, ebd.

185 MacKenzie, »Is Economics Performative?«; Esposito, Die Zukunft der Futures, S. 136.

ihm modellierte Preisentwicklungen, statt sie nur abzubilden.[186] Wenn diese oder ähnliche Formeln allgemein und noch dazu automatisch eingesetzt werden, dann geht es hier nicht mehr um die Vorhersage von dieser Vorhersage unabhängiger Marktentwicklungen, sondern um die Bereitstellung von Ablaufprotokollen.[187] Wir sprechen hier also, mit MacKenzie, von einer performativen Maschine, nicht von einer abbildenden Kamera.[188] Bilanzen in der »Black-Scholes-Welt« kommunizieren zu einem gewissen, aber nicht unbedeutenden Anteil also immer einen Normalfall, in dem durch sie selbst hergestellte Erwartungen über Zeit teilweise Erwartungen gegenüber Schuldnern substituieren.

Ein zweites Indiz für die Erosion der Bilanz als Informationsquelle ist die implizite politische Subventionierung der Kreditwürdigkeit von Finanzfirmen. Wir müssen also davon ausgehen, dass die Kreditwürdigkeit besonders großer oder besonders vernetzter Bilanzen durch ein implizites, bzw. unterstelltes Rettungsversprechen von Staaten angereichert ist. Diese universelle Bürgschaft wurde öffentlich unter dem Titel »too big to fail« debattiert. Die durch dieses Rettungsversprechen stabilisierten Bilanzen argumentieren dann, wiederum anteilig, nicht mehr für die Kreditwürdigkeit einer Firma, sondern zehren von der Kreditwürdigkeit des Heimatstaates. Unter dem Stichwort impliziter Subvention *(implicit subsidy)* wurde versucht, die erst durch die implizite und in gewisser Weise unfreiwillige Bürgschaft ermöglichten Finanzierungsvolumen zu messen.[189] Ein wichtiger Messansatz vergleicht die Finanzierungskosten (heißt: die Zinsen, die Banken für ihre Schulden zahlen müssen) mit kontrafaktischen Kosten,

186 MacKenzie, An Engine, Not a Camera, S. 164–170; Joseph Vogl spricht von einer »Imitation von Theorie durch die ökonomische Wirklichkeit«, Vogl, Das Gespenst des Kapitals, S. 107.

187 »Economic models, whether wielded by economists or professional traders, are not simply forecasting what markets will do but providing protocols by which they operate«, Martin, »The Twin Towers of Financialization«, S. 119; vgl. Vogl, Das Gespenst des Kapitals, S. 104.

188 MacKenzie, An Engine, Not a Camera.

189 Eine ausführliche Diskussion verschiedener Indikatoren findet sich bei Noss/Sowerbutts, »The Implicit Subsidy of Banks«.

ohne eine implizite Regierungsbürgschaft.[190] Nach dem bevorzugten Messverfahren der Bank of England betrug die *jährliche* Subvention der größten Banken der Welt zwischen 2002 und 2007 durchschnittlich 70 Milliarden Pfund. Das ist, um eine Relation zu geben, immerhin ungefähr die Hälfte der durchschnittlichen Nettogewinne dieser Zeitperiode.[191] Bilanzen kommunizieren in einer Welt universalisierter impliziter Staatsverbürgung anteilig Erwartungen politischer Kreditwürdigkeit.

Drittens sind Bilanzen einzelner Kreditinstitute in der gegenwärtigen Praxis in vielerlei Hinsicht von der Performanz anderer, nicht in ihnen selbst registrierter Zahlungsversprechen abhängig. Wenn auch ob der langen Tradition dieses Begriffs mit gewisser Vorsicht könnte man sagen, die Stabilität von Bilanzen ist in verschiedener Hinsicht abhängiger von ihrer Umwelt geworden. Natürlich sind die Preiseinträge in Bilanzen immer abhängig von ökonomischen Konjunkturen und dem Risiko von Innovationen ausgesetzt. Wer ausschließlich Kredite an die Produzenten eines stark nachgefragten Produkts ver-

190 Im Prinzip gibt es nach dem Bericht von Noss und Sowerbutts zwei Verfahren, den kontrafaktischen Refinanzierungspreis zu ermitteln, also den Zins, den man ohne politische Subventionen zahlen müsste. Entweder man unterstellt, besonders große Bilanzen wären subventioniert und kleinere nicht. Die Differenz der Finanzierungskosten ist dann die implizite Subvention. Die zweite Möglichkeit ist der Vergleich von Ratings ein und derselben Firma: Die Ratingagentur Moody's führte im Jahr 2004 ein neues Berechnungsverfahren für Banken ein, durch das die Noten der isländischen »großen Drei« mit einem Mal vom guten Mittelfeld auf Spitzenpositionen stiegen, wodurch ihre Finanzierungskosten drastisch sanken. Warum? Das neue Prinzip der Joint Default Analysis wertete die Wahrscheinlichkeit eines *bail out* durch die Regierung nun als entscheidende Determinante der Kreditwürdigkeit der Bank selbst. Zwar äußerte der Markt in diesem konkreten Fall Zweifel, was Island 2006 in die nicht undramatische »Geysir-Krise« stürzte, die Banken aber behielten bessere Ratings als vor der Einführung der JDA (vgl. Jónsson, Why Iceland? S. 90f.). Bis heute unterscheiden einige der Ratingagenturen *stand-alone-* und *support-ratings*, die sich somit vergleichen lassen (zur Methodologie: Noss/Sowerbutts, »The Implicit Subsidy of Banks«, S. 4–10). »Both reflect an external assessment of the probability of a bank defaulting on its debt, but only the latter includes the possibility of a bank receiving government support«, ebd., S. 5.

191 Haldane, »On Being the Right Size«, S. 4.

gibt, dessen Nachfrage plötzlich und drastisch einbricht, dessen Bilanz fällt ebenso plötzlich in sich zusammen. Um so etwas zu vermeiden, wird der kluge Banker das Portfolio seiner Bank diversifizieren, also an unterschiedliche Schuldnertypen in verschiedenen Branchen Kredite vergeben. Selbstredend sind die in Bilanzen vermerkten Preise Erwartungen, und Erwartungen sind eingebettet in einen Horizont von Bedingungen, die sich ändern können. Obwohl wir es also mit einem fast trivialen Grundsatz menschlicher Existenz zu tun haben, haben sich in der gegenwärtigen Architektur der Kreditpraxis Interdependenzen intensiviert. Zwei Aspekte scheinen mir hier von besonderer Bedeutung zu sein. Für den ersten Aspekt bietet sich wieder Island als Beispiel an. Kaupthing, Glitnir und Landsbanki haben verstärkt isländische Aktien als Pfand verbucht, zwischen 14 und 23 Prozent.[192] Dadurch wird, wie der Internationale Währungsfonds anmerkt, das Kreditrisiko durch Marktrisiko ersetzt, wodurch die Bilanzen eher Abbild von Konjunkturen denn ein Register von erwarteter Kreditwürdigkeit werden.[193] Die Vulnerabilität ist eindeutig: Bis 2007 befand sich der kleine isländische Aktienmarkt in einer Aufschwungphase, stieg von gut 2000 Punkten im Jahr 2004 auf gut 9000 im Juli 2007.[194] Das Pfand in den Bilanzen wurde immer wertvoller, konnte immer mehr Schulden absichern. Innerhalb des Folgejahres verlor der Index die Hälfte seines Wertes, im darauffolgenden Jahr war er Geschichte. Nun war das in Island vor allem aufgrund der geringen Größe des Wirtschaftsraums gefährlich, da Aktienpreise in solchen kleinen Ökonomien stärker korreliert sind.[195] Dennoch ist dieser Sachverhalt nicht nur für diesen Spezialfall von Interesse. Die globale Entsprechung findet sich in der Debatte um die Relevanz des *fair value accounting* für die Entstehung der Finanzkrise. *Fair value* oder *mark-to-market* bezeichnet, wie oben erläutert, die Gepflogenheit, die bilanzierten Preise in der Bilanz stetig an aktuelle Marktlagen anzu-

192 Flannery, »Iceland's Failed Banks«, S. 96.
193 IWF, »Iceland: Financial System Stability Assessment«, S. 17; vgl. auch Flannery, »Iceland's Failed Banks«, S. 96.
194 Flannery, »Iceland's Failed Banks«, S. 96.
195 Ebd.

passen.[196] Es wird dieser Buchhaltungsmethode deswegen unterstellt, sie würde Bilanzen in Phasen allgemeinen Preisanstiegs (von Finanzprodukten, auch *asset price inflation* genannt) automatisch aufblähen und so Gewinne für die Besitzer generieren[197] und in Situationen des Preisverfalls dieselben Bilanzen in den Abgrund reißen und somit ein die Situation stabilisierendes »Aussitzen« von Preiseinbrüchen ausschließen.[198] *Mark-to-market* hat also einen prozyklischen Effekt auf die Volumen von Bilanzen.[199] Die Ökonomen Brian Wesbury und Robert Stein argumentieren, dass mit einem Sichverlassen auf *mark-to-market* Zeit, im Sinne von Vertagung, als Stabilisierungsmoment der Finanzpraxis ausgeschaltet wird.[200] Nehmen wir zur Erläuterung einmal an, die Staatsschuldpapiere eines europäischen Peripherielandes würden auf den Märkten plötzlich weit unter ihrem Nominalwert gehandelt. Das kann bedeuten, die ehemaligen Besitzer brauchen Liquidität, oder, wenn es massenhaft passiert, es setzt sich die allgemeine

196 Von 1998 bis 2009 galt für Finanzfirmen die vom IASB beschlossene Richtlinie IAS 39. Danach muss eine Anlage in eine von vier Kategorien eingeordnet werden, je nachdem ob sie explizit für den Verkauf gehalten wird, prinzipiell zum Verkauf steht, bis zum Abschluss behalten werden soll oder ein Kredit ist. Die ersten beiden Kategorien werden nach *fair value* verbucht, die letzten beiden auf Basis eines Ansatzes historischer Kosten (Bengtsson, »Repolitcalization of Accounting Standard Setting«, S. 567). Durch die Verbriefungsstrukturen war es vermehrt möglich, aus Krediten Schuldpapiere zu machen, die dann auch den ersten Kategorien und dementsprechend der *fair-value*-Bewertung zuzuordnen waren.

197 Steigen die Preise der Anlagen, wird die Anlagespalte zusammen mit der Passiva-Spalte größer. Was links ein nun höherer Wert ist, schlägt sich rechts letztlich in gesteigertem Kapital nieder. Banken können steigende Preise also direkt in Giralguthaben ihrer Kunden, etwa Bonuszahlungen eines Managers, ummünzen, ohne ein Produkt zu verkaufen.

198 Bengtsson, »Repolitcalization of Accounting Standard Setting«, S. 568.

199 Diese These ist unter Ökonomen umstritten, vgl. Shaffer, »Fair Value Accounting«; Scott, »Fair Value Accounting«; Laux/Leuz, »Did Fair Value Accounting Contribute to the Financial Crisis?« (diese Texthinweise verdanke ich Stanisic u.a., »Mark to Market Accounting As a Magnifier«). Bedenken sollte man, dass die Kritik sich häufig gegen die These richtet, die prozyklische Automatik des *mark-to-market* sei eine besonders prominente Ursache im Ursachenkomplex der Finanzkrise. Um ihre Auszeichnung gegenüber anderen Ursachen geht es mir hier aber gar nicht.

200 Wesbury/Stein, »Why Mark-To-Market Accounting Rules Must Die«.

Erwartung durch, das Risiko eines Bankrott dieses Peripherielandes ist größer als die ursprünglichen Zinsen ausgepriesen haben. Diese Vermutung muss aber nicht heißen, dass die Schulden tatsächlich nicht zurückgezahlt werden. Vielleicht geht ja alles gut. Eine Bank mit diesen Schulden in ihrem Portfolio könnte sich nun entscheiden, dem Versprechen entgegen der Markttendenz weiterhin zu vertrauen, und gleichzeitig ihren Kunden gegenüber versichern, es werde schon alles gut gehen (die Märkte würden unbegründet in Panik verfallen). Ist man aber gezwungen, den Preis dieses Kredits vom nominell versprochenen Wert auf den aktuell gehandelten herabzusetzen, fällt Vertrauen als Option im Panikfall aus. Somit wird die Balance der Bilanz irritiert, ohne dass die Vertrauensbeziehung zwischen der Bank und dem europäischen Peripheriestaat für sich genommen notwendig Schaden genommen hätte.[201] Natürlich gibt es viele gute Gründe für den Einsatz von *mark-to-market* im direkten Vergleich zu seinen oben genannten Alternativen. Dennoch impliziert der Einsatz eine Erwartung bezüglich der Aussagekraft von Marktpreisen[202] und schließt divergierende Einzelstrategien vertrauensvoller Vertagung aus.

Der zweite Aspekt intensivierter Interdependenz ist die Angleichung von Geschäftsmodellen in dem Sinne, dass sich im Krisenfall Vulnerabilitäten offenbaren, die ebenfalls nicht auf mangelndes Vertrauen in konkrete Schuldner zurückgeführt werden können. Bilanzen stehen nicht nur für die Kreditwürdigkeit von Schuldnern, sondern immer auch für die Resilienz von Geschäftsmodellen und Buchhaltungsprinzipien. Wenn man von der Insolvenz von Lehman Brothers im Herbst 2008 spricht, so meint man damit zunächst einmal einen Ausfall ihrer emittierten Zahlungsversprechen in Form von

201 In diesem Sinne rekapituliert die FCIC die Ausbreitung der Turbulenzen im amerikanischen Hypothekenmarkt im Jahr 2007: »The large drop in market prices of the mortage securities had large spillover effects to the financial sector, for a number of reasons. For example, [...] when the prices of mortage-backed securities and CDOs fell, many of the holders of those securities marked down the value of their holdings – before they had experienced any losses«, FCIC, Report, S. 227.

202 Der aktuelle Handelspreis von griechischen Staatsanleihen reflektiert die Wahrscheinlichkeit ihrer Rückzahlung. Das jedenfalls ist die implizite Annahme von *fair-value*-Verbuchungen von Krediten.

commercial papers. Darauf folgte unmittelbar ein Run auf die Gläubiger dieser Kredite.[203] Deren Kunden also sahen die Kreditwürdigkeit ihrer Investmentfonds durch den Wegfall von deren Schuldnern gefährdet und zogen, sofern möglich, ihre Einlagen ab bzw. verweigerten die bisher ritualisierte tägliche Erneuerung von Finanzierungskrediten. Das ist kein überraschender Vorgang, sind doch Finanzfirmen wie gesagt immer nur so kreditwürdig wie ihre Schuldner, deren Zuflüsse es mit den nötigen Tilgungsabflüssen zu synchronisieren gilt. Katastrophal war aber erst der Effekt, den diese scheiternden Versprechen auf die Praxis der unbesicherten, kurzfristigen Unternehmensfinanzierung, also den Markt für *commercial paper* hatten.[204] Zahlreiche, nach Einschätzung von Analysten solvente Firmen erlitten in der Folge einen Abzug von Einlagen institutioneller und privater Anleger. Eben auch solche, die nicht in Lehman oder mit Lehman verbundene Schuldner investiert hatten.[205] Große Teile der Branche hatten sich auf eine Vertragsform des Kredits verlassen, die als solche – und nicht als Versprechen eines bestimmten Schuldners – infrage gestellt wurde. Die »außengeleiteten« Bilanzen kommunizieren also verstärkt Erwartungen kollektiven und nicht länger individuellen Verhaltens und damit eher Argumente allgemeiner (des sozialen Normalfalls) denn spezieller Kreditwürdigkeit (eines Schuldners).

Im Zusammenhang mit der These einer Erosion der Bilanz als Misstrauenstechnik sollte man viertens noch einmal daran erinnern,

---

203 FCIC, Report, S. 339.

204 »[W]hen Lehman collapsed, even major industrial corporations found it difficult to sale their paper«. US-Finanzminister Hank Paulson, zitiert nach: FCIC, Report, S. 339. »Innerhalb weniger Wochen ging der Umlauf dieser Papiere [*commercial papers* von Finanzfirmen] von 815 Milliarden US-Dollar (10. September 2008) auf unter 600 Milliarden US-Dollar im Oktober zurück, was bei der kurzen Laufzeit dieser Papiere einem fast vollständigen Erliegen des Neuabsatzes gleichkommt«, Deutscher Bundestag, »Jahresgutachten«, S. 122; vgl. außerdem: Kacperczyk/Schnabl, »When Safe Proved Risky«.

205 FCIC, Report, S. 354f. Der Wirtschaftssoziologe Richard Swedberg nennt diese Effekte ›kategorische‹ Reaktionen, Swedberg, »The Structure of Confidence«, S. 90, vgl. auch ebd. S. 91f. für weitere ›kategorische‹ Reaktionen auf die Insolvenz von Lehman Brothers.

welche zentrale Rolle das Eigenkapital bei der Regulation der Neuen Finanzarchitektur des ausgehenden zwanzigsten und frühen einundzwanzigsten Jahrhunderts eingenommen hat. Das Eigenkapital kann eine starke Prämisse im Argument einer Bilanz sein, immerhin stellt es einen Puffer dar, der Verluste auf der Aktivaseite vor dem Überschwappen auf die Passivaseite bewahrt. Natürlich, darauf wurde bereits weiter oben hingewiesen, darf das Eigenkapital nicht mit Guthaben im Sinne eines *Cashpools* verwechselt werden. Es bleibt selbst eine Schuld des Unternehmens gegenüber seinen Besitzern. Da es aber von diesen nicht ohne Weiteres abgezogen werden kann, würde eine Verkürzung der Bilanz in der Aktivaseite, durch einen Wertverlust oder Kreditausfall, zunächst einmal das Eigenkapital reduzieren, bevor man buchhalterisch gezwungen wäre, die Zahlungsverpflichtungen gegenüber den eigenen Gläubigern anzutasten. Eine Erinnerung an zwei Dinge gehört deswegen zur Erosionsgeschichte der Bilanz als Misstrauenstechnik, als Argument für die Kreditwürdigkeit einer Finanzfirma: erstens, dass die Kapitalanforderungen von den auf Optimismus verpflichteten Ratingagenturen strukturell vermindert wurden; zweitens, dass die Kapitaldecke auch ohne die Einbeziehung außerbilanzieller Schattengeschäfte extrem niedrig war bzw. die *leverage ratios*[206] sehr hoch waren. Nimmt man etwa die Daten der

206 Der Begriff des »leveraging«, des Einsatzes von Hebelwirkungen, beschreibt das Verhältnis von Schuldfinanzierung von Anlagen zum Eigenkapital einer Firma. Hohe Hebel verweisen auf kein grundsätzliches Problem, ist doch eine Finanzfirma schlicht als durch Schuldhebel finanzierte Unternehmung definiert. Allerdings hat die Größe dieses *leverages,* also das Verhältnis von Verschuldung zum Eigenkapital, trivialerweise Konsequenzen für die Funktionalität des Kapitals als Stoßdämpfer bei Irritationen. Ein höherer Hebel bedeutet, dass ein Betrag an eigenen Mitteln als Sicherung für mehr Verpflichtungen aufkommen muss, also sein Sicherungspotenzial schwächt. In der öffentlichen und wissenschaftlichen Deutung der Krise sind die gestiegenen Hebel der Finanzindustrie, aber auch der Volkswirtschaften insgesamt ausführlich dokumentiert und problematisiert. Nimmt man etwa die Daten der FCIC, waren die bilanzierten *leverage ratios* großer Finanzinstitute zwischen 2000 und 2007 bei 16 bis 22 zu 1, also auf jeden Dollar an Eigenkapital kamen 16 bis 22 Dollar an Anlagen. Die großen US-Investmentbanken, deren kausale Relevanz auch für den europäischen Sektor 2008 nur allzu deutlich wurde, konnten dank laxerer Regulierungsauflagen noch größere Hebel

amerikanischen FCIC, lag die Eigenkapitaldeckung bilanzierter Anlagen großer Finanzinstitute zwischen 2000 und 2007 im Durchschnitt bei 6,25 bis 4,5 Prozent, wenn man die tatsächlichen *leverage ratios* zugrunde legt.[207] Anders als die *equity ratios*, die das Verhältnis von Eigentümerkapital zur risikogewichteten Anlageseite der Bilanz ausdrücken (eine deutsche Staatsanleihe etwa würde hier nicht auftauchen), gibt dieses allgemeine Maß schlicht das tatsächliche Verhältnis von Eigenkapital und Schuldfinanzierung von Anlagen an. Europa erweist sich, was die Höhe der Hebel angeht, als durchaus auf der Höhe der Zeit. Einige der größeren Banken, wie etwa KBC aus Belgien, die Royal Bank of Scotland und BBV Argentaria aus Portugal, lagen alle bei rund 5 Prozent im Jahr 2007. Credit Suisse und die französischen Institut Credit Agricole und BNP Paribas verfügten über etwa 3,3 Prozent Eigenkapital. Die Deutsche Bank etwa kam im Jahr 2007 auf 1,9 Prozent, die schweizerische UBS gar nur auf 1,6 Prozent, die britische Barclays Bank etwa auf denselben Wert.[208] Die Gläubiger und Schuldner gestatteten den Banken bilanzierte Eigenkapitalquoten von immerhin 8,7 Prozent im amerikanischen Sektor (ausgenommen die reinen Investmentbanken), allerdings nur 4,0 Prozent im schweizerischen, 5,3 Prozent im britischen und 6,7 Prozent im Bankensektor des Euro-Währungsgebiets.[209] Dass nun der Markt bei amerikanischen Banken skeptischer gewesen zu sein scheint, ist wohl auf die unterschiedliche Nutzung außerbilanzieller Kontrakte zurückzuführen. Als etwa die Citibank im Jahr 2007 gezwungen war, nur einige ihrer außerbilanziellen Kontrakte in die Bilanz zu überschreiben, reduzierte sich ihr *leverage* von 5,5 Prozent (nur bilanzierte Beziehungen) auf 3,1 Prozent.[210] Nach Schätzungen der FCIC wäre die Kapitalfinanzierung der Citibank sogar, hätte man die nicht bilanzierten Zahlungsverpflichtungen vollständig in die Bilanz übertragen, auf etwa

ansetzen. So erreichte Lehman Brothers im Jahr 2007 ein *leverage ratio* von 40:1, FCIC, Report, S. 65.

207 FCIC, Report, S. 65.

208 Vgl. Gros/Miscossi, »The Beginning of the End Game«.

209 Sinn, Kasino-Kapitalismus, S. 198.

210 FCIC, Report, S. 65.

2 Prozent gefallen. Nun hatten die Anleger auf den Märkten, die die Citibank mit Kapital versorgten, wahrscheinlich keinen genauen Überblick über die Volumen außerbilanzieller Anlagen und Verpflichtungen der Bank, allerdings war die Größenordnung und die Möglichkeit solcher außerbilanzieller »Schattenaktivitäten« kein Geheimnis. Wie überzeugend, auf mehr soll an dieser Stelle gar nicht noch einmal eingegangen werden, kann eine Bilanz für die Kreditwürdigkeit einer europäischen Bank argumentieren, wenn bei dieser im Durchschnitt nur etwa 2,4 Prozent der Anlagesumme hätte ausfallen dürfen, ohne das Eigenkapital vollständig zu vernichten? Diese Bilanzen argumentieren nicht mehr dafür, ein Schiff auch in unruhigen Gewässern auf Kurs halten zu können, sondern lediglich für den ruhigen Fluss des Gewässers selbst.

All diese Indizien deuten darauf hin, dass die Bilanz als bloßer »Schnappschuss« des sozialen Normalfalls zu unscharf ist, um selbst noch als Manifestation von Misstrauen gelten zu können. Ihre Rhetorik steht in dreifacher Weise unter Vorbehalt: dem Vorbehalt stochastischer Ablaufprotokolle, die sich durch die Verbindlichkeit einer gemeinsamen Inszenierung selbst beglaubigen, dem Vorbehalt gültiger politischer Universalbürgschaften und unter dem Vorbehalt der Performanz unsichtbarer und nicht überwachter Verpflichtungszusammenhänge in den Schatten »irgendwo« verorteter Oasen. Sie werden zu Registraturen allgemeiner Entwicklungen und verlieren ihren Charakter als Argumente individueller Tilgungsfähigkeit (sei sie nun durch kluge Selektion der eigenen Schuldner oder solide Kapitalvorräte begründet). Es überrascht deswegen nicht, dass die internationale Regulationsarchitektur von makroprudenziellen Überwachsungsstrategien dominiert wird,[211] welche Makrozustände der Kreditpraxis und nicht Bilanzen einzelner Teilnehmer fokussieren.[212] Damit fügt sich

211 Vgl. Schaefer, »Die internationale Finanzarchitektur nach der Finanz- und Wirtschaftskrise«. Besonders nach der Krise wurden makroprudentielle Strukturen gefordert, Young, »Zwischen Erwartung und Realität«.

212 Das hat selbstredend bei den größten Firmen auch genau mit ihrer schieren Größe zu tun, wie James Crotty erklärt: »[It] is almost impossible to make sense of the oceans of information that giant conglomerats do provide in their income and ba-

die Bilanz in die allgemeine Erosionsbeobachtung der Misstrauensinstitutionen der Kreditpraxis. Die in den Bilanzen verschriftlichten Erwartungen werden von Ratingagenturen kodifiziert, Firmen, die strukturell bedingt zum Abbau von Skepsis neigen. Die Zahlungsversprechen werden ferner durch Pfänder abgesichert, deren Interventions- oder Korrekturpotenzial zusammen mit den Zahlungsversprechen ausfällt, die sie absichern sollen. Die hier betrachteten Misstrauensinstitutionen haben somit allesamt aus vertrauenssoziologischer Perspektive ihre Wirksamkeit eingebüßt. Mit dieser Beobachtung aber ist angesichts der immensen Vertrauensbereitschaft des Kreditsystems eher ein Rätsel denn eine Lösung formuliert, haben wir es hier doch mit dem unwahrscheinlichen Fall einer komplexen Praxis zu tun, in der Vertrauen nicht nur ohne den parallelen Ausbau von Misstrauen expandieren konnte, sondern sogar einen Rückbau von Misstrauen unbeschadet vertrug.

Geld im Kontext von Vertrauen

Der Ökonom Richard Duncan wurde einleitend mit der These zitiert, das Ende des Systems von Bretton Woods 1971 markiere einen Bruch, an dem eine Transformation des Geldes einsetzt. Duncans Formulierung einer »neuen Natur« des Geldes lässt sich auch aus der Perspektive einer Soziologie der Praxis nicht nur unterstreichen, sondern sogar präziser bestimmen. Bei der Analyse von Krediten im Kontext von Knappheit wurde weiter oben eine Entkopplung des Kredits von knappen Ressourcen diagnostiziert; ein Free-Lunch-Privileg, das geldschöpfende Banken zu einer Anomalie im Feld der Wirtschaft macht. Auch wenn dieser Zustand selbstredend eine Vorgeschichte hat, so setzt er sich doch mit der Kündigung der Verbindung zwischen Geld und Materialität, d.h. der Umstellung der Reserven von einer nicht-

lance sheet statements. These may run to hundreds of pages with hundreds of complex footnotes. Only someone skilled in forensic accounting and with a lot of free time could possibly make any sense of all this information«, Crotty, »If Financial Market Competition Is so Intense«, S. 3.

kontingenten auf eine kontingente Knappheit, wirklich durch. Damit kann der Bankensektor nicht mehr als marktförmige, ja nicht einmal mehr als ökonomische Praxis beschrieben werden. Diese Einsicht führte einmal auf konzeptioneller Ebene dazu, die Kreditpraxis tatsächlich als Praxis der Bildung sozialer Beziehungen – genauer: Versprechen – zu betrachten, und nicht als eine spezielle Form von Transaktionen, d.h. der punktuellen Interaktion von Eigentümern zum Zwecke des Tauschens. Die praxissoziologische Frage nach dem Kontext, in dem Zahlungsversprechen möglich werden (wobei der Kontext hier als eine historische Periode zwischen dem Ende des Systems von Bretton Woods und der Finanzkrise von 2008 untersucht wurde), wurde als Frage nach dem Praxisvertrauen der Kreditpraxis interpretiert. Das bedeutet zu fragen, welche Arrangements das Vertrauen in die Kontinuität der Kreditpraxis als einer aus Versprechens-/Vertrauens-Engagements bestehenden Praxis ermöglichen. Aus der Theorie des Vertrauens wurde dann die These übernommen, dass komplexe Praxen einen hohen Bedarf an Vertrauen – den man in der Kreditpraxis deswegen unterstellen kann, weil sie aus eben solchen Engagements *besteht* – durch Misstrauensmanifestationen ermöglichen. Also durch die institutionalisierte oder individuelle Akkumulation von Interventionsressourcen, mit denen man auf die Motivation des Versprechensgebers einwirken oder die Folgen eines Bruch des Versprechens abmildern kann. Tatsächlich aber haben Vertrauensbereitschaft und Misstrauensinstitutionen der Kreditpraxis in den vergangenen Jahren gegenläufige Entwicklungen genommen. Die Vertrauensbereitschaft ist gestiegen: Es gab immer mehr Versprechen, neue Vertragsformen des Kredits und eine Bereitschaft, Interdependenzen zu steigern. Gleichzeitig erodiert die Funktionalität der Misstrauensinstitutionen der politischen Überwachung und Kontrolle, des Sicherheitsnetzes, der Ratingagenturen, des Pfands und der Bilanz. Mit abnehmendem Misstrauen und zunehmendem Vertrauen bewegt sich das Finanzsystem somit weg von der für komplexe Aktivitätszusammenhänge eigentlich zu erwartenden Konfiguration. Das hätte, der zuvor entwickelten theoretischen Annahme entsprechend, eigentlich zu einem Rückbau von Beziehungen führen müssen. Mit dieser Diagnose leistet das Kapitel zwei Dinge. Erstens wird die praxissoziologische Übersetzung von Duncans »neuer Natur« des Geldes um einen entscheidenden Aspekt ergänzt. Nicht nur hat sich die Kreditpraxis durch die Umstellung auf ein Fundament kontingenter Knappheit entökonomisiert, sie hat auch eine Konfiguration von Praxisvertrauen herausgebildet, die man, um einen Bogen zurück zu Minskys Begriff des »Erwartungsklimas« im dritten Kapitel zu schlagen, »euphorisch« nennen könnte. Duncans »neue Natur« des Geldes ist somit aus dem Blickwinkel einer Soziologie der Praxis als De-Ökonomisierung und Euphorisierung oder als Herausbildung eines *nichtökonomisch-euphorischen Zustands* der Praxis des Kredits bestimmt.

Ein Versuch über Misstrauenssubstitutionen

Mit dem Einholen einer in der Einleitung aufgeworfenen Frage sollte man Bücher enden lassen. Das allerdings wäre mindestens deswegen unbefriedigend, weil die Diagnose einer Euphorisierung der Kreditpraxis negativ bleibt. Sie wirft die Frage auf, wie sich ein höheres Maß an Vertrauensbereitschaft nicht nur ohne einen Ausbau von Misstraueninstitutionen, sondern sogar trotz ihres Rückbaus in einer Praxis, bei der es auf vertrauensvolle Kooperationen (Kredite) mit sehr vielen, selbst in undurchsichtige Abhängigkeitsverhältnisse verstrickten Fremden ankommt, bilden und stabilisieren konnte. Die Heuristik von Vertrauen und Misstrauen stößt hier an ihre Grenze. Es ist deswegen angebracht, an dieser Stelle über mögliche Substitutionen des Misstrauens nachzudenken. Wie wurde eine Vertrauensexpansion trotz Misstrauenserosion möglich? Konfigurationen von hoher Vertrauensbereitschaft bei geringem Misstrauenseinsatz erwartet man eher in einer Praxis mit wenigen Teilnehmern, die auf eine gemeinsame Geschichte sich bestätigender kongruenter Interessen und Absichten zurückblicken können. Könnte es tatsächlich sein, dass eine komplexe globale Praxis kreditär verbundener und aufeinander bezogener Bilanzen in irgendeiner sinnvollen Weise ähnlich operiert wie lokale, dichte Kooperationssituationen? Natürlich wäre eine solche Analogie nur mit äußerster Vorsicht zu genießen und als eine experimentelle Übertragung zu verstehen. Sicherlich wäre es absurd zu behaupten, das Vertrauen in der Kreditpraxis funktioniere ähnlich dem Vertrauen, das man, zumindest hypothetisch, in Freundschaftsnetzwerken oder vormodernen dichten Dorfgemeinschaften vermuten würde, idealtypischen Beispielen für Situationen mit ausgeprägter Vertrauensbereitschaft ohne nennenswerte Misstrauensinstitutionen. Dennoch darf man nicht unterschlagen, dass sich dem Beobachter zumindest Äquivalente einiger Aspekte, die die Vertrauensforschung für solche dichten und überschaubaren Kontexte konstatiert, aufdrängen. In den Analysen zu Ursachen- und Entstehungskontext der globalen Finanzkrise von 2008 finden sich mögliche Lösungen des Problems. Hier werden vor allem drei problematische Konstellationen betont, die, vertrauenssoziologisch gelesen, Substitutionshypothesen darstellen – also Hypothesen darüber, wodurch das Misstrauen als Vertrauensstabilisator funktionell substituiert wurde. Die höhere Vertrauensbereitschaft der Kreditpraxis beruht womöglich auf alternativen Modi der Erwartungsstabilisierung, nämlich erstens dem Sichverlassen auf eine implizite Risikotemporalität, zweitens auf der Erwartung politischer Sorge und drittens auf der Ausschaltung eines Bedarfs für Vertrauen. Die folgende Explikation dieser Vermutungen hat allerdings eher explorativen Charakter und sollte deswegen als ein Versuch verstanden werden, die Idee der Misstrauenssubstitution zu plausibilisieren.

Vertrautheit

Wie bereits berichtet, setzen sich seit den 1970er Jahren mathematisch hoch anspruchsvolle, wahrscheinlichkeitstheoretisch fundierte Berechnungsmodelle für Kreditrisiken durch, die fortan ausschlaggebend werden für vertrauensvolle Kreditengagements.[213] Soziologisch

213 Vgl. LiPuma/Lee, Financial Derivatives, vor allem Kapitel 6: »The World of Risk«, S. 141–160; außerdem für eine besonders anschauliche deutschsprachige Darstellung dieser These Lanchester, Warum jeder jedem etwas schuldet, Kapitel 5, S. 165ff. Für akteurszentrierte Erfahrungsberichte: Honegger/Neckel/Magnin, Strukturierte Verantwortungslosigkeit, und für eine theoretische Deutung: Vogl, Das Gespenst des Kapitals; Esposito, Die Zukunft der Futures, und Carruthers, »Knowledge and Liquidity«.

gelesen nähren diese Beobachtungen den Verdacht, dass hier Elemente von Vertrautheit in die Praxis Einzug gefunden und die Vertrauensbereitschaft gestützt haben. Diese These mag zunächst irritieren, denkt man an die kurze Erwähnung des Begriffs »Vertrautheit« im Zuge der Diskussion möglicher Konzepte von Praxisvertrauen zurück. Vertrautheit meint bei Luhmann zunächst schlicht die »fraglos-selbstverständliche Welt« des Alltags;[214] ein Set grundlegender Erwartungen, deren Enttäuschung nicht im Bereich des Möglichen verortet wird. Tritt sie dennoch ein, so werden Erwartungen nicht angepasst, sondern Enttäuschungsursachen »bekämpft oder mystifiziert«,[215] also aus der vertrauten Lebenswelt verbannt. Normative Erwartungen im Modus der Vertrautheit, das ist Luhmanns These, müssen also nicht extern – durch Misstrauensinstitutionen – umsorgt werden, sondern stabilisieren sich selbst. Das Ensemble von basalen Erwartungen im Modus der Vertrautheit bildet somit die »Voraussetzung für Vertrauen wie für Misstrauen, das heißt jede Art des Sichengagierens in einer bestimmten Einstellung zur Zukunft«.[216] Deswegen, so wurde oben erklärt, sind Vertrautheit und Praxisvertrauen unterschiedliche Modi von Erwartungsorganisation. Es ist allerdings unwahrscheinlich, dass Vertrautheit als mögliches Substitutionselement erodierten Misstrauens in einer komplexen Praxis an Bedeutung gewinnt. Schließlich ist Vertrautheit bei Luhmann eine »Vorleistung von Ordnung«[217], kann aber eigentlich Entwicklungen oder Zustände komplexer und großer Vertrauenspraxen nicht erklären. Allerdings gesteht Luhmann zu, dass das »Bedingungsverhältnis« von Vertrautheit und Vertrauen »nicht invariant ist, sondern Akzentverschiebungen zulässt«.[218] Gerade unter

214 Luhmann, Vertrauen, S. 22. Später wird Luhmann Erwartungen ohne die Möglichkeit ihrer Enttäuschung als Zuversicht bezeichnen und Vertrautheit mit der systemischen Unterscheidung von Freund und Feind identifizieren (Luhmann, »Vertrautheit, Zuversicht, Vertrauen«). Ich arbeite hier mit dem für eine Praxistheorie anschlussfähigeren Luhmann aus: Vertrauen.

215 Luhmann, Vertrauen, S. 22.

216 Ebd., S. 22f.

217 Ebd., S. 26f.

218 Ebd., S. 24.

den Bedingungen eines gesteigerten Koordinationsbedarfs, wie etwa in einer expandierenden Kreditpraxis, ist es zumindest theoretisch nicht ausgeschlossen, dass »Vertrautheit und Vertrauen [...] ein neues Verhältnis wechselseitiger Stabilisierung suchen, das nicht mehr in der unmittelbar erlebbaren, traditional bestimmten Nahwelt gründet«.[219] Bestimmte Funktionselemente von Vertrautheit können also durchaus auch in großen und komplexen Praxen vorkommen, und genau das soll hier behauptet werden: Womöglich funktioniert die Kombination von expandierter Vertrauensbereitschaft und erodiertem Misstrauenseinsatz in der Kreditpraxis, weil Erwartungen teilweise durch Elemente von Vertrautheit stabilisiert wurden.

Die Elemente von Vertrautheit finden sich in der technologischen und epistemologischen Einbettung der Kreditpraxis, die weiter oben bereits als »Black-Scholes-Welt« bezeichnet wurde; ein Begriff, der für eine auf probabilistischen Formen der Zukunftskalkulation beruhende Form der Derivatauspreisung steht. Dabei geht es nicht nur um diese ganz konkrete Formel, sondern um ein Set von Praktiken auf der Basis ähnlicher Annahmen. Eine Ausprägung der Black-Scholes-Welt ist das *Value-at-Risk*-Risikomaß (VaR), das 1989 erstmals Einsatz fand, sich fortan verbreitete und zum »Branchenstandard«[220] wurde.[221] VaR ist eine Zahl, die für einen bestimmten Zeitraum (beispielsweise einen Tag) angibt, wie viel Geld mit einer bestimmten Wahrscheinlichkeit (meist 1 oder 5 Prozent) bei einer konkreten Investition verloren wird.[222] Diese Maßzahl ist ein Worst-Case-Scenario »innerhalb [...] eines vorgegebenen Wahrscheinlichkeitsspektrums«.[223] Damit

219 Ebd., S. 24.

220 Lanchester, Warum jeder jedem etwas schuldet, S. 189; vgl. zur Bedeutung von VaR auch LiPuma/Lee, Financial Derivatives, S. 144ff.

221 Allgemein wirksam wird VaR, den Ratings nicht unähnlich, spätestens im Moment ihrer administrativen Anerkennung. Auch im Basel-Regime ist VaR das bevorzugte Messverfahren für Risiko.

222 »Ein VaR könnte folgendermaßen aussehen; 1 Tag, 1000000 Euro und 5 Prozent. Das heißt, es besteht eine 5-prozentige Chance, dass Sie innerhalb der nächsten 24 Stunden 1000000 Euro verlieren«, Lanchester, Warum jeder jedem etwas schuldet, S. 188.

223 Lanchester, Warum jeder jedem etwas schuldet, S. 188.

sagt die Zahl etwas darüber aus, welche Verluste *im Normalfall* zu erwarten sind. Interessant ist also, wie dieses Spektrum, dieser statistische Normalfall, bestimmt wird, nach welchen Kriterien Grenzen gezogen werden. VaR ist eine der Formelvariationen, die mit einer Normalverteilung der Gaußkurve rechnen. Diese Glockenkurve beschreibt eine ganze Bandbreite natürlicher oder nichtnatürlicher Phänomene, bei denen sich Eigenschaften oder Ereignisse um einen Mittelwert verteilen, dabei also um den Mittelwert am wahrscheinlichsten auftreten und, je weiter man die Kurve links oder rechts herunterfährt, unwahrscheinlicher werden. Ein anschauliches Beispiel für diese Kurve ist die Verteilung von Körpergrößen in einer bestimmten Bevölkerung. Hier nimmt die Wahrscheinlichkeit auftretender Exemplare ab, je weiter sie sich vom Mittelwert entfernen. Greift man einen Menschen wahllos aus einer Bevölkerung heraus, ist es viel wahrscheinlicher, dass er eine Körpergröße aufweist, die näher an der Mitte ist als am Rand der Kurve. In der Black-Scholes-Welt wird eine solche Unterstellung auch für das künftige Verhalten von Schuldnern Teil des sozialen Normalfalls. Das Risiko eines Zahlungsausfalls ergibt sich in diesem Normalfall nun nicht länger aus der Vorgeschichte, den Plänen oder den Eigenschaften eines konkreten Schuldners und seines sozialen, politischen und ökonomischen Kontextes, sondern aus den Kursschwankungen (Volatilität[224]) gleich klassifizierter Versprechen in der Vergangenheit.[225] Kreditwürdigkeit (die Einschätzung der Rückzahlungswahrscheinlichkeit) wird somit zu einer Eigenschaft historischer Performanzen von Versprechens*typen*, eine Umstellung, die LiPuma und Lee als »Objektivierung« von Risiko beschreiben, bei der aus all den verschiedenen Unabwägbarkeiten des Versprechens eines Schuldners das wahrscheinlichkeitstheoretisch projizierbare Muster

224 »Volatility has become the centerpiece of modern risk management, whether it be in the Black-Scholes equations for pricing options, diversification strategies to minimize risk and maximize return on investment, or volatility-at-risk programs to calculate exposure risk«, LiPuma/Lee, Financial Derivatives, S. 142.

225 Vgl. für eine genaue Erklärung LiPuma/Lee, Financial Derivatives, S. 141ff.; Lanchester, Warum jeder jedem etwas schuldet, S. 182ff.

einer Preisschwankung wird.[226] Die Zusammenfassung konkreter Zahlungsversprechens in eine Kategorie als vergleichbar geltender Schulden ist selbstverständlich ein anspruchs- und voraussetzungsvoller sozioepistemologischer Vorgang, der nicht nur die Identität von Rückzahlungswahrscheinlichkeiten womöglich ganz unterschiedlicher Schuldner voraussetzt, sondern in einem zweiten Schritt auch noch die Konstanz der Rückzahlungswahrscheinlichkeit des entsprechenden Schuldentypus. Exemplarisch kann man hier das Berechnungsverfahren für Ratings anführen. Die Ausfallwahrscheinlichkeit eines in eine Kategorie (etwa: AAA) eingeordneten Versprechens wird aus den Daten über die Rückzahlungsperformanz dieser Bewertungs*kategorie* gewonnen. Das heißt, ist ein Schuldner erst einmal in einer Kategorie, ergibt sich die Ausfallwahrscheinlichkeit seines Versprechens aus der historischen Ausfallwahrscheinlichkeit so kategorisierter Versprechen, wobei die historische Sichtweite in der Regel eher kurz war.[227] Der Stresstest für ein solches Objekt bestünde dann folgerichtig in der Beobachtung von Preisveränderungen gleich bewerteter Versprechen.[228] »If I can get this right, you said a triple A rated security. So you would look at what was the worst case scenario that happened to any triple A rated security over time?« Diese Frage, die der Vorsitzende der US-amerikanischen Untersuchungskommission zur Finanzkrise an den ehemaligen Risikomanager der Citibank, David Bushnell, richtet, ist bezeichnend für die Bedeutung eines AAA-

226 »The plurality of incommensurable types of risk [die etwa ein Handelsunternehmen betreffen, wie Konjunkturen, Ölpreise, Verbraucherpräferenzen, Währungskurse, Rohstofffunde etc., A. S.] is reduced to a singularity. The various concrete, specific types of risk – concrete and specific because they are drawn from real social conditions – are abstracted into a single, homogenous whole that the financial community may price. It is crucial to appreciate that this process of detachment and reassembly creates the objectification of risk«, LiPuma/Lee, Financial Derivatives, S. 146.

227 Benmelech/Dlugosz, »The Alchemy of CDO Credit Ratings«, S. 629.

228 Die Frage, die sich ein Risikomanager bei der Bewertung eines von Dritten bewerteten Versprechens (hier: AAA) stellen muss, lautet entsprechend: »What is the biggest change in price that we have seen for a triple A rated security over time?«, FCIC, »Interview of David Bushnell«, S. 31.

Ratings.[229] »[Frage:] And the model-driven stress test was based then on, entirely on historic data? [Bushnell:] Correct. [Frage:] And it also made the assumption that the super senior tranche [die als risikolos geltenden Versprechen einer CDO, A. S.] would perform in a similar fashion as a different type of debt instrument rated the same, though, is that correct? [Bushnell:] Yes.«[230]

Die Kategorisierung von Kreditwürdigkeit ist besonders mit Blick auf die Rolle der Ratingagenturen bei der Konstruktion von sogenannten verbrieften Krediten oder strukturierten Schulden bemerkenswert, da es hier gelang, aus Pools hochriskanter Kredite allein durch Mathematik und Vertragsformen risikolose Zahlungsversprechen von Zweckgesellschaften mit AAA-Rating zu konstruieren. Erst dadurch wird plastisch, wie voraussetzungsvoll eigentlich die Behauptung ist, die Kreditwürdigkeit eines Staates wie Deutschland (AAA-Rating) sei mit Zahlungsversprechen einer vollständig schuldfinanzierten Zweckgesellschaft auf den Cayman-Inseln (AAA-Rating) identisch. Nicht dass hier mathematische Fehler bei der Berechnung dieser Noten unterstellt werden sollen. Allerdings hat ein Staat wie Deutschland mit seinem durch das Gewaltmonopol unterfütterten Steueraufkommen und zahlreichen anderen herrschaftsbedingten Handlungschancen ganz andere Möglichkeiten, die Tilgungsmittel für die Kreditrückzahlung aufzubringen, auch und gerade im Falle von Krisen. Im Vergleich dazu sind die Möglichkeiten von solchen Zweckgesellschaften, aber auch von anderen Finanzfirmen, begrenzt. Das spricht für die Bedeutung von Risikoalgorithmen als Substitution von Vertrauensanforderungen: Wurde ein Schuldner bereits einer bestimmten Normalverteilung zugeordnet, ist seine Kreditwürdigkeit mathematisch eindeutig, in Absehung der konkreten Bedingungen, unter denen das Zahlungsversprechen gegeben wurde.

229 Konkret ging es an dieser Stelle des Interviews um die Bewertung von CDOs. Die Antwort lautet entsprechend: Bushnells Antwortet: »[Y]ou were trying to capture price movements, the worst price movement in a class of bonds, triple A rated bonds, and apply that to the triple A rated CDO bonds«, ebd., S. 32.

230 Ebd., S. 33.

Vielleicht kann man sich die Installation sozio-technischer Ereignisprotokolle, mit denen eine naturalisierte Erwartungen bezüglich des Verhaltens anderer Menschen manifest wird, als eine Substitution vorstellen, sozusagen als einen »Ersatz« für Misstrauen, weil das Sichverlassen auf Protokolle der Risikoalgorithmisierung mit der Unterstellung eines bestimmten erwartbar strukturierten Ablaufs von Zeit, in der die Verteilung von Risiken bekannt ist, operiert. Das Verhalten eines Versprechensgebers wird als statistische Streuung, die sich aus der Vergangenheit ergibt, objektiviert. Aus der Erwartung, das zukünftige Handeln des anderen wird dem, was versprochen wurde, entsprechen, wird die Annahme der Wahrscheinlichkeit eines Ereignisses der Rückzahlung,[231] und dieses Ereignis folgt Regelmäßigkeiten, so die Unterstellung, die man *wissen* kann, auf die man somit nicht vertrauen muss.[232] Die Erwartung einer kurzfristig-homogenen Zeit[233] stabilisiert Vertrauen durch Elemente von Vertrautheit. Erwartungsmodi also, in denen die Möglichkeit des Anders-Verlaufens oder Anders-Entscheidens nicht thematisch wird. Vertrautheit ist ein funktionales Äquivalent zu Vertrauen, mit dem die Komplexität von Eindrücken durch die Naturalisierung bestimmter Erwartungen reduziert wird. Bestimmte Erwartungen werden nicht als riskante Engagements thematisch, die man beispielsweise eventuell überwachen müsste, sondern als natürlicher (i. S. von entscheidungsunabhängiger) Verlauf von Welt bzw. Zeit ohne die Option misstrauischen Handelns normalisiert. Vertraut sind uns natürlich in erster Linie unsere allernächsten Weltgegebenheiten. Es wäre demnach, wie gesagt, überzogen zu unterstellen, das Praxisvertrauen der Teilnehmer der Kreditpraxis könne mit diesen Stabilitätsankern praktischen Zurechtkommens identifiziert werden. Man darf diese Überlegung also nicht als die generalisierende Unterstellung einer Ersetzung von Vertrauen durch Vertrautheit im Alltag der Gläubiger und Schuldner missverstehen. Dennoch kann man im Hinblick auf den Modus von Praxisvertrauen

231 Kalthoff/Maesse, »Die Hervorbringung des Kalküls«, S. 217.

232 Vgl. auch Lanchester, Warum jeder jedem etwas schuldet, S. 199, und Varoufakis, The Global Minotaur, S. 6.

233 Vogl, Das Gespenst des Kapitals.

nicht ignorieren, dass die Etablierung und Verwendung dieser Risikoalgorithmen, wie des VaR-Kalküls, Eigenschaften von Vertrautheit simulieren.[234] Mit der Objektivierung von Risiko als Volatilität werden Fragen der Kreditwürdigkeit vom praktischen Kontext, wie LiPuma und Lee argumentiert haben, losgelöst und als eine Eigenschaft von Zeit manifest:

> »All these derivative-pricing models take it as axiomatic that volatility patterns record, reflect, and measure the abstract risk profile captured by any and all derivatives. If we deconstruct the stochastic differential equations used [...], we find a common *assumption that all future events will replicate past events and that the conditions of application are uniform across time and space.*«[235]

Vertrautheit, oder besser: *Elemente von Vertrautheit* scheinen also in der Konfiguration von hoher Vertrauensbereitschaft und geschwächten Misstrauensinstitutionen eben diese Misstrauensinstitutionen partiell zu ersetzen.

Die These ist allerdings mit Einsprüchen konfrontiert, vernachlässigt sie doch beispielsweise die soziale Einbettung algorithmischer Verfahren. Bei den Bewertungsverfahren der Ratingagenturen ist die Einordnung eines Schuldners in eine Risikokategorie beispielsweise, erklären Akos Rona-Tas und Stefanie Hiss, selbst kein Ergebnis computerisierter Algorithmen, sondern Resultat eine Kommissionssitzung mit Abstimmung.[236] Die sozialen (abseits der mathematischen)

---

234 Das Sichverlassen auf die Normalverteilung von Risikowahrscheinlichkeiten teilt mehr mit Vertrautheit als mit Vertrauen; es interpretiert künftiges Verhalten (von Gläubigern und Schuldnern) als Eigenschaft von Zeitverläufen, löst also, in Luhmanns Vokabular, Komplexitätsprobleme der Sozialdimension in der Zeitdimension: »In vertrauten Welten dominiert die Vergangenheit über die Gegenwart und Zukunft. [...] Man unterstellt, dass das Vertraute bleiben, das Bewährte sich wiederholen, die bekannte Welt sich in die Zukunft hinein fortsetzen wird. [...] Auf diese Weise löst die Zeitdimension in ihrem Vergangenheitsaspekt ein Problem, das eigentlich in die Sozialdimension gehört: unerwartetes Handeln auszuschließen«, Luhmann, Vertrauen, S. 23.

235 LiPuma/Lee, Financial Derivatives, S. 147, Hervorhebung A. S.

236 »The process that produces the final rating in all three agencies is not computational but social. There is a committee set up to analyze the case and to issue the rating«, Rona-Tas/Hiss, »The Role of Ratings in the Subprime Mortage Crisis«,

Prozesse der Einschätzung von Kreditwürdigkeit sind also weiterhin nicht zu ignorieren.[237] Das betrifft auch die von Neckel u.a. betonte Arbeitsteilung: In den anderen Abteilungen der Banken und Finanzfirmen hat man sich nicht nur auf die Algorithmen, sondern auch auf die Quants selbst verlassen.[238] Der Chief Risk Manager der Citigroup, David Bushnell, antwortet auf die Frage des Kommissars, ob er denn den regelmäßig auf seinem Schreibtisch landenden Risikobericht – »a thick document, almost the size of a phonebook« – im Detail durchgesehen hätte, abwiegelnd. Ihn hätten vor allem die finalen aggregierten Risikokennziffern interessiert, keine Daten unterhalb dieser Ebene. Da hätte er sich auf das Personal verlassen, das diesen Risikobericht im Umfang eines Telefonbuchs zu verantworten hatte.[239]

Fragen wirft darüber hinaus die Performanz der Modelle selbst auf, welche die Erwartung objektivierter Risiken als normative Erwartungen kennzeichnen. Die dem VaR-Verfahren zugrunde liegende Normalverteilungskurve spannt sich über einen Mittelwert auf. Ihre Breite ergibt sich aus der Standardabweichung, also der Angabe, wie wahrscheinlich ein mögliches Ereignis wie weit vom Mittelwert abweicht. Diese Distanz wird der Sigma-Wert genannt. Ein mögliches Ereignis mit einem Sigma-Wert von 3 ist in 0,3 Prozent der betreffen-

---

S. 120 (vgl. ebd., S. 121). Ein solches Vorgehen ist sicherlich von Vorteil, will man den geschützten juristischen Freiraum einer reinen Meinungsäußerung behalten.

237 Ratings stellen noch eine weitere einschränkende Klausel für die These eines Sichverlassens auf mathematische Modelle dar. Wenn eine Finanzfirma als Schuldner auf eine Rating-Shopping-Tour geht, also Bewertungsagenturen so lange gegeneinander ausspielt, bis sein Versprechen maximal gut bewertet ist, dann weiß man als Gläubiger doch auch um diese Routine; also, dass zu vertrauender Kredit auch durch berufsmäßige Optimisten bewertet wurde. Somit geht es hier nicht bloß um ein Sichverlassen auf Algorithmen der Risikokalkulation, sondern um ein Sichverlassen auf eine maximal optimistische Konstruktion dieser Algorithmen. Auch Kalthoff und Maesse berichten von Finanzmathematikern, die ihre Arbeitssituation eher als die Suche nach dem passenden Modell für einen Kunden beschreiben denn als Anwendung konkreter, unhinterfragter Algorithmen, Kalthoff/Maesse, »Die Hervorbringung des Kalküls«.

238 Davon berichten die Zeugnisse in Honegger/Neckel/Magnin, Strukturierte Verantwortungslosigkeit.

239 FCIC, »Interview of David Bushnell«, S. 129f.

den Fälle zu erwarten.[240] Das tatsächliche Auftreten eines solchen Fundes bei drei oder vier Zugriffen wäre noch keine Widerlegung der Regel, allerdings sehr unwahrscheinlich. Würden wir bei den ersten zehn Versuchen bereits acht Mal eine so unwahrscheinliche Körpergröße sehen, kämen uns wahrscheinlich Zweifel an der Methode bzw. an den Werten (Mittelwert oder Standardabweichung). Es ist deswegen bemerkenswert, dass es »während der letzten Jahrzehnte [...] zahlreiche Ereignisse mit fünf-, sechs- und siebenfachem Sigma gegeben [hat], die – in gleicher Reihenfolge – nur einmal alle 13932 Jahre, einmal alle 4039906 Jahre und einmal alle 3105395365 Jahre hätten stattfinden dürfen«.[241] Beim »Schwarzen Montag« 1987 handelte es sich laut Lanchester und Lowenstein um ein 10-Sigma-Ereignis,[242] vielleicht sogar um ein 20-Sigma-Ereignis,[243] gefolgt vom 7-Sigma-Zahlungsausfall des russischen Staates 1998 oder der daraus resultierenden 6-Sigma-Pleite von Long Term Capital Management (LCTM). Auch die Insolvenz der Bank Barings 1995 und das Platzen der Dotcom-Blase im Jahr 2000 gelten als Ereignisse mit hohen Sigma-Werten.[244] Als die Rückzahlung von Immobilienkrediten im amerikanischen Subprime-Sektor zurückging, so berichtet es der Vorstandsvorsitzende von Goldman Sachs, David Viniar, war seine Bank an *mehreren* Tagen mit 25-Sigma-Ereignissen konfrontiert.[245] Ein einzelnes solches Ereignis hätte für sich genommen dieselbe Wahrscheinlichkeit, wie einundzwanzig Mal in Folge in Großbritannien die nationale Lotterie zu gewinnen. Viniar erlebte gleich mehrere Instanzen eines Ereignisses, das in einem Zeitraum, der die Lebensdauer unseres Universums um ein Vielfaches übersteigt, nur einmal auftreten

240 Lanchester, Warum jeder jedem etwas schuldet, S. 198.

241 Ebd., S. 199. Die Zahlen stammen von Dowd u.a., »How Unlucky is 25-Sigma?«. Die Risikomodelle wurden außerdem permanent von prominenter Kritik begleitet, die auf ihre Unzulänglichkeit hinwiesen. In den 1990ern gab es eine in Fachkreisen beachtete Debatte zwischen Nicholas Taleb und einigen Befürwortern von VaR.

242 Lowenstein, When Genius Failed, S. 127 und 146.

243 Zurich Financial Services, »Dealing With the Unexpected«, S. 20.

244 Vgl. Dowd u.a., »How Unlucky is 25-Sigma?«.

245 Ebd.

sollte.[246] Die berühmten statistischen »schwarzen Schwäne«[247], praktisch ausgeschlossene Ereignisse, gehören seltsamerweise zum sozialen Normalfall. Die kurzfristig-homogene Zeit wurde eigentlich ständig von der Realität überholt. Das aber setzt ein Fragezeichen hinter die These, Misstrauen sei in der Kreditpraxis durch Elemente simulierter Vertrautheit substituiert worden, die sich als Erwartungen bezüglich der Natur von Zeit zeigen. Diese Erwartungen nämlich wurden ständig enttäuscht. Wer Risikoberechnungsverfahren einsetzt, obwohl mehrfach von ihnen praktisch ausgeschlossene Ereignisse auftreten, der verlässt sich in der Praxis vielleicht nicht so sehr auf diese Verfahren und das objektivierte Risiko selbst.

Politische Sorge

Keines der praktisch ausgeschlossenen Ereignisse mit hohen Sigma-Werten hat den sozialen Normalfall so gravierend irritiert wie die Krise von 2008, obwohl etwa die Verluste der New-Economy-Blase durchaus höher waren als die Verluste durch ausfallende Subprime-Hypotheken.[248] Der *credit crunch* von 2008 allerdings hatte dramatische Auswirkungen. Der Unterschied zu vorherigen Hochsigmaereignissen war die ausbleibende Rettung der Investmentbank Lehman Brothers. Dadurch schien zumindest für einen Moment im Herbst 2008 der Fortbestand der Kreditpraxis selbst auf der Kippe zu stehen. Wenige Tage vor dem Bankrott des Investmentriesen im September 2008 trafen sich bei der amerikanischen Zentralbank Vertreter der wichtigsten Finanzfirmen, um über den Zustand ihres Konkurrenten zu beraten.[249] Anlagen im Wert von mindestens 54 Milliarden Dollar schienen zu hoch bewertet zu sein. Die notwendigen Wertberichtigungen hätten das Eigenkapital der Bank vernichtet, sie wäre insolvent gewesen. Trotz dieser misslichen Lage liefen die Routinen der

246 Lanchester, Warum jeder jedem etwas schuldet, S. 196.

247 Taleb, Der schwarze Schwan.

248 »The 2001 new economy bubble was, in fact, worse than the sub-prime mortage equivalent that burst six years later. And yet the ill effects were contained efficiently by the authorities«, Varoufakis, The Global Minotaur, S. 5.

249 FCIC, Report, S. 324.

Refinanzierung zum wechselseitigen Bilanzausgleich doch »insgesamt gesehen bis Mitte September 2008 noch einigermaßen verlässlich. Dies änderte sich nach dem Zusammenbruch von Lehman Brothers am 15. September 2008«.[250] Obwohl die Lehman-Aktie bereits am 9. September um 45 Prozent gefallen war, als die Korea Development Bank verkündete, sie würde die angeschlagene Investmentfirma nicht kaufen, blieb die Schockwelle hier zunächst aus. Zwar war ebenfalls am 9. September der vom amerikanischen Finanzministerium vorgelegte Plan für einen Bankenrettungsfonds in erster Lesung vom Parlament abgelehnt worden, doch herrschte nach vielen Berichten weiterhin die Annahme vor, »die Behörden [würden] am darauffolgenden Wochenende (13./14. September) eine Übernahme im Stile derjenigen von Bear Stearns in die Wege leiten«.[251] Die Investmentbank war kurze Zeit zuvor aufgrund weitreichender Staatsgarantien von einem Konkurrenten gekauft worden. Auch die britische Regierung hatte sich mit der Verstaatlichung von Northern Rock im Frühjahr des Jahres willig gezeigt, Insolvenzen von Kreditfirmen zu verhindern. Bei weiteren Gesprächen über eine privatwirtschaftliche Akquise der Lehman-Anlagen forderten beteiligte Firmenvertreter immer wieder ein solches Engagement der Politik auch für den Lehman-Fall. Noch am 12. September trafen sich die Geschäftsführung von Goldman Sachs, Merrill Lynch, Morgan Stanley, JPMorgan, Citigroup und Credit Suisse in New York zu diesem Zweck.[252] Als einer von zwei letzten möglichen Käufern wird hier die Bank of America ins Spiel gebracht. Deren CEO Ken Lewis teilte Finanzminister Henry Paulson später am Abend mit, die Bedingung eines solchen Engagements sei eine 65-Milliarden-Dollar-Investition der Regierung in die schlechtesten der Lehman-Anlagen. Paulson lehnt diesen Vorschlag ab. Am nächsten Tag schlägt Barclays vor, einen größeren Teil von Lehman zu kaufen, aber die britische Finanzmarktaufsicht stoppt den Deal. Die Bemühungen scheiterten, am 15. September schließlich muss Lehman Insol-

250 Deutscher Bundestag, »HRE-Bericht«, S. 47.
251 Bank für Internationalen Zahlungsausgleich (BIZ), 79. Jahresbericht, S. 27.
252 FCIC, »Chronology of Selected Events Related to Lehman Brothers«, S. 11.

venz anmelden. Daraufhin brachen der Interbankenmarkt[253] und die *wholesale*-Routinen[254] zusammen.[255] So gut wie jede große Finanzfirma der Welt sah sich nun von Insolvenz bedroht.[256] Die verheerende Reaktion der Teilnehmer der Vertrauenspraxis ist nur als eine gravierende Enttäuschung einer manifesten Erwartung zu begreifen. Schließlich waren zwischen 2007 und dem Herbst 2008 zahlreiche Marktturbulenzen aufgetreten und einige Finanzfirmen in die Insolvenz abgerutscht, nicht nur in den USA. Allerdings, darin stimmen wohl die meisten Analysten überein, war die Möglichkeit eines politisch nicht abgefederten Scheiterns einer Bank nicht im Erwartungshorizont gegeben. Die Rettungserwartung war entscheidend für den Modus des Vertrauens. »Die Doktrin ›too big to fail‹ oder ›too interconnected to fail‹, dass also große systemrelevante Institute nicht in die Insolvenz gehen, galt mit Lehman nicht mehr«, erklärt eine Leiterin der deutschen BaFin.[257] Diese, in *expliziter* Kommunikation über den Normalfall thematisierte Erwartung stützt sich auf Erfahrung, hatten die Hochsigmaereignisse des zwanzigsten Jahrhunderts doch in der Regel eine politische Unterstützung systemisch bedeutender Schuldner provoziert. Als mit dem *bail out* des durch den russischen

---

253 Deutscher Bundestag, »HRE-Bericht«, S. 47. Die Differenz zwischen dem unbesicherten und dem durch einen Pfand abgesicherten Refinanzierungskredit auf dem Interbankenmarkt (Euribor-Spread), in ruhigen Zeiten im Durchschnitt bei 10 sogenannten Basispunkten, stiegt von 60 Basispunkten vor auf ungefähr 200 Basispunkten nach Lehman (Bundestag, »HRE-Bericht«, S. 50). Diese Differenz ist deswegen vertrauenssoziologisch so wichtig, weil es natürlich einen großen Unterschied macht, ob sich die Banken (fast) bedingungslos bei den Routinen des Bilanzausgleichs vertrauen oder ob sie Pfand, also Zahlungsversprechen Dritter, verlangen.

254 FCIC, Report, S. 354f. »Innerhalb weniger Wochen ging der Umlauf dieser Papiere [*commercial papers* von Finanzfirmen] von 815 Milliarden US-Dollar (10. September 2008) auf unter 600 Milliarden US-Dollar im Oktober zurück, was bei der kurzen Laufzeit dieser Papiere einem fast vollständigen Erliegen des Neuabsatzes gleichkommt«, Deutscher Bundestag, »Jahresgutachten«, S. 122; vgl. außerdem: Kacperczyk/Schnabl, »When Safe Proved Risky«.

255 Vgl. für eine detaillierte Rekonstruktion Swedberg, »The Structure of Confidence«; FCIC, Report.

256 Swedberg, »The Structure of Confidence«, S. 89.

257 Deutscher Bundestag, »HRE-Bericht«, S. 50.

Staatsbankrott insolvent gewordenen Hedgefonds LTCM im Jahr 1998 zumindest für den amerikanischen Sektor klar wurde,[258] dass nicht nur Geschäftsbanken, sondern eben auch Fonds zum Schutz des Systems gerettet werden würden, also auch 8-Sigma-Ereignisse nicht wirklich fatal waren, brach im Selbstbewusstsein der Branche eine neue Zeit an: »We have a new kind of bank. It is called ›too big to fail‹ [...] and it is a wonderful bank.«[259] Diese Erwartung in ein implizites politisches Rettungsversprechen, zumindest für große und besonders vernetzte Schuldner, war kurz vor dem Lehman-Bankrott noch einmal durch die Subvention des Bear-Stearns-Kaufs durch JPMorgan im März 2008 bestärkt worden.[260] »Wenn wir früher am Rand eines Zusammenbruchs standen«, schreibt der berühmte Investor George Soros, »griffen die Finanzbehörden immer rettend ein. Das erwartete ich auch 2008, aber es geschah nicht.«[261]

Die Erwartung praktisch bedingungsloser politischer Sorge für zumindest als systemrelevant erachtete Finanzfirmen kann womöglich als eine Substitution von Misstrauen durch Nah-Vertrauen in konkrete politische Akteure gedeutet werden. Es scheint doch so zu sein, dass die für ein komplexes Vertrauensgeflecht überraschende Konfiguration von hoher Vertrauensbereitschaft bei gleichzeitig gering ausgeprägter Erwartung möglichen Versprechensbruchs darauf zurückzuführen ist, dass gar nicht wirklich Engagements zwischen privaten Gläubigern und Schuldnern allein, sondern immer auch zwischen einem Gläubiger, einem Schuldner und einem Staat zu beobachten waren, wie die impliziten Subventionen gezeigt haben. Statt nur aufeinander hat man sich stattdessen auch auf die Rettungsbereitschaft von Regierungen verlassen. Die implizite politische Universalbürg-

258 Craig Furfine etwa zeigt detailliert, wie politisch initiierte Finanzmittel 1998 zeitweise private Versprechen substituiert haben, Furfine, »The Interbank Market During a Crisis«.

259 FCIC, Report, S. 37; vgl. zum *bail out* als Teil des sozialen Normalfalls auch Crotty, »Structural Causes«.

260 Kurz darauf wurden die von jeher mit privilegierten politischen Bürgschaften ausgestatteten Immobilienfinanzierer Freddie Mae und Fannie Mac verstaatlicht.

261 Soros, Die Analyse der Finanzkrise, S. 25.

schaft ist also für das Verständnis der Kreditpraxis unter Umständen bedeutsamer, als ein bloßer Aspekt des Funktionsverlustes der Bilanz als Misstrauensmanifestation zu sein.[262] Durch die implizite Subventionierung des »Too big to fail« ist jedes private Zahlungsversprechen auch immer ein Versprechen des politischen Apparates. Das bedeutet anscheinend, dass das Vertrauen in den konkreten Schuldner durch die Erwartung der bedingungslosen Bereitstellung von Tilgungsmitteln durch politische Institutionen substituiert wurde.

Nach dem Schock des Lehman-Kollapses wurden die alten Routinen wieder aufgenommen. Die amerikanische Zentralbank sah sich gezwungen, zuvor nicht vorgesehene Refinanzierungsgeschäfte durchzuführen, um etwa formal außerhalb des Sicherheitsnetzes stehende Investmentbanken wie Morgan Stanley mit knapp 97 Milliarden Dollar und Goldman Sachs mit gut 31 Milliarden Dollar zu stützen. Auf Lehmans Ausscheiden am 15. September folgte am 16. der *bail out* des Versicherungsgiganten AIG (85 Milliarden Dollar von der FED im Austausch gegen eine knapp achtzigprozentige Beteiligung), am 25. September übernimmt die US-Regierung die Bank Washington Mutual mit einer Bilanzsumme von rund 300 Milliarden Dollar, am 23. November erhielt Citigroup eine Kapitaleinlage von 20 Milliarden Dollar und Bürgschaften im Wert von 300 Milliarden vom US-Finanzministerium.[263] Auch in Europa reagierten Regierungen mit Notfallprogrammen; England rekapitalisiert die Royal Bank of Scotland und Bradford & Bingley und installiert einen Automatismus, der kapitalschwache Banken mit staatlichem Eigenkapital versorgen soll. Deutschland stützt die Hypo Real Estate und schaltet seine Unterstützungsmaßnahmen mit dem Finanzmarktstabilisierungsfonds (FMS) im Oktober bereits auf Dauer. Zuvor hatten sich am 13. Oktober die Regierungen des Euro-Gebiets auf allgemeine und umfassende Rekapitalisierungsmaßnahmen für den Bankensektor verpflichtet. Neben den Krediten und den Kreditgarantien der Regierungen und Zentralbanken gab es auch noch allgemeinere Bürgschaftsversprechen. Die

262 Vgl. weiter oben.

263 FCIC, »Credit Ratings and the Financial Crisis«, S 40f.

US-Regierung gab am 19. September befristete Garantien für die eigentlich staatlich nicht geschützten Einlagen von Geldmarktfonds ab, Vergleichbares passierte in Europa. Zur Stützung des globalen Bankensektors setzten politische Institutionen auf eine Vielzahl von Maßnahmen von abstrakten Garantien, über Bürgschaften bis zu direkten Kapitalinjektionen. Erst die Etablierung neuer, expliziter Liquiditätsversprechen vermochte die Kreditvergabe wieder zu stabilisieren.[264]

Damit lässt sich die erste Substitutionsthese relativieren: Wenn nämlich die Homogenität der Zeit – also die erwartete Stabilität von normalverteilten Risikoereignissen – durch eine ausbleibende Rettung, also einem einzelnen Ereignis, gestört werden kann, dann war die Homogenität eine politisch umsorgte Homogenität. Die These einer Stützung des Vertrauens in das fragile Gleichgewicht einer »kritischen Masse« von Neuverschuldung und Tilgungsvorgängen durch Politikvertrauen ist vor allem deswegen so attraktiv, weil durch das von Hyman Minsky *Big Government* genannte Konglomerat aus Regierung und Zentralbanken theoretisch zwei von der Kreditwürdigkeit privatwirtschaftlicher Schuldner *distinkte* Quellen von Kreditwürdigkeit ins Spiel kommen. Im Falle von Regierungen ist diese Quelle Herrschaft. Sie können zur Rückzahlung ihrer Schulden immer Einnahmen an Tilgungsmitteln generieren, indem sie ihren Bürgern *per Befehl* Schulden verordnen, nämlich Steuern erheben.[265] Historisch war die Kreditwürdigkeit der Regierungen, so wie sie es in den USA oder in Großbritannien immer noch ist, an die zweite Quelle der Rückzahlungspotenz des Big Government gekoppelt, die von der Notwendigkeit, eine Beziehung zu einer nichtkontingenten Knappheit zu bewahren, befreiten Zentralbanken. Zwar sind auch die privaten Geschäftsbanken, wie im vierten Kapitel ausführlich dargelegt,

---

264 Pozsar u.a., »Shadow Banking«, S. 2; Soros, Die Analyse der Finanzkrise.

265 Ferner können sie natürlich die Einsetzung neuer Tilgungsmittel befehlen – zumindest dann, wenn sie, auch das kann eine Quelle von Kreditwürdigkeit sein, die Spielregeln ändern. Zumindest Letzteres sollte allerdings nicht als Teil des sozialen Normalfalls betrachtet werden, darauf verweisen nicht zuletzt die Reaktionen auf die Gedenkmünze in den USA.

bei der Einsetzung neuer Tilgungsmittel autonom, doch ist ihre Potenz nur dann zu realisieren, wenn sie Gläubiger überzeugen. Geschäftsbanken können insolvent werden, Zentralbanken nicht.[266]

Vertrauen in die Herrschaftsmittel des Big Governments kann allerdings auch nicht als hinreichende Substitution des Praxisvertrauens gelten. Besonders der Fall Island stimmt hier skeptisch. Als Grund, warum hier die teuerste Bankenpleite nicht verhindert werden konnte, wird oft auf ein »Small Country Syndrom«[267] verwiesen, auf die mangelnden Möglichkeiten der Politik, die Schulden ihrer Banken zu garantieren.[268] Wir erinnern uns: Island hatte Finanzanlagen in der zehnfachen Höhe des Bruttoinlandsprodukts. Blickt man auf Zentraleuropa, sieht das Bild nicht anders aus: Auch vergleichsweise wohlhabende europäische Staaten hätten ihre größeren Banken nie vollständig retten können. Die Deutsche Bank hat Zahlungsverpflichtungen in einer Größenordnung, die vier Fünfteln des Bruttoinlandsprodukts entsprechen, die Verpflichtungen der Bank Barclays übersteigen die britische Wirtschaftsleistung. Längst ist es nicht mehr das Problem, dass Institute zu groß oder zu vernetzt sind, um sie scheitern zu lassen – sondern um sie retten zu können (»too big to save«).[269] Anders als beim internationalen Profi-Fußball, bei dem es sprichwörtlich seit einigen Jahren keine kleinen Gegner mehr gibt, gibt es in der Welt des

---

266 »[T]he central bank can always bail out any entity – including itself – through the issuance of base money«, Buiter, »Can Central Banks Go Broke?«, S. 7.

267 Benediktsdóttir/Danielsson/Zoega, »Lessons From a Collapse«, S. 192. Bei dem hohen Stand der größtenteils in Fremdwährung ausgewiesenen externen Schulden wurde die Zentralbank als Sicherungsinstanz tendenziell handlungsunfähig, vgl. ebd.

268 Als die Ratingagenturen ihre Einschätzung der Kreditwürdigkeit der großen Drei aufgrund der Einführung ihrer Joint-Default-Analysis veränderten, welche explizit die Rettungsannahme durch die isländische Regierung in die Bewertung miteinbezog, reagierten die Gläubiger mit großer Skepsis (»Geysir-Krise« im Jahr 2006). Zwar blieben die Bewertungen auch nach der Rücknahme dieser Berechnungsprämisse hoch, doch wecken die geäußerten Bedenken zumindest Zweifel an der These, die Gläubiger von Kaupthing und Co würden eigentlich der isländischen Regierung vertrauen.

269 Vgl. Demirgüç-Kunt/Huizinga, »Are Banks Too Big to Fail or Too Big to Save?«.

Geldes (fast) nur noch kleine Staaten. Auch die amerikanische Regierung hat im Vorfeld der Lehman-Pleite in zahlreichen Treffen mit Vertretern der Finanzwirtschaft darauf hingewiesen, dass ihre Mittel nicht unbegrenzt seien und somit ein *bail out* dieser Größenordnung nicht ohne Risiko wäre. Auch die Regierung der USA kann nicht jeden Haushalt beschließen, ohne ihre Wiederwahl zu riskieren[270] oder auch schlicht an rechtliche Grenzen zu stoßen – die Schuldengrenze. Die Steuerschuld als Quelle politischer Kreditwürdigkeit ist in Relation zur Bilanzgröße systemrelevanter Banken von kleinem Kaliber.

Das *Small Country Syndrom* bezieht sich aber nicht nur auf das Regierungsbudget, sondern auch auf das Fremdwährungsproblem. Die isländische Regierung konnte die Schulden der großen Drei auch deswegen nicht begleichen, weil sie in einem nicht unerheblichen Maß in anderen Währungen ausgewiesen waren. Diese Tilgungsmittel hätte man sich leihen oder kaufen müssen – gegen isländische Kronen. Weder Regierung noch Zentralbank hätten die notwendigen Mittel eines *bail outs* aufbringen können, weil der Währungsraum der isländischen Krone schlicht zu klein war und die Devisenreserven minimal ausfielen. Wir stehen mit der zweiten Substitutionsthese also mindestens vor einem Reichweitenproblem. Gut, bestimmt haben die Schuldner von großen, besonders stark vernetzten Banken in potenten High-Income-Ökonomien wie den USA auf eine Rettung vertraut – aber bei Weitem nicht alle Zahlungsbeziehungen haben unmittelbar oder mittelbar etwas mit Lehman, AIG oder Goldman Sachs zu tun. Die kleinen Steueroasen, Island oder Irland waren Zentren des Booms, der Löwenanteil globaler Schulden ist aber in Dollar und Euro ausgewiesen, die für alle anderen Länder Fremdwährungen darstellen, die sie nicht durch Steuereinnahmen generieren oder durch ihre Zentralbank drucken lassen können.

Auch diese Einschränkung bleibt aber nicht auf kleinere Staaten beschränkt. Die Vulnerabilität durch Fremdwährungsschulden zeigt sich zumindest in der Europäischen Währungsunion in vergleichba-

270 Selbstredend beeinflussen expansive Geldpolitiken Vermögensrenditen von Wählern und Wahlkampf-Finanzierern.

rer Weise. Nicht nur, dass die Mehrheit der globalen Schulden in US-Dollar ausgewiesen sind, vielmehr macht die Architektur der Währungsunion den Euro selbst für die Teilnehmerstaaten zu einer Fremdwährung: In Zeiten, in denen die Erhöhung der Schuldenobergrenze noch ein unbestrittener Ritus der Politik war, konnten die Vereinigten Staaten von Amerika – jetzt einmal unter Ausblendung all der politischen Fallstricke, die noch einen Absatz zuvor betont wurden – nicht insolvent werden. Die US-amerikanische Regierung kann sich, natürlich irgendwann auf Kosten des Geldwerts, immer bei ihrer Zentralbank finanzieren und damit prinzipiell *jede* in US-Dollar dotierte Schuld ihrer Banken begleichen. Solange Staaten in diesem Sinne über eine *sovereign currency* verfügen, ist ihre Kreditwürdigkeit vor allem eine Frage nach der Qualität (d.h. der Kaufkraft) des Tilgungsmittels zum Zeitpunkt der Rückzahlung. Die Euroländer haben sich diese Quelle von Kreditwürdigkeit vertraglich verboten. Der Artikel 101 des EGV bzw. (unverändert) 123 VAEU verbietet »Überziehungs- oder andere Kreditfazilitäten bei der EZB oder den Zentralbanken der Mitgliedsstaaten« für Regierungen oder sonstige »Gebietskörperschaften«.[271] Außerdem wird der »unmittelbare Erwerb von Schuldtiteln von diesen durch die EZB oder die nationalen Zentralbanken« ausgeschlossen.[272] Die Mitgliedsstaaten der Eurozone können ihre Schuldpapiere weder unmittelbar an die Zentralbank verkaufen noch ihre Ausgaben durch schlichte Überziehung eines Zentralbankkontos decken. Somit sind die Mitgliedsstaaten auf privatwirtschaftliche Verschuldung beschränkt.[273] Damit sind sie, angesichts der Größe und Vernetzung ihrer eigenenBanken, in einer ähnlichen

271 Der Vertrag zur Gründung der Europäischen Gemeinschaft, der seit 2009 in einer an manchen Stellen überarbeiteten Form »Vertrag über die Arbeitsweise der Europäischen Union« heißt, ist auf der Internetseite der Europäischen Union einsehbar: http://eur-lex.europa.eu/legal-content/DE/TXT/?uri=CELEX:12012E/TXT.

272 Seit der Finanzkrise von 2008 kauft die EZB immer wieder Schuldtitel, allerdings immer noch von Privatpersonen und nicht direkt von den politischen Schuldnern.

273 Artikel 124 VAEU unterstreicht diese rechtliche Angleichung politischer und privater Kreditwürdigkeit noch einmal, indem er jeden privilegierten Zugang von Staaten zu Finanzinstituten verbietet. Vgl. dazu auch Schwarze (Hg.), EU-Kommentar, S. 1190f.

Situation wie die Regierung Islands: »For the nations that have adopted the Euro«, schreibt L. Randall Wray, »[it] is as if they had adopted a foreign currency«,[274] weil sie sogar die Mittel zur Begleichung in Euro (also ihrer eigenen Währung) denominierter Schulden zunächst einnehmen respektive leihen müssen, bevor sie sie ausgeben können. Das hat nicht zuletzt die paradoxe Konsequenz, dass sie die Mittel einer Bankenrettung durch Kredite bei eben diesen Banken aufbringen müssen. Diese wiederum stützen ihre Bilanzen, im Euro-ebenso wie im US-amerikanischen Raum, in einem nicht unerheblichen Maße auf Staatsanleihen. Die Kreditwürdigkeit der Staaten ist somit so stark mit der der Banken verkoppelt, dass sich Zweifel gegenseitig nähren. So schreibt etwa der Finanzjournalist Jim Millstein in der *Financial Times:*

> »The financial fates of Europe's banks and its governments are inextricably linked: because the banks are the primary source of funding for government deficits, government debt represents a large proportion of the asset base of most eurozone banks. Insolvency of one therefore threatens insolvency of the other.«[275]

Geht man von dieser Beobachtung aus, dann würde eine Substitution von Praxisvertrauen durch Nah-Vertrauen in konkrete politische Akteure wiederum in Praxisvertrauen aufgehen, weil es zirkulär auf die unirritierte Fortsetzbarkeit des sozialen Normalfalls setzt.

Ob der Indifferenz privater und staatlicher Kreditwürdigkeit müsste das Sichverlassen auf politische Sorge im Notfall zumindest im Euro-Gebiet eher auf die Zentralbanken denn auf Regierungen gerichtet sein. Auch wenn die nur von Regierungen zu leistende Bereitstellung neuen Eigentumskapitals nicht zu unterschätzen war, sind die Volumen der Zentralbankinterventionen klare Evidenz: Unmittelbar nach dem Fall von Lehman verdoppelt sich die Bilanzsumme der amerikanischen Federal Reserve und verdreifacht sich die Bilanzsumme der britischen Bank of England. Mit etwas Verzögerung verdoppelt sich schließlich auch die Bilanzsumme der EZB.[276] Für die

274 Wray, Modern Money Theory, S. 171.
275 Millstein, »Europe's Largest Banks Have Become too Big to Save«.
276 Aus: Claeys, »The (not so) Unconventional Monetary Policy«.

Bedeutung der Zentralbank besonders im vom Fremdwährungsproblem geplagten Europa spricht nicht zuletzt die Wirkung des »Draghi-Effekts« auf die Einschätzung der Kreditwürdigkeit angeschlagener Mitgliedsstaaten durch die Finanzmärkte. Am 26. Juli 2012 hielt der Präsident der Europäischen Zentralbank, Mario Draghi, eine inzwischen berühmte Rede im Kontext der Global Investment Conference in London.[277] Anlässlich steigender Zinsen für einige europäische Peripheriestaaten und der dadurch erneut dramatisierten medialen Zweifel an der Zukunft der Gemeinschaftswährung rekapitulierte Draghi knapp in zwei Schritten die Erfolge und skizzierte den zu gehenden Weg des Euro. Er reagierte damit auf die anhaltenden Spekulationen über mögliche Staatsbankrotte oder insolvenzbedingte Ausschlüsse von Mitgliedsstaaten. Der supranationale Rettungsschirm ESM hätte zu diesem Zeitpunkt mit einer Kapitalstärke von 750 Milliarden Dollar nicht einmal Italien alleine auffangen können, geschweige denn noch Griechenland oder Spanien.[278] Im kollektiven Gedächtnis blieb Draghis »politische«[279] Anmerkung: »The ECB is ready to do whatever it takes to preserve the Euro. And believe me, it will be enough.« Die Losung des »Whatever it takes«, wurde medial nachhaltig verbreitet,[280] galt und gilt als »die Wende im Drama der Euro-Krise«.[281] Unmittelbar nach diesem Auftritt des Zentralbankchefs fielen die Zinsen zuvor skeptisch betrachteter europäischer Staaten.[282] Draghis Mahnung, die unbegrenzte Schlagkraft der EZB bei der Tilgung auch noch so riskanter Schulden zu nutzen, kann letztlich als Hinweis darauf gelesen werden, dass die Kreditwürdigkeit der Zentralbank nicht mit der privater Gläubiger und Schuldner verwoben ist.

---

277 Die Rede ist zum Zeitpunkt der Verfassung dieses Textes auf der Internetseite der EZB unter der Rubrik »Reden« frei abrufbar.

278 Plickert, »Mit drei magischen Worten«.

279 »[T]he third point I want to make is in a sense more political«, Draghi, Rede am 26. Juli 2012 in London.

280 Plickert, »Mit drei magischen Worten«; Stocker, »Drastische Folgen von Draghis ›whatever it takes‹«; vgl. auch Bude, Gesellschaft der Angst.

281 Stocker, »Drastische Folgen von Draghis ›whatever it takes‹«.

282 Vgl. ebd.

Das Vertrauen in das Big Government ist allem Anschein nach ein wichtiges Stabilisierungsmoment des Praxisvertrauens. Es wäre ob der genannten Einschränkungen allerdings überzogen, es als hinreichendes Erklärungskonzept für die Situation hoher Vertrauensbereitschaft bei geschwächten Misstrauensinstitutionen herauszuheben. Immerhin fallen hier Schuldner aus Währungsgebieten abseits des dominanten US-Dollars und des Euros in gewisser Weise heraus, ebenso sprechen die Schuldvolumen angesichts der Privatisierung politischer Kreditwürdigkeit im europäischen Raum dagegen. Angesichts dieser Einschränkungen sollte neben der algorithmusbasierten Vertrautheit und dem Politikvertrauen ein dritter Stützungs- oder Substitutionsmodus berücksichtigt werden, der als Form von Zuversicht rekonstruiert werden kann.

Rekursivität

Ein Hinweis auf ein mögliches drittes Substitut für Misstrauen findet sich in den weiter oben angestellten Überlegungen zur Erosion der Bilanz als Misstrauenstechnik. Die Möglichkeiten einer Finanzfirma, ihre Schulden zu begleichen (also: ihre Kreditwürdigkeit), ergibt sich aus ihren Kapitalvorräten und der Qualität ihrer Anlagen, das heißt, da es sich hierbei um Kredite handelt, aus der Kreditwürdigkeit *ihrer* Schuldner. Die Stärke von Eigenkapitalpuffern ist, wie berichtet, im Goldenen Zeitalter auf ein Minimum geschrumpft. Das wiederum macht die Bilanzen von Kreditfirmen abhängiger von der Performanz ihrer Schuldner und der Vertrauensbereitschaft künftiger Gläubiger. Ob ein einzelner Schuldner die Mittel, die in seiner Aktiva-Spalte für die Zukunft ausgewiesen sind, auch wirklich haben wird, hängt aber – darauf wurde oben hingewiesen – immer weniger von den konkreten Schuldnern und deren Auswahl, sondern immer mehr von allgemeinen Prozessbedingungen ab: ob sich die ubiquitären Risikomodelle bewahrheiten, ob sich Marktpreise oder Ratings verändern. In einer solchen Konfiguration gibt es Kreditwürdigkeit im Sinne einer aus kluger Selektion möglicher Schuldner erwachsenden Tilgungsfähigkeit immer weniger. Unter diesen Bedingungen und ohne Eigenkapital steht das Vertrauen in Kredite an Finanzfirmen in einem verstärkten Maße für die Erwartung eines störungsfreien Fortgangs des Normalfalls. Die Bilanz argumentiert heute vornehmlich dafür, dass alles so weitergeht wie bisher, wenn es so weitergeht wie bisher. In einer solchen Situation ist letztendlich nicht mehr ein konkreter Akteur, sondern *nur noch die Praxis selbst kreditwürdig*.

Ein Schlüssel zum Verständnis dieser Indizien könnte in einer veränderten Struktur der Kreditbeziehungen selbst liegen. Auffällig ist die zunehmende Indifferenz zwischen der Kreditwürdigkeit einzelner Finanzfirmen und der Vertrauenswürdigkeit des Prozesses selbst nämlich vor allem deswegen, weil sie mit einer Zunahme »interner«, d.h. selbstbezüglicher oder: *rekursiver Kreditvergabe* zusammenfällt. Was ist darunter zu verstehen? Paradoxerweise ist die massive Expansion der Versprechensvolumen trotz der »außengeleiteten«[283] Kreditwürdigkeit von Kreditfirmen zu großem Anteil eine Zunahme an Versprechen genau *zwischen* diesen Kreditfirmen:[284] Diese Zahlungsversprechen stiegen von 3 Billionen Dollar im Jahr 1978 auf 36 Billionen Dollar im Jahr 2007.[285] Diese interne Vertrauensbereitschaft der »außengeleiteten« Bilanzen untereinander lenkt die Aufmerksamkeit auf Versprechenskonfigurationen, die sich wieder einmal besonders deutlich in Island zeigen. Die Transformation der drei kleinen, hochpolitisierten isländischen Banken in transnationale Big Player in Privatbesitz hinterließ einen folgenreichen Beziehungskonnex. Das Geld für den Kauf von Kaupthing liehen sich die künftigen Besitzer zu zwei Dritteln von der Landsbanki. Im Gegenzug liehen sich die Landsbanki-Käufer das für den Kauf benötigte Geld von Kaupthing.[286] Was hier entsteht, ist so etwas wie eine rekursive Kreditverbindung. Wenn sich zwei Akteure wechselseitig sowohl als Schuldner als auch als Gläubiger ähnlicher Summen akzeptieren, so kommt das einer

283 Eine Anspielung auf die berühmte Untersuchung sozialer Charaktere durch David Riesman, Die einsame Masse.

284 Natürlich sind in Zeiten expansiver Konjunkturen und Zentralbankpolitiken solche Kredite, ob der hohen Umsatzsteigerungen bei den Kreditfirmen, besonders lukrativ. Diese ökonomische Anreizstruktur wäre aber keine soziologische Erklärung für das Zustandekommen der Beziehungen.

285 FCIC, Report, S. 66.

286 Benediktsdóttir/Danielsson/Zoega, »Lessons From a collapse«, S. 188.

Kreditvergabe an sich selbst nahe, schließlich fallen nun Tilgungsmotivation und Tilgungsfähigkeit zusammen.[287] In jedem Fall sehen wir hier einen potenziellen Kurzschluss autonomer Geldschöpfung von Privatbanken: Wenn zwei Banken kooperieren, können sie zusammen jeden Kauf tätigen – sie können auch den jeweiligen anderen und damit praktisch sich selbst mit neu geschaffenem Geld kaufen. Diese rekursive Anlage aus dem Entstehungsprozess der Banken als private Firmen wurde weiter verfeinert, in jenen Versprechenskonnexen, die als »Liebesbriefe«[288] bekannt wurden. Um sich bei ihrer Zentralbank zu refinanzieren, gewährten sich die großen Drei wechselseitige Kredite, die dann als Pfand bei der Zentralbank in Refinanzierungsgeschäften hinterlegt wurden.[289] Diese »Kredite an sich selbst« gab es auch weiterhin innerhalb der komplexen Holdingfirmen, von denen die Banken ein Teil waren. Glitnir etwa gehörte zu großen Teilen der FL Group, die wiederum der Baugur Group gehörte. Die Kredite von Glitnir an die Baugur Group und deren Subunternehmen verdoppelten sich von Juni 2007 bis Juni 2008.[290] Egla Invest BV, einer der Kaupthing-Eigentümer, hatte seine Anteile durch einen Kredit der Citigroup finanziert. Als die amerikanische Bank aufgrund wachsender Zweifel an der Solvenz von Kaupthing im Sommer 2007 weitere Sicherheiten von Egla Invest verlangte, lieh sich der Eigentümer die für die Rückzahlung des Citigroup-Kredits benötigten Mittel bei seiner eigenen Bank.[291] Diese rekursiven Versprechen der Banken an sich selbst (einmal als Kooperation mit anderen Banken, einmal als direkte Finanzierung des eigenen Mutterkonzerns) sind nun natürlich einerseits moralisch anstößig, stellen sie doch eine Rente dar, also Gewinne

287 In dem ganz simplen Sinne, dass sich die Zahlungsflüsse wechselseitig ermöglichen.

288 Flannery, »Iceland's Failed Banks«.

289 Benediktsdóttir/Danielsson/Zoega, »Lessons From a Collapse«, S. 207.

290 Ebd., S. 195.

291 »During that time the owner's debt with Kaupthing rose from E250 million to over E500 million. Similarly Landsbanki lent E50 million [...] to a firm owned by one of its largest owners to pay a margin call made by Deutsche Bank in June 2008«, Benediktsdóttir/Danielsson/Zoega, »Lessons From a Collapse«, S. 196.

aus der Ausnutzung eines Privilegs, in diesem Fall des Geldschöpfungsprivilegs. Hier geht es nun aber um die These, dass diese Rekursivität unter Umständen als Modus des Normalfalls gelesen werden kann. Das hätte interessante Konsequenzen für die Vertrauensproblematik, die weiter unten erläutert wird. Zuvor müsste allerdings eruiert werden, inwieweit Island hier ein verallgemeinerbares Beispiel darstellt.

Ein dem isländischen Fall nicht unähnliches Beispiel zeigt, wie solche rekursiven Strukturen durch die mit den Offshore-Zentren verbundene Emanzipation vom Raum auch über einzelne Währungsräume hinaus möglich wurden.[292] Die amerikanische Investmentbank Bear Stearns unterhielt zwei Zweckgesellschaften, die als Fonds in einem Rechtsraum mit geringen Auflagen, den Cayman Inseln, registriert wurden. Administrativ geleitet wurden diese Fonds dann von einer in den USA, genauer in Massachusetts, ansässigen Firma namens PFPC Inc.[293] Bear Stearns Asset Management Inc. aus New York übernahm die Investmentleitung, und eine weitere Firma aus Delaware besorgte die Buchhaltung. Eine auf den Cayman Inseln sesshafte Firma mit dem Namen Deloitte & Touché evaluierte, und eine Zweigstelle von PFPC in Irland verwaltete das Investorenregister. Interessant wird diese multilokale Unternehmung nun vor allem deswegen, weil zwei der drei Investoren dieser Fonds ebenfalls auf den Cayman Inseln verortete Firmen waren, die auch wieder zu Bear Stearns gehörten. Somit stand die amerikanische Investmentbank am Anfang und am Ende dieses Versprechenskonnexes.

Ein zweites Beispiel ist zwar noch keine Evidenz für eine Verallgemeinerbarkeit, aber es zeigt doch schon einmal die der Architektur des Finanzwesens innewohnende Potenzialität für solche rekursiven Strukturen. Unter der Bezeichnung *self-dealing* oder *circular credit* wurden sie etwa im Zusammenhang mit Verbriefungen im Schattenbankensystem problematisiert: Von derselben Bank gegründete Zweckgesellschaften trieben anscheinend regelmäßig in Steueroasen

---

292 Vgl. Palan/Nesvetailova, »Elsewhere, Ideally Nowhere«.

293 Beide SPVs hatten Einheimische der Inseln als kompetenzlose »dummy directors«, Palan/Nesvetailova, »Elsewhere, Ideally Nowhere«, S. 32.

untereinander Handel. Teilweise wurden – etwa im Fall von Meryll Lynch – die eigenen Zweckgesellschaften zum größten Abnehmer bankeigener, hochriskanter Schuldverschreibungen.[294]

Es existieren quantitative Daten, die sich als Evidenz der Verallgemeinerbarkeit solcher rekursiven Konnexe interpretieren lassen und mit denen sich deswegen die vertrauenssoziologische Relevanz dieser Beobachtung stützen lässt. Unter dem Eindruck zunehmender Kreditvolumen ist nämlich in Bezug auf das globale Schuldgewebe auf zwei Konzentrationsbewegungen hinzuweisen. Für den amerikanischen Sektor stellt etwa die FCIC fest, dass das Wachstum der Schuldbeziehungen nicht gleichmäßig stattfindet, sondern vor allem wenige Großbanken betrifft. Anfang des zwanzigsten Jahrhunderts hatten gut zwanzigtausend Geschäftsbanken Anlagen, deren Wert 2,6 Prozent des Bruttoinlandprodukts ausmachten. Im Jahr 1980 kontrollierten vierzehntausend Geschäftsbanken Aktiva in der Größenordnung von 14 Prozent des Bruttoinlandprodukts. Noch einmal dreißig Jahre später operieren nur noch siebentausend Banken überregional, von denen die fünf größten alleine Anlagen im Wert von 60 Prozent des Bruttoinlandprodukts in ihren Büchern haben. Die größten zwanzig Banken verfügen sogar über Anlagen im Wert von 86 Prozent des BIP.[295] Von 1990 bis 2005 wuchs der Anteil der zehn größten Banken an den insgesamt vorhandenen Finanzanlagen in den USA von 25 Prozent auf 55 Prozent.[296] Derivate sind in den USA sogar noch stärker konzentriert, involvieren doch 97 Prozent dieser Vertragsformen eine der fünf größten Banken des Landes.[297] Eine Konzentration von Banken lässt sich auch für das Vereinigte Königreich, die Schweiz oder Deutschland eindeutig feststellen.[298] In Deutschland hat die Anzahl der Kreditinstitute bei gleichzeitigem Wachstum der Finanzbeziehungen zwischen 1993 und 2009 um die Hälfte abgenommen.[299]

294 Bernstein/Eisinger, »Banks' Self-Dealing Super-Charged Financial Crisis«.
295 Hoenig, »Back to the Business of Banking«, S. 1f.
296 FCIC, Report, S. 52.
297 FCIC, »Overview on Derivatives«, S. 7.
298 Haldane, »On Being the Right Size«.
299 Gischer/Herz/Menkow, Geld, Kredit und Banken, S. 129.

Die Zunahme an interner Vertrauensbereitschaft der Kreditfirmen bedeutet demnach mehr Versprechen zwischen weniger Gläubigern und Schuldnern.[300] Immer mehr Zahlungen fließen also, wie bei den isländischen Banken, die sich gegenseitig gekauft haben, hin und her und verwischen so die Differenz zwischen den Versprechen. Dieser Eindruck wird noch einmal deutlich verstärkt, wenn man die Forschungen aus der Netzwerkanalyse zu den Eigentümern dieser Firmen miteinbezieht. Immerhin geht es bei einer Kreditbeziehung mit einer Firma, trivialerweise, doch immer auch um Vertrauen in die Entscheidungsträger. Hier ist besonders auf eine erhellende Studie hinzuweisen. James Glattfelder, Stefanie Vitali und Stefano Battiston haben die Eigentumsverhältnisse von 43 000 global agierenden Konzernen netzwerkanalytisch untersucht, bei denen es sich mehrheitlich um Finanzfirmen handelt.[301] Ihre Indikatoren zielen dabei auf Kontrollchancen, die sich aus Eigentumsbeziehungen ergeben.[302] Man fragt, wie viel Wert unter der Kontrolle von wie vielen (juristischen wie natürlichen) Personen steht. Dabei ist unter dem Eindruck von Konzentration zunächst spannend, dass 36 Prozent der global untersuch-

300 In ähnlicher Weise lässt sich eine solche Verdichtung des Versprechensgewebes um eine geringe Anzahl von Gläubiger/Schuldnern auch für Hedgefonds feststellen. Zwar ist das Wachstum der Hedgefonds-Anlagen auch auf deren Vermehrung zurückzuführen, allerdings sind diese Firmen, was die Entscheidungen über das Eingehen oder Nichteingehen von Zahlungsversprechen angeht, an die großen Investmentbanken gebunden. Hedgefonds geben in der Regel die Verwaltung von Anlagen und Schulden an *Broker* ab (Vgl. den Artikel: »Investmentbanken drängen verstärkt ins Prime Brokerage«, in: *Frankfurter Allgemeine Zeitung*, 23. 09. 2004, Nr. 222, S. 23). Die größten drei, Morgan Stanley, Bear Stearns und Goldman Sachs, steuerten im Jahr 2006 über die Hälfte der verfügbaren Accounts. Die größten zehn Broker-Firmen verwalteten 80 Prozent des globalen Hedgefondsvolumen (FCIC, »Shadow Banking and the Financial Crisis«, S. 27.). In vergleichbarer Weise involvieren Tri-Party-Repo-Transaktionen mehrheitlich die größten beteiligten Firmen, Copland/Martin/Walker, »The Tri-Party Repo Market Before the 2010 Reforms«, S. 5.

301 Glattfelder, Decoding Complexity, S. 90f.

302 Vitali/Glattfelder/Battiston, »The Network of Global Corporate Control«, S. 2f.; Glattfelder, Decoding Complexity, S. 23–93 für Details zur Operationalisierung und Messung; vgl. Glattfelder/Battiston, »Backbone of Complex Networks of Corporations«.

ten Unternehmen 95 Prozent der Grundgesamtheit an Werten stellen. Die Autoren konnten ferner ermitteln, dass 0,123 Prozent der Eigentümer 80 Prozent des Wertes dieser Unternehmen kontrollieren. Genauer gesagt stellen sie fest, dass die über Unternehmensanteile ausgeübte Kontrolle der transnationalen Firmen hoch konzentriert ist: Nur 737 Eigentümer können über 80 Prozent des Unternehmensvermögens verfügen, also dessen Verwendung maßgeblich mitbestimmen.[303]

Man kann sagen, dass sich die eindrucksvolle Zunahme an Schulden als Versprechen zwischen Akteuren entwickelt, bei denen letztendlich weitreichende Entscheidungsbefugnisse über große Portfolioanteile in der Hand einer relativ geringen Zahl an Entscheidungsträgern liegen. Wir haben also auf der einen Seite eine Zunahme an Zahlungsversprechen an Finanzfirmen und auf der anderen Seite eine Abnahme von deren Anzahl, somit müssen immer mehr Zahlungsströme ähnlich wie bei den isländischen Banken zwischen denselben Partnern hin und her fließen. Diese Selbstbezüglichkeit würde durch eine Konzentration von Eigentümern dieser Finanzfirmen verschärft, da so Identitäten formal unterschiedlicher Firmen hergestellt werden. Einfach ausgedrückt, zeigen die Daten von Glattfelder u. a., dass die Konzentration der Banken auf der Ebene der Eigentümer noch wesentlich stärker ausgeprägt ist. Das Finanzwachstum findet also in einer Welt weniger Eigentümer statt – das heißt, auch wenn viele Zahlungsversprechen weiterhin zwischen formal unabhängigen Firmen geschlossen werden, so ist es dennoch sehr wahrscheinlich, dass es sich faktisch um Vermögensproduktion für einen Kunden geht, der zumindest anteilig dieselben Eigentümer hat. Das bedeutet zum einen eine Verallgemeinerung der am Beispiel der isländischen Banken und der Hedgefonds von Bear Stearns verdeutlichten rekursiven Strukturen: Wenn es immer mehr Zahlungsversprechen zwischen immer weniger Gläubigern und Schuldnern gibt, dann ist die Kreditwürdigkeit des einen tendenziell immer abhängiger von der eigenen – und damit auch die eigene von der des anderen. Damit wird die

303 Vitali/Glattfelder/Battiston, »The Network of Global Corporate Control«, S. 6.

Schaffung von Finanzmitteln für sich selbst (über einen Mittelsmann, der von mir abhängig ist) zum Normalfall.[304]

Was ist die vertrauenssoziologische Implikation dieser (zunächst exemplarischen, nun statistischen) Beobachtung? Die Organisationsforschung, von der wir uns die Konfigurationsmatrix geliehen haben, kann sich Praxisvertrauen in Feldern mit hoher Vertrauensbereitschaft und schwach ausgeprägtem Misstrauen nur als *identitätsbasiert* vorstellen.[305] Hohe Vertrauensbereitschaft funktioniere ohne Misstrauen, so die These, wenn die Teilnehmer einer solchen Praxis die Ziele aller anderen als gemeinsame Ziele internalisieren oder zumindest als miteinander harmonisiert begreifen. Akteure, die sich nach Lewicki identitätsbasiert vertrauen, versetzen sich immer wieder in die Position des anderen, weil hier Teleologien als nicht konfligierend, sondern konvergierend erwartet werden. Es ist deswegen ein eher unwahrscheinlicher Modus für Situationen deutlicher Konkurrenz. Da hier durch die Logik der Identifizierung alternative Verhaltensweisen ausgeblendet werden, kann man in der von Niklas Luhmann entlehnten Terminologie der vorliegenden Analyse hier also genau genommen nicht mehr von Vertrauen, sondern von einer substituierenden Zuversicht sprechen. Ein Begriff identitätsbasierten Vertrauens scheint praxistheoretisch paradox, impliziert er doch ein Sichverlassen auf einen mit einem selbst, das heißt auch mit den eigenen Interessen identifizier-

304 Stellen sie sich einen Freundeskreis aus fünf Personen vor. Nun leiht Freund A 10 Euro an Freund B. Dieser leiht 12 Euro an C, der wiederum 7 Euro an D verleiht, der A ein Darlehen über 10 Euro gewährt. Auch wenn es kleinere Varianzen in den Summen gibt, so ist hier kaum zu differenzieren, wer an wen verleiht, wer also wen für kreditwürdig hält, weil alle von Zahlungszuflüssen eines Zweiten abhängen, der von den Zahlungszuflüssen eines Dritten und der wiederum vom Ersten abhängen. Deswegen könnte man, mit kleinen Varianzen, die Kredite auch beliebig umtragen, sodass nun nicht mehr B A etwas schuldet, sondern D und dieser dafür … usw.

305 Lewicki stellt dem »kalkulationsbasierten Vertrauen« (*calculus-based trust*) das identitätsbasierte Vertrauen (*identification-based trust*) gegenüber. Kalkulationsbasiert meint dabei, dass Vertrauen auf der Grundlage von Strukturen möglich wird, die negative Erwartungen inkorporieren, Misstrauen also, vgl. Lewicki, »Trust, Trust Development, and Trust Repair«.

ten Anderen. In einem solchen Modell kommen aber – idealtypisch und theoretisch zugespitzt – gar keine von den eigenen zu unterscheidenden Absichten mehr vor, auf deren Konvergenz man sich dann verlassen müsste. Einen solchen Modus, in dem alternative Versionen einer als potenziell schädlich präsenten, offenen Zukunft gar nicht mehr thematisch und damit Gegenstand von Entscheidungen werden, nennt Luhmann Zuversicht.[306] Ein solcher Modus von Erwartungen kann die Unsicherheit kommenden Verhaltens anstelle von Vertrauen handhabbar machen.

Hier sollte ein ähnliches Missverständnis wie bei den vorangegangen Substitutionsannahmen vermieden werden: Die Behauptung, es lasse sich ein Erwartungsmodus der Kreditpraxis mit starken Evidenzen beobachten, der Alternativen vollständig ausblendet, wäre natürlich absurd. Auf der anderen Seite darf in einer Situation hoher Vertrauensbereitschaft und geschwächter Misstrauensinstitutionen in einem auf Konkurrenz um Profite angelegten Aktivitätszusammenhang (Wirtschaft) nicht auf den Hinweis rekursiver Konnexe verzichtet werden, welche die Anforderungen von Vertrauen, über die Möglichkeit hinwegzusehen, künftige Handlungsweisen anderer könnten meine Verletzlichkeit ausnutzen, durch eine Form von Zielhomogenisierung zumindest abschwächen. Für die Kreditpraxis wäre deswegen besonders zu erwarten, dass Kreditvertrauen durch ausgeprägte Misstrauensmanifestationen gestützt würde, weil man profitorientierte Akteure gemeinhin in Konkurrenzsituationen verortet und ihnen damit wechselseitige Erwartungen negativer Absichten unterstellt. James Crotty weist darauf hin, dass die Behauptung einer sogar gestiegenen Wettbewerbsintensität in der Finanzwirtschaft ein wichtiger Legitimationsmodus für die kontinuierliche Deregulierung dieses Wirtschaftsbereiches war. Wenn dem aber so ist, fragt Crotty im Jahr 2007 und schließt damit den Bogen zur Debatte um eine Finanzialisierung der Wirtschaft, bei der die Finanzindustrie immer höhere Gewinne in Relation zu anderen ökonomischen Bereichen realisieren

306 Luhmann, »Vertrautheit, Zuversicht, Vertrauen«.

konnte, wieso sind dann die Profite der Kreditfirmen so hoch?[307] Die Antwort für diese ökonomische Irritation könnte im eben beschriebenen dritten Aspekt eines misstrauensfreien Vertrauens zu finden sein. Mit der identitätsbasierten Zuversicht scheinen die konfliktuellen Teleologien des Konkurrenzkonzepts abgeschwächt; sie werden parallelisiert vom gemeinsamen Ziel, den sozialen Normalfall zu erhalten. Die These harmonisierter Ziele referiert auf die Situation internen Kreditwachstums zwischen »außengeleiteten« Bilanzen, deren Tilgungsvermögen heute enger von dem präzisen Fortgang der »kritischen Masse« an Rückzahlung und Neuverschuldung abhängen (und mehr Schulden denn je bestehen zwischen zwei so außengeleiteten Bilanzen), und zweitens auf die rekursiven Konnexe, die Versprechen an einen Gläubiger zu einem Versprechen vom Empfänger selbst werden lassen, da die Kreditwürdigkeit eines Schuldners an der Zuverlässigkeit der Versprechen seines eigenen Gläubigers hängt. In so einer Situation nämlich ist es im Eigeninteresse eines jeden, alles für die Rückzahlung zu tun, und sei es, die Schuldrückzahlung eines Konkurrenten (an einen selbst) durch neue Kredite zu refinanzieren. Der Bedarf an Misstrauen wird durch geteilte Vulnerabilitäten in parallelen Teleologien reduziert.[308]

---

307 Crotty, »If Financial Market Competition is so Intense, Why are Financial Firm Profits so High?«. In hochkompetetiven ökonomischen Nischen wären niedrige Gewinnspannen aufgrund hohen Preisdrucks zu erwarten.

308 Es ist sehr wahrscheinlich, kann aber an dieser Stelle nicht im Detail verfolgt und weiter untersucht werden, dass die identitätsbasierte Zuversicht mit Rekrutierungspraktiken von Personal zusammenhängt. Die Finanzsoziologie hat immer wieder auf die Bedeutung personaler Netzwerke hingewiesen, die sich durch relativ kleine, stabile Rekrutierungspools reproduzieren. Ein kurzer Überblick, der für die hier erfolgte, noch kürzere Zusammenfassung Pate stand, findet sich bei Carruthers, »Knowledge and Liquidity«, S. 167. Nachwuchs an Marktanalysten, Portfoliomanagern und Brokern wird von einer relativ stabilen Auswahl an Bildungseinrichtungen abgeworben, wie etwa die autoethnografische Studie von Karen Ho, Liquidated, zeigen kann. Es scheint so zu sein, dass die Teilnehmer dieser Praxis von denselben Bildungsinstituten in diese Praxis sozialisiert werden. Diese personalen Netzwerke wirken darüber hinaus auf das unternehmerische Handeln nach der Ausbildung durch. Die Studien sowohl von Choi/Sias, »Institutional Industry Herding«, als auch von Rao/Greve/Davis, »Fool's Gold«, können zeigen,

In einer so gestimmten Praxis ist es kaum verwunderlich, dass sich im Vorfeld der Lehman-Pleite Vertreter führender Finanzfirmen mehrmals treffen, um zu beraten, wie der Versprechensbruch eines Konkurrenten verhindert werden könnte; Teilnehmer einer Praxis, die nicht umsonst »Heads of the Family«[309] genannt wurden. Routiniert verhält man sich nicht wie Wettbewerber im Kampf um knappe Ressourcen, bei dem das Scheitern eines Unternehmens die Chance der anderen auf einen erfolgreichen Zugriff auf Knappheit erhöht, sondern eher wie Räder an einem Zug, die voneinander um ihre Interdependenzen wissen. In solch rekursiven Vertrauensbeziehungen ist es nicht verwunderlich, wenn Schulden nicht mehr individuelles Schicksal werden und Kreditwürdigkeit nicht mehr die Eigenschaft von Teilnehmern, sondern die Eigenschaft einer Praxis selbst wird.

Anscheinend wird, um zusammenzufassen, die für eine komplexe und umfangreiche Kreditpraxis so unwahrscheinliche Konfiguration von hoher Vertrauensbereitschaft bei geschwächten Misstrauensinstitutionen von einer dreigliedrigen Trägerstruktur gestützt. Die Anforderungen eines misstrauensfreien Vertrauens werden je teilweise substituiert durch (1) die sich in der Objektivierung von Risiko zeigende Vertrautheit, (2) das Vertrauen in das Big Government und (3) eine identitätsbasierte Zuversicht rekursiver Konnexe. Besonders der letzte Aspekt schlägt den Bogen zum Thema vorangegangener Kapitel, da mit der Abschwächung von Konkurrenz eine knappheitssoziologische Gefahr des reinen Kreditgeldes aktiviert wird. Unter den Bedingungen der kontingenten Knappheit und der damit verbundenen Autonomie können private Banken, sofern denn ihre Bilanzen relativ zueinander ähnlich schnell wachsen, die kritische Masse von Neuverschuldung und Tilgung also auf beiden Seiten wächst, so viel

---

dass Investitionsentscheidungen von über Bekanntschaften gewonnenen Informationen ebenso wie von der Beobachtung persönlich bekannter Personen beeinflusst sind. Selbst die Performanz und Profitabilität von Finanzfirmen kann von der Einbettung ihres Personals in Bekanntschaftsnetzwerke abhängen, wie Hochberg/Ljungqvist/Lu, »Whom You Know Matters«, empirisch belegen. Diese Vermutung könnte sich als Beispiel für die Ergänzung verschiedener Perspektiven auf dieselbe Praxis erweisen, die in der flachen Ontologie angelegt ist.

309 FCIC, Report, S. 333ff.

Zahlungsversprechen herstellen, wie sie für vertrauenswürdig gehalten werden. Knappheit als eine Situation sich wechselseitig negativ beeinflussender Zugriffswahrscheinlichkeiten ist hier nicht mehr, das war das Ergebnis des dritten Kapitels, in der Gegenwart gegeben, sondern kann nur in der Zeit entstehen; in dem Sinne, dass Kreditengagements die Bereitschaft zu weiteren Engagements reduzieren. Knappheit entstünde also nur dann, wenn eine Entscheidung eines Gläubigers, einem konkreten Schuldner zu vertrauen, für diesen oder andere Gläubiger die Erwartbarkeit weiterer potenzieller Kreditrückzahlungen eintrübt, eine Expansion von Vertrauen also negative Erwartungen, also Misstrauen schürt. Das Gegenteil aber war auf Basis genannter Strukturen der Fall. Vor allem dann, wenn Gläubiger und Schuldner derart voneinander abhängig werden, dass die Kreditwürdigkeit des einen sich aus der Kreditwürdigkeit des anderen speist, und umgekehrt, dann wird aus dem Potenzial unbegrenzter Selbststeigerung eine tatsächliche »Seilschaft«[310]. Der Modus von Praxisvertrauen selbst unterminiert die Knappheit des Kredits, Kredit wird in der Neuen Finanzarchitektur wahrhaftig (und nicht nur potenziell) zu einem *selektiv freien Gut* ohne eine Belastung durch Endlichkeit.[311]

Eine Renaissance des Misstrauens?

Praxistheoretische Studien verstehen ihren Gegenstand als historisch. Sie untersuchen deswegen partielle, notwendig temporäre Konfigurationen sozialen Zusammenhalts, Ausschnitte aus dynamischen Ent-

310 »Erweitern [...] die Banken ihre Bilanzen weitestgehend im Gleichschritt, im Bild ähnlich einer den Berg erklimmenden Seilschaft, kann der Gelderzeugung einer einzelnen Bank zwar eine relative bzw. temporäre, aber keine absolute bzw. dauerhafte Grenze gesetzt sein«, Postberg, Macht und Geld, S. 167.

311 »Given there is no necessary limit to the volume of credit and debt that can be created by private, commercial banks then credit is essentially a free good – not subject to finitude, or the market forces of supply and demand«, Pettifor, Just Money. Dieses Potenzial wird durch den hier beschriebenen Vertrauensmodus Wirklichkeit.

wicklungen, die schon wieder anders sein können, wenn die Ergebnisse der Forschung vorliegen. Das Zeitfenster dieser Studie erstreckt sich von 1971 bis Herbst 2008 – die hier beschriebene Kreditpraxis liegt also bereits jetzt gut acht Jahre in der Vergangenheit. Die Wucht und Nachhaltigkeit der Finanzkrise von 2008, die noch Anfang 2015 die Europäische Zentralbank zu sogenannten unkonventionellen Maßnahmen motivierte, hat Öffentlichkeit, Politik und die Fachkräfte der Wirtschaftswissenschaft in Unruhe versetzt. Die abgerissenen und politisch restaurierten Zahlungsströme zogen Rufe nach neuen Misstrauensinstitutionen nach sich und stießen de facto nationale und internationale Reformpolitiken an. Es stellt sich damit die Frage, ob hier beschriebene Eigenschaften der Kreditpraxis als überwunden historisiert werden müssen.

Tatsächlich scheint sich aber am sozialen Normalfall kaum etwas geändert zu haben. Die im Nachhall des Schocks vielfach antizipierte und sich in den regelmäßigen Treffen der G20 auch abzeichnende *neue* globale Regulationsarchitektur ist bisher ausgeblieben. Auch weil die Agenda dieser Treffen angesichts schwächelnder Weltkonjunkturen rasch von einer Einhegung auf eine Beförderung der Kreditvergabe umgestellt wurde.[312] Trotz dieses Strategiewechsels von Misstrauensrestauration zu Vertrauensbewirtschaftung wurden Reformen verabschiedet, die der horizontalen Skala, dem Misstrauen, zuzuordnen sind. Berücksichtigt man diese Reformen im Detail, kann dennoch kaum von einer Renaissance des Misstrauens gesprochen werden. Die Effektivität überarbeiteter Überwachungs- und Kontrollstrukturen, wie etwa des Financial Stability Board (FSB), ist zu diesem Zeitpunkt zwar noch nicht vollständig abzuschätzen, man sollte allerdings wegen der dünnen Personaldecke und weiterhin uneinheitlicher Berichtstandards skeptisch bleiben.[313] Auch die Arbeit und Einbindung der Ratingagenturen wurden nicht maßgeblich reformiert, und Steueroasen wurden allenfalls unter dem Gesichtspunkt fiskalischer Regulierungen in die Pflicht genommen.

312 Young, »Zwischen Erwartung und Realität«, S. 163, 168.
313 Ebd., S. 174.

Ein weiteres wichtiges Element der Post-2008-Reformen ist die Überarbeitung und Ergänzung von Eigenkapitalrichtlinien durch die BIZ, die im Basel-III-Regime mündeten. Die höheren Anforderungen an Kapitalrücklagen hatten zwar eine nun gemeinhin als etwas sicherer geltende Kapitalausstattung des Finanzsektors zur Folge, beruhen aber weiterhin auf endogenen Risikoeinschätzungen.[314] Neu erschienen auf dem Misstrauenstableau des Basel-Regimes ist hingegen die Liquidity Coverage Ratio (LCR). Banken müssen nun neben dem risikogewichteten Kapital außerdem einen Puffer besonders liquider Vermögenswerte vorrätig halten, um kurzfristig zu tilgende Schulden bedienen zu können.[315] Bereits Anfang 2013, und damit Jahre vor ihrer Implementierung 2019, wurde diese Misstrauensreform allerdings wieder deutlich entschärft. Kriterien für die als Liquiditätsreserve geltenden Vermögenswerte wurden erweitert und Ausnahmen für Krisensituationen ergänzt.[316] Es ist daher kaum verwunderlich, dass die European Banking Authority (EBA) im Dezember 2014 erklärte, durch die Einführung der LCR sei mit negativen Effekten für die Dynamik der Finanzwirtschaft nicht zu rechnen.[317] Es scheint somit kaum sinnvoll, hier von einer grundsätzlich überarbeiteten Misstrauensarchitektur zu sprechen.

Kapital- und Liquiditätsmaßstäbe stehen außerdem weiterhin unter dem Vorbehalt, in dieser Hinsicht besonders kostspielige Beziehungen in außerbilanzielle Beziehungen und in Steueroasen zu verlagern. Mehr noch, jede Steigerung der Kosten bilanzierter Kredite erhöht die Attraktivität des Schattenbankensystems.[318] Mit dem ame-

314 Ebd., S. 173.

315 BIZ, »Basel III«. »Mit der LCR soll die Widerstandskraft gegenüber potenziellen Liquiditätsstörungen über einen 30-tägigen Zeithorizont gestärkt werden. Die Quote wird dazu beitragen, dass weltweit tätige Banken über ausreichend lastenfreie, erstklassige liquide Aktiva verfügen, um die Nettoabflüsse auszugleichen, die in einem akuten kurzfristigen Stressszenario eintreten könnten«, ebd., S. 9.

316 So können nun etwa gut bewertete Hypothekenschulden als Liquiditätspuffer eingesetzt werden, Neubacher, »Kommentar Bankenregulierung«.

317 European Banking Authority (EBA), »Second Report«.

318 Bakk-Simon u.a., »Shadow Banking in the Euro Area«, S. 5.

rikanischen Dodd-Frank-Act und der European Market and Infrastructure Regulation (EMIR) hat man versucht, diese Vertragsformen in Aufsichts- und Kontrollstrukturen zu integrieren. Ehemals »über den Ladentisch« geschlossene Derivatverträge sollen nun durch Central Counterparties (CCP) registriert und abgewickelt werden, die für die durch sie organisierten Verträge Pfand verlangen können bzw. müssen. Der Anteil durch Pfand abgesicherter OTC-Verträge ist seitdem deutlich gestiegen.[319] Die große Mehrheit dieses Pfandes wird allerdings weiterhin in Pfandketten weiterverwertet.[320] Die neue Kontrollstruktur scheint die Fertilität außerbilanzieller Beziehungen generell bisher kaum zu beinträchtigen, in OTC-Derivaten verpackte Werte sind jedenfalls nominell zwischen 2012 und 2014 noch einmal angestiegen.[321] Zwar ist der Schattenbankensektor nach der Krise insgesamt (ein wenig) geschrumpft, hat damit aber nur ein Allzeithoch hinter sich gelassen. Einige, heute als besonders riskant geltende Vertragsformen sind anteilig oder vollständig zurückgegangen, aber die Bedeutung von Schattenbeziehungen für die Unternehmensfinanzierung hat insgesamt sogar noch zugenommen.[322] Auch hier ist also kaum von einer nennenswerten Veränderung des sozialen Normalfalls der Kreditpraxis zu sprechen.

Die Performanzvektoren der Kreditpraxis weisen insgesamt eine ungebrochene Aufwärtsbewegung auf. Es gibt in der Welt im Jahr 2014 sagenhafte 57 Billionen Dollar *mehr* Schulden als vor der Finanzkrise.[323] Diese Zunahme ist zu einem nicht unerheblichen Anteil (25 Billionen Dollar) auf gestiegene Staatsverschuldungen zurückzuführen, allerdings wuchs auch die Verschuldung privater Haushalte weltweit weiter an. An den im letzten Kapitel vornehmlich für die Vorkrisenjahre diagnostizierten Struktureigenschaften der Kreditpraxis hat

319 ISDA, »Margin Survey 2011«; dies., »Margin Survey 2014«.

320 87 Prozent im Jahr 2011, etwas weniger 2014, vgl. ebd.

321 Die Bank für Internationalen Zahlungsausgleich (BIZ) veröffentlicht regelmäßig eine Derivatestatistik. Ich berufe mich hier auf das Update vom 6. 12. 2014. Die Marktwerte der Derivate sind in diesem Zeitraum aber gefallen.

322 EBA, »Second Report«.

323 Dobbs u.a., »Debt and (Not Much) Deleveraging«.

sich im Grundsatz kaum etwas geändert. Wir haben es weiterhin mit einer hohen Vertrauensbereitschaft bei gleichzeitig marginalen Misstrauensinstitutionen zu tun;[324] anders gesagt: Wir leben weiterhin im Goldenen Zeitalter des Kredits.

324 Die Bank für Internationalen Zahlungsausgleich bescheinigt der Branche im Frühjahr 2015 einen ausgeprägten »Risikoappetit«, vgl. BIZ, »Global Liquidity«. Regulationsinstitutionen wie die europäische Einheitliche Bankenaufsicht (SSM) werden es deswegen weiterhin schwer haben, bilanzielle Daten in stabilitätspolitischer Hinsicht auszuwerten.

Schluss

Dieses Buch ist mit zwei Anliegen gestartet und hat im Verlauf der Argumentation ein drittes entwickelt, das sich nun erst zum Schluss – und auch hier nur als Andeutung künftiger Forschungspfade – formulieren lässt. Erstens ging es darum, die Leserinnen und Leser davon zu überzeugen, dass es nur eine wirklich robuste »logische Grundlage« für einen soziologischen Geldbegriff gibt, wenn dieser Begriff in der Gegenwart anschlussfähig sein soll. Die entgegen jüngsten Behauptungen weiterhin marginale Kredittheorie des Geldes hat sich als wirklichkeitsadäquater erwiesen als ihr warentheoretischer Vorgänger.

Zweitens sollte ein Vorschlag entwickelt werden, wie eine kreditlogische (und nicht tauschlogische) Soziologie des Geldes möglich werden kann und mit welchen Fragen sie aufwarten könnte. Durch diesen (die Sachlage keinesfalls erschöpfenden) Vorschlag konnte der Versuch unternommen werden, die komplexen Rekonfigurationen des Finanzsystem im sogenannten Golden Age of Finance geldsoziologisch zu reinterpretieren. Versteht man Geld als Praxis der Beziehungsreproduktion – und nicht als Objekt –, so wird klar, dass sich zwischen 1971 und heute tatsächlich so etwas wie eine »neue Natur« des Geldes herausgebildet hat: eine euphorische Praxis paraökonomischer Geldschöpfung durch Kredit.

Anteile dieser »neuen Natur« – nämlich die paraökonomische Konstitution des Kredits – verweisen allerdings drittens über das eng definierte Themenfeld hinaus. Eine kreditlogische Geldsoziologie fordert letztendlich einen anderen Blick auf Wirtschaft selbst. Ich möchte nach einer Rekapitulation mit einem groben, skizzenhaften Ausblick auf diese Forderung schließen.

Koordinaten der Geldsoziologie

Theoretisch betrachtet haben die Kapitel eins bis vier für zwei begriffliche Justierungen argumentiert: erstens für die Loslösung von der Vorstellung, Geld sei als Vermögen bereits hinreichend verstanden, und zweitens für die Konsequenz, damit auch die Transaktionsdeutung der monetären Praxis aufzugeben und eher von einer Bindungspraxis auszugehen.

Von Vermögen zu Versprechen

Drei Argumente für die Kredittheorie und gegen die traditionelle (und weiterhin als gültig erachtete) Warentheorie des Geldes wurden diskutiert, wobei erst das letzte den Ausschlag gab. Das erste und beliebteste Argument betont die genealogische Schwäche der Warentheorie. Der Vorwurf, die Geschichte des Geldes sei waren- und damit tauschlogisch nicht zu verstehen, wird seit mehr als einhundert Jahren immer wieder zur Kritik der orthodoxen Theorie herangezogen und hat vor allem durch David Graebers *Schulden* zuletzt neuen Aufwind erhalten. Dabei stehen sich empirisch fundierte Schuldgeschichten, welche die Entstehung des Geldes aus dem Realtausch mehr als fragwürdig erscheinen lassen (und damit auch die Differenzierung von realer und monetärer ökonomischer Sphäre), und eine irresponsive Orthodoxie gegenüber. Die genealogische Kritik hat die Warentheoretiker, anders gesagt, wenig interessiert. Dieser Mangel an Interesse ist, wie oben angeführt, aus der Perspektive klassischer und neoklassischer Ökonomik durchaus vertretbar. Das Argument größerer genealogischer Adäquatheit ist deswegen nicht so stark, wie es seine Beführworter gerne hätten. Die Soziologie der Praxis versteht ihre Untersuchungsgegenstände zwar als historische Entitäten, Eigenschaften sozialer Aktivtäten müssen aber in ihrer Aktualisierung beobachtbar sein – d.h. anhand dessen, was in der Gegenwart passiert. Da eine praxistheoretisch orientierte Soziologie die Theorie einer Praxis nicht aus deren Geschichte ableiten kann, musste das Argument der genealogischen Adäquatheit zurückgewiesen werden.

Deutlich überzeugender ist die zweite oben diskutierte Kritik an der Warentheorie des Geldes. Das Argument der konstitutiven

Adäquatheit führt an, dass die Vorstellung von Geld als einer Ware, einem tauschbaren selbstständigen Wertobjekt, dessen rechtliche Verfassung als Vertrag übersieht. Fast das gesamte Guthaben liegt offensichtlich in Form von Forderungen vor, bei denen es sich eben nicht um Eigentum handelt, wie bei Autos, Immobilien oder – man denke an die Einleitung zurück – Spielzeugrobotern. Diesem, wenn man so will, positivistischen Einwand steht das Agrument des Bargeldexzeptionalismus entgegen. Demnach soll sich ein an Waren orientierter Geldbegriff weiterhin auf das Bargeld beziehen, welches, so die Vertreter dieses Einwandes, nicht als Forderung vorliegt. Diese keinesfalls randständige, sondern prominent vertretene Vorstellung von Bargeld als einer Ausnahme der Kreditlogik wurde mit Blick auf das dritte Argument zurückgewiesen, weil die Menge des verfügbaren Bargeldes als Teil des Zentralbankgeldes der Dynamik privater Kreditvergabe unterworfen ist. Dass auch Bargeld formal als Schuld einer Bank vorliegt, ist deswegen keinesfalls eine *bloß* formale Feststellung.

Mit dem Argument der konstitutiven Adäquatheit war die Umstellung von einem waren- auf einen kredittheoretischen Geldbegriff also zwar vorbereitet, aber noch nicht hinreichend begründet. Alfred Mitchell-Innes und Joseph Schumpeter hatten beide darauf hingewiesen, dass Geldtheorien immer auch Theorien der monetären Praxis implizierten. Präzise gesprochen: Ob die orthodoxe oder die heterodoxe Konzeptualisierung soziologisch angemessener ist, entscheidet sich daran, ob die »tauschlogische Grundlage« der Warentheorie auch als Praxistheorie des Kredits überzeugt. Um diese Frage zu beantworten, wurden zunächst die formalen Bedingungen einer solchen Theorie geklärt. Eine Praxistheorie ist letztendlich eine Beschreibung der Organisation einer Praxis, d.h. ihrer Regeln, Erwartungsarrangements und teleologischen Strukturen. Die beiden letzten Aspekte haben sich in diesem Kontext als entscheidend erwiesen, haben sich doch die geläufigen Theorien des Kredits vor allem (wenn auch nicht unter diesem Namen) auf Annahmen über die Teleologien der Kreditvergaben, respektive der Geldschöpfung gestützt. Mit der Annahme, Banken wären Teil des ökonomischen Normalfalls (Nullsummenspiel), wurde und wird der Kredit als zeitlich entzerrter Tauschakt unter Knappheitsbedingungen konzeptualisiert und damit auf tauschlogischer Grundlage analysiert.

Diese Teleologien finden sich in der Kreditpraxis – der Kreditvergabe privater Banken – genau besehen aber nicht, was eine Überarbeitung des Kreditbegriffs nötig macht. Das Argument lässt sich in aller Kürze etwa so rekapitulieren: Der Bankensektor wird in der Regel als Verteilungssystem für von den Zentralbanken bereitgestellte Bestandsmengen an Finanzmitteln verstanden. Kredite werden in der Intermediärentheorie als Verwaltungsakte bereits existierender Vermögen beschrieben. In diesem Sinne kann also von einer *Bestandslogik* gesprochen werden, die der orthodoxen ökonomischen Semantik der Kreditpraxis zugrunde liegt. Hier wird die Annahme transportiert, die Kredittätigkeit der Banken setze die Akkumulation von Sparkapital voraus. Der Geldschöpfungsprozess werde dabei initiiert durch *eigentliches* Reserveguthaben respektive bleibe durch dieses beschränkt. Dadurch sei das Giralgeld privater Geschäftsbanken *uneigentlicher* Repräsentant einer politisch verknappten monetären Basis. Das eigentliche Geld werde der Praxis privater Banken »von außen« durch die Zentralbank zugeführt, damit die Banken uneigentliches Guthaben als Schulden bilanzieren können. Eine praxistheoretische Studie musste mit dieser populären Intermediärenlogik brechen, impliziert sie doch ein Missverständnis faktischer Teleologien. Tatsächlich geht die Beschreibung der Kreditpraxis als eine Verkettung von Spar- und (nachfolgenden) Darlehenspraktiken fehl. Private Geschäftsbanken übertragen im Kreditakt kein Guthaben, vermitteln also nicht zwischen Anbietenden und Nachfragenden von Zahlungsmitteln, sondern setzen es als Vermögen zusammen mit einer Schuld gleichzeitig in Existenz. Da sie hierbei nicht um endliche Mengen konkurrieren, Zugriffe sich also nicht notwendig wechselseitig negativ beeinträchtigen, sind Bankkredite keine distributiven, sondern kreative Aktivitätsformen. In dem Maße, wie private Geschäftsbanken zu den »Initiatoren der Geldschöpfung« wurden,[1] hat sich das (vermeintlich) klassische Verhältnis von eigentlichem (repräsentierten) Zentral-

1 Postberg, Macht und Geld, S. 129.

bankgeld und uneigentlichem (repräsentierenden) Geschäftsbankguthaben in sein Gegenteil verkehrt. Giralgeld ist kein Repräsentant einer durch das politische System bereitgestellten Grundmasse an Zahlungsmitteln mehr. Die Geldschöpfungspraxis hat sich damit vom ökonomischen Normalfall des Tauschhandels mit endlichem Eigentum emanzipiert. Damit ist der Kern der warentheoretischen Denktradition, die Deutung des Kredits als Teil des ökonomischen Normalfalls, des »preisbildende[n] Umgang[s] mit Ressourcen, die für knapp gehalten werden«,[2] obsolet.

Das Free-Lunch-Privileg privater Banken fordert die Umstellung von einem distributiven auf einen kreativen Kreditbegriff. Diese Umstellung vervollständigt das Argument der praxeologischen Adäquatheit. Nur als Versprechenspraxis und nicht als Tauschpraxis lassen sich Kredite heute verstehen. Damit fällt eine tauschlogische Grundlage als Semantik einer Beschreibung der monetären Praxis aus. Nicht nur die formal-rechtliche Konstitution des Geldes als Finanzbeziehung oder seine Genealogie als Schuld (und nicht als wertvolles Tauschobjekt), sondern vor allem sein faktisches Funktionieren im sozialen Alltag spricht für die Kredittheorie und gegen die Warentheorie des Geldes. Weder die orthodoxe noch die agnostische Position sind in der metatheoretischen Debatte um die Natur des Monetären länger haltbar.

Von Transaktionen zu Beziehungen

Die Umstellung von einer warenlogischen auf eine kreditlogische Perspektive stellt in den klassischen Kompetenzbereichen des Monetären andere, teilweise widersprüchliche Aspekte scharf. Klassische Untersuchungen gingen etwa davon aus, ein etabliertes Geldwesen leiste Vergesellschaftungsprozessen Vorschub, weil es Reproduktionsvorgänge von personalen Nahbeziehungen unabhängig macht. Ein einmal etabliertes, universelles Zwischentauschmittel erlaubt es, Bedürfnisbefriedigungen nicht nur auf Basis dichter personeller Netzwerke zu organisieren, sondern Überschüsse in Ansprüche an unbekannte

2 Wingert, »Die marktkonforme Demokratie«, S. 53.

Dritte zu tauschen. Mit dem Kreditgeld allerdings kehren die dichten Bindungen zurück, erweist sich Guthaben selbst doch als ein Versprechen zwischen einem ganz konkreten Gläubiger und einem ganz konkreten Schuldner, einem Kontoinhaber und seiner Bank.

Wer Geld tauschlogisch betrachtet, sieht eine Praxis serieller Transaktionen, die durch eine abstrakte Erwartung der Realisierbarkeit des Geldwertes verbunden werden: Man tauscht Eigenes gegen Geld, weil man sich dadurch in Zukunft Zugriffe auf Fremdes sichern zu können glaubt. Tauschlogisch betrachtet ist die monetäre Praxis damit, wie oben ausführlich dargelegt, eine Serie von beziehungsauflösenden (oder -vermeidenden) Transaktionen, zeitpunktmäßigen Interaktionen, in denen Eigentumsverhältnisse verändert werden. Wer Geld kreditlogisch betrachtet, sieht hingegen ein Netzwerk fragiler und interdependenter Bindungen von Gläubigern und Schuldnern; ein Gewebe von Versprechen, das ständig durch erfolgreiche Tilgungen und neue Registrierungen aufrechterhalten werden muss.

Eine zweite Differenz zwischen einer warenlogischen und einer kreditlogischen Perspektive auf das monetäre Aktivitätsfeld betrifft die Kategorie der Zukunft. Weil der soziale Normalfall mit Guthaben eine unbestimmte Chance auf allgemeine Bedürfnisbefriedigung bereitstellt, schafft sein Besitz ein Gefühl der Sicherheit angesichts unklarer künftiger Bedürfnislagen und Angebotskonstellationen. Allerdings, darauf macht die Kreditperspektive aufmerksam, ist Guthaben ebenfalls ein Zahlungs*versprechen* und als Versprechen stets riskant. Risiken sind Vorgriffe auf mögliche Zukunftsversionen und können sich als solche selbstredend als falsch erweisen. Damit ist nicht auf die Unklarheit von Kaufkraft abgestellt – natürlich kann man auch aus einer warenlogischen Perspektive erkennen, dass sich der mit dem Guthabenbesitz angezeigte Anspruch auf einen Teil des Bruttoinlandprodukts als Fehleinschätzung herausstellen kann, etwa wenn Preise steigen oder Geldordnungen kollabieren. Die Kredittheorie hingegen ergänzt diese bekannte Unsicherheit durch den Hinweis auf die Prekarität der Guthabenbeziehung selbst. Nicht nur der erwartete Wert der Ware Geld (Kaufkraft) kann sich als Irrtum erweisen, sondern Guthaben kann *als Schuld* scheitern – völlig unabhängig von seiner Kaufkraft.

Aus der metatheoretischen Verabschiedung der Waren- zugunsten der Kredittheorie des Geldes folgt dementsprechend die Aufgabe, die Sachlage ihrer Beforschung zu sondieren und dabei von Transaktionen auf Beziehungen umzustellen. Die Kreditpraxis ist, anders als üblicherweise unterstellt wird, kein Markt, weil es sich bei diesem Aktivitätsfeld nicht um Transaktionen (serielle Beziehungsunterbrechungen) handelt, sondern um kreative (und nicht distributive) Versprechen, d.h. um Beziehungen. Diese Einsicht gab schließlich in den letzten beiden Kapitel den Anlass zu einem vertrauenssoziologischen Zugriff auf die Kreditpraxis, deren Zustände und Veränderungen nun nicht mehr als Effekt von Distributionsentscheidungen über Endlichkeiten, sondern als Konfigurationen von Praxisvertrauen analysiert werden sollten. Damit wurde ein anderer Aspekt der Organisation dieser Praxis scharf gestellt: die Erwartungskonfiguration.

Jedes Zahlungsversprechen, so wurde in Anlehnung an Joseph Vogl und Geoffrey Ingham argumentiert, impliziert die Erwartung der Kontinuität der Praxis selbst, d.h. der Einhaltung einer (nicht objektiv messbaren) kritischen Masse an neu registrierten Krediten zur Tilgung der bereits bestehenden Schulden auf der einen und hinreichender, aber nicht übermäßiger Tilgungszahlungen auf der anderen Seite. Wer sich soziologisch für die Kreditpraxis als einen Prozess sich wechselseitig bilanziell ermöglichender, riskanter Bindungen interessiert, fragt sich also, wie hier Erwartungen in die Persistenz der Kreditpraxis selbst ermöglicht werden – ein Umstand, dem sich mit dem Hilfsbegriff des Praxisvertrauens angenähert wurde.

Um diese Frage zu operationalisieren, wurde auf eine Heuristik aus der Vertrauenstheorie zurückgegriffen. Komplexe Vertrauenspraxen, das war die Annahme des fünften Kapitels, stabilisieren sich in der Regel durch die Installation und den Ausbau von Misstrauen. Praxisvertrauen beruht also normalerweise auf Interventionsressourcen, welche die Erwartung möglichen Scheiterns manifestieren.

Auf Basis dieser Unterscheidung von Vertrauen und Misstrauen konnte im abschließenden Kapitel das sogenannte Goldene Zeitalter des Kredits in den Blick genommen werden. Die Herausbildung der Neuen Finanzarchitektur steht für eine tiefgreifende, nachhaltige und letztendlich krisenhafte Transformation der Kreditpraxis zwischen den 1980er Jahren und den ersten Jahren des neuen Jahrtausends. Soziologisch können diese Umstrukturierungen, interessiert man sich für diese Praxis selbst und nicht, wie eher üblich, für gesellschaftliche Finanzialisierungstendenzen, als Neukonfiguration von Praxisvertrauen analysiert werden. Interessanterweise ist es in diesem Zeitraum zu einer Expansion von Vertrauensbereitschaft bei gleichzeitiger Erosion von Misstrauen gekommen – also genau das Gegenteil jener Entwicklung, die zu erwarten wäre. Die Kreditpraxis weist damit eine Konfiguration von Praxisvertrauen auf, die allenfalls in kleinen, überschaubaren und auf dichten Nahbeziehungen beruhenden Kooperationszusammenhängen möglich sein sollte. Die strukturelle Abwesenheit von Misstrauen in einer allein aus riskanten Versprechensengagements bestehenden Praxis ist irritierend. Diese Diagnose eines »euphorischen« Vertrauenskontextes für Kredite führte zur Suche nach Erklärungsansätzen einer so unwahrscheinlichen Situationskonfiguration. Anscheinend wurde der Prozess durch ein Substitutionsdreieck aus Vertrautheit, Politikvertrauen und rekursiven Bindungen stabilisiert. Hinter dem Begriff »Geld« verbirgt sich also heutzutage eine vom ökonomischen Normalfall entkoppelte Praxis der Registrierung und Tilgung von Zahlungsversprechen, die im Modus euphorischer Erwartungen durch selbstbezügliche Bindungen, naturalistische Erwartungsstabilisierungen und politische Sorge immer mehr schuldnerische Kaufkraft generiert.

Wider die Monopoly-Politik

Das Plädoyer für ein kreditlogisches Nachdenken über Geld ist auch ein Plädoyer für eine »öffentliche Soziologie«[3] des Geldes. Zumindest insofern, als die Kredittheorie verdeutlicht, dass Finanz-, Fiskal- und Zinspolitik nicht nur bestandslogisch als Umverteilungspolitik verstanden werden können, die besten- oder schlimmstenfalls Rahmenbedingungen einer ansonsten unabhängigen Ökonomie definieren

3 So hatte Michael Burawoy einen sozialwissenschaftlichen Stil bezeichnet, der die Gesellschaft nicht nur als Beobachtungsgegenstand, sondern auch als Gesprächspartner würdigt, vgl. Burawoy, »For Public Sociology«; Bude, »Auf der Suche nach einer öffentlichen Soziologie«.

würden. Alle drei Bereiche verteilen nicht nur vorhandene Zahlungsmittel, sondern intervenieren in den monetären Reproduktionsprozess, transformieren also die Struktur der Sache selbst. In Kreditgeldgesellschaften gibt es kaum mehr politische Entscheidungen, die nicht den Prozess der Generierung von Verschuldungsnachfrage, Kreditwürdigkeitskonstruktion und Tilgungsmodalitäten berühren. Dieser Umstand ist in der öffentlichen Debatte zu wenig präsent; etwa dann, wenn einseitig Austeritätspolitik unter der Marschvorgabe »weniger Schulden« betrieben wird. Wer die Notwendigkeit ignoriert, dass alte Schulden stets durch neue Verschuldungen reproduziert werden müssen, weil sonst das Geld selbst in Gefahr gerät, der betreibt eine (diese Analogie wurde am Anfang des vierten Kapitels aufgerufen) am Ökonomiebild des Brettspiels Monopoly™ und nicht an der Wirklichkeit orientierte »Monopoly-Politik«[4].

Damit ist selbstredend keinesfalls für eine fatalistische Ausweitung der Schulden als »klügere« Politik plädiert. Allerdings bedeutet die Identität von Schulden und Vermögen auch, dass Vermögensgenerierung nur durch Schuldenexpansion zu haben ist. Wer diese Identität vergisst, übersieht womöglich entscheidende Implikationen für eine gesellschaftliche Selbstverständigung über das Monetäre: Zahlungsmittel sind in Gegenwartsgesellschaften nichtsubstituierbare Handlungspotenziale, die wahrscheinlich bedeutendsten *capacities to get things done*. Die in Guthaben gebündelte Handlungsfähigkeit wird heute nicht mehr als Bestand physischen Materials in Tresoren versteckt oder in Schatztruhen vergraben, sondern als Versprechen registriert und reproduziert, die stets sowohl einen Nehmer also auch einen Geber brauchen. Gesellschaftliche Debatten über das Ökonomische sollten ferner stets anerkennen, dass durch die Schuldkonstitution des Geldes Risiko und Wohlstand und damit auch Risiko und Handlungsfähigkeit Kehrseiten derselben Medaille sind. Keine einseitig gläubiger- oder schuldnerfreundliche bzw. -feindliche Politik wird für stabile Verhältnisse und Prosperität sorgen können. Wer in Zukunft unter welchen Bedingungen in der Lage sein wird, Kreditver-

4 Sahr, »Häuser, Händler und Helden«.

sprechen zu geben oder anzunehmen, wem vertraut wird, wer vom Vertrauen ausgeschlossen bleibt und wer über die Vergabe- und Akzeptanzkriterien solcher Beziehungen entscheiden kann – solche Fragen, und nicht etwa Verteilungskonflikte, bilden die Reibungspunkte der politischen Ökonomie der Gegenwart.

Tote Winkel

Es liegt in der Natur sozialwissenschaftlicher Forschung, durch die Selektion von Gegenstandsbereichen, Onto- und Methodologien, narrativen Stilen und einigem mehr tote Winkel zu erzeugen, Dinge, die nicht beachtet werden können. Es gehört sich, auf wenigstens ein paar der größeren hinzuweisen, bevor mit einem positiven Ausblick auf den theoretischen Mehrwert dieser Studie geendet werden kann.

Eine Kategorie offener Fragen innerhalb der Perspektive ist auf die makroskopische Grundierung des angewandten knappheitssoziologischen Werkzeugs zurückzuführen. Auch wenn es im Hinblick auf Reserven, Eigentum oder Kreditwürdigkeit überzeugt, dass der Bankensektor theoretisch nicht mehr als eine Umgangsform mit wahrgenommenen Endlichkeiten erfasst werden kann, ist damit Knappheit als relevante Analysekategorie noch nicht vom Tisch. Zumindest dann nicht, wenn man mit derselben Schablone andere Ausschnitte der sozialen Wirklichkeit, etwa auf der Ebene von Organisationen oder Akteuren, in den Blick nehmen würde. Meso- und mikrologisch könnten die praktischen Details von Kapital- und Reservebeschaffung, von Pfandbewertung und Kreditwürdigkeitszuweisung sehr wohl knappheitslogische Zugriffsstrukturen zeigen, die sich womöglich empirisch gewinnbringend nachzeichnen ließen. Auch könnte es lohnen, nach sich wechselseitig negativ bedingenden Ausschlüssen beim Zugriff auf Personal oder Zeit zu suchen und diese in eine knappheitstheoretische Heuristik einzutragen.

Ferner sollte die Abwesenheit der Raumdimension in künftigen Studien korrigiert werden. Gerade das Beispiel Island fordert eine stärkere Berücksichtigung eines eventuellen Regionalitätsaspekts monetärer Knappheit. Das bedeutet, die Kreditvergabe von Banken in der Dollar/Euro/Pfund-Peripherie und ihr Verhältnis zu monetären Metropolen in den Blick zu nehmen. LiPuma und Lee haben die Relevanz einer solchen Differenzierung in ihrer einschlägigen, allerdings nicht knappheitstheoretisch argumentierenden Studie zu Derivaten nachdrücklich dargelegt.[5]

Ein solcher Zugriff könnte auch der »Geografie des Geldes« weiterhelfen, wird hier Geld zwar raumtheoretisch differenziert, doch meinem Eindruck nach warentheoretisch als Bestandsverwaltungsproblem konzeptualisiert.[6] Eine solche Anregung geht natürlich über die knappheitstheoretische Perspektive hinaus, da in der Geografie immer wieder überzeugend auf die spatiale Strukturierung von Kapitalflüssen, d.h. die Raumabhängigkeit von Kreditwürdigkeit hingewiesen wird.[7] Die dollar- und eurozentrierte Perspektive wäre dann als eine Soziologie der Kredit*praxen* fortzuführen.

Schließlich lassen die bisherigen Überlegungen offen, ob, und wenn ja, wie, die Registrierung und Tilgung von Schulden unter knappheitstheoretischen Gesichtspunkten mit Wahrnehmungen von Beschränkung bezüglich Guthaben in der Verfügung von Nichtbanken zusammengeführt werden können. Anders ausgedrückt, es wäre zu prüfen, ob man nicht eine soziologisch anspruchsvolle (und nicht nur quantitätstheoretische Modelle rezitierende) Inflationstheorie entwickeln und mit den hier vorgelegten Ergebnissen in Beziehung setzen könnte.[8]

Keystroke-Kapitalismus

Ein wichtiger theoretischer Anknüpfungspunkt soll abschließend noch einmal gesondert betont werden. Unter Bedingungen des real existierenden Free-Lunch-Privilegs kann Geld nicht länger als ein Mittel der Umverteilung von Knappheit verstanden werden. Diese an klassisch ökonomischen Vorstellungen orientierte Annahme wurde in der So-

5 LiPuma/Lee, Financial Derivatives.

6 Etwa bei Cohen, The Geography of Money, S. 11.

7 Vgl. exemplarisch für die Arbeiten von Ron Martin: Martin, »Rethinking (New) Economic Geography Models«.

8 Ansätze finden sich bei Postberg, Macht und Geld.

ziologie prominent von Niklas Luhmann herausgearbeitet und dann etwa von Dirk Baecker oder Heiner Ganßmann weiterentwickelt. Die Grundidee lautet: Ebenso wie der Zugriff einer Person auf knappe Güter diese Güter für andere stärker verknappt (weil in dem Moment weniger allgemein verfügbar ist) und für die zugreifende Person die Knappheit dieses Gutes momentan verringert wird, funktioniert auch der Zugriff auf Geld durch den Akt der Zahlung: Der Käufer verringert zwar »seine« Knappheit an dem gekauften Gut, vergrößert dafür aber »seine« Knappheit an Geld. Mit der Zahlung werden also Verhältnisse äquivalent umverteilt: Der Verkäufer hat Güter, aber kein Geld, beim Käufer ist es zunächst andersherum. Näher an Luhmanns Terminologie: Mit dem Akt der Zahlung wird Zahlungsfähigkeit für den Empfänger des Geldes und Zahlungsunfähigkeit für den Vorbesitzer des Guthabens »produziert«. Deswegen, so Luhmann, vergrößert sich durch Zahlung (monetäre) Knappheit für den einen (vormaligen Geldbesitzer, der sich eine Ware kauft), und sie verringert sich für den Warenverkäufer, der nun mehr Geld hat als zuvor. Die Praktik der Zahlung verteilt knappe Dinge durch das ebenso knappe Ding Geld neu, weswegen Luhmann an den erwähnten Stellen auch von einer Verdopplung der Güterknappheit durch die Geldknappheit spricht.[9]

Der geldvermittelte Tausch macht für Luhmann und Baecker damit das Nullsummenspiel Ökonomie erst wirklich möglich, weil nun jeder Zahlungsakt beide Tauschparter mit denselben Eigentumsvolumen zurücklässt, mit denen sie angetreten sind. Daran ändert aus Luhmanns Sicht die Existenz von Banken nichts, versteht er diese doch als Logistiker von Vermögen und damit als Teilnehmer einer Kommunikation über die Verwendung (oder Nichtverwendung) knapper monetärer Budgets.[10]

---

9 Vgl. dazu auch noch einmal Baecker, Wirtschaftssoziologie, S. 48–84.

10 Banken haben keinen besonderen Status in Luhmanns Wirtschaftstheorie (vgl. Luhmann, Die Wirtschaft der Gesellschaft, S. 200; Pahl, Das Geld in der modernen Wirtschaft, S. 279). Luhmanns Interessendefizit für die Funktionsweise von Banken greift sein Schüler Dirk Baecker in *Womit handeln Banken?* auf. Auch hier wird an einer distributiven Theorie des Kredits festgehalten: »Banken sind darauf spezialisiert, geliehenes Geld auszuleihen« (Baecker, Womit handeln Banken?, S. 25). Das bedeutet in der systemtheoretischen Perspektive, dass Banken die Zah-

»Wer im Medium des Geldes zahlt«, schreibt Baecker im Anschluss an Luhmann, »*steigert* seine Knappheit (an Geld), *während* er sie (an Gütern) *verringert*.«[11] Das trifft als Beschreibung für jeden zu, der mit einem endlichen Budget operiert. In diesem (und nur diesem) Sinne wurde von der Geldwirtschaft als Nullsummenspiel gesprochen. Bezahlen Banken hingegen Rückzahlungsversprechen oder andere Vermögenswerte mit neu geschaffenem Buchgeld, so finden diese Zahlungen nicht unter strukturellen Bedingungen statt, die identisch mit denen wären, unter denen Nichtbanken Zahlungen vollziehen. Die Kreditzahlung einer Bank verringert die Knappheit der Bank (an »Gütern«, also an dem Vermögen, das sie erwirbt), ohne streng genommen Knappheit (an Geld) zu vergrößern. Damit stellt die Bankenanomalie die makroskopische Deutung von Kreditgeld als einem Umverteilungsmedium für knappe Mittel infrage, weil man von Geld nicht mehr ohne Weiteres sagen kann, es würde die Güterknappheit lediglich verdoppeln und damit handelbar machen. Banken verringern als Nullsummenspiel-Anomalie selektiv die Knappheit (an Geld) kreditwürdiger Akteure, wobei sie die Kriterien der Kreditwürdigkeit – d.h. der Tilgungswahrscheinlichkeit – selbst definieren. Zwar versprechen diese Schuldner die Rückzahlung des Kredits, ihre Knappheit (an Geld) vergrößert sich also in der Zukunft, allerdings entstehen die Verringerung der Geldknappheit des Schuldners in der Gegenwart ebenso wie die zukünftigen Mittel der Rückzahlungen unter anomalen Bedingungen. Im Kredit treffen somit zwei Zahlungslogiken aufeinander, seien diese Logiken nun verstanden als Kommunikationsweisen oder praktische Teleologien. In jedem Fall gilt es, Kredite als Akte selektiver Knappheitsreduktion ernst zu nehmen; Akte, bei de-

---

lungsfähigkeit eines Sparanlegers »kaufen« und diese Zahlungsfähigkeit dann an einen zahlungsunfähigen (also geldnachfragenden) Schuldner »verkaufen«. Der systemtheoretische Zahlungsbegriff differenziert nicht zwischen der Zahlungsunfähigkeit von Warenverkäufern, Unternehmen, Banken oder Zentralregierungen (vgl. Baecker, »Die Form der Zahlung«, S. 78f.). Zwar erhält, schreibt Baecker, »die Möglichkeit der Zahlungsunfähigkeit [...] abhängig von den jeweiligen Spezifizierungen ihre konkrete Färbung [...], [bleibt] gleichzeitig jedoch im Medium des ›Geldes‹ dieselbe« (ebd., S. 70).

11 Baecker, Wirtschaftssoziologie, S. 63, Hervorhebungen im Original.

nen es Akteuren mit hoher Tilgungskompetenz erlaubt wird, Zahlungen ohne gleichzeitige Verknappung vorzunehmen.

Die Praxistheorie des Kredits weist mit dem Hinweis auf die Bankenanomalie über das Thema Geld im engeren Sinne hinaus und eröffnet einen neuen Blick auf das ökonomische Feld insgesamt. Banken stellen eine Anomalie innerhalb eines Wirtschaftssystems dar, von dem wir dachten, dass seine Operationen in der Bezahlung von »Knappheit mit Knappheit« bestünden, in der also Zahlungen als Distributionen gelten könnten. Tatsächlich aber müssen solch basale Axiome der Beschreibung kapitalistischer Wirtschaft überdacht werden. Schließlich leben wir in einer Zeit, in der nicht nur das Mittel ökonomischen Warenumschlags, sondern auch das Kapital für Investitionen durch, wie der Ökonom und Minsky-Schüler L. Randall Wray es formuliert, »Keystrokes«[12] auf einer Computertastatur entstehen. Nicht durch Arbeit, ja nicht einmal durch den Verbrauch endlicher Ressourcen entsteht Geld, sondern durch das Eintippen einer Zahl und das Drücken der Enter-Taste; immer dann und dort, wo Banken lukrative Geschäfte vermuten, wird es durch Tastendruck erschaffen – *it is »keystroked [...] into existence«*.[13]

Geldkapital selbst entsteht also – darauf verweist das Bild des Tastendrucks in der soziologischen Lesart – unter Bedingungen, die zumindest als *paraökonomische Zone* gelten müssen: Zwar operieren Banken mehrheitlich in Profitteleologien, allerdings eben nicht mehr in Knappheitsteleologien. Sie sind also weiterhin *kapitalistische* Praktiker, insofern als sie mit gewinnwirtschaftlichem Ziel Kapital produzieren, allerdings im engeren Sinne eben keine *wirtschaftlichen* Praktiker mehr. Diese paraökonomische Zone im Maschinenraum des Kapitalismus sollte in Zukunft deutlich stärkere Berücksichtigung in der Soziologie erfahren.

In theoretischer Hinsicht motiviert diese Studie dazu, die paraökonomische Kondition des Kapitals in künftigen Studien vorauszusetzen und die Diffusion dieser nichtökonomischen Effekte in die

12 Wray, Modern Money Theory.

13 Ebd., S. 89.

Wertschöpfungsketten herauszuarbeiten. Es gilt, Wirtschaft (respektive Kapitalismus) als eine Praxis der Warenproduktion und des Warenumschlags zu studieren und zu theoretisieren, in der Ökonomisches und Nichtökonomisches im Herzen der Sache – beim Kapital – zusammengreifen. Weder Kapitalismus als Konzept noch die empirische Erklärung von Konjunktur- und Ungleichheitsdynamiken kann vollständig auf die Entscheidung von Kapitaleigentümern zurückgeführt werden;[14] vielmehr müssen die Kapitalproduzenten in das Zentrum theoretischer und empirischer Aufmerksamkeit rücken.[15] Ich schlage für diesen Themenkomplex die Bezeichnung *Keystroke-Kapitalismus* vor.[16]

Im Keystroke-Kapitalismus bestimmen privatwirtschaftliche Firmen, die unter einem Attest operieren, das sie vom Nullsummenspiel befreit, wie viel Kapital es gibt und wer es bekommt. Eine solche Ordnung neigt zur Bildung von Investitionsblasen, weil auch spekulativ eingesetztes Kapital nicht dem Vermögensbestand abgerungen werden muss, sondern zum Investitionszweck selbst neu entsteht.[17] Nicht zufällig sind Bankenkrisen seit dem Ende von Bretton Woods fast Alltag geworden. Auch die Debatte um eine Reform der Produktionsweise des Geldes steckt noch in den Kinderschuhen und muss dringend – und kritisch – fortgeführt werden.[18]

Der geldsoziologisch zwingende Weg von einer Praxistheorie des Kredits zu einer Soziologie des Keystroke-Kapitalismus vereint damit theoretische und politische Fragen. In der Sozialtheorie steht zur Debatte, wie ein Wirtschaftssystem beschrieben und studiert werden kann, dessen monetäre Trägerstruktur selbst nichtökonomische Anteile hat. Empirisch muss weiter ergründet werden, welche Wert-

14 Das Free-Lunch-Privileg schreibt etwa nichtökonomische Ungleichheitsmechanismen in die Struktur der Ökonomie ein, vgl. Sahr, »Reichtum aus Feenstaub«.

15 Der Kapitalismus wurde nicht nur bei Marx unter besonderer Betonung von Eigentümern definiert und betrachtet, vgl. dazu Kromphardt, Analysen und Leitbilder des Kapitalismus, S. 40ff.

16 Vgl. Sahr, »Reichtum aus Feenstaub«.

17 Vgl. Huber, »Monetäre Modernisierung«.

18 Als Überblick: Weber, »Geldreform als Weg aus der Krise?«; vgl. Sahr, »Wären wir die besseren Banken?«.

schöpfungs-, Krisen- und Verteilungsdynamiken sich aus der Keystroke-Fundierung ergeben. Moralisch und politisch stellt sich die Frage, wie sich ein Zustand legitimieren lässt, in dem es einerseits millionenfach an ausreichenden Zugriffsmöglichkeiten auf lebenserhaltende Ressourcen fehlt und andererseits die Zugriffsrechte auf diese Ressourcen aufgrund eines Privilegs – und nicht etwa aufgrund wirtschaftlicher Finesse oder politisch vorgegebener makroökonomischer Ziele – für wenige Günstlinge geschaffen werden. Wie begründet man lebensbedrohliche Armut, wenn zwar nicht die Ressourcen zur Bedarfsdeckung, wohl aber das Geld zum Ressourcenerwerb per Tastendruck aus dem Nichts entsteht? Diese essenzielle Dramatik hatte die ganz zu Anfang erzählte Geschichte von dem unerfüllten Wunsch nach einem Plastikroboter natürlich nicht. Trotzdem kann man sich fragen, warum man einem Kind erklären muss, es könne seinen Plastikroboter nicht bekommen, weil das Geld knapp ist, wenn das doch zwar für viele, aber nicht für alle gilt? Der Hinweis, es ginge hier um Bescheidung und Sparen in der Gegenwart, die Konsum in der Zukunft ermöglicht, verfehlt die Realitäten des Keystroke-Kapitalismus. Die Geschichte über den unerfüllten Wunsch nach einem Plastikroboter verweist also auf die Problematik, die in dieser Studie ausgeleuchtet wurde; sie verweist auf die soziologisch wie politisch zuvor unzureichend aufgearbeitete Ablösung der Kreditpraxis von der Wirtschaft selbst. Das ungeklärte Paradox des gegenwärtigen Kapitalismus ist, vereinfacht gesagt, die strukturelle Differenz zwischen Geld und Plastikrobotern.

Politisch gewendet führt diese Überlegung zu der viel zu lange in den Hintergrund gerückten Frage der gesellschaftlichen Ausgestaltung monetärer Produktionsbedingungen, die sich nun aber als Fundamentalkonflikt des Keystroke-Kapitalismus erweist: Wer soll und darf darüber entscheiden, wie viel Geld es gibt und für welchen Zweck es geschaffen wird? Darüber sollten wir sprechen.

Literaturverzeichnis

Monografien, Sammelbände, Berichte und Aufsätze

Abels, Heinz, Interaktion, Identität, Präsentation. Kleine Einführung in interpretative Theorien der Soziologie, Wiesbaden 2007.

Abbott, Andrew, »The Problem of Excess«, in: *Sociological Theory* 32(1), 2014, S. 1–26.

Adam, Barbara/Groves, Chris, Future Matters: Action, Knowledge, Ethics, Leiden 2007.

Adam, Klaus/Tzamourani, Panagiota, »Distributional Consequences of Asset Price Inflation in the Euro Area«, *Discussion Paper der Deutschen Bundesbank* Nr. 27, 2015.

Adelson, Mark, »CDOs in Plain English«, *Nomura Fixed Income Research Paper,* 2004.

Aglietta, Michel, »Money: a Matter of Credit and Trust«, Journées Internationales d'Économie Monétaire et Bancaire, Lyon 2002.

Ahearne, Alan/Wolff, Guntram B, »The Debt Challenge in Europe«, *Bruegel Working Paper* 2, 2012.

Aho, James A, »Rhetoric and the Invention of Double Entry Bookkeeping«, in: *Rhetorica: a Journal of the History of Rhetoric* 3(1), 1985, S. 21–43.

Ders., Confessions and Bookkeeping: The Religious, Moral, and Rhetorical Roots of Modern Accounting, New York 2005.

Alkmeyer, Thomas/Buschmann, Nikolaus, »Praktiken der Subjektivierung – Subjektivierung als Praxis«, in: Schäfer, Hilmar (Hg.), Praxistheorie. Ein soziologisches Forschungsprogramm, Bielefeld 2016, S. 115–136.

Allen, Franklin/Gale, Douglas, »Financial Intermediaries and Market«, in: *Econometrica* 22(4), 2004, S. 1023–1061.

Alvarez, Ignacio, »Financialization, Non-Financial Corporations and Income Inequality«, in: *Socio-Economic Review* 13(3), 2015, S. 449–475.

Arestis, Philip/Sawyer, Malcolm (Hg.), A Handbook of Alternative Monetary Economics, Cheltenham 2008.

Aristoteles, Politik. Werke, Band 6, hrsg. von Franz Susemihl, Neudruck der Ausgabe von 1879, Aalen 1978.
Aristoteles, Nikomachische Ethik, Hamburg 2011.
Arnoldi, Jakob, »Derivatives, Virtual Values and Real Risks«, in: *Theory, Culture & Society* 21(6), 2004, S. 23–42.
Ders., »Frames and Screens: the Reduction of Uncertainty in Electronic Derivatives Trading«, in: *Economy and Society* 35(3), 2006, S. 381–399.
Ders., Alles Geld verdampft. Finanzkrise in der Weltrisikogesellschaft, Frankfurt am Main 2009.
Aspers, Patrik, Märkte, Wiesbaden 2015.
Auboin, Marc, »Use of Currencies in International Trade: Any Changes in the Picture?«, *World Trade Organisation Staff Working Paper* ERSD-10, 2012.

Baecker, Dirk, »Die Form der Zahlung«, in: Deutschmann, Christoph (Hg.), Die gesellschaftliche Macht des Geldes, *Leviathan* Sonderheft 21, Wiesbaden 2002, S. 73–82.
Ders., Wirtschaftssoziologie, Bielefeld 2006.
Ders., Womit handeln Banken? Eine Untersuchung zur Risikoverarbeitung in der Wirtschaft, Frankfurt am Main 2008.
Baier, Anette, »Trust and Antitrust«, in: *Ethics* 96(2), 1986, S. 231–260.
Dies., »Vertrauen und seine Grenzen«, in: Hartmann, Martin/Offe, Claus (Hg.), Vertrauen. Die Grundlage des sozialen Zusammenhalts, Frankfurt am Main 2001, S. 37–84.
Baker, Wayne E./Jimerson, Jason B., »The Sociology of Money«, in: *American Behavioral Scientist* 35(6), 1992, S. 678–693.
Bakk-Simon, Klára u. a., »Shadow Banking in the Euro Area – An Overview«, EZB *Occasional Paper Series* 133, 2012.
Bank für Internationalen Zahlungsausgleich [BIZ], 79. Jahresbericht, Basel 2009.
Dies., »Basel III: Ein globaler Regulierungsrahmen für widerstandsfähigere Banken und Bankensystems«, 2011.
Dies., »Global Liquidity: Selected Indicators«, 7. Februar 2015.
Barba, Aldo/Pivetti, Massimo, »Rising Household Debt: Its Causes and Macroeconomic Implications – A Long-Period Analysis«, in: *Cambridge Journal of Economics* 33(1), 2009, S. 113–137.
Baseler Ausschuss für Bankenaufsicht, »Internationale Konvergenz der Eigenkapitalmessung und Eigenkapitalanforderungen«, Juni 2006.
Beckert, Jens, »Was ist soziologisch an der Wirtschaftssoziologie? Ungewiß-

heit und die Einbettung wirtschaftlichen Handelns«, in: *Zeitschrift für Soziologie* 25(2), 1996, S. 125–146.
Ders., »Vertrauen und die performative Konstruktion von Märkten«, in: *Zeitschrift für Soziologie* 31(1), 2002, S. 27–43.
Ders., »Die Abenteuer der Kalkulation. Zur sozialen Einbettung ökonomischer Rationalität«, in: *Leviathan* 35(3), 2007, S. 295–309.
Ders./Diaz-Bone, Rainer/Ganßmann, Heiner (Hg.), Märkte als soziale Strukturen, Frankfurt am Main 2007.
Ders./Besedovsky, Natalia, »Die Wirtschaft als Thema der Soziologie. Zur Entwicklung wirtschaftssoziologischer Forschung in Deutschland und den USA«, *MPIfG Discussion Paper* 09/1, 2009.
Ders./Deutschmann, Christoph, »Neue Herausforderungen der Wirtschaftssoziologie«, in: dies. (Hg.), Wirtschaftssoziologie, Sonderheft der *Kölner Zeitschrift für Soziologie und Sozialpsychologie* 49, Wiesbaden 2010, S. 7–21.
Ders., Imagined Futures, Fictional Expectations and Capitalist Dynamics, Cambridge (US) 2016.
Bell, Stephanie, »The Role of the State and the Hierarchy of Money«, in: *Cambridge Journal of Economics* 25, 2001, S. 149–163.
Benediktsdóttir, Sigríur/Danielsson, Jon/Zoega, Gylfi, »Lessons From a Collapse of a Financial System«, in: *Economic Policy* 26(66), 2011, S. 183–235.
Bengtsson, Elias, »Repoliticalization of Accounting Standard Setting – The IASB, the EU and the Global Financial Crisis«, in: *Critical Perspectives on Accounting* 2(6), 2011, S. 567–580.
Benmelech, Efraim/Dlugosz, Jennifer, »The Alchemy of CDO Credit Ratings«, *NBER Working Paper* 14878, 2009.
Berlemann, Michael, Makroökonomik. Modellierung, Paradigmen und Politik, Berlin 2005.
Bernstein, Jake/Eisinger, Jesse, »Banks' Self-Dealing Super-Charged Financial Crisis«, in: *Pro Publica*, 26. 8. 2010, https://www.propublica.org/article/banks-self-dealing-super-charged-financial-crisis [17. 08. 2016].
Bertocco, Giancarlo, »The Characteristics of a Monetary Economy: a Keynes-Schumpeter Approach«, in: *Cambridge Journal of Economics* 31(1), 2007, S. 101–122.
Besedovsky, Natalia, »Politischer Ritterschlag für Ratingagenturen. Regulatorisches Outsourcing und der Beitrag von Gesetzgebern zur Macht der Ratingagenturen«, in: Kraemer, Klaus/Nessel, Sebastian (Hg.), Entfesselte Finanzmärkte. Soziologische Analysen des modernen Kapitalismus, Frankfurt am Main 2012, S. 225–242.

Bhattacharya, Sudipto/Thakor, Anjan V, »Contemporary Banking Theory«, in: *Journal of Financial Intermediation* 3(1), 1993, S. 2–50.
Blair, Margaret, »Financial Innovation and the Distribution of Wealth and Income«, *Public Law & Legal Theory Working Paper* 32, 2010.
Bofinger, Peter/Mayer, Eric/Wollmershäuser, Timo, »The BMW Model: a New Framework for Teaching Monetary Economics«, in: *The Journal of Economic Education* 37(1), 2006, S. 98–117.
Boghossian, Paul, Angst vor der Wahrheit, Ein Plädoyer gegen Relativismus und Konstruktivismus, Frankfurt am Main 2014.
Boot, Arnoud W. A./Thakor, Anjan V., »Financial System Architecture«, in: *The Review of Financial Studies* 10(3), 1997, S. 693–733.
Bord, Vitaly M./Santos, João A. C., »The Rise of the Originate-to-Distribute Model and the Role of Banks in Financial Intermediation«, in: Federal Reserve Bank of New York, »The Evolution of Banks and Financial Intermediation«, *Economic Policy Review* 18(2), New York 2012, S. 21–34.
Bordo, Michael D., »The Bretton Woods International Monetary System: a Historical Overview«, in: ders./Eichengreen, Barry (Hg.), A Retrospective on the Bretton Woods System: Lessons for International Monetary Reform, Chicago 1993, S. 3–108.
Bourdieu, Pierre, Die feinen Unterschiede. Kritik der gesellschaftlichen Urteilskraft, Frankfurt am Main 1992.
Brunetti, Aymo, Wirtschaftskrise ohne Ende? US-Immobilienkrise/Globale Finanzkrise/Europäische Schuldenkrise, Bern 2011.
Brunner, Karl/Meltzer, Allan, »The Place of Financial Intermediaries in the Transmission of Monetary Policy«, in: *The American Economic Review* 53(2), 1963, S. 372–382.
Bude, Heinz, »Auf der Suche nach einer öffentlichen Soziologie«, in: *Soziale Welt* 56(4), 2005, S. 375–380.
Ders., Gesellschaft der Angst, Hamburg 2014.
Buiter, Willem, »Can Central Banks Go Broke?«, *CERP Policy Insight* 24, 2008.
Burawoy, Michael, »For Public Sociology«, in: *Soziale Welt* 56(4), 2005, S. 347–374.
Burghardt, Anton, Soziologie des Geldes und der Inflation, Graz 1977.
Burhop, Carsten/Becker, Julian/Bank, Max, »Deutschland im Weltwährungssystem von Bretton Woods«, in: *Geschichte und Gesellschaft* 39(2), 2013, S. 197–239.
BVMW, Auswirkungsstudie Basel III, Berlin 2011.

Callon, Michel, »Introduction: The Embeddedness of Economic Markets in Economics«, in: ders. (Hg.), The Laws of the Markets, Oxford 1998, S. 1–57.
Calomiris, Charles W./Schweikart, Larry, »The Panic of 1857: Origins, Transmission, and Containment«, in: *The Journal of Economic History* 51(4), 1991, S. 807–834.
Cantó i Milà, Natàlia, »Von der ›Psychologie‹ zur ›Philosophie‹ des Geldes«, in: Rammstedt, Otthein (Hg.), Georg Simmels Philosophie des Geldes. Aufsätze und Materialien, Frankfurt am Main 2003.
Carruthers, Bruce G./Espeland, Wendy Nelson, »Accounting for Rationality: Double-Entry Bookkeeping and the Rhetoric of Economic Rationality«, in: *The American Journal of Sociology* 97(1), 1991, S. 31–68.
Ders./Babb, Sarah L., Economy/Society, Markets, Meanings, and Social Structure, Thousand Oaks 2000.
Ders, »The Sociology of Money and Credit«, in: Smelser, Neil/Swedberg, Richard (Hg.), The Handbook of Economic Sociology, Princeton 2005, S. 355–378.
Ders., »Knowledge and Liquidity: Institutional and Cognitive Foundations of the Subprime Crisis«, in: Lounsbury, Michael/Hirsch, Paul M. (Hg.), Markets on Trial, The Economic Sociology of the U.S. Financial Crisis, Bingley 2010, S. 157–182.
Ders./Ariovich, Laura, Money and Credit, A Sociological Approach, Cambridge 2010.
Ders., »Economy and Law: Old Paradigms and New Markets«, in: Aspers, Patrick/Dodd, Nigel (Hg.), Re-Imagining Economic Sociology, Oxford 2015, S. 127–147.
Cecchetti, Stephen/Mohanty, Madhusudan/Zampolli, Fabrizio, »The Real Effects of Debt«, *BIS Working Papers* Nr. 352, 2011.
Central Intelligence Agency [CIA], The World Factbook 2012, Washington 2012.
Chiapello, Eve/Medjad Karim, »An Unprecedented Privatisation of Mandatory Standard-Setting: The Case of European Accounting Policy«, in: *Critical Perspectives on Accounting* 20(2), 2009, S. 448–468.
Chick, Victoria, »Über Geld und Geldtheorie«, in: *Prokla. Zeitschrift für kritische Sozialwissenschaft* 123 31(2), 2001, S. 227–244.
Chikák, Martin u.a., »Benchmarking Financial Systems Around the World«, *Weltbank Policy Research Working Paper* 6175, 2012.
Chittenden, Oliver (Hg.), The Future of Money, London 2010.
Choi, Nicole/Sias, Richard W., »Institutional Industry Herding« in: *Journal of Financial Economics* 94(3), 2009, S. 469–491.

Cirillo, Renato, »Leon Walras' Theory of Money«, in: *American Journal of Economics and Sociology* 45(2), 1986, S. 215–221.
Claeys, Gregory, »The (not so) Unconventional Monetary Policy of the European Central Bank Since 2008«, In-Depth Analysis des Directorate General for Internal Policies des Europäischen Parlaments, IP/A/Econ/2014–02, 2014.
Cobden Centre, »Public Attitudes to Banking: A Student Consultancy Project by ESCP Europe for The Cobden Centre«, 2010, online unter: http://www.cobdencentre.org/2010/06/public-attitudesto-banking/ [29. 01. 2015].
Coco, Giuseppe, »On the Use of Collateral«, in: *Journal of Economic Surveys* 14(2), 2000, S. 191–214.
Coggan, Philip, Paper Promises, Money, Debt and the New World Order, London 2011.
Cohen, Benjamin J., The Geography of Money, New York 2000.
Colander, David u.a., »The Financial Crisis and the Systemic Failure of the Economics Profession«, in: *Critical Review* 21(2–3), 2009, S. 249–267.
Copland, Adam/Martin, Antoine/Walker, Adam, »The Tri-Party Repo Market Before the 2010 Reforms«, *Federal Reserve Bank of New York Staff Report* 477, 2010.
Crotty, James »If Financial Market Competition Is so Intense, Why Are Financial Firm Profits so High? Reflections on the Current ›Golden Age‹ of Finance«, *Political Economy Research Institute Working Paper Series* 134, 2007.
Ders., »Structural Causes of the Global Financial Crisis: A Critical Assessment of the ›New Financial Architecture‹«, *Economics Department Working Paper Series* 16, 2008.
Crouch, Colin, »What Will Follow the Demise of Privatised Keynesianism?«, in: *The Political Quarterly* 79(4), 2008, S. 476–487.
Ders, »Privatised Keynesianism: An Unacknowledged Policy Regime«, in: *The British Journal of Politics und International Relations* 11(3), 2009, S. 382–399.

Danielsson, Jon, »The First Casualty of the Crisis: Iceland«, in: Felton, Andrew/Reinhart, Carmen M. (Hg.), The First Global Financial Crisis of the 21st Century, Part II: June-December 2008, London 2009, S. 9–14.
Ders./Zoega, Gylfi, »The Collapse of a Country«, *Institute of Economic Studies Working Paper Series* 9(3), 2009.
Daoud, Adel, Scarcity, Abundance and Sufficiency. Contributions to Social and Economic Theory, Göteborg Studies in Sociology Nr. 46, Göteburg 2011.

Davies, Gerald F./Kim, Suntae, »Financialization of the Economy«, in: *Annual Review of Sociology* 41, 2015, S. 203–221.
Davies, Glyn, A History of Money, Cardiff 2002.
Debelle, Guy, »Verschuldung der privaten Haushalte und gesamtwirtschaftliche Folgen«, in: BIZ, *Quartalsbericht März,* 2004, S. 59–74.
de la Motte, Laura/Czernomoriez, Janna/Clemens, Marius, »Zur Vertrauensökonomik. Der Interbankenmarkt in der Krise von 2007–2009«, Institut für Makroökonomik der Universität Potsdam, *Forschungsbericht* 0110, 2010.
Demirgüç-Kunt, Asli/Huizinga, Harry, »Are Banks Too Big to Fail or Too Big to Save? International Evidence from Equity Prices and CDS Spreads«, *CentER Discussion Paper Series* 59, 2010.
Dennis, Kia, »The Rating Game: Explaining Rating Agency Failures in the Build Up to the Financial Crisis«, in: *University of Miami Law Review* 63(4), 2009, S. 1111–1150.
Descola, Philippe, Jenseits von Natur und Kultur, Berlin 2013.
Deutsche Bundesbank, Geld und Geldpolitik, Frankfurt am Main 2012.
Deutscher Bundestag, »Jahresgutachten 2008/09 des Sachverständigenrates zur Begutachtung der gesamtwirtschaftlichen Entwicklung«, Bundesdrucksache 16/10985, 2008.
Ders., »Beschlussempfehlung und Bericht des 2. Untersuchungsausschusses nach Artikel 44 des Grundgesetzes [HRE-Bericht]«, Bundesdrucksache 16/14000, Berlin 2009.
Deutschmann, Christoph, »Einleitung«, in: ders. (Hg.), Die gesellschaftliche Macht des Geldes, *Leviathan* Sonderheft 21, Wiesbaden 2002, S. 7–20.
Ders., »Kapitalismus, Religion und Unternehmertum: eine unorthodoxe Sicht«, in: ders. (Hg.), Die gesellschaftliche Macht des Geldes, *Leviathan* Sonderheft 21, Wiesbaden 2002, S. 85–108.
Ders., »Transzendenz im Diesseits. Zur religiösen Natur des Kapitalismus«, in: Gestrich, Christof (Hg.), Gott, Geld und Gabe. Zur Geldförmigkeit des Denkens in Religion und Gesellschaft, Berlin 2004, S. 70–85.
Ders., »Wie harmlos ist Geld? Anmerkungen zur geldsoziologischen Diskussion«, in: Kellermann, Paul (Hg.), Die Geldgesellschaft und ihr Glaube. Ein interdisziplinärer Polylog, Wiesbaden 2007, S. 161–172.
Ders., »Geld und kapitalistische Dynamik«, in: Missen, Sylke/Vobruba, Georg (Hg.), Die Ökonomie der Gesellschaft. Festschrift für Heiner Ganßmann, Wiesbaden 2009, S. 57–73.
Ders., »Geld – die verheimlichte Religion unserer Gesellschaft?«, in: Liessmann, Konrad Paul (Hg.), Geld. Was die Welt im Innersten zusammenhält?, Wien 2009, S. 239–263.

Diaz-Bone, Rainer, »Économie des Conventions«, in: Beckert, Jens/Deutschmann, Christoph (Hg.), Wirtschaftssoziologie, Sonderheft der *Kölner Zeitschrift für Soziologie und Sozialpsychologie* 49, Wiesbaden 2010, S. 176–193.

Dillard, Dudley, »The Barter Illusion in Classical and Neoclassical Economics«, in: *Eastern Economic Journal* 14(4), 1988, S. 299–318.

Disyatat, Piti, »The Bank Lending Channel Revisited«, *BIS Working Papers* 297, 2010.

Dobbs, Richard u.a., »Debt and (not Much) Deleveraging«, Bericht des McKinsey Global Instituts, 2015.

Dodd, Nigel, The Sociology of Money. Economics, Reason and Contemporary Society, Malden 2005.

Ders., »Laundering ›Money‹: on the Need for Conceptual Clarity Within the Sociology of Money«, in: *Archives of European Sociology* 46(3), 2005, S. 387–411.

Ders., The Social Life of Money, Princeton 2014.

Dostojewski, Fjodor M., Der Jüngling. Sämtliche Werke in zehn Bänden, München 2004.

Dowd, Kevin, »The Invisible Hand and the Evolution of the Monetary System«, in: Smithin, John (Hg.), What is Money?, New York 2000, S. 139–156.

Ders. u.a., »How Unlucky is 25-Sigma?«, in: *The Journal of Portfolio Management* 34(4), 2008, S. 76–80.

Duncan, Richard, The Dollar Crisis: Causes, Consequences, Cures, Singapur 2003.

Ders., The New Depression: The Breakdown of the Paper Money Economy, Singapur 2012.

Ders., »Eine neue Weltwirschaftskrise?«, Interview, in: *Mittelweg* 36 22(2), 2013, S. 58–89.

Duwendag, Dieter u.a., Geldtheorie und Geldpolitik in Europa, Berlin 1999.

Eckard, Dietrich, Was ist Geld? Strukturen, Möglichkeiten und Grenzen des Treibstoffs moderner Kreditgeldwirtschaften, Wiesbaden 2013.

Eckes, Alfred E., The Contemporary Global Economy: a History Since 1980, Oxford 2011.

Edey, Malcolm/Hviding, Ketil, »An Assessment of Financial Reform in OECD Countries«, *OECD Economics Department Working Paper* 154, 1995.

Ehrlicher, Werner, »Geldtheorie«, in: ders. u.a. (Hg.), Kompendium der Volkswirtschaftslehre, Band 1, Göttingen 1975, S. 352–420.

Endreß, Martin, »Vertrauen und Vertrautheit«, in: Hartmann, Martin/Offe, Claus (Hg.), Vertrauen. Die Grundlage des sozialen Zusammenhalts, Frankfurt am Main 2001, S. 161–203.

Ders., Vertrauen, Bielefeld 2002.

Engelkamp, Paul/Sell, Friedrich L., Einführung in die Volkswirtschaftslehre, Heidelberg 2007.

Engels, Anita »Die soziale Konstitution von Märkten«, in: Beckert, Jens/Deutschmann, Christoph (Hg.), Wirtschaftssoziologie, Sonderheft der *Kölner Zeitschrift für Soziologie und Sozialpsychologie* 49, Wiesbaden 2010, S. 67–86.

Esposito, Elena, Die Zukunft der Futures. Die Zeit des Geldes in Finanzwelt und Gesellschaft, Heidelberg 2010.

Europäische Zentralbank [EZB], »Euro Money Market Study 2008«, Frankfurt am Main 2009.

Dies., »Monthly Bulletin«, Februar 2012.

Dies., »Money and Credit Growth After Economic and Financial Crises – A Historical Global Perspective«, in: dies., »Monthly Bulletin«, Februar 2012, S. 69–85.

European Banking Authority [EBA], »Second Report on Impact Assessment for Liquidity Measures under Article 509(1) of the CRR«, 2014.

Evnine, Simon, »Hume, Conjectural History, and the Uniformity of Human Nature«, in: *Journal of the History of Philosophy* 31(4), 1993, S. 589–606.

Fama, Eugene F., »Banking in the Theory of Finance«, in: *Journal of Monetary Economics* 6(1), 1980, S. 39–57.

Federal Reserve Bank of Chicago, Modern Money Mechanics. A Workbook on Bank Reserves and Deposit Expansion, Chicago 1994.

Felkerson, Jamey, »$29 000 000 000 000: A Detailed Look at the Fed's Bailout by Funding Facility and Recipient«, *The Levy Economics Institute Working Paper* 698, 2011.

Ferguson, Niall, Der Aufstieg des Geldes. Die Währung der Geschichte, Berlin 2010.

Fernandes, Tony, unbetitelter Beitrag in: Chittenden, Oliver (Hg.), The Future of Money, London 2010, S. 115–118.

Fichtner, Jan, »Finanzialisierung und der Offshore-Hedge-Fonds-Nexus. Die Rolle der USA und Großbritanniens«, in: Heires, Marcel/Nölke, Andreas (Hg.), Politische Ökonomie der Finanzialisierung, Wiesbaden 2014, S. 115–129.

Financial Crisis Inquiry Commission [FCIC], »Overview on Derivatives«,

Preliminary Staff Report, 2010, online unter: http://fcic-static.law.stanford.edu [21. 01. 2015].
Dies., »Shadow Banking and the Financial Crisis«, Preliminary Staff Report, 2010, online unter: http://fcic-static.law.stanford.edu [21. 01. 2015].
Dies., »Credit Ratings and the Financial Crisis«, Preliminary Staff Report, 2010, online unter: http://fcic-static.law.stanford.edu [21. 01. 2015].
Dies., »Securitization and the Mortage Crisis«, Preliminary Staff Report, 2010, online unter: http://fcic-static.law.stanford.edu [21. 01. 2015].
Dies., »Chronology of Selected Events Related to Lehman Brothers«, 2010, online unter: http://fcic-static.law.stanford.edu [17. 08. 2016].
Dies., »Interview of David Bushnell«, 01. 04. 2010, Transkript online unter: http://fcic-static.law.stanford.edu [17. 08. 2016].
Dies., »Interview of Robert Rubin«, 11. 03. 2010, Transkript online unter: http://fcic-static.law.stanford.edu [17. 08. 2016].
Dies., The Financial Crisis Inquiry Report, Final Report of the National Commission on the Causes of the Financial and Economic Crisis in the United States, New York 2011.
Flannery, Mark J., »Iceland's Failed Banks: A Post-Mortem«, Prepared for the Icelandic Special Investigation Commission, November 2009.
Fleetwood, Steve, »A Marxist Theory of Commodity Money Revisited«, in: Smithin, John (Hg.), What Is Money?, New York 2000, S. 174–193.
Fligstein, Neil/Dauter, Luke, »The Sociology of Markets«, in: *Annual Review of Sociology* 33(1), 2007, S. 105–128.
Ders./Goldstein, Adam, »The Anatomy of the Mortage Securitization Crisis«, in: Lounsbury, Michael/Hirsch, Paul M. (Hg.), Markets on Trial. The Economic Sociology of the U.S. Financial Crisis, Bingley 2010, S. 27–68.
Ders., Die Architektur der Märkte, Wiesbaden 2011.
Foley, Duncan, »Money in Economic Activity«, in: Eatwell, John/Milgate, Murray/Newman, Peter (Hg.), Money, London 1987, S. 248–262.
Forstater, Mathew, »Tax-Driven Money: Additional Evidence from the History of Thought, Economic History, and Economic Policy«, *CFEPS Working Paper* 35, 2004.
Fourcade, Marion, »Theories of Markets and Theories of Society«, in: *American Behavioral Scientist* 50(8), 2007, S. 1015–1034.
Freeland, Chrystia, Die Superreichen. Aufstieg und Herrschaft einer neuen globalen Geldelite, Frankfurt am Main 2012.
Friedman, Milton/Friedman, Rose, Chancen, die ich meine. »Free to Choose«. Ein persönliches Bekenntnis, Frankfurt am Main 1983.

Fuentes-Nieva, Ricardo/Galasso, Nick, »Working For the Few, Political Capture and Economic Inequality«, *Oxfam Briefing Paper,* 2014.
Fullwiler, Scott, »An Endogenous Money Perspective on the Post-Crisis Monetary Policy Debate«, in: *Review of Keynesian Economics* 1(2), 2013, S. 171–194.
Furfine, Craig, »The Interbank Market During a Crisis«, *BIZ Working Papers* 99, 2009.

Ganßmann, Heiner, »Geld – ein symbolisch generalisiertes Medium der Kommunikation? Zur Geldlehre in der neueren Soziologie«, in: *Prokla. Zeitschrift für kritische Sozialwissenschaft* 63 16(2), 1986, S. 6–22.
Ders., »Das Geldspiel«, in: Deutschmann, Christoph (Hg.), Die gesellschaftliche Macht des Geldes, *Leviathan* Sonderheft 21, Wiesbaden 2002, S. 21–46.
Ders., »Wirtschaftssoziologie und ökonomische Theorie«, in: Beckert, Jens/ Deutschmann, Christoph (Hg.), Wirtschaftssoziologie, Sonderheft der *Kölner Zeitschrift für Soziologie und Sozialpsychologie* 49, Wiesbaden 2010, S. 158–175.
Ders., Doing Money: Elementary Monetary Theory From a Sociological Standpoint, London 2012.
Ders., »Geldillusion und Krise«, in: Kraemer, Klaus/Nessel, Sebastian (Hg.), Entfesselte Finanzmärkte. Soziologische Analysen des modernen Kapitalismus, Frankfurt am Main 2012, S. 83–102.
Ders., »Geld, Kredit und die Finanzkrise von 2007/08«, in: Kraemer, Klaus/ Nessel, Sebastian (Hg.), Geld und Krise. Die sozialen Grundlagen moderner Geldordnungen, Frankfurt am Main 2015, S. 131–154.
Ders., »Geld als Fiktion? Warum Geld kein Kredit ist und das Publikum so schwer von seiner Stabilität zu überzeugen ist«, in: *Prokla. Zeitschrift für kritische Sozialwissenschaft* 45(2), 2015, S. 199–216.
Gerschlager, Caroline/Paul-Horn, Ina, »Einleitung«, in: dies. (Hg.), Gestaltung des Geldes, Marburg 2000, S. 7–22.
Giddens, Anthony, Die Konstitution der Gesellschaft. Grundzüge einer Theorie der Strukturierung, Frankfurt am Main 1988.
Ders., Konsequenzen der Moderne, Frankfurt am Main 1995.
Gilbert, Emily, »Common Cents: Situating Money in Time and Place«, in: *Economy and Society* 34(3), 2005, S. 357–388.
Gischer, Horst/Herz, Bernhard/Menkhoff, Lukas, Geld, Kredit und Banken. Eine Einführung, Heidelberg 2012.
Glattfelder, James B./Battiston, Stefano, »Backbone of Complex Networks of Corporations: The Flow of Control«, in: *Physical Review* E 80, 2009.

Ders., Decoding Complexity. Uncovering Patterns in Economic Networks, Heidelberg 2013.
Gleeson-White, Jane, Double Entry. How the Merchants of Venice Created Modern Finance, London 2013.
Glick, Reuven/Lansing, Kevin J., »Global Household Leverages, House Prices, and Consumption«, *FRBSF Economic Letter* 1, 2010.
Goodhart, Charles, »The Two Concepts of Money: Implications for the Analysis of Optimal Currency Areas«, in: *European Journal of Political Economy* 14, 1998, S. 407–432.
Ders., »What is the Essence of Money?«, in: *Cambridge Journal of Economics* 29(5), 2005, S. 817–825.
Gorton, Gary B./Metrick, Andrew, »Securitized Banking and the Run on Repo«, *NBER Working Paper* 15223, 2009.
Graeber, David, Debt: The First 5000 Years, New York 2011; dt.: Schulden. Die ersten 5000 Jahre, Stuttgart 2012.
Grahl, John, »Review Essay Money as Sovereignty: The Economics of Michel Aglietta«, in: *New Political Economy* 5(2), 2000, S. 291–316.
Granovetter, Mark, »Economic Action and Social Structure: The Problem of Embeddedness«, in: *American Journal of Sociology* 91(3), 1985, S. 481–510.
Ders./Swedberg, Richard (Hg.), The Sociology of Economic Life, Cambridge 2001.
Greenbaum, Stuart I./Thakor, Anjan V., Contemporary Financial Intermediation, Amsterdam 2007.
Gross, Neil, »A Pragmatist Theory of Social Mechanisms«, in: *American Sociological Review* 74(3), 2009, S. 358–379.
Guillén, Mauro F. u.a. (Hg.), The New Economic Sociology: Developments in an Emerging Field, New York 2002.
Dies., »The Revival of Economic Sociology«, in: dies. (Hg.), The New Economic Sociology: Developments in an Emerging Field, New York 2002, S. 1–34.
Guseva, Alya/Rona-Tas, Akos, »Uncertainty, Risk, and Trust: Russian and American Credit Card Markets Compared«, in: *American Social Review* 66(5), 2001 S. 623–646.
Dies., Into the Red: the Birth of Credit Card Market in Postcommunist Russia, Stanford 2008.
Gylfason, Thorvaldur u.a., Nordics in Global Crisis, Vulnerability and Resilience, Helsinki 2010.

Haesler, Aldo J., »Irreflexive Moderne. Die Folgen der Dematerialisierung des Geldes aus Sicht einer tauschtheoretischen Soziologie«, in: Deutschmann, Christoph (Hg.), Die gesellschaftliche Macht des Geldes, *Leviathan* Sonderheft 21, Wiesbaden 2002, S. 177–202.

Hahn, Alois, »Soziologische Aspekte der Knappheit«, in: Heinemann, Klaus (Hg.), Soziologie wirtschaftlichen Handelns, Sonderheft der *Kölner Zeitschrift für Soziologie und Sozialpsychologie* 28, Opladen 1987, S. 119–132.

Haldane, Andrew, »On Being the Right Size«, Rede vom 25. 10. 2012, online unter: www.bankofengland.co.uk/publications/Pages/speeches/default.aspx [23. 01. 2015].

Hank, Rainer, »Warnung vor dem Schlaraffenland. Aspekte einer Theorie der Knappheit«, in: *Merkur* 64(11), 2010, S. 1033–1046.

Harding, Robin/Blas, Javier/Beattie, Alan, »World Economy: In Gold They Rush, What Bullion's Sharp Price Rise Means to the World Economy«, Beitrag auf *ft.com* vom 12. 11. 2010, online unter: https://www.ft.com/content/d77d01f8-ee90-11df-9db0-00144feab49a [19. 12. 2016].

Hart, Keith, Money in an Unequal World: Keith Hart and His Memory Bank, New York 2001.

Hartmann, Martin, »Einleitung«, in: ders./Offe, Claus (Hg.), Vertrauen. Die Grundlage des sozialen Zusammenhalts, Frankfurt am Main 2001, S. 7–36.

Ders./Offe, Claus (Hg.), Vertrauen. Die Grundlage des sozialen Zusammenhalts, Frankfurt am Main 2001.

Ders., Die Praxis des Vertrauens, Berlin 2011.

Haubl, Rolf, »Money Madness. Eine psychodynamische Skizze«, in: Deutschmann, Christoph (Hg.), Die gesellschaftliche Macht des Geldes, *Leviathan* Sonderheft 21, Wiesbaden 2002, S. 203–225.

Häußling, Roger/Klein, Hans Joachim, »Geld«, in: Kopp, Johannes/Schäfers, Bernhard, Grundbegriffe der Soziologie, 10. Auflage, Wiesbaden 2010, S. 78–80.

Hegel, G. W. F, Wissenschaft der Logik 1, Werke in zwanzig Bänden, Band 5, Frankfurt am Main 1969.

Ders., Enzyklopädie der philosophischen Wissenschaft 1, Werke in zwanzig Bänden, Band 5, Frankfurt am Main 1970.

Heidenreich, Ralph/Heidenreich, Stefan, Mehr Geld, Berlin 2008.

Heider, Florian/Hoerova, Marie, »Interbank Lending, Credit Risk Premia and Collateral«, *EZB Working Paper Series* Nr. 1107, 2009.

Heinemann, Klaus, Grundzüge einer Soziologie des Geldes, Stuttgart 1969.

Ders., »Soziologie des Geldes«, in: ders. (Hg.), Soziologie wirtschaftlichen

Handelns, Sonderheft der *Kölner Zeitschrift für Soziologie und Sozialpsychologie* 28, Opladen 1987, S. 322–338.
Heinsohn, Gunnar/Steiger, Otto, »Was ist Wirtschaften?«, in: Betz, Karl/Roy, Tobias (Hg.), Privateigentum und Geld. Kontroversen um den Ansatz von Heinsohn und Steiger, Marburg 1999, S. 17–55.
Dies., »Kurze Grundlegung der Wirtschaftstheorie«, in: Gerschlager, Caroline/Paul-Horn, Ina (Hg.), Gestaltung des Geldes, Marburg 2000, S. 61–84.
Dies., Eigentum, Zins und Geld. Ungelöste Rätsel der Wirtschaftswissenschaft, Marburg 2009.
Heintel, Peter, »Was ist Geld?«, in: Gerschlager, Caroline/Paul-Horn, Ina (Hg.), Gestaltung des Geldes, Marburg 2000, S. 23–60.
Ders., »Zur religiösen Bedeutung des Geldes«, in: Kellermann, Paul (Hg.), Geld und Gesellschaft, Interdisziplinäre Perspektiven, Wiesbaden 2006, S. 93–114.
Helleiner, Eric, The Making of National Money, Territorial Currencies in Historical Perspective, London 2003.
Herr, Hansjörg, »Keynes und seine Interpreten«, in: *Prokla. Zeitschrift für kritische Sozialwissenschaft* 123 31(2), 2001, S. 203–226.
Hicks, J. R., »Mr. Keynes and The ›Classics‹: a Suggested Interpretation«, in: *Econometrica* 5(2), 1937, S. 147–159.
Hillebrandt, Frank, »Kaufen, Verkaufen, Schenken. Die Simultanität von Tauschpraktiken«, in: Beckert, Jens/Diaz-Bone, Rainer/Ganßmann, Heiner (Hg.), Märkte als soziale Strukturen, Frankfurt am Main 2007, S. 281–295.
Ders., »Begriff und Praxis des Tausches«, in: Rehberg, Karl-Siegbert/Deutsche Gesellschaft für Soziologie (Hg.), Die Natur der Gesellschaft. Verhandlungen des 33. Kongresses der Deutschen Gesellschaft für Soziologie in Kassel 2006, Frankfurt am Main 2008, S. 4279–4291.
Ders., Praktiken des Tauschens. Zur Soziologie symbolischer Formen der Reziprozität, Wiesbaden 2009.
Hilpold, Peter/Steinmair, Walter (Hg.), Neue europäische Finanzarchitektur. Die Reform der WWU, Heidelberg 2014.
Hirschauer, Stefan, »Verhalten, Handeln, Interagieren«, in: Schäfer, Hilmar (Hg.), Praxistheorie, Ein soziologisches Forschungsprogramm, Bielefeld 2016, S. 45–67.
Ho, Karen, Liquidated: An Ethnography of Wall Street, Durham 2009.
Hochberg, Yael V./Ljungqvist, Alexander/Lu, Yang, »Whom You Know Matters: Venture Capital Networks and Investment Performance«, in: *The Journal of Finance* 62(1), 2007, S. 251–301.

Hodgson, Geoffrey M., Conceptualizing Capitalism: Institutions, Evolution, Future, Chicago 2015.

Hodgson, Graham, »Banking, Finance and Income Inequality«, online unter: http://www.positivemoney.org/publications/banking-finance-and-income-inequality/ [12. 12. 2015].

Hoenig, Thomas M., »Back to the Business of Banking«, Rede auf der 29th Annual Monetary and Trade Conference, Global Interdependence Center and Drexel University LeBow College of Business, Pennsylvania 2011, online unter: www.bis.org [26. 01. 2015].

Holms, Alan R., »Operational Constraints on the Stabilization of Money Supply Growth«, in: The Federal Reserve Bank of Boston (Hg.), Controlling Monetary Aggregates, Boston 1969, S. 65–77.

Holmström, Bengt/Tirole, Jean, Inside and Outside Liquidity, Cambridge 2011.

Honnegger, Claudia/Neckel, Sighard/Magnin, Chantal, »Berichte aus der Bankenwelt«, in: dies. (Hg.), Strukturierte Verantwortungslosigkeit. Berichte aus der Bankenwelt, Berlin 2010, S. 15–32.

Dies., Strukturierte Verantwortungslosigkeit. Berichte aus der Bankenwelt, Berlin 2010.

Hörisch, Jochen, »Poetische Kritik des Geldes – Zur Hermeneutik des Mangels«, in: ders., Kopf oder Zahl. Die Poesie des Geldes, Frankfurt am Main 1996, S. 176–192.

Ders., Gott, Geld und Medien. Studien zu den Medien, die die Welt im Innersten zusammenhalten, Frankfurt am Main 2004.

Hreinsson, Páll/Gunnarsson, Tryggvi/Benediktsdóttir, Sigrí uŗ »Causes of the Collapse of the Icelandic Banks – Responsibility, Mistakes and Negligence«, Bericht für die Icelandic Special Investigation Commission, 9. 3. 2009, online unter: http://www.rna.is/eldri-nefndir/addragandi-og-orsakir-falls-islensku-bankanna-2008/skyrsla-nefndarinnar/english/ [19. 01. 15].

Huang, Rocco/Ratnovsky, Lev, »The Dark Side of Bank Wholesale Funding«, *EZB Working Papier Series* 1223, 2010.

Huber, Joseph/Robertson, James, Creating New Money: A Monetary Reform for the Information Age, London 2000.

Ders., Monetäre Modernisierung. Zur Zukunft der Geldordnung, Marburg 2010.

Ders., »Monetäre Modernisierung. Vom Giralgeld zum Vollgeld«, in: Kraemer, Klaus/Nessel, Sebastian (Hg.), Geld und Krise. Die sozialen Grundlagen moderner Geldordnungen, Frankfurt am Main 2015, S. 291–208.

Hubijbens, Edward/Porsteinsson, Huginn Freyr, »Letters From Iceland«, in: *Political Insight* 1(1), 2010, S. 20–21.
Hume, David, Politische und ökonomische Essays, Hamburg 1988.
Humphrey, Thomas, »The Quantity Theory of Money: Its Historical Evolution and Role in Policy Debates«, in: *Economic Review*, Mai/Juni 1974, S. 2–19.
Hundt, Markus, »Das Ringen um den Geldbegriff. Begriffswandel und Metaphernkonstanz in historischen und zeitgenössischen Geldtheorien«, in: Felder, Ekkehard (Hg.), Semantische Kämpfe, Macht und Sprache in den Wissenschaften, Berlin 2006, S. 313–352.
Hunt, Emery Kay/Lautzenheiser, Marc, History of Economic Thought: A Critical Perspective, New York 2011.

Ingham, Geoffrey, »Money is a Social Relation«, in: *Review of Social Economy* 54(4), 1996, S. 507–529.
Ders., »On the Underdevelopment of the ›Sociology of Money‹«, in: *Acta Sociologica* 41(3), 1998, S. 3–18.
Ders., »›Babylonian Madness‹: On the Historical and Sociological Origins of Money«, in: Smithin, John (Hg.), What is Money?, New York 2000, S. 16–41.
Ders., The Nature of Money, Cambridge 2004.
Ders., »The Specifity of Money«, in: *European Journal of Sociology* 48(2), 2007, S. 265–272.
Ders., Capitalism, Cambridge 2008.
International Capital Market Association [ICMA], »European Repo Market Survey 26«, 2014, online unter: www.icmagroup.org [22. 01. 15].
International Organization of Securities Commissions [IOSCO], »The Role of Credit Rating Agencies in Structured Finance Markets«, Bericht des Technical Committee of the International Organization of Securities Commissions, 2008, online unter: www.iosco.org [22. 01. 2015].
International Swaps and Derivatives Association [ISDA], »Margin Survey 2006«, online unter: www.isda.org [23. 01. 2015].
Dies., »Margin Survey 2011«, online unter: www.isda.org [23. 01. 2015].
Dies., »Margin Survey 2012«, online unter: www.isda.org [23. 01. 2015].
Dies., »Margin Survey 2014«, online unter: www.isda.org [23. 01. 2015].
Issing, Otmar, Einführung in die Geldtheorie, München 2007.
IWF, »Offshore Financial Centers«, *IWF Background Paper*, 2000.
Ders., »Iceland: Financial System Stability Assessment – Update«, *IWF Länderbericht* 368, 2008.
Ders., »World Economic Outlook: Growth Resuming, Dangers Remain«, 2012.

Jackson, Andrew/Dyson, Ben, Modernising Money: Why Our Monetary System is Broken and How it Can be Fixed, London 2014.

Jakab, Zoltan/Kumhof, Michael, »Banks Are Not Intermediaries of Loanable Funds – And Why this Matters«, *Bank of England Working Paper* 592, 2015.

Jevons, William Stanley, »Money and the Mechanism of Exchange«, New York 1897, online veröffentlicht von der Library of Economics and Liberty unter: http://www.econlib.org/library/YPDBooks/Jevons/jvnMMECover.html [11. 12. 2015].

Johnson, Lyndon. B., »Annual Message to the Congress: The Economic Report of the President«, February 1, 1968, online unter: http://www.presidency.ucsb.edu/ws/?pid=29104 [11. 12. 2015].

Jónsson, Ásgeir, Why Iceland?, New York 2009.

JPMorgan Chase & Co., »Regulatory Reform and Collateral Management: The Impact on Major Participant in the OTC Derivatives Markets«, *J.P. Morgan Thought,* 2012.

Kacperczyk, Marcin/Schnabl, Philipp, »When Safe Proved Risky: Commercial Paper during the Financial Crisis of 2007–2009«, in: *Journal of Economic Perspectives* 24(1), 2010, S. 29–50.

Kalthoff, Herbert, »Finanzwirtschaftliche Praxis und Wirtschaftstheorie. Skizze einer Soziologie ökonomischen Wissens«, in: *Zeitschrift für Soziologie* 33(2), 2004, S. 154–175.

Ders., »Ökonomisches Rechnen. Zur Konstitution bankenwirtschaftlicher Objekte und Investitionen«, in: Mennicken, Andrea/Vollmer, Hendrick (Hg.), Zahlenwerk, Kalkulation, Organisation und Gesellschaft, Wiesbaden 2007, S. 143–164.

Ders., »Die Finanzsoziologie: Social Studies of Finance. Zur neuen Soziologie ökonomischen Wissens«, in: Beckert, Jens/Deutschmann, Christoph (Hg.), Wirtschaftssoziologie, Sonderheft der *Kölner Zeitschrift für Soziologie und Sozialpsychologie* 49, Wiesbaden 2010, S. 266–287.

Ders./Maesse, Jens, »Die Hervorbringung des Kalküls. Zur Praxis der Finanzmathematik«, in: ders./Vormbusch, Uwe (Hg.), Soziologie der Finanzmärkte, Bielefeld 2012, S. 201–234.

Ders./Vormbusch, Uwe (Hg.), Soziologie der Finanzmärkte, Bielefeld 2012.

Kaufmann, Franz-Xaver, »Kritik des neutralen Geldes«, in: *Geschichte und Gesellschaft* 25(2), 1999, S. 226–251.

Keen, Steve, »Instability in Financial Markets: Sources and Remedies«, Konferenzbeitrag, online unter: http://ineteconomics.org/conference/berlin/instability-financial-markets-sourcesand-remedies [14. 01. 2015].

Kellermann, Paul, »Geld ist kein ›Mysterium‹ – Geld ist ›Handlungsorientierung‹«, in: ders. (Hg.), Geld und Gesellschaft. Interdisziplinäre Perspektiven, Wiesbaden 2006, S. 115–138.

Ders., »Moneyismus – Der Glaube an Geld als Alltagsreligion«, in: ders. (Hg.), Die Geldgesellschaft und ihr Glaube. Ein interdisziplinärer Polylog, Wiesbaden 2007, S. 115–126.

Ders., »Soziologie des Geldes«, in: Maurer, Andrea (Hg.), Handbuch der Wirtschaftssoziologie, Wiesbaden 2008, S. 320–340.

Ders., Soziologie des Geldes. Grundlegende und zeithistorische Einsichten, Wiesbaden 2014.

Kessler, Oliver, Die Internationale Politische Ökonomie des Risikos. Eine Analyse am Beispiel der Diskussion um die Finanzmärkte, Wiesbaden 2008.

Kette, Sven, »A Cognitive Model of Rule-Finding in Banking Regulation: The Consultative Process of Basel II Examined«, *GARNET Working Paper* 69, 2009.

Keynes, John Maynard, Allgemeine Theorie der Beschäftigung, des Zinses und des Geldes, Berlin 1983.

Ders., Vom Gelde, Berlin 1983.

Klass, Tobias Nikolaus, Das Versprechen. Grundzüge einer Rhetorik des Sozialen nach Searle, Hume und Nietzsche, München 2002.

Klein, Hans Joachim, »Geld«, in: Schäfers, Bernhard (Hg.), Grundbegriffe der Soziologie, Opladen 1994, S. 82–84.

Ders., Eintrag »Geld« in: Kopp, Johannes/Schäfers, Bernhard (Hg.), Grundbegriffe der Soziologie, Wiesbaden 2010, S. 78–80.

Klein, Michael A., »A Theory of the Banking Firm«, in: *Journal of Money, Credit and Banking* 3(2), 1971, S. 205–218.

Knapp, Georg Friedrich, Staatliche Theorie des Geldes, Leipzig 1905.

Knorr-Cetina, Karin/Bruegger, Urs, »Global Microstructures: The Virtual Societies of Financial Markets«, in: *American Journal of Sociology* 107(4), 2002, S. 905–950.

Dies., »What is a Financial Market?«, in: Beckert, Jens/Deutschmann, Christoph (Hg.), Wirtschaftssoziologie, Sonderheft der *Kölner Zeitschrift für Soziologie und Sozialpsychologie* 49, Wiesbaden 2010, S. 326–343.

Kraemer, Klaus/Nessel, Sebastian (Hg.), Entfesselte Finanzmärkte. Soziologische Analysen des modernen Kapitalismus, Frankfurt am Main 2012.

Ders., »Kommt es bei der Geldverwendung auf Vertrauen an? Eine populäre Annahme auf dem soziologischen Prüfstand«, in: ders./Nessel, Sebastian (Hg.), Geld und Krise. Die sozialen Grundlagen moderner Geldordnungen, Frankfurt am Main 2015, S. 187–220.

Ders./Nessel, Sebastian, »Einleitung – Geld, Krise und soziale Ordnung. Ein problemorientierter Aufriss«, in: dies. (Hg.), Geld und Krise. Die sozialen Grundlagen moderner Geldordnungen, Frankfurt am Main 2015, S. 187–220.
Kriesler, Peter/Lavoie, Marc, »The New Consensus on Monetary Policy and Its Post-Keynesian Critique«, in: *Review of Political Economy* 19(3), 2007, S. 387–404.
Kripke, Saul A., Wittgenstein über Regeln und Privatsprache. Eine elementare Darstellung, Frankfurt am Main 2006.
Krippner, Greta R./Alvarez, Anthony S., »Embeddedness and the Intellectual Project of Economic Sociology«, in: *Annual Review of Sociology* 33, 2007, S. 219–240.
Dies., Capitalizing on Crisis: The Political Origins of the Rise of Finance, Cambridge 2011.
Krisch, Pia, Alltag, Geld und Medien. Die kommunikative Konstruktion monetärer Identität, Wiesbaden 2010.
Kromphardt, Jürgen, Analysen und Leitbilder des Kapitalismus von Adam Smith bis zum Finanzmarktkapitalismus, Marburg 2015.
Krugman, Paul/Wells, Robin, Volkswirtschaftslehre, Stuttgart 2010.
Kydland, Finn E./Prescott, Edward C., »Business Cycles: Real Facts and a Monetary Myth«, in: *Federal Reserve Bank of Minneapolis Quarterly Review* 14(2), 1990, S. 3–18.

Laeven, Luc/Valencia, Fabián, »Systemic Banking Crises Database: An Update«, *IMF Working Paper* 163, 2012.
Laidler, David/Rowe, Nicholas, »Georg Simmel's Philosophy of Money: A Review Article for Economists«, in: *Journal of Economic Literature* 18(1), 1980, S. 97–105.
Lanchester, John, »It's Finished«, in: *London Review of Books* 31(10), 2009, S. 3–13.
Ders., Whoops!, Why Everyone Owes Everyone und No One Can Pay, London 2010; dt.: Warum jeder jedem etwas schuldet und keiner jemals etwas zurückzahlt. Die bizarre Geschichte der Finanzen, Stuttgart 2013.
Lapatsioras, Spyros/Milios, John, »The Notion of Money from the Grundrisse to Capital«, in: *Science & Society* 76(4), 2012, S. 521–545.
Lapavitsas, Costas, »The Social Relations of Money as Universal Equivalent: A Response to Ingham«, in: *Economy and Society* 34(3), 2006, S. 389–403.
Latour, Bruno/Woolgar, Steve, Laboratory Life: The Construction of Scientific Facts, Princeton 1986.

Ders., Eine neue Soziologie für eine neue Gesellschaft, Frankfurt am Main 2010.

Laux, Christian/Leuz, Christian, »Did Fair Value Accounting Contribute to the Financial Crisis?«, *NBER Working Paper* 15515, 2009.

Le Leslé, Vanessa, »Bank Debt in Europe: ›Are Funding Models Broke?‹«, *IWF Working Paper* 299, 2012.

Lewicki, Roy J./McAllister, Daniel J./Bies, Robert J., »Trust and Distrust: New Relationships and Realities«, in: *Academy of Management Review* 23(3), 1998, S. 438–458.

Ders., »Trust, Trust Development, and Trust Repair« in: Deutsch, Morton/Coleman, Peter/Eric, Marcus (Hg.), The Handbook of Conflict Resolution: Theory and Practice, San Francisco 2006, S. 92–119.

Lie, John, »Sociology of Markets«, in: *Annual Review of Sociology* 23, 1997, S. 341–360.

Liebsch, Burkhard, Gegebenes Wort oder Gelebtes Versprechen. Quellen und Brennpunkte der Sozialphilosophie, Freiburg 2008.

Lin, Ken-Hou/Tomaskovic-Devey, Donald, »Financialization and U.S. Income Inequality 1970–2008«, in: *American Journal of Sociology* 118(5), 2013, S. 1284–1329.

LiPuma, Edward/Lee, Benjamin, Financial Derivatives and the Globalization of Risk, Durham 2004.

Lounsbury, Michael/Hirsch, Paul M. (Hg.), Markets on Trial: The Economic Sociology of the US Financial Crisis, Bingley 2010.

Lowenstein, Roger, When Genius Failed: The Rise and Fall of Long Term Capital Management, London 2001.

Luhmann, Niklas, Die Wirtschaft der Gesellschaft, Frankfurt am Main 1994.

Ders., Das Recht der Gesellschaft, Frankfurt am Main 1995.

Ders., Vertrauen. Ein Mechanismus der Reduktion sozialer Komplexität, Stuttgart 2000.

Ders., »Vertrautheit, Zuversicht, Vertrauen, Probleme und Alternativen«, in: Hartmann, Martin/Offe, Claus (Hg.), Vertrauen. Die Grundlage des sozialen Zusammenhalts, Frankfurt am Main 2001, S. 143–160.

Ders., »Organisation im Wirtschaftsleben«, in: ders., Soziologische Aufklärung 3, Soziales System, Gesellschaft, Organisation, Wiesbaden 2005, S. 451–478.

Ders., Soziologie des Risikos, Berlin 2005.

Ders., »Die Knappheit der Zeit und die Vordringlichkeit des Befristeten«, in: ders., Politische Planung. Aufsätze zur Soziologie von Politik und Verwaltung, Wiesbaden 2007, S. 143–164.

Ders., Kontingenz und Recht. Rechtstheorie im interdisziplinären Zusammenhang, Berlin 2013.
Lund, Susan u.a., »Financial Globalization: Retreat or Reset?«, Bericht des McKinsey Global Institutes, 2013.
Lütz, Susanne, Der Staat und die Globalisierung von Finanzmärkten. Regulative Politik in Deutschland, Großbritannien und den USA, Frankfurt am Main 2002.

MacKenzie, Donald, »Is Economics Performative? Option Theory and the Construction of Derivatives Markets«, in: *Journal of the History of Economic Thought* 28(1), 2006, S. 29–55.
Ders., An Engine, Not a Camera: How Financial Models Shape Markets, Cambridge 2006.
Ders., Muniesa, Fabian/Siu, Lucia (Hg.), Do Economists Make Markets? On the Performativity of Economics, Oxford 2008.
Ders., Material Markets: How Economic Agents are Constructed, Oxford 2009.
Magnusson, Lars/Strath, Bo (Hg.), From the Werner Plan to the EMU: In Search of a Political Economy for Europe, Brüssel 2001.
Maier, Michael, Die Plünderung der Welt. Wie die Finanz-Eliten unsere Enteignung planen, München 2014.
Mandel, Benjamin H./Morgan, Donald/Wei, Chenyang, »The Role of Bank Credit Enhancement in Securitization«, in: Federal Reserve Bank of New York, The Evolution of Banks and Financial Intermediation, *Economic Policy Review* 18(2), New York 2012, S. 35–46.
Mankiw, N. Gregory, Grundzüge der Volkswirtschaftslehre, Stuttgart 2001.
Mann, Geoff, Disassembly Required: A Field Guide to Actually Existing Capitalism, Oakland 2013.
Ders., »The Monetary Exception: Labour, Distribution and Money in Capitalism«, in: *Capital & Class* 37(2), 2013, S. 197–216.
Marazzi, Christian, Verbranntes Geld, Zürich 2011.
Marcus, George E., »Ethnography in/of the World System: The Emergence of Multi-Sited Ethnography«, in: *Annual Review of Anthropology* 24, 1995, S. 95–117.
Martin, Felix, Money: The Unauthorized Biography, London 2013; dt: Geld. Die wahre Geschichte, München 2014.
Martin, Randy, »The Twin Towers of Financialization: Entanglements of Political and Cultural Economies«, in: *The Global South* 3(1), 2009, S. 108–125.
Martin, Ron, »Rethinking (New) Economic Geography Models: Taking Geo-

graphy and History More Seriously«, in: *Spatial Economic Analysis* 5(2), 2010, S. 127–160.
Marty, Alvin L., »Gurley and Shaw on Money in a Theory of Finance«, in: *Journal of Political Economy* 69(1), 1961, S. 56–62.
Maurer, Andrea, »Perspektiven der Wirtschaftssoziologie. Von versunkenen Schätzen, Entdeckern und neuen Kontinenten«, in: dies. (Hg.), Handbuch der Wirtschaftssoziologie, Wiesbaden 2008, S. 11–15.
Dies., »Die Institutionen der Wirtschaft. Soziologische Erklärungen wirtschaftlicher Sachverhalte«, in: Beckert, Jens/Deutschmann, Christoph (Hg.), Wirtschaftssoziologie, Sonderheft der *Kölner Zeitschrift für Soziologie und Sozialpsychologie* 49, Wiesbaden 2010, S. 208–218.
Maurer, Bill, »The Anthropology of Money«, in: *The Annual Review of Anthropology* 35, 2006, S. 15–36.
Mauss, Marcel, Die Gabe. Form und Funktion des Austauschs in archaischen Gesellschaften, Frankfurt am Main 1986.
Mayer, Martin, The Bankers: The Next Generation, New York 1997.
McKinsey Global Institute, Debt and deleveraging: The Global Credit Bubble and its Economic Consequences, 2010, online unter: http://www.mckinsey.com [29. 01. 2015].
McKnight, D. Harrison/Chervany, Norman, »Trust and Distrust Definitions: One Bite at a Time«, in: Falcone, Rino/Singh, Munindar/Tan, Yao-Hua (Hg.), Trust in Cyber-Societies, Integrating the Human and Artificial Perspectives Trust in Cyber-Societies, Berlin 2001, S. 27–54.
Mead, George Herbert, Philosophie der Sozialität. Aufsätze zur Erkenntnisanthropologie, Frankfurt am Main 1969.
Mehrling, Perry, »Modern Money: Fiat or Credit?«, in: *Journal of Post Keynesian Economics* 22(3), 2000, S. 397–406.
Meikle, Scott, »Aristotle on Money«, in: Smithin, John (Hg.), What is Money?, New York 2000, S. 157–173.
Menger, Carl, »On the Origin of Money«, Original in: *Economic Journal* 2, 1892, S. 238–255, neu veröffentlicht vom Mises Institute unter: http://mises.org/library/origins-money-0 [29. 01. 2015], 2009.
Ders., »Geld« [1892], in: ders., Gesammelte Werke Band IV, Tübingen 1970.
Mennicken, Andrea/Vollmer, Hendrick (Hg.), Zahlenwerk, Kalkulation, Organisation und Gesellschaft, Wiesbaden 2007.
Mertens, Daniel, Erst sparen, dann kaufen? Privatverschuldung in Deutschland, Frankfurt am Main 2015.
Merton, Robert K., »The Matthew Effect in Science«, in: *Science* 159(3810), 1968, S. 56–63.

Meyer, Christian, »Neopraxiology«, in: Schäfer, Franka/Daniel, Anna/Hillebrandt, Frank (Hg.), Methoden einer Soziologie der Praxis, Bielefeld 2015, S. 91–120.
Mikl-Horke, Gertraude, Sozialwissenschaftliche Perspektiven der Wirtschaft, München 2008.
Dies., »Das Ökonomieverständnis in der Wirtschaftssoziologie«, in: Becker, Joachim u.a. (Hg.), Heterodoxe Ökonomie, Marburg 2009, S. 177–214.
Dies., Historische Soziologie – Sozioökonomie – Wirtschaftssoziologie, Wiesbaden 2011.
Minsky, Hyman P., Stabilizing an Unstable Economy, Yale 1986.
Ders., »Die Hypothese der finanziellen Instabilität. Kapitalistische Prozesse und das Verhalten der Wirtschaft«, in: ders./Vogl, Joseph, Instabilität und Kapitalismus, Zürich 2011, S. 21–66.
Ders., »Finanzielle Instabilität. Die Ökonomie der Katastrophe«, in: ders./Vogl, Joseph, Instabilität und Kapitalismus, Zürich 2011, S. 67–138.
Mises, Ludwig, Theorie des Geldes und der Umlaufmittel, München 1912, unveränderter Nachdruck online veröffentlicht unter: http://mises.org/library/theorie-des-geldes-und-der-umlaufsmittel [30. 01. 15].
Mishkin, Frederic S., The Economics of Money, Banking, and Financial Markets, 10. Auflage, Harlow 2013.
Misztal, Barbara A., Trust in Modern Societies. The Search for the Bases of Social Order, Cambridge 1998.
Mitchell-Innes, Alfred, »What is Money?«, in: *The Banking Law Journal* 30 (1913), Nr. 5, S. 377–408.
Möllers, Christoph, Die Möglichkeit der Normen. Über eine Praxis jenseits von Moralität und Kausalität, Berlin 2015.
Monnet, Cyril, »Rehypothecation«, in: *Federal Reserve Bank of Philadelphia Business Review,* Viertes Quartal, 2011, S. 18–25.
Moore, Basil J., Horizontalists and Verticalists: The Macroeconomics of Credit Money, Cambridge 1988.
Morris, Charles R., The Two Trillion Dollar Meltdown: Easy Money, High Rollers, and the Great Credit Crash, Philadelphia 2008.
Müller, Hans-Peter, »Geld und Kultur, Neuere Beiträge zur Philosophie und Soziologie des Geldes«, in: *Berliner Journal für Soziologie* 10(3), 2000, S. 423–434.
Münch, Richard, Soziologische Theorie Band 1: Grundlegung durch die Klassiker, Frankfurt am Main 2002.
Münchau, Wolfgang, Flächenbrand. Krise im Finanzsystem, Bonn 2008.
Mützel, Sophie, »Koordinierung von Märkten durch narrativen Wettbe-

werb«, in: Beckert, Jens/Deutschmann, Christoph (Hg.), Wirtschaftssoziologie, Sonderheft der *Kölner Zeitschrift für Soziologie und Sozialpsychologie* 49, Wiesbaden 2010, S. 87–106.

Nassehi, Armin, Der soziologische Diskurs der Moderne, Frankfurt am Main 2006.

Ders., Gesellschaft der Gegenwarten. Studien zur Theorie der modernen Gesellschaft II, Berlin 2011.

Neal, Larry, A Concise History of International Finance: From Babylon to Bernanke, Cambridge 2015.

Nersisyan, Yeva/Wray, L Randall, »The Global Financial Crisis and the Shift to Shadow Banking«, *The Levy Economic Institute Working Paper* 587, 2010.

Neubäumer, Renate/Hewel, Brigitte (Hg.), Volkswirtschaftslehre. Grundlagen der Volkswirtschaftstheorie und Volkswirtschaftspolitik, Wiesbaden 2005.

Noeth, Bryan J./Sengupta, Rejdeep, »Is Shadow Banking Really Banking?«, in: *The Regional Economist,* 2011. S. 8–13.

North, Michael, Kommunikation, Handel, Geld und Banken in der frühen Neuzeit, München 2000.

Ders., Kleine Geschichte des Geldes. Vom Mittelalter bis heute, München 2009.

Ders., »Geld- und Bankenkrisen in Mittelalter und Neuzeit«, in: Kraemer, Klaus/Nessel, Sebastian (Hg.), Geld und Krise. Die sozialen Grundlagen moderner Geldordnungen, Frankfurt am Main 2015, S. 43–60.

Noss, Joseph/Sowerbutts, Rhiannon, »The Implicit Subsidy of Banks«, *Bank of England Financial Stability Paper* Nr. 15, 2012.

Offe, Claus, »Wie können wir unseren Mitbürgern vertrauen?«, in: Hartmann, Martin/Offe, Claus (Hg.), Vertrauen. Die Grundlage des sozialen Zusammenhalts, Frankfurt am Main 2001, S. 241–294.

Opp, Christian C./Opp, Marcus M./Harris, Milton, »Rating Agencies in the Face of Regulation«, in: *Journal of Financial Economics* 108(1), 2013, S. 46–61.

Orléan, André, The Empire of Value: A New Foundation for Economics, Cambridge, MA 2014.

Ötsch, Silke, »Die Normalität der Ausnahme. Finanzoasen als Parallelökonomie von Eliten und die ausbleibende Regulierung«, in: *Momentum Quarterly* 1(1), 2012, S. 27–44.

Pagano, Marco/Volpin, Paolo F., »Credit Ratings Failures and Policy Options«, in: *Economic Policy* 25(62), 2010, S. 401–431.
Pahl, Hanno, Das Geld in der modernen Wirtschaft. Marx und Luhmann im Vergleich, Frankfurt am Main 2008.
Ders., »A Little Apparatus Called IS-LM. Steuerungsvisionen des hydraulischen Keynesianismus«, in: Ötsch, Walter u.a. (Hg.), Markt! Welcher Markt?, Marburg 2015, S. 101–126.
Palan, Ronen/Murphy, Richard/Chavagneux, Christian, Tax Havens: How Globalization Really Works, Ithaca 2010.
Ders./Nesvetailova, Anastasia, »Elsewhere, Ideally Nowhere: Shadow Banking and Offshore Finance«, *CITYPERC Working Paper Series* 1, 2014.
Panayotakis, Costas, Remaking Scarcity: From Capitalist Inefficiency to Economic Democracy, New York 2011.
Papilloud, Christian, »Tausch. Autopsie eines soziologischen Topos«, in: Rammstedt, Otthein (Hg.), Georg Simmels Philosophie des Geldes. Aufsätze und Materialien, Frankfurt am Main 2003, S. 158–167.
Patinkin, Don, »Financial Intermediaries and the Logical Structure of Monetary Theory: A Review«, in: *The American Economic Review* 51(1), 1961, S. 95–116.
Paul, Axel T., »Die Legitimität des Geldes«, in: Deutschmann, Christoph (Hg.), Die gesellschaftliche Macht des Geldes, *Leviathan* Sonderheft 21, Wiesbaden 2002 S. 109–129.
Ders., »Die Unverfügbarkeit des Geldes und die Rolle der Zentralbanken«, in: Beckert, Jens/Deutschmann, Christoph (Hg.), Wirtschaftssoziologie, Sonderheft der *Kölner Zeitschrift für Soziologie und Sozialpsychologie* 49, Wiesbaden 2010, S. 243–265.
Ders., Die Gesellschaft des Geldes. Entwurf einer monetären Theorie der Moderne, Wiesbaden 2012.
Pelzer, Peter, »Basel II, oder: die Einsicht in die unzureichende Verlässlichkeit reiner Quantifizierung«, in: Mennicken, Andrea/Vollmer, Hendrik (Hg.), Zahlenwerk, Kalkulation, Organisation und Gesellschaft, Wiesbaden 2007, S. 105–122.
Pettifor, Ann, »The Green New Deal: Restoring Balance and Stability to the Global Financial and Ecosystem«, in: *Ecopolitics Online Journal* 1(3), 2009, S. 27–47.
Dies., Just Money, Commonwealth 2014.
Philippon, Thomas/Reshef, Ariell, »An International Look at the Growth of Modern Finance«, in: *Journal of Economic Perspectives* 27(2), 2013, S. 73–96.
Piketty, Thomas, Das Kapital im 21. Jahrhundert, München 2014.

Pixley, Jocelyn, Emotions in Finance: Booms, Busts and Uncertainty, Cambridge 2012.

Polanyi, Karl, The Great Transformation, Wien 1978.

Polillo, Simone, »Money, Moral Authority, and the Politics of Creditworthiness«, in: *American Sociological Review* 76(3), 2011, S. 437–464.

Postberg, Christian, Macht und Geld. Über die gesellschaftliche Bedeutung monetärer Verfassungen, Frankfurt am Main 2013.

Ders., »Aus Kredit wird Geld. Entstehung und sozialstrukturelle Aspekte der reinen Kreditgeldverfassung«, in: Kraemer, Klaus/Nessel, Sebastian (Hg.), Geld und Krise. Die sozialen Grundlagen moderner Geldordnungen, Frankfurt am Main 2015, S. 61–78.

Pozsar, Zoltan, »The Rise and Fall of the Shadow Banking System«, *Moody's Analytics Regional Financial Review*, Juli 2008.

Ders./Singh, Manmohan, »The Nonbank-Bank Nexus and the Shadow Banking System«, *IWF Working Paper* 11/289, 2011.

Ders./Adrian, Tobias/Ashcraft, Adam/Boesky, Hayley, »Shadow Banking«, *Federal Reserve Bank of New York Staff Report* 458, 2012.

Prager, Christoph, Ratingagenturen. Funktionsweisen eines neuen politischen Herrschaftsinstruments, Wien 2012.

Rammstedt, Otthein (Hg.), Georg Simmels Philosophie des Geldes. Aufsätze und Materialien, Frankfurt am Main 2003.

Ders., »Vorwort«, in: ders. (Hg.), Georg Simmels Philosophie des Geldes. Aufsätze und Materialien, Frankfurt am Main 2003, S. 7–26.

Ders., »Wert, Geld und Individualität«, in: ders. (Hg.), Georg Simmels Philosophie des Geldes. Aufsätze und Materialien, Frankfurt am Main 2003, S. 27–44.

Rao, Hayagreeva/Greve, Henrich R./Davis, Gerald F., »Fool's Gold: Social Proof in the Initiation and Abandonment of Coverage by Wall Street Analysts«, in: *Administrative Science Quarterly* 46(3), 2011, S. 502–526.

Realfonzo, Riccardo, »The Italian Circuitists Approach«, in: Arestis, Philip/Sawyer, Malcolm (Hg.), A Handbook of Alternative Monetary Economics, Cheltenham 2008, S. 105–120.

Reckwitz, Andreas, »Grundelemente einer Theorie sozialer Praktiken. Eine sozialtheoretische Perspektive«, in: *Zeitschrift für Soziologie* 32(4), 2003, S. 282–301.

Ders., »Die Entwicklung des Vokabulars der Handlungstheorien. Von den zweck- und normorientierten Modellen zu den Kultur- und Praxistheo-

rien«, in: Gabriel, Manfred (Hg.), Paradigmen der akteurszentrierten Soziologie, Wiesbaden 2004, S. 303–328.
Ders., »Praktiken und ihre Affekte«, in: *Mittelweg* 36 24(1,2), 2015, S. 27–45.
Reemtsma, Jan Philipp, Vertrauen und Gewalt. Versuch über eine besondere Konstellation der Moderne, Hamburg 2008.
Reifner, Udo, Die Geldgesellschaft. Aus der Finanzkrise lernen, Wiesbaden 2010.
Riese, Hajo, »Georg Simmel und die Nationalökonomie. Anmerkungen zur Renaissance seiner ›Philosophie des Geldes‹«, in: Backhaus, Jürgen G./Stadermann, Hans-Joachim (Hg.), Georg Simmels Philosophie des Geldes. Einhundert Jahre danach, Marburg 2000, S. 95–112.
Riesman, David, Die einsame Masse. Eine Untersuchung der Wandlungen des amerikanischen Charakters, Hamburg 1959.
Ritzer, George, Die McDonaldisierung der Gesellschaft, Frankfurt am Main 1997.
Robbins, Lionell, An Essay on the Nature and Significance of Economic Science, London 1945, unveränderter Neudruck durch Mises Institute Print on Demand, 2007
Rochon, Louis-Philippe/Rossi, Sergio (Hg.), Modern Theories of Money: The Nature and Role of Money in Capitalist Economics, Cheltenham 2008.
Rona-Tas, Akos/Hiss, Stefanie, »The Role of Ratings in the Subprime Mortage Crisis: The Art of Corporate and the Sience of Consumer Credit Rating«, in: Lounsbury, Michael/Hirsch, Paul M. (Hg.), Markets on Trial: The Economic Sociology of the U.S. Financial Crisis, Bingley 2010, S. 113–154.
Rothstein, Bo/Stolle, Dietlind, »Capital: An Institutional Theory of Generalized Trust«, in: *Comparative Politics* 40(4), 2008, S. 441–459.
Roxburgh, Charles/Lund, Susan/Piotrowski, John, »Mapping Global Capital Markets«, *McKinsey Global Institute Updated Research,* 2011.
Ryan-Collins, Josh u.a., Where Does the Money Come From? A Guide to the UK Monetary and Banking System, London 2011.

Sahr, Aaron, »Häuser, Händler und Helden. Über Kreditgeld, die Eurokrise und ›Monopoly‹-Politik«, in: *Mittelweg* 36 21(5), 2012, S. 53–72.
Ders., »Von Richard Nixon zur 1000000000000-$-Münze. Kreditgeld als politische Verknappungsaufgabe«, in: *Mittelweg* 36 22(3), 2013, S. 4–31.
Ders., »Wären wir die besseren Banken? Zur Debatte um die Repolitisierung des Kreditgeldes«, in: *Widerspruch* 34(66), 2015, S. 103–113.

Ders., »Reichtum aus Feenstaub. Das Free-Lunch Privileg des Keystroke-Kapitalismus«, in: Bude, Heinz/Staab, Philipp (Hg.), Ungleichheit und Kapitalismus, Frankfurt am Main 2016, S. 25–44.

Samuelson, Paul A., »What Classical und Neoclassical Monetary Theory Really Was«, in: *The Canadian Journal of Economics* 1(1), 1968, S. 1–15.

Ders./Nordhaus, William D., Volkswirtschaftslehre, Landsberg 2007.

Santos, João, »Bank Capital Regulation in Contemporary Banking Theory: A Review of the Literature«, in: *Financial Markets, Institutions & Instruments* 10(2), 2001, S. 41–84.

Schaefer, Rupert, »Die internationale Finanzarchitektur nach der Finanz- und Wirtschaftskrise«, in: Hilpold, Peter/Steinmair, Walter (Hg.), Neue europäische Finanzarchitektur. Die Reform der WWU, Heidelberg 2014, S. 205–222.

Schäfer, Franka/Daniel, Anna/Hillebrandt, Frank (Hg.), Methoden einer Soziologie der Praxis, Bielefeld 2015.

Dies., »Einleitung«, in: dies. (Hg.), Methoden einer Soziologie der Praxis, Bielefeld 2015, S. 7–11.

Dies./Daniel, Anna, »Zur Notwendigkeit einer praxissoziologischen Methodendiskussion«, in: dies./Daniel, Anna/Hillebrandt, Frank (Hg.), Methoden einer Soziologie der Praxis, Bielefeld 2015, S. 37–55.

Schaper, Klaus, Makroökonomie. Ein Lehrbuch für Sozialwissenschaftler, Frankfurt am Main 2011.

Schatzki, Theodore R., Social Practices: A Wittgensteinian Approach to Human Activity and the Social, Cambridge 1996.

Ders., »Practices and Actions: A Wittgensteinian Critique of Bourdieu and Giddens«, in: *Philosophy of the Social Sciences* 27(3), 1997, S. 283–308.

Ders., »Introduction: Practice Theory«, in: ders/Knorr Cetina, Karin/von Savigny, Eike (Hg.), The Practice Turn in Contemporary Theory, London 2001, S. 1–14.

Ders./Knorr Cetina, Karin/von Savigny, Eike (Hg.), The Practice Turn in Contemporary Theory, London 2001.

Ders., The Site of the Social: A Philosophical Account of the Constitution of Social Life and Change, Pennsylvania 2002.

Ders., »A New Societist Social Ontology«, in: *Philosophy of the Social Science* 33(2), 2003, S. 174–202.

Ders., »Where the Action Is: On Large Social Phenomena Such as Sociotechnical Regimes«, *Sustainable Practices Research Group Working Paper* 1, 2011.

Ders., »A Primer on Practices: Theory and Research«, in: Higgs, Joy u.a.,

Practice-Based Education: Perspectives and Strategies, Rotterdam 2012, S. 13–26.
Ders., »Praxistheorie als flache Ontologie«, in: Schäfer, Hilmar (Hg.), Praxistheorie. Ein soziologisches Forschungsprogramm, Bielefeld 2016, S. 29–44.
Schefold, Bertram (Hg.), Exogenität und Endogenität. Die Geldmenge in der Geschichte des ökonomischen Denkens und in der modernen Politik, Marburg 2002.
Schmidt, Robert/Volbers, Jörg, »Öffentlichkeit als methodologisches Prinzip. Zur Tragweite einer praxistheoretischen Grundannahme«, in: *Zeitschrift für Soziologie* 40(1), 2011, S. 24–41.
Ders., Soziologie der Praktiken. Konzeptionelle Studien und empirische Analysen, Berlin 2012.
Schobin, Janosch, Freundschaft und Fürsorge. Bericht über eine Sozialform im Wandel, Hamburg 2013.
Schulmeister, Stephan, »Geld als Mittel zum (Selbst-)Zweck«, in: Liessmann, Konrad Paul (Hg.), Geld. Was die Welt im Innersten zusammenhält?, Wien 2009, S. 168–206.
Schumpeter, Joseph, Theorie der wirtschaftlichen Entwicklung. Eine Untersuchung über Unternehmergewinn, Kapital, Kredit, Zins und Konjunkturzyklus, Berlin 1987.
Ders., Kapitalismus, Sozialismus und Demokratie, Tübingen 2005.
Ders., Geschichte der ökonomischen Analyse, Göttingen 2009.
Schwalbe, Ulrich, »Léon Walras (1834–1910)«, in: Kurz, Heinz D. (Hg.), Klassiker des ökonomischen Denkens, Band 1: Von Adam Smith bis Alfred Marshall, München 2008, S. 242–266.
Schwarze, Jürgen (Hg.), EU-Kommentar, Baden-Baden 2009.
Schwinn, Thomas, Soziale Ungleichheit, Bielefeld 2007.
Scott, Ian E., »Fair Value Accounting: Friend or Foe?«, in: *William & Mary Business Law Review* 1(2), 2010, S. 489–542.
Searle, John R., Die Konstruktion der gesellschaftlichen Wirklichkeit. Zur Ontologie sozialer Tatsachen, Berlin 2011.
Segbers, Franz, »Geld – der allergewöhnlichste Abgott auf Erden (Martin Luther). Die Zivilreligion des Alltags im Kapitalismus«, in: Deutschmann, Christoph (Hg.), Die gesellschaftliche Macht des Geldes, *Leviathan* Sonderheft 21, Wiesbaden 2002, S. 130–147.
Semenova, Alla, »The Origin of Money: Enhancing the Chartalist Perspective«, *CEFPS Working Paper* 55, 2007.
Sener, Ulas, Die Neutralitätstheorie des Geldes – Ein kritischer Überblick, Potsdam 2014.

Sewell, William H., »The Temporalities of Capitalism«, in: *Socio-Economic Review* 6(3), 2008, S. 517–537.
Sgambati, Stefano, »The Significance of Money: Beyond Ingham's Sociology of Money«, in: *European Journal of Sociology* 56(2), 2015, S. 307–339.
Shaffer, Sanders, »Fair Value Accounting: Villain or Innocent Victim«, *Federal Reserve Bank of Boston Quantitative Analysis Unit Working Paper* 1, 2010.
Simmel, Georg, Philosophie des Geldes. Gesamtausgabe, herausgegeben von Otthein Rammstedt, Band 6, Frankfurt am Main 1989.
Ders., »Das Geld in der Modernen Cultur«, Gesamtausgabe, herausgegeben von Otthein Rammstedt, Band 5, Frankfurt am Main 1989.
Ders., »Zur Psychologie des Geldes«, in: Gesamtausgabe, herausgegeben von Otthein Rammstedt, Band 2, Frankfurt am Main 1989, S. 49–65.
Singh, Manmohan/Aitken, James, »The (Sizable) Role of Rehypothecation in the Shadow Banking System«, *IWF Working Paper* 172, 2010.
Ders., »The (Other) Deleveraging«, *IWF Working Paper* 179, 2012.
Ders./Stella, Peter, »The (Other) Deleveraging: What Economists Need to Know About the Modern Money Creation Process«, Beitrag auf *voxeu.org* vom 02. 07. 2012, online unter: http://voxeu.org/article/other-deleveraging-what-economists-need-know-about-modern-money-creation-process [19. 12.16].
Ders./Stella, Peter, »Money and Collateral«, *IWF Working Paper* 95, 2012.
Sinn, Hans-Werner, Kasino-Kapitalismus. Wie es zur Finanzkrise kam, und was jetzt zu tun ist, Berlin 2011.
Ders., Die Target-Falle. Gefahren für unser Geld und unsere Kinder, München 2012.
Sklair, Leslie, »Review Essay – The Nature and Significance of Economic Sociology«, in: *Review of International Political Economy* 4(1), 1997, S. 239–247.
Skreta, Vasiliki/Veldkamp, Laura, »Ratings Shopping and Asset Complexity: A Theory of Ratings Inflation«, *NBER Working Paper* 14761, 2009.
Smelser, Neil/Swedberg, Richard (Hg.), The Handbook of Economic Sociology, Princeton 2005.
Dies., »Introducing Economic Sociology«, in: dies., The Handbook of Economic Sociology, Princeton 2005, S. 3–25.
Smith, Adam, Der Wohlstand der Nationen. Eine Untersuchung seiner Natur und seiner Ursachen, München 1974.
Smithin, John, »What is Money? Introduction«, in: ders. (Hg.), What is Money?, New York 2000, S. 42–66.
Ders., Controversies in Monetary Economics, Revised Edition, Cheltenham 2003.

Soener, Matthew, »Why Do Firms Financialize? Meso-Level Evidence from the US Apparel and Footwear Industry, 1991–2007«, in: *Socio-Economic Review* 13(3), 2015, S. 549–574.
Soros, George, Die Analyse der Finanzkrise … und was sie bedeutet – weltweit, München 2009.
Spahn, Heinz-Peter, »Die Ordnung der Gesellschaft als Zahlungswirtschaft«, in: Deutschmann, Christoph (Hg.), Die gesellschaftliche Macht des Geldes, *Leviathan* Sonderheft 21, Wiesbaden 2002, S. 47–72.
Spahn, Peter, Streit um die Makroökonomie. Theoriegeschichtliche Debatten von Wicksell bis Woodford, Marburg 2016.
Sparsam, Jan, Wirtschaft in der New Economic Sociology. Eine Systematisierung und Kritik, Wiesbaden 2015.
Ders., »Ist die Marktsoziologie eine realistische Wissenschaft? Konzeptionelle Probleme der New Economic Sociology«, in: Ötsch, Walter Otto u.a. (Hg.), Markt! Welcher Markt?, Marburg 2015, S. 181–210.
Springler, Elisabeth, »Geldtheorie und Instabilität des Finanzmarktes. Postkeynesianische Ansätze des endogenen Geldes«, in: Becker, Joachim u.a. (Hg.), Heterodoxe Ökonomie, Marburg 2009, S. 35–54.
Stanisic, Nemanja u.a., »Mark to Market Accounting As a Magnifier of Financial Crises«, in: Mirdala, Rajmund (Hg.), Financial Aspects of Recent Trends, Volume II, Craiova 2013, S. 110–126.
Stanton, Richard/Wallace, Nancy, »CMBS Subordination: Ratings Inflation, and the Crisis«, *NBER Working Paper* 16206, 2010.
Stearns, Linda Brewster/Mizruchi, Mark S., »Banking and Financial Markets«, in: Smelser, Neil J./Swedberg, Richard (Hg.), The Handbook of Economic Sociology, Princeton 2005, S. 284–306.
Steinbrück, Peer, Unterm Strich, Hamburg 2010.
Stolle, Dietlind, »Trusting Strangers: The Concept of Generalized Trust in Perspective«, in *Österreichische Zeitschrift für Soziologie* 31(4), 2002, S. 397–412.
Streeck, Wolfgang, »The Crises of Democratic Capitalism«, in: *New Left Review* 71, 2011, S. 5–29.
Ders., »Die Krisen des demokratischen Kapitalismus. Inflation, staatliche Defizite, private Verschuldung, faule Kredite«, in: *Lettre International* 95, Winter 2011, S. 7–17.
Ders., »Völker und Märkte. Demokratischer Kapitalismus und Europäische Integration. Ein Epilog«, in: *Lettre International* 95, 2011, S. 15–17.
Ders., Gekaufte Zeit. Die vertagte Krise des demokratischen Kapitalismus, Frankfurt am Main 2013.

Streissler, Erich W., »Endogenität und Neutralität des Geldes in theoriegeschichtlicher Perspektive«, in: Schefold, Bertram (Hg.), Exogenität und Endogenität, Marburg 2002, S. 65–88.

Strobl, Günter/Xia, Han, »The Issuer-Pays Rating Model and Ratings Inflation: Evidence from Corporate Credit Ratings«, 2012, verfügbar auf SSRN: http://dx.doi.org/10.2139/ssrn.2002186 [17. 08. 16].

Stützle, Ingo, »Der Gott der Waren. Die ökonomische Theorie und ihr Geld«, in: *Prokla. Zeitschrift für kritische Sozialwissenschaft* 45(2), 2015, S. 177–198.

Swedberg, Richard/Granovetter, Mark, »Introduction to the Second Edition«, in: dies. (Hg.), The Sociology of Economic Life, Cambridge 2001, S. 1–30.

Ders., »What Has Been Accomplished in New Economic Sociology and Where Is it Heading?«, in: *European Journal of Sociology* 45(3), 2004, S. 317–330.

Ders., »The Economic Sociology of Capitalism: An Introduction and Agenda«, in: ders./Nee, Victor (Hg.), The Economic Sociology of Capitalism, Princeton (NJ) 2005, S. 3–40.

Ders., »The Structure of Confidence and the Collapse of Lehman Brothers«, in: Lounsbury, Michael/Hirsch, Paul M. (Hg.), Markets on Trial: The Economic Sociology of the US Financial Crisis, Bingley 2010, S. 69–112.

Sztompka, Piotr, Trust: A Sociological Theory, Cambridge 1999.

Taleb, Nassim Nicholas, Der schwarze Schwan. Die Macht höchst unwahrscheinlicher Ereignisse, München 2008.

Tanner, Jakob, »›Die Währung der Finanzmärkte ist Vertrauen‹. Nachhaltigkeit und Hinterhältigkeit eines mentalen Phänomens in historischer Perspektive«, in: Baberowski, Jörg (Hg.), Was ist Vertrauen? Ein interdisziplinäres Gespräch, Frankfurt am Main 2014, S. 73–100.

Thiel, Christian, Das ›bessere‹ Geld. Eine ethnographische Studie über Regionalwährungen, Wiesbaden 2011.

Thomasberger, Claus/Voy, Klaus, »Geldtheorie und Geldgeschichte«, in: Backhaus, Jürgen G./Stadermann, Hans-Joachim, Georg Simmels Philosophie des Geldes. Einhundert Jahre danach, Marburg 2000, S. 217–270.

Thomaskovic-Devey, Donald/Lin, Ken-Hou, »Income Dynamics, Economic Rents, and the Financialization of the U.S. Economy«, in: *American Sociological Review* 76(4), 2011, S. 1–23.

Tobin, James/Brainard, William C., »Financial Intermediaries and the Effectiveness of Monetary Controls«, in: *The American Economic Review* 53(2), 1963, S. 383–400.

Trigilia, Carlo, Economic Sociology: State, Market, and Society in Modern Capitalism, Oxford 2002.
Ders., Eintrag: »Economic Sociology«, in: Beckert, Jens/Zafirovski, Milan (Hg.), International Encyclopedia of Economic Sociology, London 2006, S. 192–206.
Tymoigne, Éric/Wray, L. Randall, »Money: An Alternative Story«, in: Arestis, Philip/Sawyer, Malcolm, A Handbook of Alternative Monetary Economics, Cheltenham 2006, S. 1–16.

Uzzi, Brian, »Social Structure and Competition in Interfirm Networks: The Paradox of Embeddedness«, in: *Administrative Science Quarterly* 42(1), 1997, S. 35–67.

Vandone, Daniela, Consumer Credit in Europe, Heidelberg 2009.
Varoufakis, Yanis, The Global Minotaur: America, Europe and the Future of the Global Economy, London 2013.
Vitali, Stefania/Glattfelder, James B./Battiston, Stefano, »The Network of Global Corporate Control«, ArXiv Reprint, Zürich 2011, online unter: http://arxiv.org/abs/1107.5728 [26. 01. 2015].
Vobruba, Georg, Kein Gleichgewicht. Die Ökonomie in der Krise, Weinheim 2012.
Vogl, Joseph, Das Gespenst des Kapitals, Zürich 2011.
Ders., »Gezähmte Zeit. Finanzialisierungsprozesse und ihre Medien«, in: Berz, Peter u.a. (Hg.): Spielregeln. 25 Aufstellungen. Eine Festschrift für Wolfgang Pircher, Zürich 2012, S. 61–72.
Vormbusch, Uwe, »Eine Soziologie der Kalkulation. Werner Sombart und die Kulturbedeutung des Kalkulativen«, in: Pahl, Hanno/Meyer, Lars (Hg.), Kognitiver Kapitalismus. Zur Dialektik der Wissensökonomie, Marburg 2007, S. 75–96.
Ders., Die Herrschaft der Zahlen, Zur Kalkulation des Sozialen in der kapitalistischen Moderne, Frankfurt am Main 2012.

Wade, Robert H., »Iceland as Icarus«, in: *Challenge* 52(3), 2009, S. 5–33.
Ders./Sigurgeirsdóttir, Silla, »Iceland's Meltdown: The Rise and Fall of International Banking in the North Atlantic«, in: *Real-World Economics Review* 56, 2011, S. 58–71; ebenso in: *Brazilian Journal of Political Economy* 31(5), S. 684–697.
Weatherall, James Owen, The Physics of Finance: Predicting the Unpredictable: Can Science Beat the Market?, London 2013.

Weber, Beat, »Geldreform als Weg aus der Krise? Ein kritischer Überblick auf Bitcoin, Regionalgeld, Vollgeld und die Modern Money Theory«, in: *Prokla. Zeitschrift für kritische Sozialwissenschaft* 45(2), 2015, S. 217–236.

Weber, Max, Wirtschaft und Gesellschaft, in: Gesamtausgabe, herausgegeben von Horst Baier u. a., Band 23 (Wirtschaft und Gesellschaft [Soziologie]), Tübingen 2013.

Werner, Richard, »Can Banks Individually Create Money out of Nothing? – The Theories and Empirical Evidence«, in: *International Review of Financial Analysis* 36, 2014, S. 1–19.

Ders., »How Do Banks Create Money, and Why Can Other Firms Not Do the Same? An Explanation For the Coexistence of Lending and Deposit-Taking«, in: *International Review of Financial Analysis* 36, 2014, S. 71–77.

White, Lawrence J., »The Role of Financial Regulation in a World of Deregulation and Market Forces«, Beitrag auf der Konferenz: IMF Conference on Second Generation Reforms, 1999, online unter: http://www.imf.org [22. 01. 15].

White, Harrison C./Godart, Frédéric, »Märkte als soziale Formationen«, in: Beckert, Jens/Diaz-Bone, Rainer/Ganßmann, Heiner (Hg.), Märkte als soziale Strukturen, Frankfurt am Main 2007, S. 197–216.

Wimbauer, Christine/Schneider, Werner/Ludwig-Mayerhofer, Wolfgang, »Prekäre Balancen – Liebe und Geld in Paarbeziehungen«, in: Deutschmann, Christoph (Hg.), Die gesellschaftliche Macht des Geldes, *Leviathan* Sonderheft 21, Wiesbaden 2002, S. 262–285.

Dies., »Geld und Liebe. Zur symbolischen Bedeutung von Geld in Paarbeziehungen«, in: Liessmann, Konrad Paul (Hg.), Geld. Was die Welt im Innersten zusammenhält?, Wien 2009, S. 121–147.

Wingert, Lutz, »Die marktkonforme Demokratie. Alles halb so schlimm?«, in: *Mittelweg* 36 22(1), 2013, S. 53–87.

Wirth, Uwe (Hg.), Performanz. Zwischen Sprachphilosophie und Kulturwissenschaft, Frankfurt am Main 2002.

Ders., »Der Performanzbegriff im Spannungsfeld von Illokution, Iteration und Indexikalität«, in: ders., Performanz. Zwischen Sprachphilosophie und Kulturwissenschaft, Frankfurt am Main 2002, S. 9–62.

Woll, Artur, Volkswirtschaftslehre, München 2007.

Wray, L. Randall, Understanding Modern Money, Cheltenham 1998.

Ders., »Modern Money«, in: Smithin, John (Hg.), What is Money?, New York 2000, S. 42–66.

Ders. (Hg.), Credit and State Theories of Money: The Contributions of A. Mitchell Innes, New York 2004.
Ders., »Banking, Finance, and Money: A Socioeconomics Approach«, *The Levy Economics Institute Working Paper* 459, 2006.
Ders., »Money«, *The Levy Economics Institute Working Paper* 647, 2010.
Ders., »What Should Banks Do? A Minskyan Analysis«, *The Levy Economics Institute Public Policy Brief* 115, 2010.
Ders., »Introduction to an Alternative History of Money«, *The Levy Economics Institute Working Paper* 717, 2012.
Ders., Modern Money Theory. A Primer on Macroeconomics for Sovereign Monetary Systems, New York 2012.

Young, Brigitte, »Vom staatlichen zum privatisierten Keynesianismus. Der globale makroökonomische Kontext der Finanzkrise und der Privatverschuldung«, in: *Zeitschrift für Internationale Beziehungen* 16(1), 2009, S. 141–159.
Dies., »Zwischen Erwartung und Realität – Eine kritische Bilanz der G20 Finanzmarkt- und Wirtschaftsreformen«, in: *Zeitschrift für Außen- und Sicherheitspolitik* 6(1), 2013, S. 161–178.

Zeise, Lucas, Geld – der vertrackte Kern des Kapitalismus. Versuch über die politische Ökonomie des Finanzsektors, Köln 2010.
Zelizer, Viviana A., »The Social Meaning of Money: ›Special Monies‹«, in: *American Journal of Sociology* 95(2), 1989, S. 342–377.
Dies., The Social Meaning of Money, New York 1994.
Dies., »Die Farben des Geldes, Vielfalt der Märkte, Vielfalt der Kulturen«, in: *Berliner Journal für Soziologie* 10(3), 2000, S. 315–332.
Dies., »Fine Tuning the Zelizer View«, in: Economy and Society 29(3), 2000, S. 383–389.
Zimmermann, Guido, »Die Finanzkrise – im Kern eine Einlagenkrise der Schattenbanken«, in: *Wirtschaftsdienst, Zeitschrift für Wirtschaftspolitik* 92(2), 2012, S. 105–109.
Zimmermann, Hubert, »Geld, Markt und Macht: Governance in der internationalen Währungspolitik«, in: Schirm, Stefan (Hg.), Globalisierung. Forschungsstand und Perspektiven, Bonn 2006, S. 99–118.
Zucman, Gabriel, Steueroasen. Wo der Wohlstand der Nationen versteckt wird, Berlin 2014.
Zurich Financial Services, »Dealing With the Unexpected: Lessons for Risk Managers From the Credit Crisis«, *Zurich Insight* 01, 2008.

Zeitungsartikel und Blogbeiträge

Avent, Ryan, »Kludges: America Going Platinum«, in: *The Economist,* 07. 01. 2013, online unter: http://www.economist.com/blogs/freeexchange/2013/01/kludges [17. 08. 2016].

Baecker, Dirk, »Zweimal null ist eins«, in: *TAZ*, 16. 10. 2008, online unter: http://www.taz.de/!5174255/ [17. 08. 2016].

Batty, David, »McDonald's to Quit Iceland as Big Mac Costs Rise«, in: *The Guardian,* 27. 10. 2009, online unter: https://www.theguardian.com/world/2009/oct/27/mcdonalds-to-quit-iceland [17. 08. 2016].

Carney, John, »Paul Krugman vs. MMT: The Great Debate«, Beitrag auf *CNBC.com* vom 03. 04. 2012, online unter: http://www.cnbc.com/id/46944145 [17. 08. 2016].

Deutsche Bundesbank, »Vertrauen – Kern des Geldes«, Eintrag im Glossar, online unter: https://www.bundesbank.de/Redaktion/DE/Themen/2012/2012_10_15_vertrauen_kern_des_geldes.html [17. 08. 2016].

Gissurarson, Hannes H., »Miracle on Iceland«, in: *The Wallstreet Journal,* Opinion Blog, 29. 01. 2004, online unter: http://www.wsj.com/articles/SB107533182153814498 [17. 08. 2016].

Gros, Daniel/Micossi, Stefano, »The Beginning of the End Game …«, Beitrag auf *voxeu.org* vom 20. September 2008, online unter: http://voxeu.org/article/mother-all-bailouts-and-what-it-means-europe [17. 08. 2016].

Krugman, Paul, »Minsky and Methodology (Wonkish)«, in: *The Conscience of a Liberal,* Weblog der *The New York Times,* Beitrag vom 27. 03. 2012, online unter: http://krugman.blogs.nytimes.com/2012/03/27/minksy-and-methodology-wonkish/?_r=0 [17. 08. 2016].

Ders., »Banking Mysticism«, in: *The Conscience of a Liberal,* Weblog bei der *The New York Times,* Beitrag vom 27. 03. 12, online unter: http://krugman.blogs.nytimes.com/2012/03/27/banking-mysticism/ [17. 08. 2016].

Millstein, Jim, »Europe's Largest Banks Have Become too Big to Save«, in: *Financial Times London,* 14. November 2011, online unter: http://www.ft.com/cms/s/0/461464fa-0617–11e1-a079–00144fe-abdc0.html#axzz4Ha4gzGUn [17. 08. 2016].

Neubacher, Bernd, »Kommentar – Bankenregulierung: Gut verwässert«, in: *Börsen-Zeitung*, 08. 01. 2013, S. 1.

Pettifor, Ann, »Just Money, introduction«, Beitrag auf *opendemocracy.net* vom 06. 03. 2014, http://www.opendemocracy.net/ourkingdom/ann-pettifor/just-money-introduction [17. 08. 2016].

Pittman, Mark/Son, High, »Liddy Should Sell Goldman Sachs Stake, Lawmakers Say (Update3)«, Beitrag auf *bloomberg.com* vom 17. 01. 2009.

Plickert, Philip, »Mit drei magischen Worten in die neue Eurowelt«, in: *Frankfurter Allgemeine Zeitung*, 25. 07. 2014, online unter: http://www.faz.net/aktuell/wirtschaft/eurokrise/whatever-it-takes-mit-drei-magischen-worten-in-die-neue-eurowelt-13064843.html [17. 08. 2016].

Stocker, Frank, »Drastische Folgen von Draghis ›whatever it takes‹«, in: *Die Welt*, 25. 07. 2014, online unter: http://www.welt.de/finanzen/article130532565/Drastische-Folgen-von-Draghis-whatever-it-takes.html [17. 08. 2016].

Taibbi, Matt, »The Great American Bubble Machine«, in: *The Rolling Stone*, Juli 2009, S. 52–101.

Warner, Jeremy, »After Barclays, the Golden Age of Finance is Dead«, in: *The Telegraph*, 28. 06. 2012, online unter: http://www.telegraph.co.uk/finance/newsbysector/banksandfinance/9362640/AfterBarclays-the-golden-age-of-finance-is-dead.html [17. 08. 2016].

Wesbury, Brian S./Stein, Robert, »Why Mark-To-Market Accounting Rules Must Die«, Beitrag auf *forbes.com* vom 24. 02. 2009, online unter: http://www.forbes.com/2009/02/23/mark-to-market-opinions-columnists_recovery_stimulus.html [17. 08. 2016].

Zoega, Gylfi, »A Spending Spree«, Beitrag auf *voxeu.org* vom 09 April 2008, online unter: http://voxeu.org/article/icelandic-turbulence-spending-spree-ends [17. 08. 2016].

Dank

Dieses Buch verdankt seine Qualität und Fertigstellung vielfältiger Unterstützung. Das Hamburger Institut für Sozialforschung (HIS) hat mich – dieser Dank geht sowohl an den Vorstand Jan Philipp Reemtsma als auch an die Leiter meiner Forschungsgruppe, Ulrich Bielefeld und Heinz Bude – großzügig subventioniert. Diese Subventionierung wurde von Direktor Wolfgang Knöbl dankenswerterweise für den letzten Schliff des Manuskripts fortgesetzt.

Heinz Bude und Ulrich Bielefeld danke ich aber nicht nur für den materiellen Vertrauensvorschuss, sondern vor allem für ihren unermüdlichen, geduldigen und beispielhaften Einsatz als Lehrer, Ratgeber und Kritiker. Ich hätte mir kein besseres Betreuungsverhältnis für meine Dissertation wünschen können. Sie werden beide für mich immer akademische Vorbilder und hoffentlich auch weiterhin Mentoren bleiben.

Dem wissenschaftlichen Kollegium des HIS gebührt Dank für eine fruchtbare und anregende Arbeitsatmosphäre. Die interdisziplinären Diskussionen im Haus haben mein Projekt verbessert, meinen Horizont erweitert und meinen Geist davor bewahrt, an thematischer Monotonie einzugehen. Diese Atmosphäre verdankt das Institut aber nicht nur den inspirierenden Kolleginnen und Kollegen aus der Wissenschaft, sondern auch und besonders der Unterstützung des gesamten Hauses: Mir wurden unbezahlbare organisatorische Freiräume geschaffen, sodass sich Kopf und Hände mit Nachdenken und Schreiben beschäftigen konnten.

Der Hamburger Edition danke ich für Beistand und Nachsicht und meiner Lektorin Sabine Lammers besonders für Ehrlichkeit, Genauigkeit und Enthusiasmus. Selten machte Kritik so viel Spaß.

Viele Argumentationslinien des Buches habe ich in zahllosen Gesprächen mit Martin Bauer entwickelt und verfeinert. Mich spornt die Hoffnung an, ihn künftig nicht mehr so sehr durch fehlende Bezüge, nichtexplizierte Prämissen oder unscharfe Begriffe zu verärgern. Philipp Staab habe ich über die Jahre bereits genug für die Rolle gedankt, die er in meiner Sozialisation als Soziologe gespielt hat. Ich belasse es dabei, es soll ihm nicht zu Kopf steigen. Ich hoffe bei beiden, dass ihr Einfluss nicht abnehmen wird.

Obwohl sie es heute bestimmt etwas bereuen, danke ich meinen Eltern für die frühe und engagierte Förderung meiner Freude am Argumentieren, die man diesem Buch hoffentlich im Positiven anmerkt. Ich habe ihnen zu mehr als nur einer Gelegenheit mit abenteuerlichen Begründungen neue Plastikroboter aus den Rippen geleiert und folge bis heute in vielerlei Belang ihrem Vorbild.

Der größte Dank allerdings gebührt meiner Frau Sandra. Nicht nur, weil sie über die Jahre Hunderte, teilweise wirklich schlechte Textseiten Korrektur gelesen und kommentiert hat (und noch viele weitere wird lesen müssen, dafür schon mal vorab weiterer Dank!), sondern vielmehr, weil sie mich mit liebevoller Selbstverständlichkeit und einer unverwechselbaren Mischung aus »Wird schon!«, »Du kannst das!« und »Stell dich nicht so an!« aus kognitiven und motivationalen Rezessionen gezogen und die folgenden euphorischen Booms mit mir gemeinsam zelebriert hat. Danke für all das Vertrauen, die bedingungslose Unterstützung und so vieles mehr.

Aaron Sahr
Hamburg, August 2016

Heinz Bude

Das Legitimationsdefizit des »Keystroke-Kapitalismus«

Aaron Sahr schlägt in Anlehnung an den Minsky-Schüler L. Randall Wray den Begriff des »Keystroke Kapitalismus« vor. Denn die Praxis, die den endlosen Prozess kapitalistischer Geldvermehrung regiert, besteht in der Eingabe von Zahlen auf einer Rechnertastatur. So funktioniert die Bilanzverlängerung, mit der Geschäftsbanken das Geld produzieren, das unseren Kapitalismus in immer höheren Stufen und immer weiteren Zusammenhängen in Gang hält. Banken verschaffen sich unablässig neue Guthaben, indem sie gleichzeitig das Rückzahlungsversprechen eines Kreditnehmers als Vermögen und ein Kontoguthaben als Schuld der Bank vermerken. Wobei Aaron Sahr offen lässt, ob dieser basale Vorgang nicht zukünftig auch von einer selbstlernenden Maschine erledigt werden kann, die auf der Grundlage eines Algorithmus für die Bestimmung der Glaubwürdigkeit eines Rückzahlungsversprechens operiert.

Aaron Sahr erläutert, dass der monetäre Mechanismus, der Zukunft durch die Bereitstellung von Kreditgeld produziert, anders funktioniert als der ökonomische, der Bestände aus der Vergangenheit nach Knappheitskriterien verwaltet. Das Wirtschaften im Kapitalismus, so wie wir ihn seit dem Ende der Nachkriegsvereinbarungen von Bretton Woods kennen, ist daher durch einen schwer verständlichen und noch schwerer hinzunehmenden Widerspruch charakterisiert: In der Finanzwirtschaft herrscht das Free-Lunch-Privileg, wohingegen in der Realwirtschaft, wo von nichts auch nichts kommt, bis ins Kleinste kalkuliert und dementsprechend reguliert wird. Auf der einen Seite regiert das Übermaß, das im Zweifelsfall mühsam angesparte Vermögen verbrennt, und auf der anderen mühen sich die Menschen in den Forschungs- und Entwicklungsabteilungen, auf der Managementebene oder auf dem Shop-Floor der Betriebe, besonders effizient mit begrenzten Mitteln die Waren zu produzieren, die unser Leben im Kapitalismus so angenehm machen.

Aaron Sahr lädt seine Leserinnen und Leser ein, beide Seiten zu sehen: Wie in der Finanzsphäre aus »Feenstaub«[1] Reichtum geschaffen wird und man gleichzeitig in der Realsphäre im Schweiße des eigenen Angesichts sein Geld verdienen muss. Schließlich hat die Bereitschaft, sich über Schulden zu finanzieren, in den OECD-Volkswirtschaften nicht nur bei den Finanzfirmen zugenommen, sondern auch bei Staaten, Privathaushalten und realwirtschaftlichen Unternehmen. Vom »Pump-Kapitalismus« haben doch alle profitiert – allerdings die Virtuosen der Finanzwirtschaft, die Superstars auf den Kommandobrücken der Wirtschaft und die Angestellten in den Finanzabteilungen von Mercedes, Fresenius und BASF und all die Analysten, Investoren und Investmentbanker erheblich mehr als die Arbeiter und Angestellten, die von ihrer Hände und Köpfe Arbeit leben müssen. Eben weil die Mehrheit der von Reallohnstagnation betroffenen Bevölkerungsschichten in den vergangenen zwanzig Jahren ihren Lebensstandard und ihr Konsumniveau vor allem durch Verschuldung aufrechterhalten haben, ist der kapitalistische Akkumulationsprozess weitergegangen und vorangeschritten.

War der »privatisierte Keynesianismus« (Colin Crouch) nicht Bedingung der Möglichkeit für den Aufstieg des Finanzkapitalismus, den Aaron Sahr in seiner von Substanzlosigkeit getragenen Vertrauenseuphorie analysiert?

Aaron Sahr folgt Joseph Schumpeter, der schon Anfang des 20. Jahrhunderts herausgearbeitet hat, dass der Kapitalismus erstens wesentlich eine Geldwirtschaft und keine Warenwirtschaft ist, dass diese zweitens auf der Kreditlogik zwischen Schuldnern und Gläubigern und nicht auf dem Widerspruch zwischen Kapital und Arbeit beruht und dass drittens der Kapitalismus durch das über Kredit geschaffene Kapital von innen heraus über sich hinausgetrieben wird.

---

1 Siehe Aaron Sahr, »Reichtum aus Feenstaub: Das Free-Lunch-Privileg des Keystroke-Kapitalismus«, in: Heinz Bude/Philipp Staab (Hg.), Kapitalismus und Ungleichheit, Frankfurt am Main 2016, S. 25–43.

Allerdings erkannte Schumpeter im Zentrum dieses futuristischen Systems den Unternehmer als typischen Schuldner, der mit seinen Ideen, seiner Tatkraft und seinem Mut das kapitalistische Wirtschaften immer wieder auf Zukunft auslegt. Innovation oder neuerdings: Disruption hängen am energischen Handeln der Unternehmerin, die sich auf Banken einlässt, um im Vorgriff auf Zukunft eine Veränderung der Bahn des Reproduktionszyklus in die Wege zu leiten.

Schumpeter konnte zwar schon denken, dass die Zahlungsmittel zum Zweck und im Akt des Kreditgebens von den Geschäftsbanken aus dem Nichts geschaffen werden, aber er war wie Marx immer noch davon überzeugt, dass die Geldproduktion vermittelt über das selbstständige Subjekt der Unternehmerin der Warenproduktion dient. Aaron Sahr denkt Schumpeter weiter und über Marx hinaus. Seiner luziden Analyse zufolge lautet die Formel für den Kapitalismus der Gegenwart nicht mehr G-W-G', sondern G-G'. Im »Keystroke-Kapitalismus« vermehrt sich das Geld durch die Herstellung verzweigter Kreditkaskaden buchstäblich selbst.

Für eine politische Ökonomie gesellschaftlicher Ungleichheit, die ganz auf der Linie von Aaron Sahrs Rekonstruktion liegt, wirft der Dominanzwechsel von der warenproduzierenden zur geldproduzierenden Wertschöpfung die Frage nach den Profiteuren dieser neuen Formation des Kapitalismus auf.

Da ist zuerst die Klasse der Geldvermögenbesitzer, die durch ihre Vermögensverwalter die mit der Kreditvergabe verbundenen Zinsgewinne auf ihren Konten verbuchen. Die haben in der vergangenen dreißig Jahren mächtig Druck auf die Politik gemacht, die gerade durch die gezielte Deregulierung des Finanzsektors das erhebliche Wachstum des Finanzvermögens ermöglicht hat. Die politische Führung von Ländern wie Großbritannien war lange Zeit der Auffassung, dass die Wertschöpfung durch den finanzindustriellen Komplex einen ungeheuren Vorteil im globalisierten Wettbewerb der Nationen darstellen würde. Man hat die Zinsvergabe durch Kreditvergabe privatisiert und die mit der Kreditvergabe verbundenen Risiken der staatlichen Einlageversicherung sozialisiert. In der Krise von 2008 sind die Steuerzahler als Garanten des *lenders of last ressort* zur Kasse gebeten worden.

Daneben haben sich die institutionellen Anleger von Versicherungen, Betriebsrentenkassen und Fondsgesellschaften als Spekulanten der Vermögenspreisinflation ins Spiel gebracht, die unweigerlich mit schuldfinanzierten Käufen verbunden ist. Die Käufer großen Stils haben gewissermaßen als Metakäufer entsprechender Risikoversicherungen von den Entwicklungen profitiert, die sie selbst initiiert haben.

Zudem haben die Angestellten der Finanzabteilungen der großen realwirtschaftlichen Unternehmen für eine Spreizung der betrieblichen Einkommensverteilung gesorgt. Die Einkommen der Geldbeschaffer sind in den Unternehmen selbst denen der Güterproduzenten davongelaufen.

Schließlich hat eine spezielle Klasse von Finanzierungsspezialisten von den »Plünderungszirkeln« profitiert, bei denen die von Banken und anderen Finanzfirmen in den Steueroasen gegründeten Zweckgesellschaften Handel untereinander treiben. Hier sind private Finanzlagen in ungeheurem Ausmaße entstanden, die sich der Erreichbarkeit durch nationale Steuersysteme weitgehend entzogen haben.

Das Anlagekapital sucht am Ende nur noch die Selbstverwertung in einem in sich geschlossenen Finanzsystem. Hier liegt der Grund des Legitimationsdefizits des »Keystroke-Kapitalismus«: Es führt, mit Marx gesprochen, zur Herrschaft des toten Kapitals schuldfinanzierten Investments über das lebendige vom Unternehmer eingesetzte, gesteigerte und in Nachfrage verwandelte kollektive Arbeitsvermögen. Der »Keystroke-Kapitalismus« der Kapitalproduzenten und freilich erst in zweiter Linie Kapitaleigentümer findet sein Anderes im »demokratischen Kapitalismus« (Wolfgang Streeck) der Kapitalnutzer, Warenproduzenten, Konsumentscheider und Steuerzahler.